KB261369

새로운 중국의 모색 I

발전과 안정의 병행

동아시아연구단 총서 9

새로운 중국의 모색 I
발전과 안정의 병행

제1판 1쇄 발행 2005년 5월 31일

지은이 | 김재철 외
펴낸이 | 정민용
펴낸곳 | 도서출판 폴리테이아
출판등록 | 제 300-2004-63호
주   소 | 서울시 종로구 홍파동 42-1 신한빌딩 2층
편   집 | 02-739-9929 제작·영업 | 02-722-9960, 02-733-9910(팩스)
표지디자인 | 서 진
표지사진 | 박현숙

ISBN 89-955215-2-X   03300

동아시아연구단 총서 9

새로운 중국의 모색 I

발전과 안정의 병행

김재철 편

서강대학교 동아연구소
가톨릭대학교 아태지역연구원

폴리테이아

동아시아연구단 총서를 발간하며

지난 반세기 동안 동아시아는 줄곧 세계사적 변화와 사건의 주역을 담당해 왔습니다. 미국의 패권을 확인한 태평양전쟁, 냉전질서를 고착화한 한국전쟁, 미국의 개입정책에 의문을 던져 준 베트남전, 끔찍한 대학살로 수백만의 생명을 앗아간 캄보디아 내전과 인도네시아의 군사정변 등 역사의 줄기를 가른 주요 전쟁들이 모두 동아시아에서 발발하였습니다. 동시에 일본의 경제기적과 해외진출, 신흥공업국의 고도성장, 동남아시아국가연합(ASEAN)의 창설과 확대, 중국의 개혁개방과 강대국의 부상 등, 탈냉전과 미국 단일패권의 국제질서에 중대한 의미를 던져 줄 현상들 또한 동아시아에서 목도된 바 있거나 전개되고 있습니다. 그래서 21세기에는 위대한 동아시아의 시대가 열릴 것이라고 예측하는 사람들이 많습니다.

동아시아 시대의 막을 열면서 이 지역은 커다란 변화에 직면해 있습니다. 무엇보다도 중국은 급속한 경제성장을 바탕으로 일본의 경제력과 미국의 군사패권에 대한 강력한 도전자로 부상하고 있습니다. 일본은 1990년 이후 "잃어버린 10년" 동안 장기불황으로 상실한 내적 추진력과 개혁의 동력을 찾고자 애쓰고 있지만, 이것은 역설적이게도 동아시아의 세력균형과 지역협력에 적지 않게 기여한 것으로 보입니다. 또한 1997년 갑작스럽게 동아시아에 엄습한 금융위기는 이른바 동아시아 성장모형에 대한 재검토와 새로운 발전전략에 대한 모색을 요구하고 있습니다. 동시에 세계무역기구(WTO)의 다자주의적 세계화, 국제통화기금(IMF)의 경제자유화 프로그램, 유행처럼 번지고 있는 쌍무적 자유무역협정(FTA), 다양한 수준의 지역통합과 같은 새로운 추세와 외부적 압력이 동아시아 지역과 국가들에게 변화와 적응을 강요하고 있습니다. 불과 몇 년 전에 창설되어 성공적으로 추진되고 있는 아세안+3은 바로 이러한 시대적 요구에 부응하여 동아시아 통합을 향해 매우 빠른 속도로 순항하고 있습니다. 21세기는 동아시아에게 새로운 기회와 동시에 막중한 도전 거리를 던져 주고 있습니다.

요컨대, 동아시아의 지난 반세기는 "성장과 위기"의 시대였으며, 앞으로 열릴 반세기는 "통합"의 시대가 될 것입니다. 〈동아시아의 성장, 위기, 통합: 21세기 발전모델의 탐색〉은 이 시대를 사는 한국의 모든 지식인의 화두입니다. 따라서 한국학술진흥재단 설립 이래 최대 규모의 공동연구로 조직된 저희 동아시아연구단은 지난 2년간 이 화두에 천착하였습니다.

모두 60여 명에 달하는 공동연구진은 인문, 사회분야에서 중국, 일본, 동남아를 전공하고 있는 지역전문가들로 구성되었습니다. 이들은 모두 지난 반세기 안에 태어나서 성장하고, 바로 이 성장과 위기의 시대에 학문의 세계로 뛰어든 사람들입니다. 그런 의미에서 이 책의 필진은 모두 자신이 직접 산 시대의 경험을 인문학적 사유와 사회과학적 분석으로 해석, 검증하고 있다고 할 수 있겠습니다.

동아시아연구단 총서 제9권부터 총 8권으로 꾸며진 본 총서는 동아시아연구단의 제2차년도 공동연구 결과입니다. 2004년 3월에 출간되었던 제1차년도 연구총서와 마찬가지로, 이번 총서 시리즈도 중국편이 2권, 동남아편과 일본편이 각 3권으로 구성되었습니다. 제1차년도 연구가 동아시아의 성장을 회고하고 비판적으로 검토해 보았다면, 금번 연구는 동아시아 여러 나라들이 1990년대 들어 경험한 경기침체, 경제위기, 대안적 발전전략의 모색 등을 그 연구주제로 설정하였습니다. 1997년 태국에서 발원하여 인도네시아, 한국으로 확산되었던 금융위기는 이 3국을 넘어 동아시아 전역에 커다란 충격을 던져 주었습니다. 동남아연구팀은 이러한 위기의 전개과정과 그것이 낳은 경제적, 사회적, 정치적 결과를 분석하고 이를 극복하고자 각국이 추구하였던 해결책과 대안을 검토하고 있습니다. 일본의 장기불황은 동아시아의 경제위기보다 훨씬 앞선 것이었지만 이로 인해 불황이 한층 심화되고 극복이 지연됨으로써 이웃 국가들과 동병상련의 처지가 되었다고 말할 수 있습니다. 일본연구팀은 일본이 1990년대 이후 정치, 경제, 사회 분야에서 벌여 온 각종 개혁프로그램의 성과와 한계를 전문가의 잣대로 평가해 보았습니다. 마지막으로, 중국은 다른 동아시아 국가와 달리 불황의 늪에 빠지거나 위기의 물결에 휩싸이지 않고 지속적인 성장을 구가하고 경제발전에 매진해 온 나라입니다. 그럼에도 불구하고 동아시아의 경제위기는 중국에게 지금까지 추진해 온 발전전략과 사회경제정책을 재검토할 수 있는 좋은 계기를 제공하였다고 볼 수 있습니다. 저희 연구단의 중국연구팀은 중국이 동아시아의 위기를 타산지석으로 삼아 위기에 대비하고 대안을 모색하는 시도들을 소개하고 평가하였습니다. 제1차년도 총서에 실렸던 60편의 논문들이 "환상과 허구 속에 성장의 시대를 살아 온 사람들의 자아비판"이라고 한다면, 이 총서에 실린 60여 편의 논문들은 위기의 시대를 직접 경험한 전문가들이 자기성찰을 한 결과라고 할 수 있을 것입니다.

이 연구는 한국학술진흥재단이 제공한 2002년도 기초학문육성 인문사회분야지원 국내외지역연구(과제번호 2002-072-BL2058)의 연구비 지원으로 이루어졌습니다. 2002년 8월 1일부터 2004년 7월 31일까지 2년 동안 지속된 이 공동연구는 무려 26억 원에 달하는 거액의 연구비를 지원 받아 22명의 전임연구원들이 오로지 연구에 몰두하고, 40여 명의 공동연구원들이 공동연구와 현지조사의 소중한 기회를 가지며, 40여 명의 석, 박사과정 대학원생들이 학업과 훈련에 정진할 수 있도록 해 주었습니다. 지난 2년 동안 이렇게 엄청난 지원을 저희 연구단에게 해 준 한국학술진흥재단과 관계자 여러분께 진심으로 고맙다는 말씀을 드립니다. 또한 교정, 편집,

출판을 도맡아 깔끔하게 처리해 준 폴리테이아 여러분께도 감사의 마음을 표합니다. 마지막으로, 인문사회과학 분야에서 사상 최대의 공동연구 프로젝트로 기록될 동아시아연구단에서 심사평가위원장, 연구위원장, 운영위원 등의 임무를 맡아 이 컨소시엄을 함께 이끌어 준 서강대학교 이갑윤 교수, 강원대학교 박사명 교수, 서울대학교 오명석 교수, 서강대학교 전성흥 교수, 가톨릭대학교 김재철 교수, 세종연구소 진창수 박사, 서강대학교 동아연구소 이한우 박사와 함께 이 총서 출판의 기쁨을 나누고 싶습니다.

2005년 5월
〈동아시아연구단〉 연구책임자 겸
서강대학교 동아연구소 소장 신윤환 씀

새로운 중국의 모색 I 발전과 안정의 병행　차례

일러두기
중국어 지명, 인명과 같은 고유명사와 관련해서 신해혁명 이전은 한자발음대로, 신해혁명 이후는 원음에 가깝게 표기했으며, 표기는 외래어 표기용례를 따랐다. 고유명사와 보통명사가 결합되어 있는 경우에는 고유명사만 원음을 표기한다(예: 베이징시, 광둥성). 기관이나 신문 등은 한자발음대로 표기한다(예: 인민일보).

이 논문들은 2002년 한국학술진흥재단의 지원에 의하여 연구되었음(KRF-2002-072-BL2058).

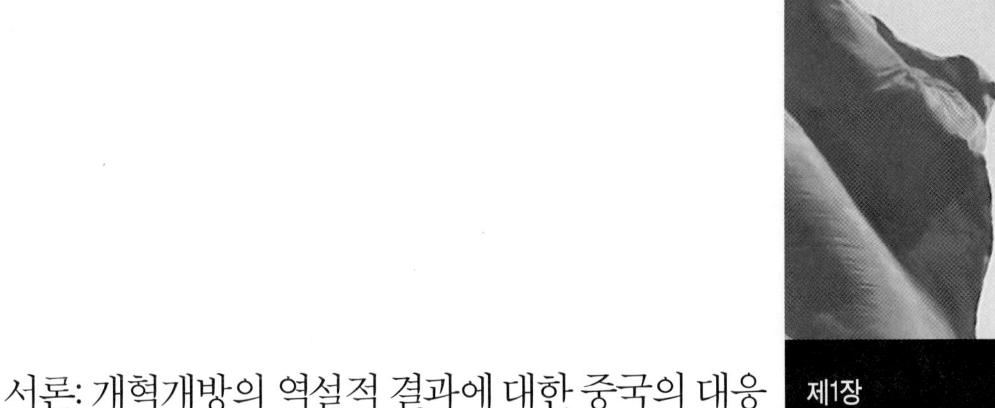

서론: 개혁개방의 역설적 결과에 대한 중국의 대응

서론 : 개혁개방의 역설적 결과에 대한 중국의 대응

▌김재철

　　21세기 초입의 중국은 복잡한 상황에 처해 있다. 중국의 개혁과 개방은 전 세계적으로 그 유례를 찾아보기 어려울 정도의 놀라운 경제적 성장을 가져왔다. 지난 20여 년간 지속된 고도의 경제적 성장은 국내적으로는 삶의 질을, 또 국제적으로는 중국의 역량과 지위를 급속하게 제고시켰다. 그러나 이것이 중국이 처한 현실의 전체적인 모습은 아니다. 급속한 성장은, 중국의 내적 여건을 개선하고 외적 평가를 제고시켰지만, 동시에 많은 문제를 초래했다. 중국은 급증하는 빈부격차와 지역격차, 실업, 부패, 국유기업과 금융부문에서의 어려움, 그리고 시위나 소요의 증대와 같은 문제들을 안고 있다. 현재의 중국은 한편으로는 고도성장의 혜택을 누리면서 다른 한편으로는 적지 않은 도전에 직면해 있는 복잡한 상황에 처해 있다.

　　이처럼 중국이 복잡한 상황에 처하게 된 것은 중국의 개혁과 변화가 역설적인 결과를 초래한 데서 기인한다.[1] 지난 20여 년 동안 추진된 중국의 개혁은 한편으로 발전과 변화를 가져왔지만 다른 한편으로는 많은 문제를 초래했다. 물론 중국이 처한 상황이 당장 위기나 정치적 격변이 발생할 정도로 심각한 것은 아니지만, 개혁으로 인한 문제들이 해결되지 않고 방치된다면 개혁이 이룬 성과를 잠식하고 심지어 중국체제의 운명에도 영

---

1) 개혁의 결과를 역설이라는 개념을 통해 접근하는 대표적 연구로는 Merle Goldman and Roderick MacFarquhar eds., *The Paradox of China's Post-Mao Reforms* (Cambridge: Harvard University Press, 1999)를 들 수 있다.

향을 끼칠 수 있다. 이에 따라 중국은 개혁의 성과를 지속시키면서도 개혁으로 인한 문제에 대처할 필요성에 직면해 있다.

그렇다면 중국은 이처럼 복합적이고 역설적인 상황에 어떻게 대처하려 하는가? 이 책은 개혁개방이 가져온 역설적 결과에 대처하려는 중국 지도부의 노력을 고찰하게 될 것이다. 다시 말해 이 책의 초점은 중국이 처한 상황을 규명하는 데보다 상황에 대한 중국의 대응노력을 검토하는 데 집중될 것이다. 이는 이 책이 동아시아 연구단 중국지역분과의 2차년도 연구로 기획되었기 때문이다. 동아시아 연구단 중국지역분과의 2차년도 연구는 동 분과 1차년도 연구의 후속과제로 기획되었다. 1차년도 연구는 지난 20여 년간 중국에서 진행된 개혁개방이 가져온 성과와 문제점을 조명했다.2) 2차년도 연구는 1차년도 연구에서 제시된 상황에 대처하려는 중국의 노력을 규명하기 위해 기획되었으며, 이 책의 구성은 이러한 기획의도를 반영한다. 중국이 자신이 처한 복잡하고 역설적인 상황에 어떻게 대처하려 하는가를 규명하는 것은 중국의 향후 진로를 이해하는 데 기여할 것이다.

이 책은, 물론 모든 필자들이 똑 같은 정도로 동의하는 것은 아니지만, 중국 지도부가 발전이라는 성과를 지속시키면서 동시에 개혁이 가져온 문제들을 해결하는 전략을 통해 복합적인 상황에 대처하려 함을 제시하게 될 것이다. 이러한 전략은 '발전과 안정의 병행적 추구'로 구체화된다. 서론인 이 장에서는 우선 개혁의 성과와 문제점을 간략하게 검토할 것이다. 이어서 이러한 상황에 대처함에 있어서 중국에게 주어진 몇 가지 대안들을 살펴보고 또 이러한 대안들 가운데 중국이 권위주의적 해결책을 선택함을 제시할 것이다. 마지막으로는 이러한 대안이 분야별로 어떻게 구체화되는가를 각 장에 대한 간략한 소개를 통해 살펴볼 것이다.

---

2) 전성흥 편, 『전환기의 중국사회 I·II』(서울: 오름, 2004)를 참조.

1. 개혁의 성과와 문제점

　　20여 년에 걸친 개혁과 개방정책은 성과와 문제점을 동시에 가져왔다. 개혁개방정책의 가장 분명한 성과는 경제성장이다. 지난 20여 년간 중국은 연평균 9%를 상회하는 고도의 경제성장을 지속해 왔고, 이에 힘입어 중국의 GDP는 이미 9배 이상 성장했다. 이러한 중국의 경제성장은 중국의 삶의 질을 제고시켰다. 먹고사는(溫飽) 문제가 해결되었고, 이제 '다소 여유 있는'(小康) 수준의 경제발전이 국가의 정책목표로 설정되었다. 중국의 경제발전이 가져 온 결과는 국제적으로 더욱 분명하게 나타난다. 중국의 경제성장은 중국을 동아시아 지역의 주요 행위자로 부각시켰다. 경제성장과 함께 중국이 이 지역 국가들에게 최대의 시장으로 변모하면서 중국에 대한 지역 국가들의 정책도 변하기 시작한 것이다. 동아시아 지역의 국가와 기업들은 중국의 성장을 활용하여 자국의 경제를 발전시키기 위해 중국과의 관계를 증대시키려 하고, 이에 따라 이 지역에서 중국의 영향력은 계속해서 제고되고 있다. 나아가 전 세계적으로도 중국은 세계경제 발전에 기여함으로써 주요 행위자로 인식되기에 이르렀다. 가령, 1995년부터 2002년까지 세계경제에 대한 공헌도에 있어서 중국은 25%를 차지함으로써 20%인 미국을 앞섰다.3) 이러한 중국의 경제적 영향력은 중국의 전체적인 영향력을 증대시키는 데 기여한다.

　　이처럼 개혁개방 정책은 중국에게 성과를 가져다주었지만 동시에 많은 문제도 초래했다. 여기에는, 1차년도 연구에서 다뤄진, 지역간·계층간 경제격차, 부패, 소수민족 문제 등이 포함된다. 중국에서의 빈부격차는 전 세계적 기준에서도 심각한 수준이며, 정치적 부패 또한 개선의 조짐을 보

---

3) 『廣角鏡』, no. 378(2004年 3月 16日~4月 15日), p. 60.

이지 않고 있다. 여기에 더해 소수민족의 분리주의 경향 또한 중국에게
도전을 제기한다. 이외에도, 1차년도 연구에서는 다루어지지 않았지만, 국
유기업의 문제라든가, 금융체제의 취약성, 그리고 개혁과 발전에 따른 인
간적·사회적 대가들도 지적될 수 있다.

　이처럼 중국에서 개혁개방이 성과와 문제를 동시에 초래했다는 사실이
곧 중국이 위기에 직면해 있음을 제시하는 것은 아니다. 오히려 많은 관측들
은 중국의 장래에 대해 낙관적이다. 많은 이유가 있겠지만, 그 가운데서도
중요한 것은, 중국에서 지도부와 엘리트들 간에 개혁개방 정책을 지지하는
연대가 형성되어 있다는 사실이다. 중국의 지도부, 지식인, 그리고 신흥 경
제엘리트 사이에는 경제발전에 전력을 집중시키고 급격한 변화를 지양한다
는 공감대가 형성되어 있다. 아울러 밑으로부터의 도전 또한 체제의 존립을
위협할 정도로 심각하지는 않다. 중국에는 아직도 당-국가로부터 독자적인
정당, 노동자조직, 학생조직, 또는 농민조직 등이 존재하지 않으며, 이에 따
라 대중들은 정치과정에서 실질적으로 배제된다. 물론 대중적 시위가 빈발
하고 있지만, 당의 통제노력에 따라 대중적 시위는 여전히 고립적이고 분산
되어 있으며 대규모의 잘 조직된 항의나 체제 차원의 광범위한 요구를 제기
하는 시위는 드물다.

　따라서 당장 전국적 차원에서 위기가 발생할 가능성은 크지 않지만,
그럼에도 불구하고 중국이 직면한 문제들은 관심과 대책을 요구한다. 중국
에서 개혁이 진전됨에 따라 개혁조치들이 사회의 이익구조에 영향을 끼치
는 현상은 더욱 분명해지고, 따라서 새로운 개혁조치를 도입하는 것은 더욱
어려워지고 있다. 여기에 더해 개혁의 열매를 어떻게 분배할 것인가도 의제
로 제기되기 시작했다. 특히 개혁개방으로 사회가 다원화됨에 따라 자신의
이익에 대한 사회적 의식이 증대되고 있고, 또 자신의 이익을 추구하려는
의지도 강해지고 있다. 이러한 변화로 인해 경제적 이익을 둘러싼 갈등과
충돌은 더욱 심각해지고 있다. 이는 개혁으로 인해 초래된 문제들이 방치된

다면 불안정을 촉발하거나 심지어 위기로 이어질 수 있음을 의미한다.

실제로 사회적 불만이 소요나 봉기 등 불안정으로 이어지는 현상이 증대되고 있다. 도시에서는 연금을 지급 받지 못하거나 국유기업 개혁과정에서 해고된 노동자들이 거리로 나서기 시작했고, 농촌에서는 부패한 관료들의 편법적 또는 탈법적 조세 징수에 항의하는 농민의 시위가 이어진다. 중국 당국의 엄격한 통제노력에도 불구하고 항의나 시위는 더욱 빈번해지고 있으며, 심지어 당-정부 청사에 대한 공격 소식도 전해진다. 더욱이 최근의 대중 시위는 대형화되고 또 지역을 뛰어넘는 연대가 형성되기 시작하는 등 변화의 조짐을 보이고 있다.[4]

이처럼 중국에는 경제발전이라는 성과와 함께 불안정을 촉발시킬 수 있는 요인이 공존하며, 이에 대한 대응이 필요한 상태이다. 그렇다면 중국은 이러한 복합적인 상황에 어떻게 대처하려 하는가?

2. 대안적 해결책들

경제발전이라는 성과와 함께 불안정을 촉발시킬 수 있는 요인들이 공존하는 상황에 대처함에 있어서 중국이 취할 수 있는 대안은 크게 3가지로 구분하여 생각할 수 있다. 그 하나는 발전만을 일방적으로 추구하는 것이다. 다시 말해 성장만이 모든 문제를 해결할 수 있다는 신념 아래 고도성장 정책을 지속하는 것이다. 그러나 이 선택에는 문제가 있다. 하나는 고도성장만을 일방적으로 추구하는 정책이 과연 지속이 가능한가 라는 문제다.

---

4) Murray Scot Tanner, "China Rethinks Unrest," *The Washington Quarterly,* 27:3(2004), pp. 136-156.

중국의 경제성장은 요소투입에 과도하게 의존하고 있다. 이러한 사실은 2003년 현재 중국의 GDP가 전 세계 GDP의 5%에 불과하지만 중국이 전 세계 석탄 소비량의 30%, 전력소비량의 13%, 그리고 철강소비량의 25%를 차지한다는 사실에서 단적으로 드러난다.[5] 따라서 이처럼 요소투입에 의존하는 성장이 과연 언제까지 계속될 수 있는가 라는 의문이 제기된다.

아울러 중국의 경험은 고도성장 그 자체가 중국이 처한 문제를 자동적으로 해결해주지 않음을 보여준다. 중국이 직면하고 있는 문제는 발전이 되지 않음으로써 초래된 문제이기보다는 발전에 따른 부작용으로서의 성격이 강하다. 가령, 중국의 계층간 및 지역간 빈부격차는 일부의 사람과 일부의 지역이 먼저 발전함으로써 전체 인구와 전체 사회의 발전을 선도하도록 한다는 선부론(先富論)이 낳은 결과였다. 또한 중국에서 대중시위가, 경제발전이 상대적으로 쇠퇴한 때 증가하는 경향을 보이지만, 경제성장률이 높을 때도 감소하지 않는다는 사실도 발전이 모든 문제를 자동적으로 해결하지는 못함을 보여준다.[6] 따라서 고도성장만을 일방적으로 추구하는 전략은 직면한 문제를 해결하기 어렵다. 더욱이 경제발전을 통해 문제를 해결하려는 시도는 항상 위험을 안고 있다. 이는 모든 국가의 경제가 주기적으로 어려움을 겪을 수밖에 없기 때문이다. 만약 중국이 발전만을 일방적으로 추구하다가, 발전이 지체된다면 정치적 정당성이 도전을 받는 등 그 충격은 매우 클 것이다.

다른 대안은 민주화와 같은 급진적 변화를 추구하는 것이다. 다시 말해, 민주적 정부를 구성하여 문제를 해결하는 방식이다. 대중이 정치에 참여하여 지도자를 선출함으로써 구성된 정부는 대중의 이해관계를 고려하고 해결하려 노력할 것이다. 그러나 이 대안에도 문제점은 존재한다.

---

5) http://news.xinhuanet.com/fortune/2004-08/02/content_1692949.htm (검색일: 2004년 8월 3일).
6) Tanner, "China Rethinks Unrest"를 참조.

우선, 논리적으로 과연 이러한 민주화가 문제를 해결할 수 있는가 라는 의문이 제기될 수 있다. 중국이 직면한 문제들 — 빈부격차, 부패, 금융체제의 취약성, 그리고 소수민족의 분리주의 경향 — 을 해결하기 위해서는 정부의 적극적인 역할이 필요한 것이 사실이다. 그러나 민주화는 불가피하게 정부의 역할을 축소시키는 결과를 가져올 것이다. 그렇다면 이러한 대안이 과연 중국이 직면한 문제를 해결하는 데 도움이 될 것인가 라는 의문이 제기될 수 있다.

아울러 현실적으로도 중국에서 민주화가 실현될 가능성은 적어 보인다. 물론 후진타오(胡錦濤)가 당 총서기와 국가주석에 취임한 것을 계기로 정치개혁에 대한 기대가 제기되기도 했다. 가령, 2003년 중반 한 당 기관지에 정치개혁의 필요성을 제기하는 글이 게재된 바 있다. 이 글은 과거 사회주의체제가 경제개혁을 추진하지 않음으로써 체제 붕괴를 경험했던 것처럼 중국에서 정치체제를 개혁하여 "인민민주"를 실행하지 않을 경우 체제의 붕괴라는 위험에 직면할 수 있다는 주장을 제기했다. 구체적으로 이 글은 당이 헌법과 법률의 범위 안에서 활동할 필요성과 당내 민주화를 시작으로 체제 전체의 민주화를 추진할 필요성 등을 제시했다.7) 일부에서는 이 글이 중국공산당 기관지에 실렸다는 사실을 근거로 후를 위시한 새로운 지도부가 정치개혁을 추진하려는 의도를 갖고 있다는 기대를 표시하기도 했다. 이처럼 정치개혁에 대한 기대가 증대되는 분위기 속에서 후 자신도 정치개혁의 필요성을 언급한 바 있다. 중국공산당 16기 3중전회를 앞둔 2003년 10월 29일 정치국의 집단학습(集體學習) 모임에서 후진타오

---

7) 이 글은 당내 민주화를 촉진시키기 위한 조치로 당내 사무에 대한 당원의 이해와 참여 제고, 당대표대회 제도의 건전화, 당내 논의와 결정기제의 개선, 그리고 당내 선거제도의 개혁과 개선 등을 제시했다. 甄小英·李淸華, "以黨內民主推進人民民主," 『求是』, 2003年 12期, pp. 33-35.

는 정치제도 개혁의 필요성을 언급함으로써 정치개혁에 대한 기대를 다시 한번 제기시켰다. 그는 연설에서 '사회주의 민주'의 확대와 사회주의 법제를 건전하게 만들 필요성을 제기했다.[8]

그러나 그는 연설에서 변화의 형태, 정도, 그리고 속도에 대해 구체적으로 언급하지 않았다. 아울러 16기 3중전회에서도 구체적인 후속조치는 이루어지지 않았다. 이처럼 그는 정치개혁과 관련하여 구체적인 조치를 취하지 않았을 뿐 아니라 정치개혁에 대한 그의 태도는 점차 모호해지기까지 한다. 그는 2004년 9월 전국인민대표대회 창립 50주년 기념대회에서 행한 연설에서 서구의 정치체제를 무차별적으로 모방하는 것은 막다른 골목이라고 지적함으로써 서구식 민주주의를 채택하지 않겠다는 의사를 분명하게 피력했다.[9] 따라서 최소한 지금까지 나타난 증거들은 정치적 변화의 필요성에 대한 후의 언급이 국가의 목표를 달성하는 데 필요한 최소한의 변화를 강조한 것임을 알 수 있다. 다시 말해 그가 추구하는 것은 기존 체제의 개선이지 민주화와 같은 급격한 변화는 아니다.

아울러 민주화에 대한 다른 엘리트들의 지지를 찾아보기도 어렵다. 비록 극히 일부에서 서구식 민주화의 필요성을 강조하지만,[10] '민주화'를 제기하는 당 간부들 또한 민주주의를 서구식 민주주의와 다르게 이해한다.

---

8) 아울러 그는 제도화, 규범화, 절차화를 강조하고 시민의 질서 있는 정치참여를 확대할 필요성도 지적했다. 『人民日報』, 2003年 10月 1日.

9) *New York Times*, September 16, 2004.

10) 가령 전 광둥(廣東)성 당서기 런종이(任仲夷)는 정치개혁의 궁극적 목표를 민주화로 제시한다. 그는 서구로부터 배워야 하며, 그러지 않기 위한 의도에서 '중국적 특색'이라는 용어를 사용하는 것을 중지해야 한다고 강조한다. 나아가 그는 민주화는 동란을 초래하지 않을 것이라고 지적함으로써 민주화에 대한 지도부의 우려를 불식시키려 노력한다. 그 이유로 그는 대부분의 중국인들이 당과 개혁개방정책을 지지할 것이기 때문이라고 주장하는데, 이 점에서 그는 1980년대 초 민주화를 제기했던 당 간부들의 견해를 이어받고 있다. 그의 주장에 관해서는 *South China Morning Post*, August 13, 2004를 참조. 한편, 1980년대 초 당간부들의 민주화 주장에 관해서는 김재철, 『중국의 정치개혁: 지도부, 당의 지도력, 그리고 정치체제』 (서울: 한울, 2002), 3장을 참조.

가령, 후난(湖南)성 당위원회의 한 부서기는 민주주의를 간부들이 정책을 결정하고 실천할 때 대중의 이익을 고려하는 것으로 규정한다.[11] 심지어 중국 정치발전의 목표가 민주화여야 한다고 주장하는 학자들 또한 실질적으로 서구식 민주주의보다는 권위주의를 지향한다. 가령, 민주화를 주장하는 한 학자는 그 구체적인 조치로 정부관리체제의 혁신과 정부의 정책관철 능력, 재정 능력, 감독관리 능력, 합법화 능력, 서비스 능력의 증강 등을 제시한다. 이러한 조치들은 엄격히 말해 국가의 능력을 건설하고 강화하기 위한 조치들이지 민주화를 촉진시키는 조치로 보기 어렵다. 아울러 그는 민주화의 필요성을 제시하면서도 정치발전을 경제발전의 보조적인 것으로, 정치참여의 확대를 정치안정의 보조적인 것으로, 시민사회의 건설을 국가능력 건설의 보조적인 것으로 간주한다.[12] 이 모든 증거들은 중국에서 민주화가 대안으로 등장하기 어려움을 제시한다.

중국에게 남겨진 마지막 대안은 경제발전을 추구하면서 동시에 안정을 도모하는 것이다. 이는 발전을 계속해서 추진함으로써 문제를 해결하고 이를 통해 안정을 유지하며, 또 발전을 추구하기 위해 안정을 확보하는 데 주력하는 것이라는 점에서 권위주의적 해결책으로 간주될 수 있다.

3. 발전과 안정의 병행적 추구

중국에서 권위주의적 대안이 처음 제기된 것은 1980년대 후반이었

---

11) *South China Morning Post,* August 6, 2003.
12) 何增科, "民主化: 政治發展的中國模式與道路," 『中共寧波市委黨校學報』, 2004年 2期, pp. 22-29.

다. 이 당시 권위주의적 해결책은 학자들에 의해 제기되었다. 이들은 개혁이 체제의 핵심적인 부분으로 접근해감에 따라 개혁에 대한 저항 또한 더욱 커지는 상황에 대처하기 위해서는 힘 있는 정부가 필요하다는 논리로 권위주의적 대안을 제시했다.[13] 그러나 이러한 '신권위주의론'은 당시 총서기였던 자오쯔양(趙紫陽)의 개인적인 권력을 강화하려는 시도로 이해되었고, 그 결과 지도부에 의해 수용되지 않았다. 1990년대 들어서 권위주의적 해결책은 신보수주의라는 이름으로 새롭게 단장되어 제기되었다. 구소련의 붕괴로 중국에서 정권과 체제의 안정과 지속에 대한 관심과 우려가 제고된 상황에서 제기된 신보수주의는 1980년대의 신권위주의에 신유가(新儒家) 사상, 국가주의, 민족주의 등이 가세하여 복잡하게 얽힌 사상체계였다. 이러한 신보수주의는 지식인들뿐 아니라 지도자들에 의해서도 수용됨으로써 중국의 지배적인 사상체계로 자리 잡는다.

중국에서 권위주의적 대안은 에너지를 경제발전에 집중시킬 필요성을 강조한다. 경제발전은 그 혜택의 확산을 통해 사회의 갈등을 완화하는 데 기여할 것으로 기대되며, 나아가 삶의 질을 증대시킴으로써 정치적 합법성과 안정을 실현하는 데 기여할 것으로 기대된다. 이는 발전을 모든 문제를 해결하는 근원이라고 봄을 의미하며, 이 점에서 권위주의적이다. 발전에 대한 강조와 함께 신보수주의는 안정을 유지할 필요성도 동시에 강조한다. 구소련의 붕괴에 따른 체제와 정권의 존립에 대한 위기감이 안정을 유지할 필요성을 강조하도록 작용했다. 신보수주의론자들은 발전만을 일방적으로 추구하다보면 안정이 희생될 수 있다고 보고 사회적 안정을 유지하는 데도 노력을 기울여야 함을 강조한다.

---

13) 이 시기 권위주의적 대안을 제기한 학자들은 자신들이 제기하는 권위주의가 과거의 권위주의와 다르다는 점을 강조하기 위해 '신권위주의'라고 명명했다. 신권위주의에 관해서는 서진영, 『현대중국정치론』(서울: 나남, 1997), 4장을 참조.

　　발전과 안정을 병행적으로 추진한다는 대안이 현실화되는 데는 시간
이 필요했다. 비록 신보수론자들이 선부론에 근거한 정책이 경제성장과
함께 불안정의 요소도 증강시켰다고 보았지만, 이러한 정책을 수정하는
데는 장애가 존재했다. 우선 이 정책을 제기한 덩샤오핑(鄧小平)이 건재했
다는 사실이 정책의 급격한 전환을 어렵게 만들었다. 여기에 더해 안정을
유지하려는 노력이 경제발전의 속도를 지체시킬 수 있다는 반론 또한 정
책전환에 어려움을 더했다. 발전과 함께 안정을 병행적으로 추구하려는
노력은 1990년대 후반부터 구체화되기 시작했다. 이러한 대안은 후진타오
와 원자바오(溫家寶)로 대변되는 제4세대 지도부가 출범한 후에도 지속되
고 있다. 물론 새로운 지도부가 추진하는 정책들에 대중주의적 색채가 배
어있는 것이 사실이다. 가령, 새로운 지도부는 정치적 부패와 비효율성과
같은 문제들을 공개적인 집회나 모임을 통해 해결하려 한다. 그러나 이것
이 곧 이들이 추구하는 정책이 발전과 안정을 동시에 추구하려는 시도로
부터의 근본적인 이탈임을 의미하지는 않는다. 이들이 비록 대중을 강조하
지만, 이는 대중과 권력을 공유하려는 시도라기보다는 대중의 처지를 돌보
려는 온정주의적인 시도이다.[14) 새로운 지도부는, 대중의 참여를 언급하
면서도, 실질적으로는 정책결정과 관련하여 대중보다 전문가의 의견을 더
욱 중시한다.[15) 이 점에서 이들은 권위주의적 해결책을 계속해서 유지한
다고 할 수 있다. 아울러 이들이 추구하는 정책은 여전히 제도화, 체제의
기능강화, 그리고 효율성 제고와 같은 체제의 강화에 궁극적으로 기여할
것으로 판단되는 변화에 한정되어 있다.[16) 이 모든 사실은 이들이 추구하

---

14) 한 전문가는 제4세대 지도부의 정책이 온정주의적이지만 여전히 보수적이라고 지적한다.
　　H. Lyman Miller, "Hu Leadership Focuses on Compassionate Conservative Governance,"
　　China Leadership Monitor, vol. 6 (Spring 2003).
15) 그 대표적인 증거로 제4세대 지도부가 취임한 이후 비교적 정례적으로 개최되는 정치국의
　　집단학습모임에 다양한 분야의 전문가들이 참여하여 현안에 대해 설명한다는 사실을 들 수
　　있다.

는 대안이 여전히 권위주의적임을 보여준다.

1) 발전

발전은 중국의 제1의 목표이다. 중국 지도부는 발전이 사회적 문제를 완화시키고 또 정치적 정당성을 확보하는 데 기여할 것으로 기대한다. 다시 말해 발전은 개혁으로 인해 혜택을 보는 세력들을 증대시킴으로써 개혁에 대한 지지 세력을 확대시키는 데 기여하며, 이러한 지지 세력의 확대는 다시 정치사회적 안정을 유지하는 데 기여함으로써 장기적으로 발전을 담보할 것이라는 기대다. 이러한 인식에 따라 중국 지도부는 경제발전에 힘을 기울일 필요성을 계속해서 강조한다. 가령, 주룽지(朱鎔基) 전총리는 2003년 3월 자신의 마지막 정부업무 보고에서 발전은 중국이 직면하고 있는 모든 문제를 해결하는 열쇠라고 지적했다.[17) 원자바오 현 총리 또한 중앙당교(黨校)에서 행한 연설에서 "상황을 개선하는 가장 좋은 방법은 경제를 발전시키는 것"이라고 지적했다.[18)

발전에 대한 중국의 시각은 시간적으로 변화를 경험해 왔다. 과거 발전은 고도성장과 동일시되었다. 다시 말해 발전은 경제성장률을 통해 측정되었다. 실제로 주룽지 전총리는 그의 마지막 업무보고에서도 상대적으로 높은 수준의 경제성장률을 유지할 필요성을 강조했다.[19) 이러한 경제성장률에 대한 집착이 중국으로 하여금 일부 사람과 일부 지역이 먼저 발전을 이루고 그 효과를 확산시킴으로써 발전을 확대시킨다는 불균형 발

---

16) 대표적으로 중국 공산당은 2004년 9월에 개최된 16기 4중전회에서 당의 집권능력 강화를 정책목표로 채택했다.
17) 朱鎔基, "政府工作報告,"『人民日報』, 2003年 3月 20日.
18)『人民日報』, 2004年 2月 22日.
19) 朱鎔基, "政府工作報告."

전전략을 추구하도록 작용했고, 불균형 발전전략은 다시 연안지역의 급속한 발전과 농촌 및 내륙지역의 경제적 낙후라는 결과로 이어졌다.[20] 그러나 최근 들어 이처럼 GDP를 중시하고 또 불균형 발전전략을 통해 발전을 추구한다는 발전관에 변화가 나타나기 시작했다. 변화는 중국이 추구해온 발전이 지속될 수 있는가 라는 반성에서 기인했다. 이러한 반성은 다시 발전에 대한 시각을 재규정하도록 작용했다. 새로운 발전관은 장쩌민(江澤民)이 16차 당대회에서 행한 연설에서 그 모습을 드러냈다. 장은 그의 연설에서 새로운 방식의 공업화가 필요하다고 지적하고, 구체적으로 과학기술의 함량이 높고, 경제효율이 높고, 자원소모가 적고, 환경오염이 적고, 인력자원의 우세가 충분히 발휘되는 발전전략을 추구할 필요성을 강조했다.[21]

발전에 대한 시각변화는 제4세대 지도부가 취임한 이후 더욱 가속화되었다. 제4세대 지도부는 새로운 발전관을 "과학적 발전관"으로 명명했다. 새로운 발전관은 GDP 중심의 기존 시각에 대한 교정을 시도했다. 2004년 2월 중앙당교가 주최한 과학적 발전관 수립을 위한 연구반 개막식에서 쩡칭훙(曾慶紅)은 경제적 성장을 지속시키는 것이 중요하지만 발전은 단지 GDP 증가율을 통해서만 평가되는 것은 아니라고 지적함으로써 모든 가치를 희생하고 GDP 성장률만을 추구해 온 기존 정책에 변화를 예고했다.[22] 이는 GDP 성장률이 관료들의 정책수행 능력을 평가하는 가장 중요한 지표로 사용되는 관행에 변화가 올 것임을 예고한 것이었다. 이처럼 제4세대 지도부들은 성장 제일주의 정책에 변화를 가하려 시도했

---

20) 이에 관해서는 Wang Shaoguang and Hu Angang, *The Political Economy of Uneven Development : The Case of China* (New York: M. E. Sharpe, 1999)를 참조.
21) 江澤民, "全面建設小康社會, 開創中國特色社會主義事業新局面," 『人民日報』, 2002年 11月 18日.
22) http://news.xinhuanet.com/fortune/2004-02/16/content_1316782.htm (검색일: 2004년 2월 18일).

다. 대신에 이들은 질병, 사회적 불공정, 그리고 자연재해와 인재 등에도 관심을 기울이려 했다.

이와 함께 발전에 대한 새로운 시각은 균형적인 발전을 강조하기 시작했다. 과거 중국은 일부 지역, 일부 기업, 일부 개인 우선의 발전정책을 추구했고 이처럼 한쪽으로 치우친 발전방식은 발전의 불균형 문제를 야기했다. 무엇보다도 이러한 불균형 발전정책은 지역간, 도농간, 그리고 계층간 격차를 야기했다. 새로운 지도부는 도시와 농촌이 균형을 이루고, 경제적 성장과 사회적 혜택이 조화를 이루고, 또 인간과 자연이 조화를 이루는 전면적이고 조화로운 발전을 기치로 내걸었다. 이는 경제성장 중심의 발전에서 경제, 사회, 인간 모두가 함께 발전하는 전면적인 발전으로 전환하려는 시도였다. 아울러 이는 사회 각 분야와 각 방면의 발전이 서로 연계되고 또 촉진작용을 하도록 조정하려는 시도이기도 했다. 물론 이러한 인식상의 변화가 곧바로 실천상의 변화를 의미하지는 않겠지만, 그럼에도 불구하고 이러한 변화는 발전에 대한 중국의 인식이 점차 성숙해지기 시작했음을 보여준다.

2) 안정

이상에서 살펴본 것처럼, 발전은 중국이 직면한 다양한 문제를 해결하고 또 정치적 정당성을 획득하는 기반으로 간주된다. 그러나 중국 지도부는 발전만으로 중국이 처한 모든 문제를 해결할 수는 없다고 본다. 물론 발전을 통해 개혁의 수혜자를 확대하고 이들의 지지를 얻음으로써 안정을 달성할 수 있지만 이는 장기적인 과정이고, 단기적으로는 안정을 획득하기 위한 노력이 필요하다는 인식이다. 특히 경제발전은 불가피하게 빈부격차와 같은 부작용을 가져올 수밖에 없는데, 이러한 부작용이 누적됨으로써 안정을 저해하는 것을 막기 위해서는 정책적 노력이 필요하다는 것이다.

중국에서는 안정을 유지할 필요성을 강조하기 위해 다른 발전도상
국가들의 경험이 인용되곤 한다. 대표적으로 급격한 발전이 가져온 빈부격
차를 해소하지 못함으로써 경제발전이 지장을 받았던 라틴아메리카 국가
들의 경험이 거론된다. 이러한 경험은 다시 중국에서 안정을 유지하기 위
한 노력이 필요하다는 주장의 근거로 제시된다. 한 전문가는 이 국가들의
경험은 1인당 GDP가 1천 달러에서 3천 달러 정도에 이르렀을 때 사회경
제구조의 변화가 강해지고 이익갈등이 증가함으로써 사회안정의 문제가
제기됨을 보여준다고 지적한다.23) 이러한 경험에 근거할 때 중국 또한 사
회안정의 과제에 직면해 있다고 인식된다. 중국에서도 개혁개방이 심화되
고 확장되는 과정에서 새로운 갈등과 문제가 계속해서 출현하고 심지어
집중적으로 터져나와 아직 해결되지 못한 기존의 모순이나 문제와 한 데
얽혀 시장경제 건설에 장애로 작용하는 것으로 지적된다. 여기에 더해 중
국의 정치문화상의 변화는 안정에 관심을 쏟을 필요성을 더욱 증가시키는
이유로 거론된다. 개혁과 함께 중국인들은 자신의 이익을 보다 적극적으로
추구하려 하며 또 이러한 추구가 좌절될 경우 거리로 나서려는 경향을
보이는데, 이처럼 불공정을 참으려는 인내심이 급속하게 약화됨에 따라
중국에서 불안이 지속되고 또 증가될 가능성이 커졌다는 인식이다.

　이처럼 지난 20여 년에 걸친 발전이 중국 사회에 충격을 가했기에,
이러한 충격을 제어하고 완화시킬 대응책을 마련할 필요성이 제기된다. 가
령, 주룽지 전총리는 발전의 필요성을 힘주어 강조하면서도 동시에 개혁의
속도가 불안정을 초래하지 않도록 조절할 필요성도 강조했다. 개혁이 중대
한 진전을 이루고 경제가 더욱 발전하는 동시에 사회의 안정도 적극적으로
유지해야 한다는 지적이다. 이를 위해 개혁의 정도, 발전의 속도, 그리고

---

23) http://www1.people.com.cn/GB/shizheng/1026/2705405.html (검색일: 2004년 8월 13일).

시회의 부담 능력을 조화시킬 필요가 강조되었다.[24]

중국에서 안정은 직접적인 억압보다 개혁이 낳은 부작용에 대처하고 또 이를 제거함으로써 달성되는 것으로 이해된다. 구체적으로 중국의 지도자와 전문가들은 빈부격차, 실업, 지역격차와 같은 만성적 문제들이 사회적 문제를 악화시키고 경제성장을 지체시키며 사회적 혼란을 초래할 수 있다고 인식한다. 이러한 인식은 당정간부를 대상으로 매년 시행되는 조사에서 단적으로 드러난다.[25] 북경대학의 정치발전 및 거버넌스(治理)연구소가 98명의 학자를 대상으로 시행한 조사에서도 부패, 빈곤, 실업, 취약한 금융체제, 환경 등이 사회적 불안정을 초래할 수 있는 요인으로 지적되었다.[26] 따라서 안정을 유지하기 위해서는 이러한 문제들에 대한 대응이 필요하다.

4. 책의 구성

1) 발전과 변화

이 책은, 1장을 제외하고, 크게 3개의 부분으로 구성되는데, 첫째 부분에서는 발전을 향한 노력이 고찰될 것이다. 발전은 변화를 요구한다. 다시 말해 발전을 지속시키기 위해서는 기존 제도와 발전전략을 계속해서 변화시키고 또 조정해야 한다. 중국에서 이러한 변화는 발전에 필요한 것

---

24) 朱鎔基, "政府工作報告."
25) 이러한 조사의 결과는 매년 출판되는 『中國社會形勢分析與豫測』에서 찾아볼 수 있다.
26) *South China Morning Post*, September 9, 2004.

에 집중되고 또 한정된다. 이 책의 제1부에서는 발전을 향한 중국의 변화 노력을 검토하게 될 것이다.

발전을 위한 노력과 관련하여 가장 먼저 검토되는 것은 새로운 자산 관리체제를 모색하려는 시도이다. 새로운 자산관리체제의 모색은 최근 들어 중국에서 중요한 개혁과제로 제기되었다. 이 장은 재산권 개혁이 발전이라는 목표와 어떻게 연관되는가를 밝히기 위해 기획되었다. 정환우 박사는 새로운 자산관리체제의 모색을 기업개혁, 특히 기업의 소유제 개혁의 연장선상에서 파악하고 있다. 그동안 중국에서 진행된 기업개혁은 소유제 개혁 없이 진행되었는데, 이러한 개혁은 궁극적으로 한계에 직면하게 되었고 이러한 한계에 대한 대응노력이 새로운 자산관리체제의 개혁으로 이어졌다는 논리다. 필자는 새로운 자산관리체제의 모색이 공유제 중심의 소유체제에서 오는 정부-기업의 미분리라는 문제를 해결하기 위해 추진되었지만, 현실적으로 중앙정부와 지방정부 등 체제 내 행위자들의 이익에 대한 고려 속에 진행됨으로 인해 소기의 목적을 달성할 수 있을지 또 중국의 발전을 지속시키는 데 기여할 것인지는 지켜볼 문제라고 결론짓고 있다.

다음의 두 장은 상대적으로 낙후된 지역을 발전시킴으로써 균형적인 발전을 추구하려는 중국의 시도를 검토하게 될 것이다. 그 하나는 서부대개발 전략이다. 물론 서부대개발은, 동북지역을 발전시키려는 노력과 마찬가지로, 지역격차라는 문제를 해소함으로써 안정을 확보하려는 시도로서의 성격과 경제발전을 지속시킬 새로운 동력을 확보하려는 시도로서의 성격을 동시에 갖는다. 이 장은, 이 가운데, 서부대개발이 경제발전을 지속시킬 새로운 동력을 확보해줄 수 있을 것인가를 검토하기 위해 기획되었다. 허흥호 교수는 중국이 추진하는 서부대개발을, 그동안 동부 연해지역을 중심으로 추진되어온 경제발전을 서부지역으로 확장시킴으로써 발전을 지속시키려는 시도로 규정한다. 필자는 서부대개발이 성공할 경우 연안지역과 내륙지역 간의 공동발전을 가능케 함은 물론 중국 전체의 구매력을 증대시킴으로써 내수시장을 확대하는 등 중국 경제를 한 단계 더 발전시키는 데 기여할 것으로 평가한다. 그러면서도 필자는 서부대개발이 많은 어려움을 안고 있음도 지적한다. 이러한 어려움 가운데서도 가장 두드러지는 것은 재원의 확보이다. 중국 정부는 개발에 필요한 자금을 주로 국가의 재정적 지원과 외자도입을 통해 조달할 계획을 갖고 있지만 그 어느 것도 쉽지 않다. 따라서 서부대개발이 연해지방과 같이 고도성장을 이룩하는 데는 어려움이 따를 것이라는 전망이 제시된다.

지역간 균형 발전을 이루기 위한 다른 하나의 시도는 동북개발이다. 중국의 동북지역은 국유기업 중심의 경제구조를 지니고 있는데, 이러한 전통적인 계획경제체제의 유산이 발전을 제약하고 있는 것이 현실이다. 이 장은 새롭게 취임한 제4세대 지도부가 동북개발을 통해 경제발전을 지속시킬 새로운 추진력을 확보하는 동시에 자신의 업적도 과시하려는 의도를 갖고 있음을 밝히기 위해 기획되었다. 이 장에서 장윤미 박사는 동북개발의 배경, 조건, 그리고 쟁점을 중심으로 동북개발의 구상과 발전전략을 검토하고 있다. 필자는 동북개발이 서부대개발과는 다른 조건에서 진행될 수밖에 없고 따라서 그 발전의 궤적과 과정 또한 서부대개발과 다를 수밖에 없음을 지적하고 있다. 구체적으로 동북개발은 국가의 거시적 계획과 재정지원이라는 기존의 방식에서 벗어나 외국자본과 민간자본을 적극적으로 유치하는 방식으로 진행될 것이며, 따라서 이러한 자본유치에 얼마나 성공하느냐에 따라 새로운 성장의 동력으로서 작용할 수 있는가가 결정될 것으로 제시된다.

발전을 위한 노력과 관련해서 마지막으로는 중국의 정보산업화 정책이 검토될 것이다. 정보화는 중국에 이중적 의미를 지닌다. 한편으로 정보화는 중국의 권위주의적 통치체제에 도전을 제기하지만 동시에 정부의 효율적 운영과 경제발전이라는 목표를 달성하는 데 기회를 제공하는 것도 사실이다. 이 장은 중국 정부가 발전이라는 목표를 달성하기 위해 정보화를 어떻게 활용하려 하는가를 규명하기 위해 기획되었다. 이 장에서 이민 자 교수는 이러한 중국의 노력을 정보통신(IT)산업을 중심으로 고찰하고 있다. 필자는 중국 정부가 IT산업을 발전시키기 위해 자국기업을 보호 · 육성하는 동시에 경쟁을 유도하는 이중적 역할을 수행함을 지적한다. 이러 한 정부의 정책에 힘입어 중국의 IT산업은 급속한 발전을 경험했다. 물론 중국 기업들은 수익성이 높은 고급제품 부문에서 여전히 열세에 처해 있 지만, IT산업의 발전은 중국의 수출경쟁력을 제고하고 경제성장을 추동시 키는 데 기여했다는 것이 필자의 지적이다.

2) 안정과 변화의 조화

두 번째 부분에서는 안정을 유지하려는 시도가 검토될 것이다. 앞에 서 지적한 것처럼, 발전은 변화를 요구한다. 그러나 안정을 유지할 필요성 은 이러한 변화의 성격과 한계를 설정한다. 발전을 위해 변화를 계속해서 추구할 경우 안정이 위협받을 수 있기에, 변화는 안정을 해치지 않는 범위 에서 진행되어야 한다. 이는 안정을 유지할 필요성이 중국에게 체제를 근 본적으로 변화시키기보다 제도화나 효율성 제고와 같이 체제의 문제를 해 결하는 방향에 변화의 초점을 집중시키도록 작용함을 의미한다. 구체적으 로 안정을 유지할 필요성은 변화의 초점을 당면문제의 해결과 투명성 및 예측성을 강화시키는 규칙과 규정의 제정에 둘 것을 요구한다.[27]

안정을 향한 노력에 대한 이 책의 검토는 사회주의 법제에 대한 논의 로부터 시작된다. 사회주의 법제는 최근 들어 중국 정부와 지도자들이 중

---

27) 이에 따라 부패, 대중시위, 금융위기 가능성, 대만문제 등과 같은 불안정을 촉발시킬 수 있는 다른 요인들은 검토대상에서 제외되었다.

국이 추구해야 할 당면과제로 계속해서 제기하는 사항이다. 사회주의 법제의 확립은 경제적 성격과 정치적 성격을 동시에 띤다. 경제적으로 사회주의 법제의 확립은 시장경제체제가 필요로 하는 법체계를 확립하려는 노력이다. 정치적으로 사회주의 법제의 확립은 법과 제도를 통해 체제의 정통성을 강화시키려는 시도이다. 이 장은 사회주의 법제의 정치적 측면을 규명하기 위해 기획되었다. 이 장에서 전병곤 박사는 중국에서 사회주의 법제를 확립하려는 노력이, 당의 지배를 전제로 추구됨에 따라, 당의 지배를 유지하는 데 필요한 법률과 제도를 확립하는 데 그 초점이 주어진다고 지적한다. 이러한 측면에서 중국이 추구하는 사회주의 법제는 서구에서 말하는 법치와 차이를 보이며, 따라서 사회주의 법제는 민주화를 지향하기보다 민주화의 대안으로 작용함을 지적한다. 그러나 필자는 이러한 사회주의 법제의 추구가, 법과 제도적 틀의 구축에 기여함으로써 당 지배체제의 안정에 일정 부분 기여하는 것이 사실이지만, 중장기적으로는 더 근본적인 변화욕구로 이어질 가능성을 안고 있음도 지적한다.

안정을 유지하기 위한 시도와 관련된 두 번째 장은 선거의 확대를 검토하고 있다. 중국에서 선거는 촌급에서 시작되어 향과 진을 거쳐 이제 현급으로까지 확대되고 있다. 이 장은 이처럼 중국에서 선거가 확대되는 배경, 내용, 그리고 그 의미를 검토하기 위해 기획되었다. 김도희 교수는 향진 간부 선거를 대상으로 선거의 확대가 갖는 의미를 검토하고 있다. 특히 필자는 중국에서 선거는 간부들의 책임의식을 증대시킴으로써 농촌의 안정을 강화하기 위해 도입되었다는 기존의 시각을 비판적으로 검토하고 있다. 필자는 중국에서 선거가 계속해서 확대되는 현상은 선거의 도입이 일시적 혹은 부분적 정책이 아니라 좀더 광범위한 함의를 가지고 추진되고 있다고 주장한다. 구체적으로 필자는, 중국에서 선거가 갖는 한계를 의식하면서도, 선거의 도입과 확대를 중국이 정치개혁의 길을 가고 있음을 보여주는 초보적인 증거로 간주한다. 이 점에서 필자는 중국이 보다 적극적인 변화를 통해 발전과 안정을 추구함을 제시하고 있다.

　세 번째 장은 중국이 사회 정치적 안정을 확보하기 위해 추진하는 중점적인 노력 가운데 하나인 사회보장제도의 도입을 검토하고 있다. 이 장은 중국이 추진 중인 사회보장제도 도입이 사회정치적 안정이라는 정치권력이 의도한 목표를 실현하는 데 기여할 것인가를 평가하기 위해 기획되었다. 이중희 교수는 1990년대 이래 중국에서 단위(單位)체제의 해체와 맞물려 사회화된 사회보장제도의 도입이 급속히 추진되었으며, 양적으로 성과를 거두어 왔음을 양로보험·의료보험·실업보험의 사례를 통해 제시하고 있다. 그러면서도 필자는 중국에서 사회보장제도의 도입이 목표한 만큼의 성과를 거두지 못했음을 지적하고 있다. 특히 중국에서 사회보장제도의 도입은 기존의 불균등하고 불평등한 구조를 유지시키는 문제를 안고 있다. 가령, 사회보장제도의 도입이 도시에서는 비교적 빠르게 진척되고 있음에 반해 농촌에서는 상대적으로 부진한 상태다. 아울러 지역간의 격차 또한 여전히 존재한다. 필자는 중국 정부가 이러한 문제점을 해결하는 데 적극적이지도 않고 또 해결할 충분한 역량을 갖고 있지도 않은데, 이러한 상황이 지속되면 심각한 사회적 불안정이 초래될 수 있다고 지적한다.

　안정의 유지와 관련된 마지막 문제는 소수민족의 분리주의 경향이다. 소수민족의 분리주의는 중국이 직면한 중요한 불안정 요인 가운데 하나인데, 이 장은 분리주의 경향이 안정을 유지하려는 중국의 노력에 미치는 영향과 이러한 도전에 대응하려는 중국의 노력을 검토하기 위해 기획되었다. 그러나 이 장은, 기본적으로 1차년도 연구의 연장선상에 있기에, 1차년도에 살펴본 분리주의 경향보다는 분리주의에 대한 중국의 인식과 분리주의 문제를 해결하려는 중국 정부의 대응에 그 초점을 집중시킬 것으로 기대된다. 이동률 교수는 소수민족의 분리주의에 대한 중국의 대응은 체제안정과 유지라는 논리에 바탕을 두고 있다고 지적한다. 즉, 체제안정에 위협이 된다고 판단되는 강경한 분리주의 활동에 대해서는 공권력을 통해 강제적으로 제압하지만 기본적으로는 발전을 통한 문제의 해결을 추구하고 있다는 지적이다. 특히 중국 정부는 소수민족 지역의 경제를 발전시키는 과정에서 중앙정부 및 연해지역에 대한 경제적 의존성을 강화시킴으로써 통합을 유지하는 전략을 구사한다. 이러한 노력에 힘입어 중국 정부는 분리주의 경향을 억지하고 있지만 근본적인 해결에는 미치지 못하고 있기에, 소수민족의 분리주의 경향은 상당 기간 안정에 영향을 끼치는 요인으로 남게 될 것으로 제시된다.

3) 평가와 전망

이 책의 마지막 부분은 이상의 논의를 종합하고 또 향후 전망을 제시하기 위해 구성되었다. 특히 이 부분에서는 발전과 안정을 병행해서 추구하려는 중국의 의도와 계획에 영향을 끼칠 요인들을 국내적 요인과 대외적 요인으로 구분하여 살펴보게 될 것이다.

이 부분의 첫 번째 장은 중국의 국내적 요인들이 발전과 안정을 동시에 추구하려는 중국의 노력에 영향을 끼칠 가능성을 검토하기 위해 기획되었다. 전성흥 교수는 중국 지도부가 지금까지는 경제적 영역에서의 자율성 확대와 정치영역에서의 통제력 유지를 통해 경제발전과 정치안정을 동시에 달성하는 데 성공했다고 지적한다.

그러면서 필자는 과연 향후에도 이런 구도가 가능할 것인지에 대해 의문을 제기하고 있다. 왜냐하면 본문의 분석에 의하면, 성장의 이면에 경제적 위기를 초래할 수 있는 제 문제들이 잠재해 있고, 사회 불안정을 야기하는 각종 요인들이 갈수록 심각해지고 있기 때문이다. 따라서 이런 문제들을 잘 해결할 수 있는지가 중국의 미래를 결정하는 관건이 될 것이라고 지적한다. 중국의 새로운 지도부가 현재 이러한 문제들을 인식하고 또 이를 해결하기 위해 다양한 노력을 경주하고 있다는 사실은 낙관적 전망의 근거가 될 수 있지만, 아직 그 가시적인 성과가 구체적으로 나타나지 않은 상황에서 장기적 전망은 여전히 미지수라고 지적하고 있다.

마지막 장은 국제적 요인이 발전과 안정을 동시에 추구하려는 중국의 노력에 영향을 끼칠 가능성을 검토하기 위해 기획되었다. 국제적 요인이 중국에 끼치는 영향은, 중국과 세계경제 간의 연계가 증대됨에 따라, 더욱 증대되고 있다. 따라서 중국이 자신이 추구하는 목표를 달성할 수 있을 것인가를 이해하기 위해서는 국내적 변수들뿐 아니라 국제적 요인의 영향력에 대한 검토도 요구된다. 김재철 교수는 국제적 요인이 중국의 진로에 영향을 끼칠 것을 인정하면서도 그러한 영향은 다시 중국 내의 요인들에 의해 중개될 것이라는 전제 아래 국제적 요인의 영향력을 검토하고 있다. 구체적으로 필자는 국제기구와 국제시장의 규범과 제도들, 그리고 미국으로 대표되는 개별 국가의 압력과 같은 요인들이 중국의 발전과 안정에 끼칠 영향을 긍정적 측면과 부정적 측면으로 구분하여 고찰하고 있다. 필자는 국제적 비중이 증대됨에 따라 중국은 국제적 요인의 영향력을 거부하고 차단하는 전통적 입장으로부터 국제적인 압력을 부분적으로 수용하고 또 부분적으로 거부하는 입장으로 선회하고 있는데, 이러한 선회가 중국이 발전과 안정을 동시에 추구한다는 목표를 달성하는 데 기여할 것임을 제시하고 있다.

지속적 발전과 변화 제1부

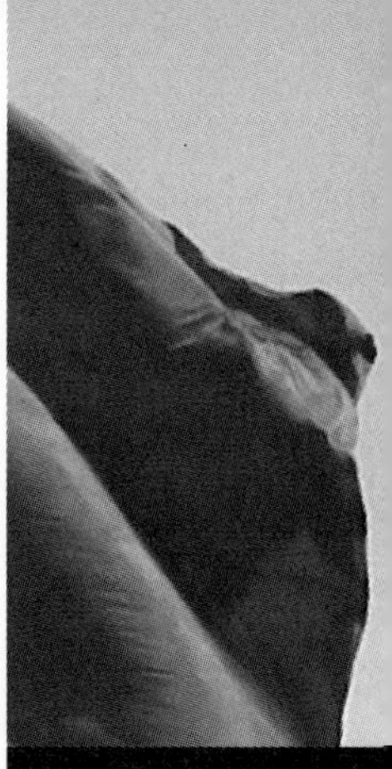

제2장

소유제 개혁과 새로운 자산관리체제의 모색

■ 정환우

1. 서론

중국은 개혁 이전에 형성되어 온 재산권 구조를 바꾸지 않은 채 경제성장을 도모하는 개혁전략을 선택했다. '계획 외부로부터의 성장'(growing out of the plan), '증량식 개혁'(增量改革) 등의 말로 대변되듯 중국은 기존 국유기업을 사유화시키기보다는 그대로 둔 채 집체기업이나 사영기업 등 여타 소유제 부문이 성장해 가도록 격려하고 유인했다.[1] 그리고 이러한 전략은 지난 4반세기 동안의 경제성장이 보여주듯이 엄청난 성과를 거두었고 심각한 침체와 많은 부작용에 시달리는 구소련 및 동구사회주의의 급진적 개혁(big bang)에 대비되는 성공적 개혁 모델로 많은 주목을 받았다.[2]

그러나 1990년대 중반 이후 중국은 기업개혁을 적극 추진해 오고 있다. 중국은 1980년대 초 이래 국유기업의 경영자주권 확대, '은행대출로

---

1) Barry Naughton, *Growing Out of the Plan: Chinese Economic Reform 1978~1993* (Cambridge: Cambridge University Press, 1996), pp. 8-9; 린이푸 외 저, 한동훈 · 이준엽 역, 『중국의 개혁과 발전전략』(서울: 백산서당, 2001), pp. 323-326; 姚錫棠, 『中國特色社會主義市場經濟的實踐與理論: 長江三角洲地區的特徵與摸索』(上海: 上海社會科學院出版社, 2001), pp. 14-17 등을 참조.
2) 조지프 E. 스티글리츠 저, 강신욱 역, 『시장으로 가는 길』(서울: 한울아카데미, 2003), pp. 266-267.

재정지출을 대체'(撥改貸), '세금으로 이윤상납을 대체'(利改稅), '경영책임제'(承包制) 등의 다양한 국유기업 개혁 조치를 실시해 오는 한편, 또 다른 공유제 부문인 향진 집체기업을 적극 장려하는 동시에 다양한 경영계약제를 실시해 왔다. 그럼에도 불구하고 1990년대 이후 국유기업 적자가 심각해지고 향진 집체기업 역시 경영부실이 심각해지자 중앙은 두 가지 방향으로 대응해 왔다. 그 하나는 소유제 개혁으로 정부는 주식제를 도입하는 한편, '큰 기업을 틀어쥐고 작은 기업을 놓아주는'(抓大放小) 등의 실질적인 사유화 정책을 실시하기에 이른다.3) 다른 하나는 공적(국가소유와 집체소유를 모두 포함)으로 소유하되 정부-기업관계는 분리하는 것을 골자로 하는 공유자산관리체제 개혁이다. 이렇듯 1990년대 중반 이후 중국이 적극 추진해 온 소유제 개혁과 (공유)자산관리체제 개혁은 1990년대 이후 중국 경제체제 개혁의 중요한 주제로 대두되었다.

　　　이 연구는 최근 중국에서 실시된 기업개혁 특히 (공유)자산관리체제 개혁이 실시되게 된 원인과 과정, 그리고 그 결과가 중국의 지속적 발전에 어떤 의미를 가질 것인가에 대한 의문에서 시작되었다. 이 개혁이 아직 진행 중이기 때문에 이에 관련된 기존 연구는 양적으로나 질적으로나 풍부하지 않지만 논의의 줄기를 잡는 데 도움이 될 시각들은 제시되어 있다. 우선, 개혁 이후 상당기간 동안 중국은 많은 논란에도 불구하고 소유제 개혁 없이도 성장이 가능할 수 있음을 보여주는 대표적인 사례로 거론되어 왔다.4) 또 다른 한편에서는 중국이 분권화를 추진한 뒤 지방간 경쟁이 격화되고, 각 지방이 경쟁에서 이기기 위해 기업경영 효율을 증가시키기 위해 노력한 결과 기업 사유화가 광범위하게 실시되었으며 이 결과 중국

---

3) 한홍석, "중국 국유기업 개혁의 딜레마: 도시주민들의 기득권 문제를 중심으로," 『中蘇硏究』 (한양대학교 아태지역연구센터), 25권 2호(2001년 여름), p. 52.
4) 스티글리츠, 『시장으로 가는 길』, pp. 266-267.

이 대체로 시장경쟁 체제로 나아갈 것이라고 전망한다.[5]

그러나 이러한 기존 시각들이 제대로 규명되기 위해서는 소유제 개혁과 더불어 진행되고 있는 중국의 자산관리체체에 대한 검토가 선행되어야 한다. 소유제 개혁이 진행 중이기 때문이기도 하지만 더 중요하게는 실제로 정책차원에서 진행되고 있는 자산관리체제에 대한 검토 없이는 모든 논의가 추상적으로 진행될 수밖에 없기 때문이다. 이렇듯 이 논문에서는 중국에서 진행되어 온 소유제 개혁과 자산관리체제 개혁을 지속적 발전을 위한 중국의 노력이라는 맥락에 비추어 가는 방식으로 논의가 진행될 것이다.

이 논문은 다섯 개의 장으로 구성된다. 서론에 이어 2장에서는 근본적 소유제 변화 없이 점진적으로 진행되어 온 중국의 경제개혁이 어떻게 성장을 이끌어냈는지를 살펴보고 그 한계와 대안의 모색을 알아볼 것이다. 이어 3장에서는 자산관리체제 개혁의 실제 내용과 전개과정이 소개될 것이다. 4장에서는 이러한 자산관리체제 개혁이 향후 중국의 발전에 어떤 함의를 가질 수 있는지를 정부-기업관계와 중앙-지방관계를 중심으로 살펴볼 것이다. 마지막 5장에서는 본문의 논의를 요약하고 함의를 제시하게 될 것이다.

---

5) 구체적인 내용은 다소 다르지만 Montinola, Qian, and Weingast, Gabriella Montinola, Yingyi Qian, and Barry R. Weingast, "Federalism, Chinese Style: The Political Basis for Economic Success in China," *World Politics,* No. 48 (October 1995); 이근·한동훈, "중국은 동아시아 발전모델을 건너뛰는가? : 중국, 한국, 일본의 국제비교," 『경제발전연구』, 4권 2호(1999); Shaomin Li, "Institutional Change and Firm Performance," in Andrew J. Nathan, Zhaohui Hong, Steven R. Smith, *Dilemmas of Reform in Jiang Zemin's China* (Boulder & London: Lynne Rienner Publishers, 1999), pp. 59-60 등이 이러한 견해를 공유한다.

2. 소유제 개혁 없는 성장 : 성과, 문제, 대안의 모색

1) 성과와 한계

중국은 많이 알려진 대로 구소련이나 동구처럼 급속한 사유화와 계획의 해체를 실시하기보다는 점진적인 시장화를 실시하는 한편, 분권화를 통해 지방정부가 경제발전에 나서도록 유인했다. 결국 중국은 기존 제도장치 및 세력관계 구조를 변화시키지 않은 채 기존 체제 내 구성원들(즉, 지방정부와 관료)의 행태를 바꾸는 방식으로 개혁과 성장을 이루고자 했다.6) 이 점에서 개혁기 중국의 성장과 개혁은 '계획 외부로부터의 성장', '양적 증가를 통한 개혁', '체제외적 성장' 등으로 불리기도 한다.7)

이러한 개혁 및 발전전략은 크게 두 가지 방향에서 경제발전상의 특징을 초래하게 된다. 첫 번째로 개혁기의 성장이 중앙보다는 지방 부문, 중공업보다는 경공업, 도시지역 기업보다는 농촌지역 기업이 성장을 주도했다. 우선 같은 국유기업이라 하더라도 중앙이 직접 관리하는 기업(중앙기업)보다는 성이나 시 등 지방정부가 관리하는 기업(지방기업) 대체로 더 나은 성장을 기록했다. 또 산업분야에 있어서도 개혁 전 집중적인 지원을 받으면서 계획경제의 '근간'으로 강조되었던 중공업보다는, 시장적 소비재 생산으로 특징되는 경공업이 개혁기의 성장을 이끌었다.8) 마지막으로 계획적 생산과 소비로 복잡하게 얽혀 있던 도시지역에 비해 분산되어 덜 얽혀 있던 농촌지역의 기업(즉, 향진기업)이 급속하게 성장할 수 있었

---

6) 정환우, "중국의 분권화 개혁과 지방주도 성장의 정치경제,"『國際政治論叢』, 43집 2호(2003년 여름), pp. 343-363.
7) 린이푸 저, 한동훈·이준엽 역,『중국의 개혁과 발전전략』; 姚錫棠,『中國特色社會主義市場經濟的實踐與理論』; Barry Naughton, *Growing out of the Plan* 등을 참조.
8) 린이푸 저, 한동훈·이준엽 역,『중국의 개혁과 발전전략』, 2장, 4장.

다. 이처럼 적지 않은 국유기업과 농촌기업, 특히 농촌 집체소유 기업이 개혁기 중국의 발전에서 중요한 역할을 했다는 사실은 앞에 본 스티글리츠의 지적에서 본 대로 경제성장 내지 효율이 소유제와 직접 관계가 없다는 점을 말해주는 사례로 많이 거론된다. 이를테면 중국의 기업경영 성과가 소유제 구조보다는 해당 기업이 처한 예산제약의 성격(즉 예산제약이 연성적인가 경성적인가)에 있다는 것이다.[9]

<표 1> 국유 독립채산제 공업기업의 적자상황 변화 추이

연 도	적자기업의 적자총액 (억 원)	전체기업 중 적자기업 비중 (%)	적자율 (%)
1978	42	19.3	7.6
1986	32	9.6	4.2
1989	180	16.0	19.5
1990	349	27.6	47.3
1993	453	28.8	35.6
1995	640	33.5	49.0
1997	831	39.2	66.0
1999	851	n.a.	46.8

자료 : 서석홍, "중국 기업의 노동자 샤강과 재취업 문제," 『중소연구』(한양대 아태지역연구센터), 24권 2호(2000년), p. 23의 표를 요약.

<표 2> 향진기업 총생산액의 연평균 실질성장률 변화 (단위: %)

구 분	1979~83	1984~88	1989~91	1992~94	1995~98	1979~98
향진기업 전체	12.5	33.5	13.1	36.2	17.4	21.9
향영 및 진영기업	12.5	23.3	12.7	37.1	5.8	17.1

주 : 실질성장률은 각 년도의 경상가격총액을 전국소매물가지수로 나눈 값으로 계산.
자료: 서석홍, "중국 향진기업 '쑤난모델'의 특징과 재산권 개혁," 『중소연구』(한양대학교 아태지역연구센터), 25권 2호(2001년).

---

9) 한홍석, "중국 대기업의 성장과 시장경쟁: 가전산업의 사례를 중심으로," 『中蘇硏究』(한양대학교 아태지역연구센터), 25권 3호(2001년 가을), pp. 108-113.

그러나 1990년대 들어선 뒤에야, 특히 1990년대 중반 전후 이후에야 국유기업과 향진 집체기업을 막론하고 적자와 자산 유실이 급증하기 시작했다. 〈표 1〉을 통해 중국 전체 국유기업의 적자가 꾸준히 늘어나고 있음을 볼 수 있다. 특히 1993년 이후 적자폭이 급속하게 커지고 있는 것으로 나타난다. 이러한 공유기업의 적자는 향진 집체기업에서도 마찬가지다. 〈표 2〉에는 개혁 이후 향진기업의 성장률이 나타나 있는데, 국가 전체적으로 긴축정책이 강력하게 실시되었던 1989~91년 기간을 제외하고 1990년대 후반 들어 향진기업의 성장률이 급속히 하락되고 있음을 알 수 있다. 특히 전체 향진기업 중에서도 향진 정부와 촌 정부(촌민위원회)가 실질적으로 소유하고 있던 향진 집체기업의 성장률이 더더욱 급속하게 하락하고 있음이 주목된다. 1990년대 중반이 되면 어떤 식으로는 공유제 기업의 개혁이 불가피해졌음이 분명해 보인다.

그런데, 국유기업과 향진기업의 경영 성과가 1990년대 중반 전후부터 급속하게 악화되었다는 사실은 중국이 선택할 수 있는 기업개혁의 방식과 관련하여 의미 있는 시사점을 하나 던져준다. 즉, 국가 소유이든 집체 소유이든 1980년대에는 모두 양호한 성장을 보여주고 있었다는 것인데 이는 1980~90년대 전반까지의 성장과 둔화가 모두 공유제하에서 일어났다는 것을 의미하는 것으로 개혁기 중국의 성장과 소유제 성격이 직접적인 관련이 별로 없을 수도 있음을 시사한다. 예컨대 어떤 학자는 1990년대 중반 이후 향진 집체기업의 적자가 확대된 이유가 과연 향진 집체기업의 공유제적 성격이었는가 하는 문제와 관련하여 반론을 제기하기도 한다. 예를 들어 판웨이(潘維) 교수는 지방정부의 경영간섭, 사실상의 소유자 부재, 부패 등의 측면에서 집체 소유기업이 사영기업보다 비효율적이지 않음을 지적하면서 1990년대 후반 이후 추진된 향진 집체기업의 민영화 개혁이 '이데올로기적인 매도'에 의해 정책적으로 결정된 것이라고 비판한다.[10]

오히려 중국 내외의 많은 학자들은 1990년대 들어 격렬해진 중국 내 시장경쟁이 공유제 기업들의 경영성과를 악화시켜 왔다고 지적한다.[11] 예를 들어 1991년 산시(陝西)성이 광둥성의 예를 따라 가격통제와 지역간 상품유통을 담당하는 세무기관을 폐쇄한 뒤 장쑤(江蘇)성을 포함한 대부분 성이 지방보호주의 조치들을 축소 내지 철폐하게 되면서 지역간 상품유통과 경쟁이 더욱 심해지게 되었다.[12] 이런 변화는 중국 전체의 시장 효율성을 높여주긴 하겠지만 개별 기업으로서는 더욱 심각한 시장경쟁에 직면하게 된다는 것을 의미한다. 더구나 이렇다 할 지명도나 기술을 갖추지 못한 중소 규모 및 낙후지역의 향진기업들은 더욱 큰 난관에 직면하게 된다. 게다가 1992년 덩샤오핑(鄧小平)의 남순강화 이후 전면적 개방이 선포된 이후 폭증한 외자기업의 중국 내 투자에 따른 시장경쟁 격화는 중국 내 공유기업들의 경영을 더욱 압박하는 요인으로 작용했다. 특히 향진기업들은 1980년대 후반 이후 앞선 자금과 기술을 지닌 외자기업들과의 경쟁으로 더욱 큰 어려움에 직면했다.[13]

1980~90년대 중국 국유기업의 경영 성과에서 보이는 이러한 특징은 중국 정부(중앙정부든 지방정부든)가 택할 수 있는 대응방식을 가늠케 해준다는 점에서 중요하다. 앞에서 지적한 대로 중국은 시장체제를 점진적으로 도입하는 반면, 분권화를 전면적으로 실시한 결과 각 지방정부와 관료들

---

10) 潘維, 『農民與市場: 中國基層政權與鄉鎮企業』(北京: 商務印書館, 2003), pp. 326-373.
11) 이에 대한 소개는 한홍석, "중국 대기업의 성장과 시장경쟁: 가전산업의 사례를 중심으로"; 정환우, "중국의 분권화와 지방주도 성장의 정치경제"; 서석흥, "중국 향진기업 '쑤난모델'의 특징과 재산권 개혁" 등을 참조. 이외에 한홍석은 1990년대 중반 이후 중국이 디플레이션에 빠지면서 실질금리가 상승하게 됨으로써 그전부터 쌓여 있었던 부채가 국유기업에 큰 부담으로 작용하게 되었다고 지적한다. 한홍석, "중국 국유기업 개혁의 딜레마: 도시주민들의 기득권 문제를 중심으로," p. 43.
12) Gabriella Montinola · Yingyi Qian · and Barry R. Weingast, "Federalism, Chinese Style: The Political Basis for Economic Success in China," pp. 77-78.
13) 萬解秋, 『鄉鎮企業結構調整與集約化經營研究』(蘇州: 蘇州大學出版社, 1999), p. 9.

이 경제발전에 나서게 되었는데, 여기에 '동원'된 기업들은 대부분 국유기업과 향진 집체기업 등 공유제 기업들이었다. 그러나 1990년대 들어 경쟁압력이 심해지자 얼마 전까지 경제적 이득을 가져다주던 이들 공유제 기업은 이제 많은 경우 지방정부의 부담이 되었다.[14] 여기서 우리는 과거에 성장을 이끌었던 공유제 기업이 시장 환경의 변화에 따라 이미 1980년대 초 이후 '기업가처럼' 변해버린 지방정부들에게 부담이 되어버렸다는 사실을 알 수 있다. 이것은 부담이 된 공유기업을 처분하는 일 역시 철저하게 지방정부와 관료들의 고려 내지 더 나아가 이해타산에 따라 결정될 가능성이 커지게 되었다는 사실을 짐작하게 한다.

위에서 본 대로 1980년대 중국의 공유제 기업은 대체로 개혁과 발전에 부정적 역할을 담당해 왔음에도 불구하고 일부 기업의 경우에는 성장의 견인차 역할을 해 낼 수 있었다. 1980년대에 향진 집체기업은 중국의 성장을 실질적으로 이끌어 왔다. 그러나 국유기업의 경우 누적되는 적자에도 불구하고 이것이 전체 경제를 발목 잡을 정도는 아니었다. 특히 일부 지방정부 주도하의 국유기업은 급속한 성장의 주력이 되기도 했다.[15]

---

14) 예를 들어 장쑤성 쑤저우(蘇州)시 지역의 경우 거의 90%의 향진이 기업개혁 과정에서 향진 기업의 부채를 향진농공상총공사의 부채로 이전시켜 줄 수밖에 없었던 것으로 알려진다. 물론 기업 민영화 과정에서 공유자산이 의도적으로 유실되었을 가능성이 크며 이 과정에서 많은 부패와 부정이 있었을 것이다. 그러나, 그렇다고 하더라도 향진기업의 광범위한 적자와 높은 부채율이 상쇄되는 것은 아니다. 萬解秋, 『鄕鎭企業結構調整與集約化經營硏究』, pp. 9-10. 2001년 필자의 면담에 응했던 한 농촌 관료는 우쟝(吳江)시 관할 어떤 진의 경우 1995년 당시 향진기업 전체 고정자산이 1.45억 위안이었던 반면 진 향진기업의 전체 부채는 1.89억 위안이었다고 밝히기도 했다(2001년 10월 장쑤성 농촌지역 면담).
15) 예를 들어, 개혁기 중국의 대표적인 가전기업으로 떠오른 칭다오(靑島)시의 '하이얼,' 쓰촨(四川)성의 '창홍(長紅),' 우시(無錫)시의 '작은 백조'(小天鵝) 등은 모두 지방 국유기업이나 집체기업이었다. 한홍석, "중국 대기업의 성장과 시장경쟁: 가전산업의 사례를 중심으로" 참조.

2) 대안의 모색

그러나 1990년대 이후 공유제 기업들의 적자 누적은 어떤 식으로든 개혁의 필요성을 심화시켰다. 다만, 앞에서 본 대로 공유제 기업의 경영성과가 1990년대에 들어선 뒤에야 심각하게 악화되고 이 역시 기업과 산업에 따라 상이하게 나타나게 되었다는 사실은 이들 기업에 대한 개혁의 속도와 방식을 규정하는 외적 요건으로 작용하게 되었다. 이하에서 보게 되듯이 구체적인 개혁은 국유기업과 향진 집체기업에서, 전체적으로는 대동소이하지만 구체적으로는 다소 상이하게 전개된다.

많이 알려진 대로 국유기업 개혁과 관련하여 1980년대 초 중앙은 소유제 개혁보다는 기업에 대한 유인체계를 바꾸는 전략, 즉 경영청부제를 도입했다. 또 다른 공유제 부분인 향진 집체기업에 대해서도 경영청부제를 실시했다. 그러나 많이 알려진 대로 이러한 개혁은 비록 완전한 실패는 아니라 할지라도 부정적인 성과를 거두어 왔다.

기업개혁이 부진한 성과를 거둠에 따라 1990년대 들어서는 새로운 기업개혁 방식이 모색되었다. 즉 1980년대의 경영청부제를 위시한 이전 시기 개혁이 갖는 문제점들을 해결하는 방향으로 1990년대의 기업개혁 방향이 설정되었다. 그 첫 번째는 회사제(公司制), 즉 주식회사제로의 개조이다. 회사제 개혁은 과거 경영청부제는 소유권과 경영권의 분리가 실시 동기였음에도 불구하고 첫째로 청부계약의 수립과 집행과정에서 자동적으로 개별 기업에 대한 국가 감독기관의 개입을 가져오기 때문에 정부와 기업의 분리라는 소기의 목표를 달성하기 어려웠으며 두 번째로 기업 이윤에 대한 통제권이 기업 내부자에게로 이전되었고 그 결과 자산의 대량 유실이 발생하게 되었다는 인식에 근거한다. 이에 따라 '정부와 기업의 분리' 및 '국가의 기업자산에 대한 소유권'을 법적·제도적으로 보장해 줄 장치로서 회사제가 적극 추진되게 되었다.[16] 다음의 〈표 3〉은 회사제로 개조된 약 2,700개 주요 국유기업의 구체적 개조 방식을 보여주는데, 이를 통해 대중형 기업과

<표 3> 회사제 개혁을 실시한 기업들의 주요 형식 (2000년, %)

	대중형 시점(試点) 국유기업	기업집단 모회사
유한책임회사	29.9	40.8
주식유한회사	35.4	19.0
국유독자회사	34.7	40.2

자료 : 林毅夫・蔡昉, 『中國經濟』(北京: 中國財政經濟出版社, 2003), p. 165.

일반적인 집단 모기업 간에 다소간의 회사형태 차이가 나타나는 가운데 세 유형의 기업이 병존하고 있음을 확인할 수 있다.

한편, 회사제 개혁의 추진과 함께 중소형 기업을 중심으로 소유권 분산을 통한 효율적인 기업지배구조의 수립이 국유기업 개혁의 중요한 방향으로 설정되었고 이에 따라 국유기업 개혁은 부분적으로 소유권의 측면에까지 확대되기에 이른다. 1999년 9월에 개최된 중공 제15기 4중전회에서 통과된 "국유기업 개혁 발전과 관련한 약간의 중대 문제에 관한 결의"(中共中央關于國有企業改革和發展若干重大問題的決定)에서는 소유제 개혁의 주요 방식으로 국유 중대형 기업을 주식제로 개조한 후 주식시장 상장, 외자 합자, 기업간 상호 지분참여 등을 통해 다양한 주주구성을 갖는 '혼합소유제' 기업으로의 전환 등을 들고 있다. 이것은 1990년대 초부터 거론되다가 특히 1997년 제15차 당대회에서 천명된 "큰 것은 틀어쥐고 작은 것은 놓는다"[17]는 방침을 구체화시킨 것이라고 할 수 있다. 국유기업에 대해서는 대체로 대형 기업의 경우에는 주식제 및 유한책임회사로 전환되고 중소형 기업의 경우에는 개인사업주에게 매각되거나 임대 경영되는 경로를 밟았다.[18]

---

16) 한동훈, "중국 국유기업의 내부자통제와 사유화," 『經濟發展研究』(한국경제발전학회), 8권 2호 (2002년 12월), p. 89.
17) 대기업들은 기업집단화 등을 통해 규모를 키운 뒤 국가가 직접 통제하고 작은 기업들은 합병, 임대, 매각 등을 통해 사실상 사유화시킴으로써 활성화시킨다는 뜻이다.

향진 집체기업의 경우 더욱 급속한 소유제 개혁이 실시되기도 했다. 1990년대 들어 향진기업의 성장률 하락은 향진기업을 어떻게든 개혁해야 한다는, 즉 기업개혁 자체의 필요성에 대한 공감대를 확산시켰다. 이제 향진기업은 어떤 식으로든 개혁되어야 했다. 1980년대 후반부터 주식합작제[19]가 도입된 뒤 1990년대 초반부터 광범위하게 실시되기도 했지만 결국에는 민영화로 나아갔다. 중국의 향진기업, 특히 집체소유제 기업의 경영 효율이 악화된 가장 근본적인 원인은 권한은 공유하되 책임은 아무도 지지 않는 공동소유제 성격에 있으며 궁극적으로 이 문제를 해결하기 위해서는 기업을 민영화시킴으로써 권한과 책임의 소재를 분명하게 하는 수밖에 없다는 이유에서였다.[20] 따라서 1990년대 중반 이후 전국 차원에서

---

18) 1990년대 중반 이후 중국이 추진해 온 기업개혁과 구조조정이 구체적으로 어떤 과정을 통해 어떤 내용으로 전개되었는지는 공식적 통계자료가 발표되지 않기 때문에 직접 확인할 수는 없다. 그러나 위의 내용으로 보아 거의 대부분의 중대형 국유기업은 공사화 개혁을 통해 주식회사로 전환되었으며, 대부분의 중소형 국유기업도 다양한 방식으로 운영, 임대, 매각 등의 방식을 통해 사실상 사유화되었을 것으로 짐작할 수 있다. 위와 같은 통계자료 획득의 어려움을 전제로 하고, 어떤 학자들은 1999년 당시 모든 국유기업 가운데 어떤 식으로든 소유권 개혁을 거친 기업의 자산이 차지하는 비중은 53%이며, 이렇게 개조된 기업들에서 국가주는 지배적인 비중을 차지하는 것으로 계산하기도 한다. Lin Yi-min and Tian Zhu, "Ownership Restrusturing in Chinese State Industry: An Analysis of Evidence on Initial Organizational Changes," *The China Quarterly*, 166 (June 2001), p. 339.
19) 주식합작제에 대한 소개와 분석으로는 서석홍, "중국의 농촌 주식합작기업에 관한 연구"; Ray Yep, "The Evolution of Shareholding Enterprise Reform in Rural China: A Manager Empowerment Thesis," *Pacific Affairs*, Vol. 74, No. 1 (Spring 2001); Russell Smyth, "Recent Development in Rural Enterprise Reform in China: Achievements, Problems, and Prospects," *Asian Survey*, Vol. 38, No. 8 (August 1998); Shu Y. Ma, "The Chinese Route to Privatization: The Evolution of the Shareholding System Option," *Asian Survey*, Vol. 38, No. 4 (April 1998); Ma Shu-Yun, "The Role of Spontaneity and State initiative in China's Shareholding System Reform," *Communist and Post-Communist Studies*, 32 (1999) 등이 있다.
20) Shaomin Lee, "Institutional Change and Firm Performance," in Andrew J. Nathan, Zhaohui Hong, Steven R. Smith, *Dilemmas of Reform in Jiang Zemin's China* (Boulder & London: Lynne Rienner Publishers, 1999), pp. 59-60. 그러나 위에 소개한 기업의 경영성과 하락, 시장 경쟁 격화, 중앙의 정책 변화들이 지방 수준에서 전개될 기업개혁을 모두 결정짓는다고 보기는 힘들다. 이러한 변화가 기업개혁의 필요조건(예를 들어 기업 경영성과 하락이나 시장경쟁

<표 4> 향진기업의 소유제별 기업 수 및 고용인원 (단위 : 만 개, 만 명)

년도	구분	전체기업	집체기업	사영기업	개인기업
1985	기업 수	1,222.5	156.9	53.3	1,012.3
	고용인원	6,979.0	4,152.1	474.6	2,352.3
1990	기업 수	1,873.4	145.4	97.9	1,630.2
	고용인원	9,264.8	4,592.5	814.0	3,858.0
1995	기업 수	2,202.7	162.0	96.0	1,944.6
	고용인원	12,862.0	6,060.3	874.4	5,927.4
2000	기업 수	2,984.7	80.21	206.0	1,798.4
	고용인원	12,819.6	3,832.8	3,252.5	5,734.2
2002	기업 수	2,132.7	73.2	229.8	1,829.7
	고용인원	13,287.7	3,801.2	3,502.2	5,984.3

자료 : 中國國家統計局, 『中國統計年鑑(2003)』(北京: 中國統計出版社).

향진기업 개혁으로 집체기업의 비중이 급속히 줄어들고 사영 및 개인기업의 비중이 2000년을 지나면서 급속히 확대되고 있음을 <표 4>를 통해 확인할 수 있다.

이러한 모든 변화는 새로운 (공유)자산관리체제의 모색으로 귀결될 수밖에 없었다. 우선 자산관리체제 개혁은 여전히 커다란 비중을 차지하고 있는 공유기업과 주식회사화된 기업의 공유자산분에 대한 관리권한을 어떻게 처리할 것인가 하는 문제에 직결되어 있었다. 즉, 자산관리체제 개혁은 개혁기에 추진되어 온 정부-기업관계 개혁의 핵심적인 내용에 해당되었다. 다음으로 자산관리체제 개혁과 소유제 개혁은 어떤 점에서 동전의 양면과

격화)이나 충분조건(즉 중앙의 정책 변화) 중 하나로 될 수 있을지는 몰라도 구체적인 변화의 필요충분조건은 아직 갖추어지지 않았기 때문이다. 결국 각 지방 관료들이 어떻게 상황을 판단하고 대책을 세우느냐에 의해 결정될 수밖에 없고, 관료들은 궁극적으로 자신의 이해관계에 따라 정책을 수립하고 집행하게 된다.

도 같은 것, 이를테면 기업개혁의 가장 중요한 전제조건이 되었다. 소유제 개혁에 따라 주식회사화된 기업이나 매각·임대된 기업의 공유자산 부분21)을 더 이상 과거처럼 국가가 직접 통제할 수는 없게 되었기 때문이다.

3. 새로운 자산관리체제의 모색

이상에서 본 대로 국유기업이든 집체기업이든 공유제 기업에 대한 개혁과 더불어 공유자산(즉 국유자산과 집체자산을 모두 포함하는)을 관리하기 위한 체제도 모색·보안되어 왔다. 이러한 자산관리체제 개혁의 목적은 물론 회사화 개혁이 실시된 이후 공유자산을 어떻게 관리해야 과거 공유기업들이 가지고 있었던 문제를 해결하고 지속적인 발전과 개혁을 이끌어낼 것인가의 문제를 해결하는 것이었다. 즉, 국유자산관리체제 개혁은 국가(혹은 집단)가 소유하되 간섭하지 않는, 이를테면 정부-기업관계를 분리하여 기업의 효율성을 높이고자 시도되었다. 구체적으로 관리체제 개혁은 중앙과 지방차원에서, 그리고 국유자산과 집체자산 분야에서 병행 추진되었다.

1) 국유자산

개혁 이전부터 국유기업이 중앙 직속기업과 지방관할 기업으로 나누어져 있던 것과 마찬가지로 국유자산도 중앙 국유자산과 지방관할 기업으

---

21) 뒤에서 다시 보겠지만 중국에서는 기업이 매각되더라도 공장 건물과 부지는 여전히 국유나 집체자산으로 간주된다.

로 나누어져 관리되어 왔다. 즉, 사실상 중앙의 자산 관리는 분절되어 있어서 이 곳에서 많은 정부 부서들이 국유기업 관리에 참여하고 있다. 물론 중앙기업이 대부분 중국 경제 전체에 큰 영향을 미치는 전략적 혹은 기간산업 분야라는 점에서 전략적·정책적 통제와 간섭이 있을 수밖에 없다는 점이 고려되어야 하겠지만, 이러한 방식은 효율적인 국유기업 감독이라는 관점에서 봤을 때 다음과 같은 결점이 있다고 지적되어 왔다. 첫째, 결과에 대한 책임으로서 소유권이 각 부처로 분절되어 있는 현재의 체계하에서 각 부는 자신의 역할에 따라 기업에 명령할 수 있지만 결과에 완전히 책임지는 주체는 없다는, 이를테면 '누구나 소유하지만 누구도 책임지지 않는다'는 점에서 여전히 한계를 가지고 있다는 것이다. 두 번째로 재정부, 국가경제무역위원회(SETC), 국가발전계획위원회 등 종합적 관리를 담당하는 부들 역시 전체 경제에 대한 중요한 조정자이기 때문에 이들 부와 직접 관리를 담당하는 부처 간에 잠재적 이익갈등이 생겨날 수 있다. 세 번째로 기업의 입장에서 봤을 때 이들은 다중적으로 부들과 대면하게 되기 때문에 거래비용이 매우 클 수밖에 없다는 측면이 있다.[22]

국유자산관리체제가 공식적으로 수립된 것은 1988년으로, 중앙에는 국유자산관리체제가 수립되면서 국무원 산하에 국유자산관리국이 설치되었다. 이와 동시에 각급 지방정부에도 국유자산관리공사가 설치되었다. 그러나 당시 이 기구들은 소유권을 가지고 있었던 것은 아니고 재산권 등록의 책임과 재산권에 대한 권리만을 가지고 있었다. 그러나 곧 1998년 국가자산관리국은 철폐되고 각 지방이 나름의 자산관리 방식을 모색해 오고 있었다.[23]

---

22) 물론 이런 구조하에서 기업은 특정 부서의 간섭을 다른 부의 간섭이라는 핑계를 댐으로써 회피할 수 있다. 그러나 이 경우에도 분명한 것은 정부-기업관계가 거의 분리되지 않았다는 것이다.

국유자산관리위원회는 이처럼 새로운 국유자산관리체제가 모색되던 가운데 2003년 봄 전국인민대표대회 제10차대회에서 설립이 결정된 것으로 그 기본 목적은 과거 부처별로 관리되고 있던 국유기업을 신설된 부(部)급 부처인 국가자산관리위원회로 통합, 관리하는 것이다. 이에 따라 국가자산관리위원회는 수많은 국유기업(특히 그 중에서도 중앙기업)에 대한 자산을 관리하는 유일한 관리기구가 되었다.[24] 관할 대상에는 600개의 핵심기업과 집단을 포함한 4,000개의 중앙기업(2001년 당시)이 포함되어 있다.

이제 이러한 중앙기업들의 자산은 국유자산감독관리위원회가 기업에 속해 있는 중앙 국유자산을 관리·감독하되 경영에는 직접 간섭하지 않는다는 원칙하에 담당한다는 방침을 천명하고 있다.[25] 또 최근 리룽룽(李榮融) 중앙국유자산감독관리위원회 주임은 이들 가운데 196개 핵심기업만 집중적으로 육성할 것이라고 밝힌 바 있다.[26]

지방정부의 국유자산 관리는 지방에 따라 다소 상이하게 형성되었다. 전술한 대로 1998년 당시 중앙 국무원의 국유자산관리국이 철폐된 반면, 몇몇 대도시들은 중앙정부에 비해 좀더 유선형적이고 통일적으로 국유기업을 감독하기 위해 노력했으며 중앙정부는 지방정부들이 상이한 방식으로 국유자산 관리체제와 관련하여 소유와 정부 조절을 분리하는 방식을 도입해 가도록 격려해 왔다. 특히 상하이(上海), 선전(深圳), 칭다오, 우한(武漢), 샤먼(廈門) 등 몇몇 상대적으로 발전된 도시들은 심천-상하이 모

---

23) "Further SOE Reform," *Beijing Review,* March 27, 2003, pp. 3-4.

24) "細解國資委,"『財政』77/78期, 2003年 2月 20日, pp. 3-4.

25) 2004년 현재 국유기업 개혁과 관련하여 언론에 자주 보도되는 리룽룽이 주임이다. *South China Morning Post*, May 23, 2003.

26) Stoyan Tenev and Chunlin Zhang with Loup Brefort, *Corporate Governance and Enterprise Reform in China: Building the Institutions of Modern Markets* (Washington D.C.: World Bank and the International Finance Corporation), p. 26. 그리고 최근의 핵심 중앙기업 육성 방침과 관련해서는 *South China Morning Post* May 24, 2003 참조.

〈표 5〉 국가국유자산관리공사 관리 자산 현황 (2002년 말)

기업 총수	189개
총 소속기업 수	11,600개
전국 국유기업 수에서 차지하는 비중	7.0%
총 자산에서 차지하는 비중	39.6%
총 세수에서 차지하는 비중	43.0%
총 이윤에서 차지하는 비중	64.0%

자료: 樓夷, "國資委與時間賽跑,"『財經』2004年 2期(1月 20日), p. 118.

델이라는 방식을 도입했다. 이 모델에서 시 정부는 차 상급 정부에 의해 국유자산을 관리할 수 있도록 권한을 부여받았으며, 시는 국유자산을 관리하기 위해 3개의 서로 다른 관리체제를 설립했다. 첫 번째는 시국유관리위원회로서 시급 주요 지도부와 관계 시 정부 부처장으로 구성[27]되는데 시 국유자산에 대한 이사회로서 기능한다. 두 번째는 정부로부터 국유자산 관리를 위임받은 지주회사와 기업집단으로 구성되는데 이는 관할 내 국유자산에 대해 소유권을 갖는 특수회사들이다. 세 번째는 국가가 완전히 혹은 부분적으로 소유하는 기업들이다.[28]

그러나 이러한 방침에도 불구하고 중앙과 지방의 자산감독관리위원회의 설치와 운용이 기존의 문제를 해결했는지의 문제는 복합적이다. 첫 번째로 정부-기업 관계의 분리와 관련하여 아직 한계는 많지만 다소의 성과도 예측할 수 있다. 일단 정부의 국유기업(실제로는 해당 기업의 국가주 부분의 대표자로서의 권리)에 대한 간섭과 통제가 완전히 해결되었다고 보기는 힘들다. 국유자산관리공사나 지주회사가 국가주를 대표해서 해당

---

27) 보통 경제담당 부시장 및 경제위원회 주임이 지도부를 구성한다.
28) Stoyan Tenev and Chunlin Zhang with Loup Brefort, *Corporate Governance and Enterprise Reform in China: Building the Institutions of Modern Markets*, pp. 25-26.

기업에 대한 경영과 간부 임면권(任免權)을 행사하는데 이 관리공사와 지주회사의 실질적 대표는 해당 정부의 지도부이기 때문이다.[29] 반면 이런 한계에도 불구하고 다소간의 진전 가능성을 간과할 수는 없다. 우선 국가국유자산관리공사는 최소한 공식적으로 자산관리를 전담하는 기구로 되어 있기 때문에 주요 활동을 기업합병이나 자산정리, 기업경영자 초빙방식의 개선 등에 둘 수밖에 없다. 실제로 2003년 설립 후 국유자산관리공사의 주된 업무는 자산 매각과 합병, 경영자 초빙방식의 개선 등인 것으로 나타나고 있다.[30] 다음으로 개별 기업에 대한 관리를 관계 부처가 아닌 독립된 부처인 국가자산관리위원회가 통일적으로 관리하기 때문에 정부-기업관계가 과거처럼 정부 부처간 비협조나 갈등과 중첩되지 않을 수 있게 된 것이다. 과거에는 관계 부처가 해당 기업을 관리하는 방식으로 되어 있었다. 예를 들어 기계공업부(後에 자동차산업부)가 제1자동차공업공사와 제2자동차공업공사('東風')를 관리하고 항공산업부가 항공공업공사를 관리하면서 그 기업에서도 자동차를 생산하는 식이었지만 이제 모든 중앙 소속 자동차 기업은 일괄적으로 국가자산관리위원회에 의해 관리됨으로써 특정 부처가 산하 기업을 배타적으로 간섭 내지 비호하는 데서 오는 비효율이나 부처간 경쟁 및 알력이 어느 정도는 해소될 수 있게 된 것이다.

반면, 국유자산 관리와 관련하여 중앙-지방 간 관계에서는 기존의 문제가 해결되기는 쉽지 않아 보인다. 개혁 이전부터 중국은 상당 부분의 국유기업을 지방정부가 관리하도록 해 왔으며 개혁 이후 기업관리 권한을 더욱 지방으로 이양한 바 있다. 그러나 실제로는 중앙 부처별 관리와 지방 정부의 관리가 중첩(즉 '條塊管理')되어 결과적으로는 모두가 간섭하되

---

29) "細解國資委,"『財政』, p. 78.

30) 胡一帆, "國資委初試 '菅人' 拳脚,"『財經』, 2003年 19期(總 93期), 10月 5日, pp. 56-57; 胡一帆·朱曉超, "央企重組: 探路市場化,"『財經』2004年 18期(總 116期), 9月 20日, pp. 98-100.

누구도 책임지지 않는 문제가 발생하기도 했다. 중앙의 국가자산관리위원회와 각급 지방정부의 국유자산관리위원회(공사)의 설치과정에서 이 문제는 핵심적인 해결 과제이자 피할 수 없는 난관이었다. 결과부터 보자면 2003년 중앙의 국가자산관리위원회가 설립될 당시부터 현재까지 이는 계속 심각한 난제로 제기되어 왔음에도 불구하고 이 문제, 즉 국유기업 자산관리권을 중앙과 각급 지방간에 어떻게 획분할 것인가의 문제가 해결되었다는 증거는 나타나지 않고 있다.[31]

새로운 자산관리체제가 중국의 지속적 발전에 어떤 의미를 지닐 것인가의 문제는 4장에서 재론하겠지만, 일단 중앙-지방관계와 관련하여 국유자산관리체제 개혁은 오히려 기존의 문제를 제도화하고 지속화시킬 가능성이 크다는 점을 주목할 필요가 있다. 위에서 언급한 대로 기업관리 권한의 지방 이양은 지방의 경제발전에 대한 적극성을 높여주는 중요한 계기 가운데 하나였지만, 이와 동시에 지방보호주의 및 중앙 통제력의 약화를 초래한 요인 가운데 하나이기도 했다. 그나마 국유자산관리체제 개혁 이전까지 지방으로 이양된 국유기업들에 대해 지방이 완전히 배타적으로 관리할 수는 없었기 때문에 지방정부의 보호주의 및 배타주의는 다소나마 중앙에 의해 통제될 수 있었다. '조괴분리' 체제하에서 중앙은 언제라도 지방기업이나 지방정부에 개입할 수 있었기 때문이다. 그러나 각급 국유자산관리위원회(공사) 설립에 따라 각급 정부 및 중앙정부의 기업에 대한 관리권은 완전히 제도화되고 고착화되었다. 이런 사정으로 국유자산관리위원회(공사) 건립 당시 중앙과 각급 정부는 서로 이윤을 잘 내는 기업을 소유하고 적자 기업을 다른 층차 정부로 넘겨 버리기 위해 많은 갈등과 압력을 벌인 것으로 알려지고 있다.[32]

---

31) "細解國資委," 『財政』, pp. 75-76.; "Further SOE Reform," pp. 6-7.
32) "細解國資委," 『財政』, p. 76.

2) 집체자산

앞에서 본 대로 16차 당대회에서 "큰 것을 틀어쥐고 작은 것을 놓아
준다"는 방침이 공식 결정된 뒤 1997년부터 실시된 민영화 개혁과 병행하
여 집체자산을 관리하기 위한 조직도 만들어지기 시작했다. 즉, 민영화
개혁에 따라 대부분의 소형 및 적자 집체기업은 매각되었지만 중대형 기
업들은 주식제 회사나 유한책임회사 등에 대한 집체자산을 관리하기 위한
기구로 현 및 향진급에 공유자산관리공사(혹은 위원회)가 설치된 것이다.

앞에서 보았듯이 집체자산 가운데 70% 정도의 절대적인 비중을 차지
하는(앞에 본 우시시와 장잉시의 경우) 주식회사나 유한책임회사의 경우,
지방정부는 기업개혁 이후에도 계속해서 강력한 통제력을 가지고 있다.
즉 각급 정부에 설치된 '공유자산관리공사'가 집체자산 소유자 자격으로
기업 경영자를 선정하고 기업 경영을 감독하는데, 보통 현급 정부의 경우
경제 주관 부서인 경제위원회 주임이 공유자산관리공사 이사장(董事長)
직을 겸직한다.33) 향진급의 경우에도 당서기가 자산관리공사의 이사장직
을 겸임하면서 집체자산에 대한 재산권을 행사한다.34) 이렇듯 기업개혁과
자산관리체제 개혁 이후에도 기업에 대한 지방관료의 영향력이 근본적으
로 변화할 계기는 주어지지 않고 있다.35) 특히 앞의 3장에서 본 대로 농촌

---

33) 2001년 10월 쑤난(蘇南)지역 면담.
34) 정환우, "중국에서 기업가적 지방정부의 대두와 경제성장," 『中蘇研究』(한양대학교 아태지
역학대학원 아태지역연구센터), 24권 1호 (2000년 봄), p. 159 참조. 2000년 이후 모든 기업을
모두 매각해 버린 향진의 경우 집체기업의 자산을 관리하던 공유자산관리공사는 폐지되었
다. 그러나 토지와 건물 등 농촌 집체자산을 관리하기 위한 집체자산관리위원회는 그대로
유지되고 있다. 2001년 10월 쑤난지역 면담.
35) 물론 이는 가능성일 뿐 실제로도 그럴 것인가에 대해서는 구체적인 조사연구가 필요하다.
대체로, 산업화가 많이 이루어지고 기업이 많은 곳일수록, 그리고 촌 → 향·진 → 현으로
올라갈수록 지방정부와 관료(공유자산관리공사를 포함하여)의 직접적 간섭이 덜해지는 것으
로 알려지고 있다. 2001년 10월 쑤난 농촌지역 면담.

지역에서 가장 크고 이윤을 남기는 이른바 '핵심' 향진 집체기업들의 경우 개조된 이후에도 현, 향진 등 하위 지방정부의 소유 지분이 대단히 큰 비중을 차지한다.

앞에서 본 대로 소형 집체기업, 즉 향진판 기업과 촌판기업에 대해서는 1997년의 1차 개혁을 통해 주식합작제 기업으로 전면 개조된 뒤 다시 2차 개혁을 통해 개인이나 집단에 매각되거나 임대되는 민영화 개혁의 경로를 밟았다. 이 점에서 향진 및 촌 지역에 주로 해당되는 민영기업들은 공유자산관리체제와 직접적인 관계가 없다고 할 수 있다. 실제로 중소형 집체기업이 민영화되면서 향진 정부의 경제관련 조직도 일정한 변화를 겪었다. 그렇지 않은 향진도 있었지만 소속 향진판 집체기업을 모두 매각한 일부 향진에서는 농공상총공사를 철폐하여 향진기업 담당 업무를 없애고 집체자산 관리 업무를 향진 정부(혹은 공유자산관리공사나 위원회)로 통합하는 기구개혁을 실시하기도 했다.[36]

그러나 민영화된 곳의 경우에도 토지(즉 공장부지)와 건물 등은 기본적으로 해당 지역의 집체자산으로 남아있기 때문에 이 자산에 대한 관리도 중요한 문제 중 하나로 된다. 일단 토지와 건물 등 농촌 집체자산에 대한 관리 역시 해당 촌이나 향진, 현 등의 공유자산관리공사가 담당한다. 여기에서 주목할 만한 변화가 생기는데, 그것은 바로, 첫째, 이 자산을 통한 지방정부의 (민영화된) 기업에 대한 통제력 지속이 가능해질 수 있으며, 둘째, 이 자산을 이용한 재정 증대 노력이 형식을 달리해 가면서 계속되고 있다는 것이다.

---

36) 이러한 차이는 상부, 즉 현(현급시)이나 성정부에서 명시적인 결정을 내리지 않기 때문에 나타나기도 했다. 따라서 기구개혁은 각 향진이 독자적으로 결정되었다. 대체로 오래되고, 크며, 관료 성향이 보수적인 곳에서 기구개혁이 지체되고 있었으며 작고, 경제와 기업 규모가 작고, 관료들이 보수적이지 않은 곳에서 기구개혁, 기업개혁도 마찬가지인데, 이 신속히 추진되었다고 한다. 2001년 9월, 10월 장자강 및 우쟝 농촌지역 면담.

주지되듯이 중국 농촌지역의 부동산(토지와 건물, 전기시설 등)은 그 지역 농촌 주민의 공동소유로 간주되는데, 향진 정부와 촌민위원회는 농촌 주민을 대표하여 재산권을 행사하고, 이 자산을 통해 벌어들인 수입은 자체수입(自籌資金)으로 처리되어 공식 예산과 별도로 운용된다. 즉 이 자금은 향진이나 촌의 자체 자산이기 때문에 공식적인 예산 내 및 예산 외 재정과 달리 향진과 촌이 완전히 자율적으로 마련하고 늘릴 수도 있는 재산으로서 이 수입은 관료들의 수입과 직결된다. 같은 맥락에서 어떤 주식합작제 기업을 매각하여 민영화하더라도 이는 기업 자산만 민영화한 것일 뿐 공장부지와 건물은 여전히 집체자산으로 남게 되어 그 이용료를 향진 정부에 내야 한다. 앞에서 본 대로 이용료는 기업 자산의 10% 정도인 것으로 알려진다. 이런 사실은 향진 정부와 관료가 민영화된 기업에 대해 강력한 통제력을 가지고 있으며[37] 민영화된 기업의 경영성과가 향진 정부의 재정수입에 대단히 밀접하게 연관되어 있음을 말해준다. 〈표 6〉에는

〈표 6〉 쑤저우 우쟝시 전저(震澤)진 2000, 2001년도 재정수입 결산 및 2002년도 예산

(단위: 만 위안)

	2000년	2001년	2002년
부가가치세 및 영업세 수입	3,031	2,802	3,300
기타공상세수입	983	1,104	1,200
농업4세수입	296	301	290
교육비부가수입	261	260	280
예산외수입(자주자금 포함)	1,058	1,414	1,443
총 재정수입액	6,497	5,881	6,513

자료 : 2001년 9월 및 2003년 1월 전저진 정부 공고.

---

37) 한 관료는 기업개혁 이후 향진 정부가 주로 기대하는 재정수입으로 지방세, 토지이용료, 부과금 및 수수료(規費) 세 가지를 들었다. 2001년 11월 장자강 농촌지역 면담.

우쟝시 관할 한 진의 재정수입 내역이 나타나 있는데 기업개혁이 실시된 1999년 이후에도 자체수입 자금이 포함된 예산외 자금 수입이 계속 중요한 재정수입원으로 자리잡고 있다.

4. 자산관리체제 개혁과 발전

그렇다면 중국은 과연 이러한 자산관리체제 개혁을 통해 지속적 발전이라는 소기의 목적을 달성할 수 있을 것인가. 단정적인 평가를 내리기는 시기상조이다. 다만, 평가에 접근하기 위한 논의의 단서를 제기하고 초보적인 검토를 시도해 볼 수는 있을 것이다. 이는 크게 정부-기업관계, 정부부처간 관계, 중앙-지방관계 등으로 나누어 각각이 지니고 있는 발전에 긍정적인 측면과 부정적 측면 내지 한계를 지적해 볼 수 있을 것이다.

부정적인 측면을 볼 경우, 우선 정부-기업관계가 완전히 분리되었다고 보기 힘든 측면이 있다. 위에서 본 대로 중앙을 비롯한 각급 공유자산관리공사는 주식제화된 기업들의 최대주주로서 경영, 특히 인사에 개입할 수 있는 권한을 가지고 있다. 앞에서 지적한 대로 행정 등급의 아래로 내려갈수록 해당 정부가 기업 경영과 인사에 직접 간섭할 여지가 더 커지는 경향이 있다. 실제로 중앙 중국국유자산관리감독공사의 조직체계에서 기업 지도자들을 관리 감독하는 '기업지도자관리국'은 매우 중요한 부서로 되어 있다.38) 이와 함께 현실적으로 공유자산관리공사가 기존 당·정의 영향력으로부터 완전히 벗어나 독립적으로 경영 및 인사권을 행사할 여지도 기대

---

38) http://www.sasac.gov.cn/gzwgk/gzwgk_zzjg_main.htm (검색일: 2005년 1월 11일).

에 못 미칠 가능성이 크다. 예를 들어 각 기업(특히 대형 국유기업)들이 내부적으로는 여전히 행정적인 관리제도, 즉 당이 간부들을 관리하는 방식을 고수하고 있다. 따라서 공유자산관리위원회는 인사권을 행사함에 있어 '공개된 방식'으로 기업 이사회를 구성하기보다는 관할 내 기업 간부들로 구성하는 경향을 보여줄 수밖에 없다.39)

더욱 흥미로운 사실은 공유자산관리공사(위원회)의 설립과 운용에도 불구하고 지방으로 내려갈수록 정부-기업 간 관계가 밀착되는 경향이 강하며 특히 정부-기업 간 유대가 정부에서 기업으로 향할 뿐만 아니라 기업에서 정부로 향하기도 한다는 것이다. 즉 해당 지방의 핵심기업(보통 주식회사) 지도자(이사장과 사장 등)들은 보통 그 지역 정부와 당 조직의 간부를 겸임한다. 예를 들어 2000년 당시 쑤난지역의 대형 철강기업인 '사강'(沙鋼)의 이사장은 그 기업이 위치해 있는 장자상(張家港)시 시당위원회 부서기 5명 가운데 한 명이었으며 버스생산업체인 '무단'(牧丹) 자동차의 총경리는 시당위원회 상무위원 7명 가운데 한 명이었다.40) 또 유명한 스포츠의류업체인 창수(常熟)시의 '포스팅'(波司登) 설립자이자 이사장은 1990년대 후반 이 기업이 위치해 있던 창수시 시위 서기를 역임하기도 했다. 요컨대 하위 지방정부 수준에 주로 관련되는 집체자산에 대한 관리체제의 경우, 공유자산관리기구의 설립에도 불구하고 소기의 목적을 거둘 가능성은 좀더 작아지는 경향이 있다.

이런 한계에도 불구하고 긍정적인 측면을 간과할 수는 없다. 우선, 앞에서 지적한 대로 정부-기업관계와 관련하여 공유자산관리공사라는 단일기구가 기업의 공유자산 부분에 대한 소유권을 행사하게 됨에 따라 산업별 경제관리 부서가 통제하던 데서 오는 문제를 상당 부분 해소할 여지

---

39) 胡一帆, "國資委 '管人' 組合拳," 『財經』, 2004年 14期, 7月 20日, p. 82
40) 『張家港年鑒』(2000), p. 45.

가 생기게 되었다. 예를 들어 중앙정부 소속 강철회사가 있다고 했을 때 과거에는 국무원 직속 야금공업부가 그 강철회사를 직접 통제했기 때문에 그 강철회사는 경영과 인사 등에서 중앙정부 해당 부처와 긴밀하게 결합되어 있었다. 반면에 이제 그 기업을 중앙의 국가국유자산관리위원회가 관리하게 됨에 따라 해당 부처(즉 야금공업부)[41]의 직접적인 간섭은 받지 않게 된 것이다. 이렇듯 개별 정부 부처의 직접적 기업 간섭 내지 중첩적인 간섭 문제를 해결했다는 점에 관한 한 자산관리공사체제는 소기의 목적을 달성했다고 볼 수도 있을 것이다.

다음으로 이번 자산관리체제 개혁은 중앙-지방관계를 중심으로 한 국가발전 모델에도 의미 있는 영향을 줄 수 있다. 앞에서 언급한 대로 각급 국유자산관리위원회(공사) 설립에 따라 기업에 대한 각급 정부 및 중앙정부의 관리권은 완전히 제도화·고착화되었다. 1980년대 말 이후 분권화에 따른 중국 내 지방주의의 강화를 두고 많은 논자들이 중앙정부의 위상과 역할 약화, 심지어 국가분열 가능성을 점쳐 왔음에도 불구하고 분권화가 개혁기 중국의 경제성장과 결과적으로는 시장화를 촉진한 핵심 요인이었음은 부정될 수 없다. 이런 상황에서 중앙 자산과 각급 지방 자산을 명확하게 나누고 각급 지방정부가 독자적으로 재산권을 행사하게 됨에 따라 중국에서는 이제 더욱 법제화되고(중앙과의 관계에서) 집중적인(지방 내에서) 자산관리체제가 들어설 수 있게 된 것이다.[42] 이 점에서 새로운 자산관리체제는 일부에서 제기된 바 있는 '시장 촉진적 연방주의'를 정립시키는 역할을 할 것으로 기대된다.[43]

---

41) 실제로 야금공업부를 비롯한 산업별 경제관리부서는 1988년 정부기구 개혁 당시 폐지되고 독자적인 공사로 분리되었다.
42) 이에 관련된 구체적인 사례연구로 정환우, "중국의 소유제 개혁과 정부-기업관계 변화: 쑤난(蘇南)지역 향진기업 개혁을 중심으로," 『국제지역연구』(한국외대 외국학종합연구센터), 제8권 제3호(2004년 가을) 참조.

5. 결론

　이상에서 본 대로 중국에서 소유제 개혁은 경제체제 개혁 혹은 전환이라는 총체적 변화의 일환으로 추진되었다기보다는 점진적으로 중앙정부, 지방정부 등 체제 내적 행위자들의 이익에 대한 고려가 전제되는 가운데 진행되었다. 이 점에서 소유제 문제가 중국의 개혁과 발전에서 지니는 의미가 생각보다 크지 않을 수도 있음을 알 수 있다. 이와 함께 추진되어 온 공유(국유 및 집체소유)자산관리체제의 개혁 역시 기존의 공유제 중심 소유체제에서 오는 정부-기업관계의 미분리와 비효율성을 극복하기 위해 추진되었다. 현재로서 그 결과를 판단하기는 다소 이르지만 '부분적인 성과'를 거두고 있다고 할 수는 있을 것이다. 성과가 부분적이라고 판단할 수밖에 없는 이유는 본문에서 본 대로, 첫째, 재산권제도 개혁과 이에 따른 자산관리체제 개혁이 중국이 명실상부한 분권체제, 더 나아가 자산관리체제에 관한 한 연방제에 유사한 방식이 되도록 만드는 측면이 있으며, 둘째, 하위 지방수준으로 내려갈수록 이러한 제도개혁이 소기의 성과를 거두기 힘들게 만드는 구조적·지방적 요인이 존재하기 때문이다.

　이런 경향이 중국의 발전에 미칠 수 있는 영향은 아마도 이중적일 것이다. 한편으로 소유제 개혁은 그동안 중국에서 형성되어 온 이른바 '시장화된 연방주의'를 좀더 공식화시킴으로써 지방간 경쟁을 통한 발전과 이를 통한 시장체제의 형성과 합리화를 촉진시켜 줄 수 있을 것이다. 그러나, 다른 한편으로 지방 내 기업과 산업에 대한 지방정부의 간섭 수단과 근거를 제도화·고착화시키는 데서 오는 의도치 않은 결과가 나올 가능성

---

43) 이와 관련해서는 Montinola, Qian, and Weingast, Gabriella Montinola, Yingyi Qian, and Barry R. Weingast, "Federalism, Chinese Style: The Political Basis for Economic Success in China" 참조.

도 배제할 수 없다. 우선, 지방정부는 지방 내 공유자산에 대한 재산권을 합법적으로 얻을 수 있게 되었기 때문에 계속 혹은 더욱 지방 내 기업을 간섭할 여지가 생겼다. 또 공유자산에 대한 지방정부의 합법적 재산권 보장은 결과적으로, 최소한 중・단기적으로, 그간 심화되어 온 지방간 정치경제적 불균등을 심화시킬 수 있다. 이러한 문제들은 결국 중앙 및 중국 전체 차원의 정책적 대안이나 체제변화와의 상호관계 속에서 그 정도와 범위가 결정될 것이다. 더 이상의 논의를 위해서는 별도의 연구가 필요하겠지만, 중국의 이번 기업개혁과 새로운 자산관리체제 모색은 정부-기업-지방이라는 세 가지 차원에서 과거 다른 나라에서 볼 수 없었던 전혀 새로운 유형의 발전모델 내지 정치경제모델이 중국에서 형성될 수 있음을 보여준다.

제3장

서부대개발 전략과 발전 전망

▌허흥호

1. 서론

2000년대 진입 후 중국은 대역사로 지칭되는 서부대개발을 야심차게 추진하고 있다. 서부지역의 낙후된 경제환경을 개선하기 위하여 도로, 철도, 공항, 수로 등의 인프라 시설을 대대적으로 확충하고 있는가 하면, 역사적 이유와 자연 지리적 조건 등으로 인해 낙후된 산업구조도 지역적 특성과 비교우위에 따른 방향으로 적극 조정하고 있다. 뿐만 아니라 인구 급증에 따른 식량부족 문제 해결과 그동안 무분별한 산림개간 등으로 인해 발생했던 자연재해 문제를 방지하기 위하여 생태환경 보호도 적극 추진하고 있다.

중국의 이러한 서부대개발 추진은 실행 정도에 따라 중국의 경제발전 및 정치·사회안정에 상당한 파급효과를 가져다 줄 것으로 예상된다. 우선 서부대개발이 순조롭게 추진될 경우 그동안 중국의 경제발전 과정 중 심각한 문제로 지적되어 온 동·서부지역 간의 발전격차를 상당 수준 해소시켜 줄 수 있을 것이다. 둘째는 서부지역의 풍부한 석유, 가스, 광물자원 및 수자원을 이용한 사회·경제 분업으로 동·서부지역간 공동발전도 가능케 할 수 있을 것이다. 셋째는 도로, 철도, 통신망 건설 등에 필요한 투자자금과 관련 기자재의 도입 및 도시화 진전으로 인해 거주민의 구매력 증대가 이루어져 내수시장을 확대시킬 수 있을 것이다. 그리고 넷째는 이들 지역에서 새로운 고용 창출 및 소득 증가로 지역주민들의 생활수준을 제고시킬 수 있을 것이다. 이 밖에도 서부대개발은 이 지역에 집중적으로 분포되어 있는 소수민족의 생활수준을 향상시켜 그동안 소수민족 지역을 중심으로 감지되고 있는 정치·사회적 불안 문제를 어느 정도 안정시킬 수 있는 역할도 기대할 수 있을 것이다.

그러나 중국의 서부대개발은 대역사로 지칭될 만큼 규모가 방대할 뿐만 아니라 현재 중국의 경제적 환경 등 다양한 요인으로 비추어 볼 때 결코 쉽지 않은 프로젝트임에 틀림이 없다. 물론 중국은 서부지역의 인프라 시설 확충과 투자환경을 개선하면 개발에 필요한 자금을 유치할 수 있어 동부 연해지역과 같은 발전을 이룩할 수 있을 것으로 전망하고 있다. 하지만 현재 중국의 경제상황은 개혁개방 초기와 사뭇 다른 환경을 가지고 있다. 즉, 개혁개방 초기 중국 경제는 소비재가 전반적으로 부족한 부족의 경제(Economy of Shortage)상태여서 발전적 공간을 충분히 보유한 상황이었지만 현재는 소비재 경공업의 생산과잉으로 그만큼 발전공간이 줄어든 상태에 있다. 또한 지금까지 동부 연해지역을 중심으로 발전한 중국 경제는 외자기업과 사영기업 등 비국유기업이 중요한 역할을 하였지만 서부지역은 생산성과 효율이 낮은 국유기업의 비중이 높아 이를 개선하는 데 상당한 전환비용의 발생이 필요한 상황이다. 이 밖에도 서부대개발에는 방대한 개발자금이 필요한데 현재 중국은 이를 뒷받침해 줄만한 충분한 자금원을 확보하고 있지 못하고 있는 상태이다. 즉, 중국 정부는 서부지역 개발에 필요한 자금을 주로 국가의 재정적 지원과 외자도입을 통해 조달할 계획을 갖고 있지만, 현 단계 중국 중앙정부의 재정능력과 자원의 재분배 기능은 개혁개방 이후 지속적으로 약화되어 이를 감당하기에 크게 부족한 것이 현실이다. 또한 외자유치도 중국이 1992년 덩샤오핑(鄧小平)의 남순강화(南巡講話) 이후부터 전면적인 개방을 추진하고 있는 상황에서 동부지역보다 투자 수익성이 우위에 있다는 입증이 안 된 서부지역에 과연 얼마나 많은 외국기업이 진출할지도 의문이다. 따라서 중국의 서부대개

발은 지금까지 동부 연해지역이 이룩한 빠른 속도의 경제발전을 따라 가
는 것은 물론 성공적 추진에도 많은 어려움이 예상된다.

　　본 연구는 이러한 인식을 기초로 서부대개발의 성공적 추진 가능성을
파악하는 데 논의의 중점을 두고자 한다. 그러나 서부대개발의 추진이 이미
4년이나 지났고, 개발의 목적 또한 동서부지역간 발전격차 문제 해결과 지
속적 경제성장 추구 그리고 상대적으로 낙후된 서부지역의 생활수준을 제
고시켜 정치 및 사회안정을 도모하고자 하는 등 다양한 목적이 있는 만큼
서부대개발의 성과와 효과도 논의의 대상에 포함시키고자 한다. 구체적인
연구의 내용은 다음과 같다. 우선 2절에서 서부대개발의 추진 배경에 대한
검토를 통해 서부대개발의 구체적 의도와 목적을 파악할 것이며, 3절에서
는 서부대개발의 전략과 추진현황을 분석할 것이다. 그리고 4절에서는 서
부대개발의 성과와 효과 그리고 향후 서부대개발의 추진에 제한적 요인으
로 작용하고 있는 문제점을 파악할 것이다. 마지막으로 5절에서 서부대개
발의 성공적 추진 가능성에 대한 전망을 제시하고 끝을 맺고자 한다.

2. 서부대개발의 추진 배경

　　1990년대 말부터 논의되기 시작하여 2000년도부터 본격적으로 추진되
고 있는 중국의 서부대개발은 개혁개방 후 그동안 연해지역을 중심으로 추
진해오던 경제발전을 서부지역으로 확장시키려는 지역발전 전략상의 전환
이라는 의미를 갖는다.[1] 중국의 이러한 지역발전 전략의 전환에는 덩샤오핑

---

1) 중국의 지역구분은 전체 지역을 행정구획에 따라 31개 성(省)급 지역으로 구분됨과 동시에
　관습적으로 동부, 중부, 서부 3개 지역으로 나뉘고 있다. 그 중 동부지역은 연해의 12개 성,

이 주장한 '선부론'(先富論)[2]과 '양개대국론'(兩個大局論)[3]이 이론적 기초가 되고 있다. 즉 조건이 형성된 지역과 주민을 우선 발전시키고, 그 성과를 나머지 지역과 주민에 집중하면 결국에는 두 지역 모두 공동의 발전을 이룩할 수 있다는 것이다. 그러나 서부대개발에 대한 중국 지도자들의 인식을 살펴보면,[4] 단순히 '선부론'과 '양개대국론'에 따른 단계적 지역발전 전략의 전환이라기보다 현재 중국이 직면한 정치, 경제, 사회 등의 다양한 문제들을 해결함과 동시에 지속적인 성장을 이루기 위함임을 알 수 있다.

즉 베이징(北京), 톈진(天津), 허베이(河北), 랴오닝(遼寧), 상하이(上海), 장쑤(江蘇), 저장(浙江), 푸젠(福建), 산둥(山東), 광둥(廣東), 광시(廣西), 하이난(海南)을 포함하고, 서부지역은 서남지역과 서북지역의 10개성, 즉 쓰촨(四川), 충칭(重慶), 구이저우(貴州), 윈난(雲南), 시짱(西藏), 산시(陝西), 간쑤(甘肅), 칭하이(靑海), 닝샤(寧夏), 신장(新疆)을 포함하고 있다. 그리고 중부지역은 동부와 서부지역의 성을 제외한 9개 성, 즉 산시(山西), 네이멍구(內蒙古), 지린(吉林), 헤이룽장(黑龍江), 안후이(安徽), 쟝시(江西), 허난(河南), 후베이(湖北), 후난(湖南)을 포함하고 있다. 蔡昉·林毅夫, 『中國經濟』(中國財政經濟出版社, 2003), p.112 참조. 그러나 중국은 서부대개발을 추진하면서 동부지역 중 경제적 낙후가 심한 소수민족자치구인 광시족 자치구(廣西莊族自治區)와 중부지역의 네이멍구자치구(內蒙古自治區)를 서부지역의 범주로 포함하고 있다. 杜平等, 『西部大開發戰略決策若干問題』(北京: 中央文獻出版社, 2000), p. 60 참조. 따라서 본문에서 지칭하는 서부지역은 이 두 지역을 포함한 12개 지역을 말한다.

2) 선부론은 일부 지역과 일부 기업 그리고 일부 노동자와 농민을 우선 부유하게 하고 나중에 이를 기타 지역과 단위의 인민들로 하여금 이를 학습하게 하면 종국에는 모든 인민들이 빠른 속도로 잘 살 수 있게 된다는 논지로 1978년 12월 13일 중앙공장회의에서 덩샤오핑이 제기했다. 『鄧小平文選』第2卷 (北京: 人民出版社, 1993), p. 152.

3) 양개대국론은 동부 연해지역의 유리한 요소를 활용하여 우선 발전시키고, 이 지역의 발전을 중서부지역의 개발에 활용하면 공동의 발전을 도모할 수 있다는 요지로 1988년 9월 22일 덩샤오핑이 "가격과 임금에 관한 초보적 개혁방안"에 관한 보고를 청취하는 자리에서 연설하였다. 『鄧小平文選』第3卷 (北京: 人民出版社, 1993), pp. 277-278 참조.

4) 예컨대 장쩌민은 국가주석으로 재직시 서부지역 개발과 관련된 수차례의 연설에서 "서부지역개발은 서부지역의 정치와 사회안정, 그리고 민족단결과 변경 지역의 안정 유지에 중요한 의미가 있다"고 역설하였고, 주룽지 당시 국무원 총리 또한 2000년 3월 5일에 개최된 제9기 전인대 3차 회의에서 "서부대개발은 중서부지역의 발전을 가속시킬 것이며, 이는 내수확대, 국민경제 성장의 지속, 각 지역경제의 협조발전 촉진, 공동의 부 실현, 민족단결의 강화 및 사회안정과 변경 지역을 공고히 하는 데 중요한 의미를 갖는다"고 하였다. 杜平等, 『西部大開發戰略決策若干問題』, pp. 16-17 참조.

1) 경제적 배경

　주지하는 바와 같이 중국은 1978년 개혁개방을 추진한 이래 연평균 9%대에 이르는 경이적인 경제성장을 이룩하였다. 그 결과 중국은 2000년 말 현재 구매력평가(PPP)기준으로 세계2위의 경제력을 차지하고 있을 뿐 아니라 GDP 순위와 교역순위에서도 각각 세계 6위, 그리고 외환보유고에서는 일본에 이어 세계 2위를 차지하고 있는 등 경제대국으로 완전 탈바꿈하였다. 뿐만 아니라 중국은 산업부문에서도 비약적인 발전을 이룩하여 전통 제조업부문에서는 이미 세계 상위권의 생산기반 확보로 세계의 공장으로 불리고 있으며, 첨단산업부문인 정보통신, 생명공학, 신소재, 우주항공 등의 분야에서도 비약적인 발전을 거듭하고 있다. 예컨대 중국은 TV(세계 시장점유율 36%), 에어컨(50%), 세탁기(24%) 등에서 지금까지 가전제품 생산 1위였던 일본을 제치고 세계 최대의 가전 생산국으로 부상하였으며 섬유, 신발 등에서도 세계 1위의 생산량을 자랑하고 있다.[5] 또한 발전설비, 플랜트 건설 등에서도 선진국 수준에 육박하고 있는 것으로 평가되고 있다. 이 밖에도 중국의 산업은 한국과 비교하여 범용기계의 기술수준이 현재 한국과 비슷한 것을 비롯하여 합섬, 디지털 가전, 첨단공작기계 그리고 철강산업의 기술력은 5년 이내에, 한국의 주력산업인 정보통신을 비롯하여 석유화학, 조선 등 중화학공업 기술력과 자동차산업은 10년 이내에 한국과 대등한 수준이 될 것으로 평가되고 있으며 10년 후에도 한국이 계속 우위를 차지할 산업은 반도체만이 남을 것으로 예상되는 등 빠른 속도로 발전하고 있다.[6]

---

5) 중국제품 중 2000년 말 현재 세계 생산 1위를 차지하고 있는 제품은 460개가 넘는 것으로 조사되고 있다. 『新차이나 리포트(동아일보)』, 2001년 12월 31일; 유진석, "중국이 몰려온다"(삼성경제연구소 CEO Information), 제302호, 2001년 6월 27일 참조.

6) 유진석, "중국이 몰려온다," p. 8.

그러나 이러한 성과는 동부 연해지역을 중심으로 이룩한 것으로 중국의 전반적 경제발전 상황을 반영하는 것이 아니다. 따라서 이러한 지역적 불균형 발전현상은 장기적으로 지금까지 중국이 이룩해 온 고속 성장을 지속시키는 데 한계가 될 수밖에 없다. 그 이유는 중국의 동부 연해지역은 이미 생산과잉 상태로 양적 성장의 한계에 이르렀기 때문에 새로운 발전의 공간 없이는 성장의 가능성이 크지 않을 것이라는 판단 때문이다. 이러한 가운데 제기된 중국의 서부대개발은 그동안 동부 연해지역을 중심으로 추진해 온 경제발전의 한계를 극복하고 나아가 지속적 성장을 유지하고자 함이라고 볼 수 있을 것이다.

중국이 서부대개발을 통해 지속적으로 고속성장을 유지하려는 이유는 우선 동부 연해지역을 통한 양적 성장의 한계를 중서부지역의 방대한 시장과 숙련된 노동력으로 해결할 수 있다는 판단과, 동부 연해지역에서 도태되고 낙후된 기계 설비를 서부지역으로 이전시켜 자국 내 산업재배치와 구조를 고도화 할 경우, 지속적인 성장이 가능하다는 판단 때문으로 보인다. 특히 1997년 동아시아 금융위기 이후 심각해진 내수부진을 해결하기 위해서는 서부지역의 개발을 통한 내수시장 확대가 필요하다는 인식 때문인 것으로 판단된다. 또한 서부지역의 경제적 비교우위를 충분히 활용할 경우 새로운 성장의 동력 역할을 충분히 할 것으로 판단한 것 같다. 즉 서부지역에 풍부하게 매장되어 있는 석탄, 석유, 천연가스, 아연, 니켈, 티타늄 등의 천연자원을 단순한 원료공급기지로서가 아니라 서부지역에서 직접 부가가치를 창출시켜 새로운 성장의 동력으로 삼으려는 목적으로 보인다.

〈표 1〉 중국의 지역별 경제발전 현황

	지 역	1978	1985	1990	1995	2000
GDP (억 위안)	동부지역	1,798(52.6)	4,225(51.5)	9,239(53.7)	33,957(58.3)	57,740(59.4)
	중부지역	1,060(31.0)	2,608(31.8)	5,159(30.0)	16,080(27.6)	26,266(27.0)
	서부지역	559(16.4)	1,369(16.7)	2,810(16.3)	8,226(14.1)	13,203(13.6)
	합 계	3,417(100)	8,202(100)	17,209(100)	58,246(100)	97,209(100)
1인당 GDP (위안)	동부지역	457	983	1,964	6,777	10,768
	중부지역	310	702	1,264	3,691	6,921
	서부지역	251	572	1,076	2,942	4,606
	전국평균	480	1,003	1,634	4,858	7,078
	동:중:서	1:0.67:0.55	1:0.71:0.58	1:0.64:0.55	1:0.54:0.43	1:0.56:0.43

주 : 1. (   )안은 중국의 전체 GDP 중 차지하는 비중임.
　　2. 1인당 GDP의 동 : 중 : 서는 동부지역 1에 대한 비중임.
자료 : 『中國統計年鑑』 각년판에서 정리.

　　한편, 중국의 서부대개발은 개혁개방 후 지속적으로 확대되고 있는 동서부지역간 발전격차 문제를 해결하고자 하는 목적도 담겨 있음을 알 수 있다. 중국의 동서부지역간 경제발전 격차는 1978년까지만 하더라도 GDP 기준으로 동부지역은 중국의 전체 GDP 중 52.6%로 1,798억 위안(元)이었고, 서부지역은 16.4%로 559억 위안이었다. 그러나 그 후 동서부지역간 GDP 격차는 지속적으로 확대되어 서부대개발이 본격적으로 추진되기 전인 2000년도에 동부지역의 GDP는 5조 7,740억 위안으로 증가하여 중국 전체 GDP 중 59.4%를 차지하고 있는 반면, 서부지역은 1조 3,203억 위안으로 오히려 2.8%포인트 줄어든 13.6%를 차지하고 있다. 1인당 GDP도 동서부지역간 격차는 지속적으로 확대되어 1978년까지만 해도 1인당 GDP 격차는 2배가 안 되는 206위안이었으나 1990년대 이후부터 급속도로 확대되기 시작하여 2000년도에는 2배가 넘는 6,162위안으로 확대되었다(〈표 1〉). 이처럼 지속적으로 확대되고 있는 중국의 동서부지역간 발전격차는 사회적 불평등과 산업구조의 모순 그리고 국민소득에 직접적인 영향을 주어 중국 경제의 지속적 성장 장애는 물론 사회불안을 야기시키는 요인으로도 작용할 수 있기 때문에 상대적으로 낙후된 서부지역 개발이 불가피하게 된 것이다.

2) 정치·사회적 배경

중국이 추진하고 있는 서부대개발 지역은 680만㎢로 전체 국토면적의 71.6%를 차지하고 있다. 뿐만 아니라 경제성장에 필요한 많은 자원도 가지고 있다.[7] 그럼에도 불구하고 서부대개발 지역의 경제적 상황은 앞에서 살펴본 바와 같이 2000년 말 현재 국내총생산액의 13.6% 정도를 차지하고 있을 뿐만 아니라 1인당 GDP도 4,606위안에 불과할 정도로 상당히 낙후되어 있다. 특히 서부지역은 50여 개의 민족과 전체 소수민족 중 70% 이상이 거주하고 있는데 이들 소수민족이 거주하고 있는 지역의 경제상황은 더욱 열악한 상태이다.[8] 따라서 서부지역의 이러한 경제적 상황은 소수민족의 불만을 야기하여 정치·사회적 소요의 원인이 될 가능성이 크다. 실제로 서부지역의 소수민족 지역에서는 분리독립운동 등 중국의 정치·사회 불안의 요인이 되는 현상이 심심찮게 나타나고 있다. 예컨대 티벳 자치구에서는 1987년 한 해만도 세 차례에 걸친 시위사태가 발생했고, 그 후에도 반정부 시위와 독립운동이 끊임없이 나타나 1992년까지 약 140여 회에 달하는 반정부 및 독립을 요구하는 시위가 있었다.[9]

---

7) 관습적으로 구분되고 있는 서부지역 10개 성의 면적은 540㎢으로 전 국토의 57%를 차지하고 있다. 白光, 『西部大開發: 總體戰略部署』(北京: 中國建材工業出版社, 2000), p. 95.
8) 叢書 主編, 『中國西部民族經濟』(成都: 四川辭書出版社, 2000), p. 2.
9) 전성흥, "改革期 中國의 티벳政策: 分離主義 運動에 대한 中央의 '開發主義' 戰略,"『東亞研

물론 소수민족 지역의 반정부 시위나 분리독립운동이 완전히 경제적 요인에 의해서만 나타나는 것은 아니다. 티벳의 경우 전통·종교·문화적 정체성을 회복하고자 하는 의도도 다분히 있다.[10] 그러나 티벳을 포함한 다수의 소수민족 지역의 분리독립 움직임에는 경제적 요인에 의한 현상이 상당 수준 감지되고 있다. 예컨대 중국의 중앙정부는 경제개혁을 통한 생활수준 개선이 소수민족의 불만을 완화시킬 것이라고 기대하였으나 일부 지역에서의 경제발전 효과 외에 연해지역을 비롯한 발전지역과의 빈부격차 심화에 따른 상대적 박탈감으로 오히려 불만을 증대시키는 부작용을 가져왔다.[11]

소수민족의 분리독립 움직임은 중국의 국가통합을 약화시키고 중국 공산당의 권위와 정통성 확보에 타격을 줄 수 있는 요소이기 때문에 소홀히 할 수 없는 위치에 있다. 따라서 국제적으로 민족분쟁이 격화되고 있는 상황에서 소수민족의 관리 소홀은 중국의 정치 안정에 심각한 위험을 초래할 수 있기 때문에, 중국의 서부대개발은 서부지역의 경제개발을 통한 분리독립 움직임을 원천 봉쇄하고자 하는 의도가 담겨 있다고 볼 수 있다.

또한 중국의 서부대개발은 국제정치상의 안보와 대외 활로 개척을 염두에 둔 전략적 의미도 있다. 왜냐하면 중국의 서부지역은 러시아, 몽골을 비롯한 중앙아시아의 카자흐스탄, 키르키즈스탄, 아프카니스탄, 타지키스탄과 동남아의 네팔, 인도, 부탄, 미얀마, 라오스, 베트남 등 여러 나라와 접경해 있는 지역으로 중국의 안보와 대외 활로 개척에 중요한 전략적 요충지이기 때문이다. 특히 중앙아시아는 21세기 미국의 세계전략과 맞물

究』(서강대학교 동아연구소), 第36輯(1998), p. 192 참조.
10) 이민자, "티벳독립운동의 경제적 배경,"『동아연구』(서강대학교 동아연구소), 제36집(1998), p. 216 참조.
11) 전성흥, "改革期 中國의 티벳政策: 分離主義 運動에 대한 中央의 '開發主義' 戰略," pp. 195-196.

려 있는 힘의 요충지여서 중국의 안보와 전략상 중요성이 더하고, 또한 신장 위구르 자치구역의 경우는 아시아 대륙의 중심에 위치한 지역으로 유럽으로 진출하는 교통의 요지여서 중국의 국제시장 진출의 주요 통로가 되고 있기 때문이다.

이 밖에도 중국의 서부대개발은 중국의 심각한 사회문제 중의 하나인 실업문제를 해결하고자 하는 의미도 있다. 개혁개방 후 중국의 도시 실업 은 지속적으로 증가하여 〈표 2〉에서 보여주는 바와 같이 2002년 말 현재 770만 명에 이르고 있다. 여기에 샤강인원(下崗人員)[12] 409만여 명을 더 하면 중국의 실업은 사회안정을 직접적으로 유해할 정도이다. 특히 중국의 이러한 실업문제는 동부 연해지역보다 서부지역이 심한 상황이며, 앞으로 도 서부지역은 더 나빠질 가능성이 있다.[13] 그 이유는 지금까지 중국의 실업이 주로 국유기업 개혁과정에서 대량으로 발생하고 있는데, 중국의 서부지역은 국유기업 비중이 전체 공업부문에서 70% 이상을 차지하고 있 기 때문에 실업의 증가가 불가피하다 하겠다. 따라서 중국의 서부대개발은

〈표 2〉 중국의 도시 실업인구 및 하강인원 현황

년 도	1998년	1999년	2000년	2001년	2002년
실업 수 (만 명)	571.0	575.0	595.0	681	770
실 업 률 (%)	3.1	3.1	3.1	3.6	4.0
샤강인원 (만 명)	594.8	652.5	657.2	515.4	409.9

주 : 샤강인원은 국유기업, 국유합작기업, 국유독자기업의 수치임.
자료 :『中國勞動統計年鑑』 각년판에서 정리.

---

12) 샤강인원이란 소속단위(기업)의 경영 악화 등의 이유로 일시 휴직하지만 원 소속단위와 노 동관계는 가지면서 일정한 수당을 받는 자를 말한다. 그러나 샤강인원이 원 소속단위로 복귀 하는 경우가 거의 없어 사실상의 실업과 같다고 볼 수 있다.
13) 이중희, "중국의 서부대개발: 국가발전전략의 변화와 한계,"『현대중국연구』(사단법인 현대 중국학회), 제4집 2호(2002), p. 67.

이러한 실업문제를 해결하고 사회안정을 추구하기 위함으로 보여진다. 이
는 서부대개발이 실업을 흡수할 수 있는 대규모 국책사업을 중심으로 추
진되고 있다는 점에서 알 수 있다.

3. 서부대개발의 전략과 추진 내용

1) 서부대개발의 기본전략

2000년 3월에 개최된 제9기 전인대 3차 회의에서 공식적으로 제기된
중국의 서부대개발은 앞 장에서 살펴본 바와 같이 동서부지역간의 균형발
전과 내수 진작을 통한 현대화 실현, 그리고 소수민족이 다수 거주하며
상대적으로 동부지역에 비해 낙후된 서부지역의 생활수준을 향상시켜 정
치·사회적 안정을 추구하기 위함이다. 중국은 이러한 목적을 달성하기
위해 2000년 4월에 국무원 산하 직속기구로 '서부대개발영도소조사무실'
(西部大開發領導小組辦公室)14)을 설치했고, 2001년 3월에 개최된 제9기
전인대 4차 회의에서는 서부대개발을 '10·5' 계획기간(2001~2005)의
중점사업으로 확정하며 개발에 박차를 가하고 있다.

한편, 중국은 이러한 조치와 함께 서부대개발에 대한 구체적 개발전략
을 제시하고 있다. 중국이 제시하고 있는 서부대개발 전략은 우선 〈표 3〉

---

14) 중국은 2000년 3월 16일 국무원 산하에 '서부대개발영도소조사무실'을 설립하고 업무를
　　개시하였다. 서부대개발영도소조의 조장은 국무원 총리이며 국가발전계획위원회 주임, 재정
　　부장, 인민은행장, 교통부장, 농업부장, 철도부장 등 20개 부처의 지도자들로 구성되어 있다.
　　한편, 사무실(辦公室)은 국가발전계획위원회 주임이 겸직하고 있으며 산하조직에는 정책기
　　획, 환경, 경제사회발전 등 3개 팀으로 구성되어 있다.

에서 보여주는 바와 같이 2050년까지 3단계 국가발전 계획과 연계한 장기발전 프로그램으로 추진하고 있다.[15] 개발의 초기단계인 1단계 (2000~2005)에서는 개발계획과 정책을 수립하고 주요 추진 기구를 설치해 SOC에 집중 투자하여 기초건설을 강화한다는 것이다. 특히 1단계에서는 '10·5' 계획의 중점사업으로 추진하고 있으며, 도로, 공항, 철도 등 대규모 SOC 건설을 통해 원활한 물류 네트워크 구축에 중점을 두고 있다. 한편 2단계(2006~2015)에서는 1단계 개발을 기초로 서부지역의 자체 개발능력을 제고시키는 데 중점을 두며, 이를 위해 투자규모를 대대적으로 확대할 계획을 갖고 있다. 또한 비(非)SOC 부문에 대한 외국인투자 유치 및 동부지역 기업의 재투자를 적극적으로 유치하여 본격적인 내수시장 구축과 수출 증대를 목표로 하고 있다. 그리고 마지막으로 3단계(2016~2050)에서는 전면적 개발단계로 서부지역을 도시화와 시장화에 주력하여 구매력을 증대시키고, 전면적인 대외개방을 추진하여 국제화 수준을 제고하겠다는 목표를 갖고 있다.

<표 3> 중국 서부지역의 3단계 발전전략 목표

개발초기(2000~2005)	대규모개발(2006~2015)	전면발전(2016~2050)
- 개발계획 및 정책 수립 - 정책홍보 - 중앙/지방 주요기구 설립 - SOC분야 기초건설 가속화	- 서부지역 자체개발 능력 제고 - 비SOC분야 투자 확대	- 서부지역의 도시화, 시장화 (구매력 제고) - 전면적 대외개방 (국제화 수준 제고)

자료 : 西部信息網; 정상은, "21세기 중국의 대역사, 서부대개발," Issue Paper(삼성경제연구소), 2003년 5월 26일, p. 14에서 재인용

---

15) 중국은 온포(溫飽)단계가 1980~90년대 기본적으로 완성되었다고 보고, 2000년대에는 소강 (小康)단계를 보편화 시켜야 함과 동시에 현대화를 실현시키기 위해서는 서부대개발이 불가피하다고 평가하고 있다. 白光, 『西部大開發: 總體戰略部署』, pp. 84-86.

중국 정부가 이처럼 서부대개발을 단계적으로 추진하고자 하는 이유는 첫째, 서부대개발은 규모가 크고 방대해서 어렵고 복잡하기 때문에 반드시 장기적인 계획과 단기적인 안배를 통해야만 체계적인 개발과 자원의 낭비를 막을 수 있다는 판단이며, 둘째는 개발의 제정과 추진, 조사, 조정 등 매 단계마다 존재하고 있는 불확실성이 서부대개발 전략에 직접적인 영향을 줄 수 있다는 인식 때문으로 보여진다. 그리고 셋째는 서부지역의 특수한 환경적 요인으로 인해 중·단기 계획으로는 개발의 주 목표인 생태환경 개선과 인민생활 수준의 개선, 그리고 사회발전을 이룰 수 없다는 판단 때문으로 분석된다.16)

둘째는 상술한 각 단계별 발전목표를 지역특성을 고려하여 추진하는 것이다. 이는 서부지역이 지리적으로 넓은 지역을 차지하고 있을 뿐 아니라 각 지역마다 환경과 자원상황이 다르고 또한 경제사회적 발전수준 및 거주민의 민족·종교·문화적 차이와 각 지역마다 인구의 분포도 불균형을 이루고 있다는 점을 고려한 조치로 분석된다. 중국이 지역특성을 고려하여 추진하고 있는 서부대개발에는 우선 서부지역을 서남지역과 서북지역으로 구분하여 각각의 지역마다 다른 개발전략을 추진하고 있다. 예컨대 서남지역은 전통적으로 우위를 보여 온 담배, 에너지, 건축자재, 식품, 강철 등의 산업부문 발전에 주력하고 있는 반면, 서북지역은 에너지자원 및 광산자원이 풍부하기 때문에 자원개발형 발전을 중점적으로 추진하고 있다.17)

셋째는 거점도시를 중심으로 한 발전전략의 추진이다. 즉, 서부지역 중 경제력과 과학기술 경쟁력을 가지고 있는 충칭(重慶), 청두(成都), 시안(西安) 등을 비롯하여 비교적 경제·사회적 기초가 양호하고 발전 잠재력이 큰 쿤밍(昆明), 란저우(蘭州), 우루무치(烏魯木齊) 등을 중심으로 우

---

16) 杜平等, 『西部大開發戰略決策若干問題』, p. 76.
17) 葉裕民, 『中國地域開發論』(北京: 中國輕工業出版社, 2000), p. 378.

선 개발하는 전략을 추진하고 있다. 이는 개혁개방 초기 중국이 추진했던 선부정책과 마찬가지로 서부지역에서도 경제적 조건이 갖춰진 일부 지역을 우선 발전시키고 점진적으로 주변지역으로 확대 발전시키려는 전략으로 보여진다. 이 밖에도 중국은 서부의 소수민족 지역과 변경 지역의 발전을 중시하고 있다. 특히 시짱, 신장지역은 중앙정부에서 자금, 기술, 인재 등을 직접 지원하는 방식을 추진하고 있는데 이는 이들 지역의 분리독립 움직임의 차단을 위한 조치로 평가된다.

넷째는 개발자금의 다원화를 추진하고 있다. 경제적으로 낙후된 지역의 경제적 면모를 일신하는 데는 무엇보다 막대한 자금이 필요하다. 특히 중국의 서부지역과 같이 국유기업 등 계획경제체제의 산물이 다수 존재하고 있는 지역의 개발은 상당한 전환비용이 부가적으로 필요하기 때문에 더욱 그러하다 하겠다. 이러한 상황에 대하여 중국은 국책은행의 대부, 국제금융기관 및 외국 정부의 우대지원자금을 비롯한 다양한 루트를 통해 조달한 자금을 서부대개발에 집중 투입하겠다는 전략이다. 구체적인 자금조달 방식으로는 첫째, 중앙정부의 적극적인 재정지원의 추진이다. 중국 정부의 재정지원 방식에는 예산지원 방식과 중앙정부가 채권발행을 통해 확보한 자금지원 등 두 가지가 있다. 이 중 예산지원은 지방정부에 대한 세수 반환이 중심이며, 정부차입에 의한 지원은 여러 지방에서 실시하는 인프라 건설산업의 지원이 대부분이다.[18] 특히 인프라 건설사업의 경우 국채발행의 70%와 중앙정부 재정예산의 70%, 그리고 외국 정부 차관의 70%를 투입한다는 계획이다.[19] 둘째는 동부지역의 지원을 적극 유도한다는 것이다. 이는 동부지역이 아직 초보적 수준이지만 이미 시장운용체계가 확립되어 일정 수준의 경제발전이 이루어진 상태이고, 서부지역은 경제가 낙후되었어도 석

---

18) 한국수출입은행, 『중국의 서부대개발과 우리기업의 진출방향』(2001), p. 58.
19) http://www.koreanembassy.org.cn/trade/westpolicy.html (검색일: 2004년 2월 18일).

유, 천연가스, 석탄, 전기 등 에너지와 광물자원 등 원자재를 갖추고 있기 때문에 상호간의 발전을 동시에 이룰 수 있는 보완관계를 고려한 조치로 보여진다. 즉 동부지역은 서부지역의 원자재를 이용하여 지속적인 성장을 추진할 수 있고, 서부지역은 개발에 필요한 자금을 동부지역으로부터 충당할 수 있다는 요인이 작용한 것으로 보인다. 한편, 동부지역의 서부지역개발 지원형태로는 지방정부 차원의 지원과 기업의 자발적인 진출 두 가지가 병행 추진되고 있다. 셋째는 외국인 투자유치를 적극적으로 추진한다는 것이다. 이는 중국 정부가 재정부담을 덜면서 서부대개발에 필요한 부족자본을 해결할 수 있는 최선의 방법으로 인식함과 동시에 동부 연해지역의 발전에서 외국인 투자기업이 중요한 역할을 한 것을 고려한 조치로 보인다.

2) 서부대개발 추진의 주요 내용

한편, 중국이 서부대개발과 관련하여 추진하고 있는 정책적 내용을 살펴보면 인프라 시설 확충, 생태환경 건설과 개선, 산업구조조정, 과학기술 교육을 통한 인재양성, 개혁개방의 가속화 등 다양한 영역의 내용이 포함되어 있다. 특히 개발의 초기 단계인 현 단계에서 중점적으로 추진하고 있는 내용을 살펴보면 다음과 같다.

(1) 인프라 시설 확충 등 기초 시설 건설 강화

중국이 서부대개발 사업 중 가장 비중 있게 추진하는 부분은 도로를 중심으로 한 인프라 시설의 확충이다. 이는 서부지역의 열악한 인프라 환경을 개선하여 향후 발전의 기초를 다지겠다는 의도로 볼 수 있다. 현재 중국이 추진하고 있는 서부지역의 기초 시설 건설은 2000년도부터 착공에 들어간 10대 프로젝트를 중심으로 이루어지고 있다. 구체적으로 〈표 4〉에서 보는 바와 같이 철도는 시안에서 허페이(合肥)를 잇는 노선 중 시안과 난징(南京) 구간의 노선을 확충하고 있고, 충칭과 후난(湖南)의 화이화(懷化) 노선을 건설을 추진하고 있다. 이 중 시안-난징 간 노선은 동서남북을 모두 관통하는 요충지로 시베이(西北) 지역과 화둥(華東) 지역 간의 철도운수거리를 단축시킬 수 있다는 점에서 적극적으로 추진하고 있다. 또한 충칭-화이화 노선은 시난(西南) 철도망 구축의 중심으로 빠른 대외운송로 구축은 물론 서부지역 경제의 지속적 발전에 중요한 역할을 할 수 있다는 점에서 추진하고 있다.[20] 한편, 도로는 국토개발과 경제사회 발전을 고려한 가운데 서부와 중동부, 서남과 서북을 연결하는 네트워크 구축을 중심으로 건설하고 있다. 이는 서부 빈곤지역의 도로소통을 향상시킴과 동시에 서부의 운송 시스템 능력을 제고시킬 것으로 기대된다. 이 밖에도 중국의 서부지역은 시안의 한양(咸陽)국제공항을 비롯해 청두의 샹류(雙流), 란저우(蘭州)의 중촨(中川) 등의 공항 건설 추진을 비롯해 다양한 인프라 구축을 강화하고 있다.

특히 중국은 서부대개발의 중점사업으로 서부지역의 가스를 동부지역으로 수송하는 '서기동수'(西氣東輸) 프로젝트와, 서부지역 전력을 동부지역으로 송전하는 '서전동송'(西電東送) 프로젝트 그리고 창장(長江)의 물을 북부 건조지역으로 수송하는 '남수북조'(南水北調) 프로젝트 등 대형 프로젝트를 추진하고 있다. 이 중 '서기동수'는 중국 전체 에너지 자원의 약 60%를 차지하는 서부지역의 천연가스를 중국 동부지역으로 수송하는 프로젝트로 4개의 수송로로 나누어 추진하고 있으며,[21] 2005년까

---

20) http://www.koreanembassy.org.cn/notice/press/p_0518_1.html (검색일: 2004년 2월 18일).
21) 구체적으로 첫째, 촨동(川東) 가스전은 창장을 따라 이어지는 이창(宜昌)-우한(武漢)-허페이-난징-상하이 노선이고 둘째, 산간닝(陝甘寧)가스전은 2개의 노선으로 하나는 베이징-톈진-지난(濟南)으로 이어지는 노선이고, 또 다른 하나는 시안-허난의 신양(信陽)-허페이-난징-상하이 노선이다. 셋째, 칭하이 가스전은 시닝(西寧)-란저우-시안으로 이어지는 노선이며 넷째, 신장 가스전은 타리무(塔里木)-우루무치-위먼(玉門)-란저우로 이어지는 노선이다.

지는 연간 170억㎥를, 2010년까지는 400억㎥를 그리고 2020년까지는
1,000억㎥을 동부지역으로 수송한다는 계획이다.[22]

<표 4> 서부대개발의 10대 프로젝트 현황

프로젝트명	사업내용	지역	투자액/조달방안	비고
시안-허페이 간 철도 건설(995㎞)	시안-난징구간 2000년 5월 착공	산시(陝西) /안후이/ 허난	232억 위안	2005년 준공
충칭-화이화 간 철도 건설(640㎞)	중경시-호남성 철도	후난성	182억 위안	
서부지역 도로 건설 (1,700㎞)	간선도로망 신설	서부 전역	1,200억 위안/ 중앙 및 지방정부	
서부지역 공항 건설	쓰촨성 샹류공항 등 9개 공항 확장개수 및 쓰촨성 판즈화(攀枝花) 공항 등 11개 공항 신설	서부지역	50억 위안/ 중앙 및 지방정부	신장4, 간쑤2, 칭하이1, 산시(陝西)1, 쓰촨6, 충칭1, 구이저우1, 광시1, 윈난3
충칭시 도시운송망 (13.5㎞)	고가모노레일 건설 14개 정거장	충칭시	32.58억 위안	자오창커우(較場口)-신산춘(新山村) 1기 착공
신장-칭하이 간 가스운송망 (953㎞)	츠다무(刺達木)-시닝-란저우 천연가스관 가설 (연간 수송량 50억㎥)	신장/ 칭하이	프로젝트 파이낸싱	2000년 3월 착공 2001년 10월 완공
발전/홍수방지용 수리시설	쯔핑푸(紫坪鋪)댐 (11억㎥, 76만㎾), 사포터우(沙坡頭)댐 (0.26㎥, 7억㎾)	쓰촨/ 닝샤 외	총75억 위안	
생태계 복구 조림산업	총 77.5만ha 조림	서북지구	960억 위안/ 중앙정부	2000년 사업개시
칭하이 칼륨비료 생산	청해 고호지역	청해	중앙 및 지방정부	칼리암염 이용생산량 100만 톤/년
서부지역대학 고등 교육기관 설립	전문대, 대학 신설	서부지역	중앙정부	국채발행

자료 : 『四川省 經濟貿易委員會, 西部網』(2001年 4月).

---

22) 劉世慶, 『中國西部大開發經濟轉型』(北京: 經濟科學出版社, 2003), p. 260 참조.

한편 '서전동송'은 서부지역의 풍부한 수력과 화력 발전을 화둥(華東)·화베이(華北)지역에 공급하는 프로젝트로 수자원이 풍부한 구이저우(貴州), 윈난(雲南), 광시지역에서 전력을 개발하여 광저우, 선전, 홍콩 등의 주장(朱江)삼각주지역으로 송전하고, 쓰촨지역에서 수력발전으로 생산된 전력은 상하이를 중심으로 한 창장(長江)삼각주지역에 송전한다는 것이다. 그리고 네이멍구, 산시지역에서 풍부한 석탄을 이용하여 생산된 전력은 베이징, 톈진, 다롄(大連)의 환발해만지역으로 송전한다는 것이다. 중국은 이를 위해 2000년 11월부터 1,000억 위안을 투입하여 수력 3개, 화력 1개 그리고 3개의 선로망을 건설 중에 있다.

마지막으로 대역사로 지칭되는 '남수북조' 프로젝트는 창장지역의 수자원을 3개의 수송로를 통해 시베이과 화베이 건조지역으로 이전시킨다는 수로건설 계획이다. 구체적으로 첫째, 장강하류의 물을 양저우(揚州)-홍저후(洪澤湖)-뤄마후(洛馬湖)-둥핑후(東平湖)를 거쳐 산둥, 톈진, 허베이, 베이징 지역으로 수송하는 동부선과 둘째, 창장 중류의 물을 난양(南陽)-핑딩산(平頂山)-정저우(鄭州)-스쟈좡(石家庄)-베이징으로 수송하는 중부선, 셋째, 창장 상류의 물을 황허(黃河)-칭하이-간쑤-닝샤(寧夏)-네이멍구-산시-산시(陝西) 등으로 이전시킨다는 서부선 등 3개의 수로를 개발 북부건조지역에 물을 공급한다는 것이다.23)

(2) 생태건설과 환경보호

중국은 서부대개발을 추진함에 있어 생태건설과 환경보호를 특히 강조하고 있다. 중국이 이처럼 서부개발에서 생태건설과 환경보호를 강조하

---

23) 劉世慶, 『中國西部大開發經濟轉型』, p. 265 참조.

는 이유는, 서부지역의 인구가 급증함에 따라 식량이 부족해지고 이를 해결하기 위해 무분별한 산림개간이 진행되고 있는 상태에서 홍수 등 자연재해가 빈발하게 되어 생태환경의 보호 필요성이 급증했기 때문이다. 특히 서부지역은 건조지역과 고냉지역 그리고 사막지역이 많아 원래 자연조건 및 생태환경이 취약할 뿐만 아니라 황허와 창장 중·상류지역에 위치하고 있다. 따라서 서부지역의 생태환경이 일단 훼손되면 장기간 회복이 어려운 실정이며 또한 생태환경의 보전 정도에 따라 하류지역의 경제사회발전 및 인민의 생활안전에 위협이 불가피한 실정이다.

이러한 입장에서 중국은 우선 천연림을 보호하기 위하여 무분별한 삼림남벌을 금지하고 있으며 조림실시, 산림녹화, 경작지 환원 등을 적극 추진하고 있다. 구체적으로 '10·5' 계획기간에 13개성 10억 3천만㎡를 지정 생태계 건설사업을 추진하고 있을 뿐 아니라, 12억 9천 6백㎡의 황무지에 조림사업을 실시하고 있다. 또한 창장 상류의 지류와 산지를 집중 관리하기 위해 천연림의 간벌을 철저히 금지하고 있으며 칭짱(靑藏)고원 지역의 초목을 보호하기 위해 방목도 금지시키고 있다. 그리고 장기적으로는 황허 중·상류지역의 경사진 경작지를 점진적으로 환원시켜 산림율을 제고시킨다는 계획도 가지고 있다.

(3) 적극적인 산업구조조정

서부지역의 산업구조조정 중 가장 큰 특징은 지역특성을 십분 활용하는 방향으로 추진하고 있다는 것이다. 즉, 서부지역의 풍부한 전력, 석유, 천연가스, 석탄, 비철금속, 화학·광산자원, 한약재 및 관광자원 등을 충분히 이용함과 동시에 전통적으로 이 지역에서 우위를 보여 온 정보산업, 항공, 의료, 생명공학 등의 첨단산업 발전에 중점을 두고 있다. 특히 개혁개방 후 그동안 경제발전 과정에서 나타난 지역이기주의에서 비롯된 중복과 과잉투자를 지양하며 지역을 특화시키는 방향으로 산업구조를 조정하고 있다. 중국이 추진하고 있는 서부지역의 산업구조조정 내용을 개략적으로 살펴보면 다음 3가지로 요약된다.

첫째는 전통산업구조의 재편이다. 개혁개방 이전 중국의 전형적인 서부지역개발 전략은 이 지역의 자원을 개발함과 동시에 국방, 항공, 우주, 원자력, 전자공업, 신형재료와 정밀기계 공업을 발전시켜 경제발전을 촉진시키는 것이었다. 특히 전쟁을 대비한 3선 전략의 일환으로 국방공업과 중공업을 집중적으로 발전시켰다. 그러나 군수공업과 중공업의 지나친 중시는 상대적으로 민생에 필요한 경공업 및 농업을 약화시켜 산업간 발전 균형을 잃게 하였다. 한편, 개혁개방 이후에는 동부 연해지역의 우선 발전 전략에 따라 서부지역은 1990년대 중반까지 석유, 천연가스, 광산자원을 개발하여 동부지역에 공급하는 원재료 공급기지 역할만 해 왔다. 이러한 구조는 중국의 동서부지역간 발전격차를 확대시키는 요인이 되었으며, 서부지역의 자원공급 역할도 자원 고갈에 따른 채광비용 및 일부 자원의 경우 품질저하에 따른 제련비용 상승 등으로 제 기능을 할 수 없었다.[24]

이러한 상황에서 중국은 서부지역을 동부지역과 마찬가지로 중공업보다 노동생산성이 높은 제조업과 첨단기술 산업을 육성하는 방향으로 산업구조를 조정하고 있다. 다만 서부지역의 특성을 고려한 비교우위를 바탕으로 특화산업 육성에 주력하고 있다. 예컨대 쓰촨, 윈난은 한약업을 중심으로 발전시키고 산시(陝西)는 화학약품을 중심으로 한 의약제조와 민족약재 가공업을 발전시키고 있다. 그리고 충칭은 자동차와 오토바이, 산시와 구이저우는 항공제조, 산시와 쓰촨은 철도운송장비를 중심으로 각각 발전시키고 있다. 이 밖에도 쓰촨, 산시, 구이저우 등을 대형 전자공업 중

---

24) 한국수출입은행, 『중국의 서부대개발과 우리기업의 진출방향』, pp. 51-52.

심지로 발전시킴과 동시에 연초, 음료, 방직, 식품 등 농부산품 가공업도 병행 발전시키고 있다.

둘째는 자원개발과 이용이다. 서부지역의 자원개발은 보호와 개발을 동시에 중시하며 합리적인 개발과 효과적으로 풍부한 자원을 이용한다는 원칙을 견지하고 있다. 주요 광산자원이 집중된 지역을 중점 탐사하고 비교우위가 현저하고 시장 전망이 좋은 광산자원을 중점 개발하여 제품의 가공수준과 이용을 제고시킨다는 것이다. 예컨대 칭하이성의 쯔다무(紫達木), 신장 뤄부보(羅布泊) 염호의 칼륨비료, 윈난, 구이저우의 인광, 윈난의 아연, 간쑤의 니켈, 구이저우와 광시의 알루미늄, 신장의 동, 쓰촨, 네이멍구의 희토자원을 비롯한 칭하이의 가스자원을 합리적으로 개발 이용한다는 전략이다.

셋째, 하이테크 산업의 발전이다. 서부지역의 하이테크 산업 발전은 서부지역의 일부 국방기업과 대학 그리고 과학기술 연구소가 집중된 우위를 이용 생물, 항공 우주, 신에너지, 신소재, 전자정보 및 선진 제조업과 한약업 등의 현대화를 적극 육성하고 있다. 이에 따라 중국은 허페이(合肥), 정저우(鄭州), 시안, 청두, 쿤밍, 구이양(貴陽), 창사(長沙), 난창(南昌), 스허즈(石河子), 후허하오터(呼和浩特), 시닝(西寧) 등 11개의 국가급 경제기술개발구를 설치하였으며, 특히 시안지역을 첨단기술 산업의 중심단지로 육성시키고 있다.

넷째, 관광 등 서비스업의 발전 추진이다. 서부의 풍부한 자연 및 인문경관을 이용한 관광업을 서부의 지주산업으로 육성을 추진하고 있다. 즉 창쟝연안과 시베이의 실크로드, 광시·구이저우·윈난·쓰촨지역 및 고원과 초원 등의 주요 관광노선에 관광 기초 시설 건설과 관광도로를 중점 건설하는 한편, 상업유통, 교통운송, 정보서비스, 부동산, 금융보험 등의 서비스업 발전을 중점 추진하고 있다.

4. 서부대개발의 성과와 한계

1) 서부대개발의 성과

2000년대 진입 후 본격적으로 추진되고 있는 중국의 서부대개발은 불과 4년밖에 되지 않았다. 하지만 그런 가운데 중국은 고정자산투자를 대대적으로 추진하는 등 개발에 박차를 가하여 어느 정도 성과를 이룩하기도 하였다. 예컨대 중국은 서부지역의 생태환경 건설과 기초 시설 건설 그리고 기초산업 건설을 위해 2000~2002년간 중국 전체의 고정자산투자의 21.3%인 2조 2,300억 위안을 투자하여 2003년 상반기 현재 1.9억 무(畝)의 산림을 회복시켰고(退耕還林還草), 2,287만 무의 천연림 보호지역을 건설하였다.[25] 뿐만 아니라 246㎞의 칭창(靑藏) 철로도 건설하였다. 또한 서전동송(西電東送) 프로젝트 중에서 광둥성에 500만kW의 전력을 공급하는 능력도 완성했다. 이밖에도 중국은 서부지역의 도로건설에 역점을 두어 2001년 말 현재 40만km의 도로를 완성하기도 하였다.[26] 특히 도로건설은 서부지역 발전의 핵심으로 인식하고 향후에도 적극적으로 계속 확대해 나간다는 계획이다.

한편, 중국의 서부지역은 이러한 인프라분야의 성과와 함께 빠른 경제성장도 이룩하였다. 예컨대 서부지역은 〈표 5〉에서 보여주는 바와 같이 서부대개발 실시 이후 GDP 성장이 중국 전체 평균보다 1.7%포인트 높은 연평균 9.4% 성장하였으며, 그 결과 2002년 말 현재 2조 47억 위안에 달했다. 1인당 GDP도 1999년의 4,485위안에서 2002년에 5,777위안으로 제고되었다. 특히 서부지역 중 윈난성을 제외한 전 지역에서 중국 전체 평균 GDP 성장보다

---

25) 1무(畝)는 6.667아르에 해당하는 면적이다

26) "西部大開發戰略實施三年來的回顧與啓示," http://www.west.gov.cn/20031027105401.htm (검색일: 2004년 10월 30일).

높았으며, 그 중 네이멍구는 15.7%의 성장으로 중국전체에서 가장 높은 성장을 이룩하기도 하였다. 그러나 서부지역은 과소한 경제규모로 전체 중국 경제에서 차지하는 비중이 상대적으로 축소되는 모습을 나타내고 있다. 또한 공업 생산액도 연평균 8.2%로 증가하여 1999년의 5,065.53억 원에서 2002년도에는 6,389.39억 원으로 증가했다(〈표 5〉 참조). 뿐만 아니라 지역적으로 풍부한 자원의 우위와 지역적인 산업의 우위 등으로 인해 석탄, 전력, 화공, 야금, 전자, 농축산품 가공이 확고한 중심산업으로 형성되기도 하였다. 구체적으로 2002년 말 현재 서부지역의 연간 석탄 생산량은 전국의 26.9%를, 발전량은 23.7%, 강재 생산량은 13%, 시멘트는 21%를 각각 차지하고 있다. 이에 따라 2002년도 서부지역의 공업생산 이윤 총액이 519억 원으로 1999년보다 433억 원이나 증가했다.[27]

　　이 밖에도 중국의 서부지역은 2002년 말 현재 대학생 수가 1999년보다 1.22배 늘어나 193.25만 명에 이르고 있고, 텔레비전 보급률도 95.1%에 이르고 있다. 특히 중국의 서부지역은 4년이라는 짧은 기간이기는 하지만 경제 발전과 동시에 도시주민의 소득증대와 물질적 생활수준이 상당 수준 제고되었다. 1999년부터 2002년까지 중국 서부지역 도시거주민의 가처분소득은 6.4~9.2% 증가되었다(〈표 6〉 참조). 이로 인해 2002년 말 현재 서부지역 중 네이멍구, 산시(陝西), 간쑤, 칭하이, 닝샤, 신장 등 7개 지역 도시주민의 엥겔계수가 전국의 도시 평균 37.7%보다 낮았다. 농촌지역도 정도의 차이는 있지만 낮아져 네이멍구, 산시, 간쑤, 닝샤 등 4개 지역이 전국 농촌 평균 엥겔계수인 46.2%보다 낮아졌다.[28]

---

27) "西部大開發戰略實施三年來的回顧與啓示," http://www.west.gov.cn/20031027105401.htm (검색일: 2004년 10월 30일).
28) "西部大開發戰略實施三年來的回顧與啓示," http://www.west.gov.cn/20031027105401.htm (검색일: 2004년 10월 30일).

<표 5> 중국 서부지역의 주요 경제성장 현황

	년도	전국	서부합계	충칭	쓰촨	구이저우	윈난	시짱	산시(陝西)	간수	칭하이	닝샤	신장	광시	네이멍구
GDP (億元)	2002	104790.60	20047.52	1971.10	4875.10	1180.00	2231.90	161.42	2036.00	1161.00	341.00	329.70	1598.30	2437.20	1724.80
	2001	95933.00	18236.1	1749.80	4421.80	1082.20	2077.50	138.60	1841.20	1074.90	300.80	289.10	1483.50	2231.20	1545.50
	2000	89403.60	16924.62	1589.34	4010.25	993.53	1955.09	117.46	1660.92	983.36	263.59	265.57	1634.36	2050.14	1401.01
	1999	82054.30	15381.01	1488.50	3711.60	907.30	1852.40	105.61	1481.60	909.80	238.40	242.00	1171.20	2001.70	1270.90
1인당 GDP (元)	2002	8184	5777	6353	5766	3140	5178	5983	5523	4493	6424	5800	8365	5062	7233
	2001	7543	5271	5655	5250	2865	4872	5302	5015	4173	5732	5338	7898	4697	6458
	2000	7081	4814	5157	4784	2662	4637	4559	4549	3838	5087	4839	7470	4319	5872
	1999	6546	4465	4852	4356	2463	4444	4262	4107	3595	4707	4477	6653	4264	5400
공업생산 증가액 (億元)	2002	32994.75	6389.39	650.90	1551.50	370.50	778.00	10.49	691.10	390.40	100.00	114.80	473.00	687.70	571.00
	2001	28329.37	5813.15	576.58	1407.81	335.00	723.98	10.84	606.12	356.51	89.20	102.23	450.00	648.19	506.69
	2000	25394.80	5492.54	527.48	1393.84	314.73	697.69	10.13	549.58	328.41	80.55	93.00	422.08	619.84	455.21
	1999	21564.74	5065.53	492.39	1293.50	284.16	680.01	9.97	487.26	327.68	70.00	80.00	319.00	579.26	442.30

주: 1. 1인당 GDP의 전국 및 서부합계는 서부지역 전체의 평균치임.

2. 공업생산증가액은 국유 및 규모 이상의 비국유기업기업의 지표이며 규모 이상의 비국유기업은 연간 생산된 제품의 판매수입이 500만 위안 이상인 기업을 말한다.

자료 : 『中國統計年鑑』 각년판에서 정리.

<표 6> 중국 서부지역의 소득수준 (단위: 元)

	년도	전국	서부평균	충칭	쓰촨	구이저우	윈난	시짱	산시(陝西)	간쑤	칭하이	닝샤	신장	광시	네이멍구
도시가정 1인당 연평균 가처분 소득	2002	7702.80	6676.40	7238.04	6610.80	5944.08	7240.56	8079.12	6330.84	6151.44	6170.52	6067.44	6899.64	7315.32	6051.00
	2001	6860.00	6171.79	6721.09	6360.47	5451.91	6797.71	7869.16	5483.73	5382.91	5853.72	5544.17	6395.04	6665.73	5535.89
	2000	6268.00	5647.88	6275.98	5894.27	5122.21	6324.64	7426.32	5124.24	4916.25	5169.96	4912.40	5644.86	5834.43	5129.05
	1999	5854.02	5309.21	5895.97	5477.98	4934.02	6178.68	6908.67	4654.06	4475.23	4703.44	4472.91	5619.54	5619.54	4770.53
농촌가정 1인당 연평균 순 수입	2002	2475.60	1792.48	2097.58	2107.60	1498.90	1608.60	1462.30	1596.30	1590.30	1668.90	1917.40	1863.30	2012.60	2086.00
	2001	2366.00	1692.96	1971.18	1986.99	1411.73	1533.74	1404.01	1490.80	1508.61	1557.32	1823.05	1710.44	1944.33	1973.37
	2000	2253.00	1632.31	1892.44	1903.60	1374.16	1478.60	1330.81	1443.86	1428.68	1490.49	1724.30	1618.08	1864.51	2038.21
	1999	2210.00	1604.07	1736.66	1843.50	1363.10	1437.60	1309.50	1455.90	1357.30	1466.70	1754.20	1473.20	2048.30	2002.90

자료 : 『中國統計年鑑』 각년판.

따라서 서부지역의 경제발전은 중국의 전반적 경제발전에 상당히 긍정적 역할을 할 것으로 보인다. 그러나 중국의 서부대개발은 50년이라는 긴 기간 동안 실시되는 국가의 중점 프로젝트일 뿐만 아니라 이제 불과 4년 정도밖에 되지 않았다. 따라서 서부대개발이 성공적으로 추진하기 위해서는 각고의 노력이 필요할 것이다.

한편 서부대개발이 성공적으로 추진될 경우 중국의 경제는 물론 정치·사회 등 다양한 영역의 발전에 중요한 의미를 가져다 줄 것으로 보인다. 우선, 서부대개발은 경제적으로 중국 경제를 한 단계 더 발전시킬 수 있는 역할이 기대된다. 현재 중국의 서부지역은 유효수요 부족으로 소비증가율이 동부 및 중부지역에 비해 낮을 뿐 아니라,[29] 소비품의 소매총액 비중도 16.77%로 동부지역의 57.9%와 중부지역의 25.84%보다 낮다.[30] 또한 서부지역의 소비품 중 60~70%가 동부지역으로부터 유입되고 있는 실정이다.[31] 그러나 서부대개발은 서부지역 주민들의 소득수준을 제고시켜 구매력을 증대시킬 수 있기 때문에 3억 5천만 명이 넘는 거대한 잠재적 소비시장을 발전시킬 수 있을 것이다. 따라서 서부대개발은 서부지역 주민의 생활수준 제고는 물론 동부지역에서 생산된 제품의 판매도 확대시켜 중국의 전반적 국민경제 발전에 새로운 발전공간을 제공하게 될 것이다.

또한 서부대개발은 〈표 7〉에서 보여주는 바와 같이 서부지역의 풍부한 자원을 이용한 사회경제분업으로 동서부간 공동의 발전도 가능케 할 수 있을 것이며 중서부지역간 산업이전 및 요소이전을 통해 현대화에 필요한 사업구조 개선도 가능케 할 수 있을 것이다. 뿐만 아니라 중국의 서부대개발은 중국의 생태환경 보전에도 긍정적인 역할을 할 것으로 보이며, 중국의 경제발전 과정 중 핵심문제로 지적되고 있는 동서부지역간 경제발전 격차를 어느 정도 해소시켜 줄 것으로 기대된다.

이 밖에도 중국의 서부대개발은 서부지역 주민들의 소득수준을 증대시켜 서부 변경 지역의 정치 및 사회적 안정에 기여할 것으로 보인다. 서부지역은 소수민족이 비교적 밀집한 지역일 뿐만 아니라 변경 지역에 위치해

〈표 7〉 중국 서부지역의 주요광산자원 보유량

종류	보유단위	서부지역	전국	비중(서부/전국)
석유	억 톤	5.6	24.9	22.5
천연가스	m³	6,782.6	11,778.4	57.6
석탄	억 톤	6,159.1	10,062.5	61.2
철광	억 톤	129.6	458.1	28.3
망간	억 톤	3.7	5.5	67.3
크롬	만 톤	899	1,006	89.4
동	만 톤	3,075.3	6,281.2	49.0
흑연	만 톤	1968.3	3,496.5	56.3
아연	만 톤	5,941.1	9,212.1	64.5
알루미늄	억 톤	8.6	22.0	39.1
금	톤	1,357.5	4,134.1	32.8
은	톤	46,964	115,320	40.7
황철	억 톤	27.5	59.6	46.1
칼륨염	억 톤	4.54	4.56	99.6
인	억 톤	77.5	132.5	58.5

자료 : 國務院發展研究中心, 『西部大開發指南統計信息專輯』(北京: 中國社會出版社, 2000)에서 정리.

있다. 즉, 중국의 서부지역은 〈표 8〉에서 보는 바와 같이 많은 소수민족이 거주하고 있을 뿐 아니라 전체 소수민족의 70% 이상이 집중되어 있으며 15개 국가와 국경을 이루고 있다. 이러한 점에서 동서부지역 간의 발전 격차 는 어떤 의미에서 한족과 소수민족 간의 차이라고 말할 수 있으며, 이는 그 들의 전통·종교·문화적 정체성을 회복하려는 움직임과 함께 분리독립 움 직임 등 정치·사회적 불안을 야기시킬 수 있는 요인이라고 할 수 있다.

---

29) 1996~1998년간 동부, 중부, 서부지역의 소비품 소매총액 증가율은 각각 13.1%, 14.2%, 6.9% 이었다. 胡鞍鋼, 『西部開發新戰略』(北京: 中國計劃出版社, 2001), p. 16 참조.
30) 『中國統計年鑑 2002』, p. 578 참조.
31) 胡鞍鋼, 『西部開發新戰略』, p. 16.

실제로 1995년 6월 '전인대 간부훈련 중심'에서 소수민족의 자치주, 자치현 간부 127명을 대상으로 설문 조사한 바에 따르면 81.5%의 간부들이 소수민족 지역의 경제적 낙후가 사회불안 요인으로 작용할 것으로 보고 있으며, 심지어 12.6%의 간부는 분리독립으로 발전할 수 있을 것으로까지 보고 있다.[32] 따라서 서부지역의 개발은 변경 소수민족 지역의 경제와 사회를 발전시킴으로써 서부지역의 정치와 사회안정에 중요한 역할을 할 것으로 보인다.

〈표 8〉 중국 서부의 소수민족 지역 기본상황

지역	소수민족 종족수(종)	지역 면적 (만㎢)	지역 인구 (만 명)	자치지역 면적 (만㎢)	자치지역 비중(%)	소수민족 수 (만 명)	소수민족 비중(%)
네이멍구	43	118.30	2,344.80	118.30	100.00	482.20	20.56
광 시	28	23.67	4,675.00	23.67	100.00	1,777.00	38.01
시 짱	37	122.84	252.00	122.84	100.00	238.00	94.44
닝 샤	30	5.18	538.00	5.18	100.00	185.82	34.54
신 장	47	166.04	1,747.40	166.04	100.00	1,073.30	61.42
윈 난	46	39.41	4,143.80	27.46	69.68	1,486.43	35.87
구이저우	48	17.61	3,657.60	9.78	55.54	1,201.80	32.86
칭하이	33	72.23	502.80	69.10	95.67	215.00	42.76
간 쑤	25	45.44	2,483.64	17.15	37.74	168.93	6.80
쓰 촨	52	48.50	8,315.70	30.10	62.06	320.53	3.86
충 칭	22	8.24	3,059.69	1.69	20.51	154.94	5.06
전 체	52	667.46	31,720.43	591.31	88.59	7,303.95	22.31

자료 : 『中國民族統計年鑑』, 1999年.

---

32) 胡鞍鋼, 『西部開發新戰略』, p. 17 참조.

2) 서부대개발의 제한 요인

　중국의 서부대개발은 성공여부에 따라 중국에 가져다주는 의미가 큰
만큼 제한하는 요인도 적지 않다. 서부대개발을 제한하는 요인으로는 중국
의 전반적 경제환경과 개발전략에 비추어 볼 때 크게 다음과 같은 요인이
지적될 수 있다. 우선 서부지역의 경제발전 환경이 개혁개방 초기 동부 연
해지역이 처해 있던 환경과는 다르다는 것이다. 개혁개방 초기 중국은 전반
적으로 부족의 경제 상태에 처해 있었다. 즉, 그동안 중공업 위주의 계획경
제 탓에 일반 대중이 필요로 하는 소비재가 전반적으로 부족한 상태였다.
따라서 이러한 상태에서 중국은 시장메커니즘의 도입과 함께 소비재 경공
업을 급속도로 발전시킬 수 있었다. 그러나 현재는 전국적으로 소비재 경공

〈표 9〉 중국 지역별 규모 이상 공업소유제 구조 (2001년)

		동부 11개성	중부 8개성	서부 12개성	전국
공업 총생산액(억 원)		67,307.83	17,373.39	10,767.78	95,448.98
국유 및 국유 지주기업	총생산액 (억 원)	23,293.70	11,509.62	7,605.17	42,408.49
	국유 (%)	34.61	66.25	70.63	44.43
	비국유 (%)	65.39	33.75	29.37	55.57
집체기업	총생산액 (억 원)	7,230.61	2,170.72	651.15	10,052.49
	비중 (%)	10.74	12.49	6.05	10.53
유한주식회사	총생산액 (억 원)	7,138.17	3,370.10	2,190.05	12,698.34
	비중 (%)	10.61	19.40	20.34	13.30
외국인 투자기업	총생산액 (억 원)	13,701.04	1,140.32	532.38	15,373.72
	비중 (%)	20.36	6.56	4.94	16.11
홍콩, 대만 투자기업	총생산액 (억 원)	10,883.81	607.25	356.13	11,847.18
	비중 (%)	16.17	3.50	3.31	12.41

주 : 본 표의 공업총생산액은 전체 국유 공업기업 및 규모 이상의 비국유 공업기업의 생산액을
　　지칭하는 것이며, 그 중 규모 이상의 비국유 공업기업은 연간 생산된 제품의 판매수입이
　　500만 위안인 기업을 지칭한다.
자료 : 『中國統計年鑑 2002』에서 정리.

업이 생산과잉상태이기 때문에 지역을 불문하고 급성장의 가능성은 거의 없다고 볼 수 있다.[33] 또한 지금까지 동부 연해지역의 발전에는 외자기업과 사영기업 등 비국유기업이 중요한 역할을 하였지만 서부지역은 〈표 9〉에서 보여주는 바와 같이 국유기업의 비중이 상당히 높다. 국유기업의 높은 비중은 현재 중국의 개혁이 양적 성장 개혁(增量改革)을 지나 질적 성장 개혁(存量改革)을 추진하는 상황에서 막대한 전환비용의 발생이 불가피하기 때문에 그 만큼 서부대개발을 제한하는 요인이 될 것이다.

다음으로는 서부대개발에 필요한 자금의 안정적 확보가 쉽지 않다는 점이다. 일반적으로 서부지역을 발전시키는 데 가장 큰 어려움은 자연조건을 비롯한 SOC 등의 기초 시설의 낙후가 가장 큰 요인으로 지적된다. 따라서 서부지역의 낙후된 경제환경을 개선하기 위해서는 막대한 재원확보 문제가 선결 조건이라 하겠다. 중국은 이러한 문제를 해결하기 위해 중앙정부의 재정지원과 외자유치 그리고 동부지역 기업들의 서부지역 투자 유도를 통해서 해결하겠다는 전략이다. 그러나 이러한 전략을 추진하는 데는 쉽지 않은 문제가 있다.

첫째, 중국은 정부의 재정지원으로 서부지역의 인프라 시설 건설을 지원한다는 계획이지만 〈표 10〉에서 보는 바와 같이 중국의 재정은 지속적으로 낮아지고 있다. 특히 서부대개발은 지방정부차원에서 제대로 이루어지지 않는 인프라 시설 투자가 절대적으로 필요한 상황이라서 중앙정부의 안정적 재정지원이 절대적으로 필요한데, 현재 중국 중앙정부의 재분배 기능은 이를 감당하기에 크게 부족한 실정이다.[34]

둘째는 충분한 외자유치의 획기적 증대도 쉽지 않다는 점이다. 중국은 지금까지 외자기업이 중국의 경제발전에 중요한 역할을 했음을 인식하고

---

33) 은종학, "중국판 뉴딜정책, 서부대개발," 『LG주간경제』(LG경제연구원), 2000년 3월 20일,
  p. 13.

<표 10> 중국의 재정 비중 (단위 : 억 위안/%)

년도	재정수입 총액	재정수입/GDP	중앙재정의 비중	지방재정의 비중
1980	1,159.93	25.7	24.5	75.5
1985	2,004.82	22.4	38.4	61.6
1990	2,937.10	15.8	33.8	66.2
1995	6,242.20	10.7	52.2	47.8
1996	7,407.99	10.9	49.4	50.6
1997	8,651.14	11.6	48.9	51.1
1998	9,875.95	12.6	49.5	50.5
1999	11,444.08	13.9	51.1	48.9
2000	13,395.23	15.0	52.2	47.8

자료 : 『中國統計年鑑』 각 년판.

서부대개발에서도 <표 11>과 같이 동부 연해지역보다 심화된 우대조치를 제시하며 적극적인 외자유치를 추진하고 있다. 그러나 이러한 조치에도 불구하고 서부지역의 외자유치는 과거 동부 연해지역 만큼 획기적인 성과를 기대하기 어려울 것으로 보인다. 그 이유는 과거 동부 연해지역은 중국 정부가 '경제특구'를 지정하는 등 인위적으로 투자진출 지역을 제한하여 집중의 효과를 얻을 수 있었으나, 현재는 중국이 전면적인 개방을 추진하고 있는 상황에서 인프라 시설이 미흡하고 아직 동부지역보다 투자 수익성이 우위에 있다는 보장이 없는 서부지역에 과연 얼마나 많은 기업이 진출 할 수 있을지 의문이기 때문이다. 실제로 서부지역의 다양한 우대조치에도 불구하고 2001년도 외국인 기업의 대중국 투자는 동부 연해지역에 86%가

---

34) <표 10>에서도 나타나는 바와 같이 중국 중앙정부의 명목상 재정 비중은 1994년 조세개혁 후 지방정부에 비해 상대적으로 강화되었지만, 중앙정부 재정수입의 상당 부분이 지방정부에 세수환급 형태로 자동 이전되기 때문에 중앙정부의 실질적 자원분배 기능의 개선은 매우 적었다.

집중되어 있고 서부지역은 6%에 불과한 실정이다.[35]

셋째는 동부지역 기업의 서부지역 진출 유도도 쉽지 않다는 점이다. 중국은 당초 개혁개방을 추진하면서 덩샤오핑의 선부론에 따라 조건이 우선 허락되는 동부지역을 발전시키고 나중에 중서부지역을 발전시킨다는 전략을 추진하였다. 이에 따라 서부지역은 석유, 천연가스 등 경제적 자원을 동부지역에 공급하는 원료 공급기지로서 역할을 수행하였으며, 동부지역은 이를 토대로 비약적인 경제발전을 이룩할 수 있었다. 서부대개발이 추진되면서부터는 서부지역에 대한 동부지역의 지원이 이루어지고 있는데, 하나는 동부

<표 11> 중국의 지역별 세제우대 비교

	일반지역	경제특구	경제기술개발구	연해개방도시	서부지역
법인세	30%	15% (업종별 우대기간 내 적용)	15% (생산기업에 한정)	15% (첨단기술, 에너지, 교통 등 출자액 3천만 불 기업에 적용)	15% (생산액의 70% 이상 수출기업에 적용)
법인세 감면기간	경영기간 10년 이상 기업에 한해 이익발생 년도부터 2년간 면제 후 3년간 50% 감세	이익 발생 년도부터 2년간 면제 후 3년간 50% 감세	일반 지역과 동일	일반 지역과 동일	우대조치 만기 후에도 3년간 15% 적용
이윤 국외 송금세	합자 10% 독자 20%	면제	면제	합자 10%, 독자 20%	면제
부가가치세	수출용 원자재 면세	수출용 원자재 면세	수출용 원자재 면세	수출용 원자재 면세	사업별 면세혜택 확대 적용

자료 : 西部信息網; 정상은, "21세기 중국의 대역사, 서부대개발," p. 24에서 재인용.

---

35) 劉世慶, 『中國西部大開發經濟轉型』, p. 93.

지역 지방정부가 주도하는 도의적이고 공익적인 원조이고, 또 다른 하나는 기업차원에서 기술협력, 합작사업, 지분취득 등의 진출이 이루어지고 있다. 그러나 전자의 경우 형식적인 수준의 지원에 그칠 가능성과 지원규모가 크지 않아 문제가 크지 않겠지만, 후자의 경우는 동부지역 소재 기업이 서부지역의 광산물, 농산물 가공을 통하여 서부지역의 자원 우위를 경제적 우위로 전환하는 한편, 효율이 낮은 서부지역 국유기업의 인수합병을 통한 기업규모 확대에 적극적일 수 있는지가 의문이다.[36]

이 밖에도 서부대개발을 장기적으로 추진하는 과정에서 중국 정부가 얼마나 일관된 정책을 추진할 수 있을지 여부와 금융위기나 공황 같은 예측 불가능한 세계경제의 돌발변수 등이 서부대개발의 전망을 어렵게 하는 요소라고 할 수 있으며, 또한 정치적 민주화 등으로 개발과정 중 소외계층의 반발 가능성도 서부대개발을 예측하기 어렵게 하는 요소라고 할 수 있을 것이다.

5. 결론

중국의 서부대개발은 21세기 진입 후 야심차게 추진하는 국가의 중점 프로젝트다. 서부지역의 인프라 시설 확충과 생태환경의 개선 그리고 산업구조조정을 통해 서부지역의 경제발전은 물론 개혁개방 후 그동안 중국의 경제발전과정 중 나타난 문제, 즉 지역간 발전 격차문제와 성장의 둔화 문제 등을 해결하여 지속적 성장을 이룩함과 정치·사회적 안정을 이루기

---

36) 한국수출입은행, 『중국의 서부대개발과 우리기업의 진출방향』, p. 68.

위해 제기되었다. 따라서 서부대개발의 성공은 중국의 정치, 경제, 사회 등 전반에 걸쳐 주요한 의미가 있다. 예컨대 중국의 서부대개발이 성공으로 수행될 경우, 중국은 지속적인 성장을 이룰 수 있을 뿐만 아니라 그동안 분리독립의 원천인 소수민족 문제와 중국 사회의 최대 문제인 실업문제를 어느 정도 해결하여 정치 및 사회안정으로 명실상부한 세계적 경제 강국으로 성장할 수 있지만, 그렇지 못할 경우는 지역경제 격차 등 내부적으로 취약한 문제를 안고 있는 이름뿐인 강대국으로 전락할 가능성도 있다.

서부대개발의 발전에 대한 전망은 상반된 견해가 있다. 우선 중국측 지도부와 학자들 중심으로 주장되는 견해에 따르면 서부지역의 인프라를 확충하고 투자환경을 개선하면 외자를 유치하여 과거 1980년대 동부지역이 했던 것과 비슷한 방식의 성장을 이룩할 수 있다는 전망이다.[37] 또한 중국이 서부대개발을 최우선 과제로 추진하고 있고 필요성에 대해서 광범위한 공감대가 형성되었기 때문에 성공 가능성이 높다는 평가도 있다.[38] 그러나 중국의 서부대개발은 현재 중국의 경제적 상황이 과거 동부지역이 성장했던 환경과는 완전히 다를 뿐만 아니라 서부대개발이 워낙 큰 프로젝트이기 때문에 재정적 문제 등 어려운 점이 많은 것이 현실이다. 여기에다 서부대개발은 50년에 걸친 장기 프로젝트로 실시되고 있기 때문에 정책 추진의 일관성 여부와 금융위기와 공항 같은 세계경제의 돌발 변수도 예측이 불가능하다는 요소도 있다. 뿐만 아니라 개발에 따른 이익이 지역 및 계층에 따라 다르게 나타날 경우 일부 이익집단 및 지역의 반발로 개발을 어렵게 할 수도 있다. 따라서 현 단계에서 서부대개발의 성공여부를 예측하는 것은 아직 이르다 판단된다. 특히 50년 장기 프로젝트 중 겨우

---

37) 은종학, "중국판 뉴딜정책, 서부대개발," 『LG주간경제』(LG경제연구원), 2000년 3월 20일, p. 12.
38) 정상은, "21세기 중국의 대역사, 서부대개발," Issue Paper(삼성경제연구소), 2003년 5월 26일, p. 31.

4년 정도 지난 현시점에서 발전을 예측하기는 어려운 일이라 하겠다.

　다만 중국이 서부대개발을 성공적으로 추진하기 위해서는 정부의 노력과 실천의지가 분명해야 할 것이다. 우선 서부대개발 추진에 대한 확고한 의지와 일관적인 정책의 추진이 장기적 관점에서 이루어져야 할 것이다. 둘째는 서부대개발의 법률적 체계정비와 확실한 신뢰성이 있어야 할 것이다. 서부대개발의 성공적 추진에는 중국 정부도 강조하듯이 외국인 투자 자본이 중요하다. 그 이유는 외국인 투자 자본은 서부개발에 필요한 재정지원 역할과 동부 연해지역의 경험에서 보여주듯이 서부지역 경제에 활력을 주는 역할을 하게 될 것이기 때문이다. 그러나 현재 서부대개발을 지원하는 법률과 법규들이 정비되어 있지 않고 불투명한 부분이 많다. 따라서 확실한 법률적 근거와 명확한 법체계를 정비하여 외국인 투자자들에게 신뢰감을 주어야 할 것이다. 특히 우대조치에 따른 법적·제도적 뒷받침이 분명해야 할 것이다. 우대조치만 있고 법적·제도적 보호의 뒷받침이 없는 상황에서는 외국인 투자기업이 장래가 불확실한 서부지역 진출을 꺼릴 수밖에 없기 때문이다.

제4장

중국의 동북개발 구상과 발전전략 : 배경, 조건 및 쟁점

■ 장윤미

1. 서론 : 문제의 제기

개혁개방의 과정 속에 묻혀 있던 중국의 동북지역이 다시 떠오르고 있다. 계획체제로부터의 완전한 탈피를 꿈꾸며 진행된 1990년대 후반 이후의 상황으로 볼 때, 과거의 제도를 상대적으로 많이 고수하고 있던 동북지역에서 다양한 이익주체들의 갈등이 첨예화된 것은 불가피한 현상이다. 또한 시장의 팽창과 자본주의 지향의 구조조정 과정에서 '계획경제의 마지막 보루'[1]인 동북지역 역시 자유로울 수 없게 되었다.

중국의 개혁은 속도 측면에서 점진적이고, 범위 측면에서 우회적이라는 특징 때문에 주목을 받아왔다. 또한 중국의 발전과정은 주로 화교자본의 매개를 통한 세계경제로의 단계적 편입, 특히 동아시아 경제구조로의 편입과정 속에서 이루어졌고,[2] 이러한 과정에서 발전국가적 특성을 보여왔다. 그러나 1990년대 중반부터 이러한 특징은 점점 유지하기 어렵게 되었다. 투자가 주로 남부 지방에 집중되어 있는 지역적 편중성과 대부분 노동집약적 산업으로 구성된 산업구조의 획일성으로 화교자본에 의존한

---

1) 최근까지 동북지역에서는 정부가 국유기업의 경영활동에 간여하는 현상이 여전히 존재하고, 이 지역 국유자본의 비중이 70%에 가깝기 때문에 "최후의 계획경제의 보루"라고 불린다(『市場報』, 2003年 10月 13日).
2) 백승욱, "중국과 동아시아 발전모델," 『노동과 발전의 사회학』(한울, 2003).

성장 전략은 더 이상 지속적인 영향력을 발휘하기 어렵게 되었고, 1990년대 후반부터 국유기업에 대한 구조조정이 본격적으로 진행되면서 중국은 새로운 발전전략의 전환이 필요하게 되었다. 즉 개혁이라는 과업을 완성시키기 위해서는 지속적인 발전이 뒷받침되어야 하고, 지속적인 발전을 유지하기 위해서 전략적 변화가 절실히 요구되었다.

이에 따라 1990년대 중반부터 논의되어 21세기 초부터 시작된 서부대개발은 새로운 발전을 위한 중국 국가발전 전략의 중대한 변화를 의미한다고 볼 수 있다.[3] 서부대개발은 개혁개방 초기 효율성 원칙에 입각한 지역불균형 발전을 수정하고 소수민족을 정치적으로 통합하여 발전의 위기를 극복하기 위한 국가전략의 전환이라 할 수 있다. 그러나 서부대개발은 50년이라는 장기적 계획에서 비롯되는 불확실성, 그리고 1990년대 중반 이후 장쩌민(江澤民) 정부가 추락하는 경제성장과 사회적 문제를 모면하기 위해 제시한 불가피한 선택이라는 점에서 한계를 갖는다. 실제로 장쩌민을 중심으로 하는 제3세대 지도부는 불균형 발전전략을 극복하겠다는 공언과는 달리 상하이나 베이징 등 일부 연해도시에 혜택을 주는 자원 분배를 실시해 왔다. 무엇보다도 2001년 중국의 WTO 가입 이후 달라진 국제환경 속에서 서부지역이 경쟁력을 확보하기란 대단히 어려워 보인다. 따라서 최근 중국의 제4세대 지도부는 동북지역 산업에 대한 구조조정과 거시적인 발전계획을 국가정책으로 제시하였다.[4] 동북개발[5]은 우선 서부

---

3) 이중희, "중국의 서부대개발: 국가발전전략의 변화와 한계," 『현대중국연구』, 제4집 2호 (2002).
4) 중앙정부는 8월 4일 지린(吉林)성 장춘(長春)시에서 동북노후공업기지발전 정책결정회의를 개최하였다. 이 회의에서는 동북지역 개발을 공식적으로 국가정책으로 채택하고 서부대개발과의 동등한 지위를 인정하였다. 이는 동북지역을 주장삼각, 창장삼각, 징진탕(京津唐) 지역에 이어 중국 경제의 제4의 성장거점(增長極)으로 만들려는 시도이다.
5) 동북개발의 정식명칭은 '동북 낙후공업기지의 진흥'(振興東北老工業基地)으로 서부대개발처럼 미개발지에 대한 대대적인 개발이 아니라 계획시기 낙후된 공업기지에 대한 재개발의

대개발과 마찬가지로 지역불평등을 해결하기 위한 협력 발전을 모색하지 않으면 향후 중국의 경제성장에 악영향을 미칠 것이라는 고려에서 나왔다. 특히 2020년까지 GDP 3천 달러를 목표로 하고 있는 중국은 동부지역에 의존한 편중된 발전을 극복하고 서부대개발의 단기적 성과의 부재를 메꿀 수 있는 대안적 지역을 필요로 했다.

그러나 동북개발이 국가정책으로 선정된 배경이 그렇게 간단하지만은 않다. 그것은 21세기 들어 중국 개혁의 내부 조건이 개혁 초기와는 질적으로 달라졌고, 정부 주도의 지역개발 담론이 논의되는 세계화의 구도 역시 달라졌기 때문이다. 25년간의 개혁개방이 진행되면서 국내적으로는 시장 원리와 효율의 우선적 고려가 지배적 이데올로기가 되었고, 대외적으로는 중국이 WTO에 가입하면서 초국적 자본 유입의 정치경제적 맥락이 달라졌다. 이렇게 달라진 국내외적 환경 속에서 새로운 개발지역으로 선정된 동북지역은 전통적인 국유기업에 대한 구조조정을 완결짓는 동시에 향후 경쟁력을 지닌 산업구조로의 전환이라는 이른바 신공업화 전략과도 밀접하게 관련되어 있다. 즉, 체제전환이라는 개혁 완성의 상징성을 보여주고 새로운 발전의 비전을 제시할 수 있는 지역으로 떠오르게 된 것이다. 또한 동북지역은 제3세대 리더십과는 차별화된 새로운 지도부의 정치적 비전을 보여줌으로써 정치적 기반과 합법성을 공고히 하고, 계급간의 갈등이나 실업문제 등의 불안정한 요소를 해결해야 하는 정치적 공간이기도 하다. 이러한 맥락에서 동북개발의 핵심은 구조조정과 체제전환에 있고, 향후 경쟁력을 갖춘 산업전략에 대비하고 사회적 불안을 해소하는 하나의 총체적인 '체제 기획'(system project)이라 할 수 있다.

동북개발은 새로운 중국 지도부의 발전을 위한 변화의 의지가 담겨

의미를 담고 있다. 이 글에서는 동북개발이 개혁 이후 처음으로 본격적인 국책사업으로 추진된다는 점에서 '동북개발'로 한다.

있는 이제 막 시작된 또 하나의 발전전략이라 할 수 있다. 따라서 이 글에
서는 개혁개방의 역사적 과정과 달라진 국제적 환경이라는 맥락 속에서,
논의의 초점을 주로 동북개발이 제기된 배경과 개발조건의 변화, 그리고
동북개발을 둘러싼 쟁점에 맞추고자 한다. 변화된 개혁의 조건 측면에서
볼 때, 동북개발의 성공 여부는 중국이 개혁개방 과정에서 발생한 정치경
제적 문제들을 어떻게 풀어 나가느냐와 관련된다. 즉, 중국 시장화 개혁과
정에서 국가의 역할은 어떻게 변화되고 조정되었는지, 지방정부의 발전국
가적 특성과 지역발전 과정에서 지방 엘리트의 역할은 무엇이었는지 등의
문제이다. 향후 중국의 발전이 시장에 대한 정치적 권력 개입의 성격이
어떠한지와 지방정부의 투명하고 주도적인 역할에 달려 있다고 보았을 때,
이번 동북개발 추진과정에서 중국이 상정하는 국가와 시장의 관계가 현실
적 정책결정과 집행과정에서 어떻게 나타나느냐가 성공의 관건으로 작용
할 것이다.

2. 동북개발 전략의 배경

1) 체제의 유산 : 현황과 문제점

　최근 '동북현상'이라고 불리는 문제들은 역사적으로 거슬러 올라가
면 중국식 사회주의 현대화 전략과 관련이 깊다. 건국 초기 중국의 경제적
상황을 고려해 볼 때 중국은 고용을 창출하고 자본을 축적할 수 있는 경공
업 발전전략을 채택해야 했지만, 국제적 경쟁과 정치·안보 논리에 따라
국방산업과 관련이 깊은 중공업우선 전략을 채택한다.[6] 또한 강요된 자립
경제하에서 소련의 전쟁극복과 새로운 사회체제 건설의 경험은 중국 지도

자에게 깊은 인상을 주었는데, 이로써 중공업 우선발전이라는 스탈린 모델을 채택하게 된다.[7] 당시 동북지역은 소련과 가까운 지정학적 위치를 확보하고 선진적 기술을 도입할 수 있는 친소련 인맥을 확보하고 있었을 뿐만 아니라, 일본 식민지 시기에 정비된 근대적 시설을 갖추고 있어 중공업우선 전략의 핵심지역으로 선정될 수 있었다. 중국은 1·5 계획 기간 동안 구소련의 도움으로 156개 항목의 프로젝트가 추진되었는데, 그 중 58개가 동북3성(랴오닝성, 지린성, 헤이룽장성) 지역에 배치되었으며 주요 산업은 기계, 석유, 화학, 야금 등이었다. 1·5계획 기간 동안 동북3성 지역에 투자한 국가의 고정자산투자 총액은 124.34억 위안에 달해 전국의 20.33%를 차지했고 2·5계획 기간은 183.67억 위안으로 1·5계획 시기보다 42.5% 증가했다. 건국 초 10년 동안 동북지역에 투자된 기초건설자금은 316.6억 위안으로, 5,683개의 국유기업이 설립되어 완전한 공업시스템을 갖춘 공업단지로 그 입지를 공고히 하게 되었다. 개혁 이후에도 동북지역의 중화학공업 구조는 고착화되어, 현재 랴오닝성의 경공업과 중공업의 비율은 21.9 : 78.1에 이르고, 우순(撫順)시와 번시(本溪)시 등은 각각 5.7 : 94.3와 8.2 : 91.8에 달한다.[8]

또한 동북지역은 자력갱생, 노동자의 헌신, 정치 우위 등 마오쩌둥(毛

---

6) 王海波, 『新中國工業經濟史: 1949-1957』(經濟管理出版社, 1994), pp. 271-272.

7) D. A. Kaple, *Dream of a Red Factory: The Legacy of Stalinism in China*(New York: Oxford University Press, 1994); 林毅夫, 『中國的奇迹: 發展戰略與經濟改革』(上海: 三聯書店和上海人民出版社, 1994).

8) 高杲·張斌, "遼寧老工業基地: 如何重振雄風," 『宏觀經濟管理』, 2003年 第7期. 비교우위를 무시한 맹목적인 중공업우선 정책으로 중국 경제의 경쟁력을 상실했다는 기존의 시각과는 달리 일본 경제학자 와타나베 도시오(渡邊利夫)는 중국의 중공업정책은 비록 기술수준은 낮지만 비교적 완벽한 산업구조를 갖추었고 원자재 측면에서도 완벽한 자급자족의 체제를 이루었다고 평가한다. 단지 문제가 되는 것은 설비가 노후되고 기술이 낙후되어 고급 제품을 공급하지 못한다는 점이라 지적한다. 渡邊利夫, 『中國製造業的崛起與東亞的回應: 超越'中國威脅論'』(經濟管理出版社, 2003).

澤東)식 발전주의가 갖는 상징성을 압축적으로 보여주는 곳이었으며, 1960년 3월 안강(鞍鋼)헌법에 기초한 '양참일개삼결합'(兩參一改三結合)이라는 새로운 기업관리제도를 창출하고,[9] 헤이룽장에 위치한 다칭(大慶) 모델 운동에서 왕진시(王進喜) 등 수많은 노동 영웅을 배출한 곳이기도 하다. 즉, 대중의 혁명적 열정에 기초한 정치 우선의 동원식 생산조직과 그것을 물질화하는 방법에 의존한 마오식 발전주의의 상징적 지역이었다. 이러한 중국 사회주의의 자랑이자 자부심이던 동북지역은 개혁과정에서 제외되고 유예되면서 많은 비효율성을 드러내게 되었고, 특히 1997년 이후 대대적으로 단행된 국유기업 구조조정으로 인해 대량의 실업 노동자군이 발생하여 이들의 생존권 문제는 사회주의체제의 합법성 위기를 야기하고 사회적 불안정을 초래하게 되었다.

동북지역이 안고 있는 문제점은 기존에 정치적·사회적 책임까지 떠맡고 있던 기업(企業辦社會)이 경제적 주체로 탈바꿈하는 과정에서 드러나게 된다. 우선 기업에 대한 국가 지원이 (원금과 이자를 갚을 필요가 없는) 재정보조로부터 (원금과 이자를 갚아야 하는) 정책성 은행대출로 전환되고(撥改貸), 국가가 부실채권문제를 해결하기 위해 점차 은행대출에 대한 규제를 강화하자 국유기업 파산이 늘기 시작했다. 또한 1980년대

---

9) 1960년 10월 4일에 발표된 중공중앙의 "양참일개삼결합 제도와 기업관리사업 발전을 위한 지시"는 헤이룽장 성위원회의 보고서와 베이안(北安) 칭화(慶華) 장난감공장의 경험을 반영하고 있다. 이들은 기술혁신과 기술혁명의 군중운동을 발전시켜 생산력을 향상시킨다는 사명감으로 양참일개삼결합 제도를 견지할 것을 다짐하고 있다. 中華全國總工會辦公廳, 『建國以來中共中央關於工人運動文件選編』(中國工人出版社, 1988). 양참일개삼결합은 간부는 노동에, 군중은 관리에 참여하여 구상(정신노동)과 실행(육체노동)의 분리를 극복하고(兩參), 각종 불합리한 제도를 개혁하며(一改), 노동자, 간부, 그리고 기술자 3자간의 유기적 결합(三結合)을 내용으로 한다. 이는 철저한 대중 토의를 통해 문제를 해결해 나가는 방식으로 단순히 기술 문제에만 영향을 미친 것이 아니라 사람의 관계 자체에도 영향을 미치는 것이었다. 양참일개삼결합과 안강헌법에 대해서는 다음을 참고할 것. 崔之元, "鞍鋼憲法與后福特主義," 『讀書』, 1996年 第3期; Peter N. S. Lee, *Industrial Management and Economic Reform in China: 49-84* (Oxford University Press, 1988).

부분적 개혁에서 벗어나 점차 개혁의 공간이 확대되면서 중국의 국유기업은 중국 시장 장악을 위한 초국적 기업과 민간자본을 기반으로 하는 사영기업 등 비국유기업과의 경쟁적 압박에 놓이게 되었다. 특히 동북지역 대부분의 국유기업은 기본적으로 중앙의 부(部)와 성 소속의 중대형 국유기업으로, 역사가 오래되어 설비가 낙후되었고 자원이 고갈될 처지에 놓여 있으며 불량자산의 비중이 높다. 지린성의 예를 들면, 공업기업 장비의 15%만이 1990년대 이후의 수준을 갖추었고, 60% 이상은 1970, 80년대 수준, 15%는 1950, 60년대 수준을 유지하고 있다. 또한 과도한 채굴로 인한 자원고갈의 위기에 봉착한 도시가 상당히 많은데, 푸신(阜新)시의 경우 자원고갈로 인해 입은 경제적 손실액이 15억 위안에 달하고, 우순시의 경우 5개의 주요 석탄탄광 중 2개가 폐쇄되었고 나머지 역시 채굴제한으로 생산량이 감소되는 추세에 있다.[10] 이러한 상황에서 많은 국유기업이 적자와 파산을 면치 못하고 탈사회주의 과정에서 구조적인 문제가 드러나면서 많은 실업자를 양산하게 된다.

이에 따라 동북지역이 전체 경제에서 차지하는 비중 역시 감소 추세에 있다. 개혁개방 초기 동북3성의 1인당 GNP는 전국의 수준보다 높아 1978년 랴오닝성은 전국 수준의 179%, 헤이룽장성은 149%, 지린성은 100.5% 수준이었는데, 1992년 랴오닝과 헤이룽장은 각각 162%와 110%까지 하락하였다. 1978년 동북 3성의 1인당 GNP 수준은 광둥성이나 푸젠성보다 높았지만, 이러한 상황은 역전되어 2001년 동북3성의 국내생산총액은 10,626.6억 위안으로 광둥성 1개 성과 겨우 맞먹는 수준이다.

두 번째 문제점은 과거 단위복지시스템에서 유예된 노동자 임금에 대한 역사적 채무의 문제가 있다. 개혁개방 이전의 중국 도시지역은 단위

---

10) 『北京靑年報』, 2003年 9月 8日.

를 중심으로 사회보장정책이 실행되었는데, 이 체제는 기본적으로 종신고용, 저임금, 완전복지의 특징을 지니며 저임금의 유지가 가능했던 것은 현재의 기여를 임금의 형태로 보상받지 않고 미래의 복지혜택으로 받아왔기 때문이다. 따라서 시장화 개혁으로 기업과의 노동관계를 단절하는 경우, 국가가 미래로 유예했던 노동자의 임금 부분을 어떻게 지불할 것인가라는 역사적 채무가 존재한다. 따라서 동북지역의 문제를 해결하기 위해서는 국유기업이 안고 있는 복지단위로서의 사회적 부담을 덜어주는 동시에, 단위복지라는 형식에서 저평가되고 유예된 노동자 임금에 대한 역사적 채무를 다시 국가적 차원에서 해결해야 한다. 이러한 사회보장제도의 뒷받침 없이 진행되는 구조조정은 발전을 저해하는 불안정 요인으로 작용할 것이며, 이러한 정치적·사회적 압력 때문에 국유기업 개혁이 형식적인 수준에 머물게 된다면 국유기업에 대한 개혁은 또다시 실패로 끝날 것이다.

2) 동북개발 구상의 배경

동북지역에 대한 개발전략이 제4세대 지도부에 의해 새롭게 제기된 것은 아니다. 중앙정부는 이미 동북지역의 경제성장을 위해 수천억 규모의 기술개조투자를 투입한 바 있지만 분산된 정책결정구조와 중복투자문제로 투자효과를 제대로 보지 못했다.[11] 또한 1990년대 중반 이후 경제성장률이 하락되고 소유제 개혁(改制)과 구조조정(改造)이 가속화되면서 지역격차로 인한 부의 불평등 현상이 심화되자, 중국은 지역균형의 방법으로 문제의 해결을 모색하게 된다. 이는 개혁개방 과정에서 큰 비용을 지불했으면서도 수혜 대상에서 제외되었던 지역에 대한 보상과 사회심리적 균형

---

11) 慧峰, "振興東北老工業基地困難重重,"『中共研究』, 2003年 37卷 11期.

감 및 사회안정을 위한 필요성에서 도입되었다. 지역균형의 방식이 공식적으로 제기된 것은 1995년 9월 제14차 5중전회에서 통과된 "중공중앙의 국민경제와 사회발전 9·5계획과 2010년 장기목표 제정에 관한 건의"에서다. "건의"에서는 전통적인 성·시 행정관할구 위주의 지역 발전 구도에서 벗어나 자연자원과 경제 및 사회 등의 조건을 고려하여 지역경제의 협력 발전을 추진하는 동시에 중국을 7개의 경제지역으로 나누고 있다.[12] 즉 9·5계획 시기부터는 기존의 행정구역 중심의 지역개발에서 벗어나 시장경제법칙과 경제의 내재적 연계, 그리고 지리적인 자연조건을 고려하여 발전지역을 구분하고 있으며, 이는 중심도시와 교통 중심지에 의존한 지역경제의 배치라 할 수 있다.[13] 9·5계획에서의 이러한 지역격차 축소 제의와 10·5계획에서 제기한 '서부대개발' 계획은 지역정책에 대한 논쟁과 지역격차라는 현실에 대한 중국 지도부의 적극적 반응을 보여준다고 할 수 있다.[14] 9·5계획은 행정구 중심의 경제발전 전략에서 누적된 지역

---

12) 9·5계획에서 구분한 7개 경제지역이란 창장삼각주와 연해지역, 환발해지역, 동남연해지역, 서남 및 화남지역, 동북지역, 중부 5개성 지역, 서북지역을 말한다. 이러한 지역 구분은 기존의 연해 특정 지역을 중심으로 하는 지역 구분에서 중국 전체 영토를 포괄하는 구분으로 바뀌었는데, 이는 대내적으로는 통일시장을 구축하고 대외적으로는 국제분업체계에 편입하게 유리하도록 편성되었다. 劉昭吟·王鴻楷·黃麗, "不只是區域均衡問題: 被不同空間尺度交互穿透的新疆棉花生産區域," 『遠景基金會季刊』, 第4卷 第2期(2003). 한편, 1985년 7·5계획에서는 중국 전역을 동부, 중부, 서부 3대 경제지역으로 구분하고 있는데, 동부는 랴오닝, 허베이, 톈진, 베이징, 산둥, 장쑤, 상하이, 저장, 푸젠, 광둥, 광시, 하이난을, 중부는 헤이룽장, 지린, 네이멍구, 산시, 안후이, 장시, 후베이, 후난, 허난을, 서부는 충칭, 쓰촨, 구이저우, 윈난, 시장, 산시(陝西), 간쑤, 칭하이, 닝샤, 신장 지역을 말한다. 胡兆量 主編, 『中國區域發展導論』(北京大學出版社, 1999), p. 112. 7·5기준에 따르면 랴오닝과 헤이룽장, 지린이 서로 다른 지역으로 구분되는데, 이는 당시의 발전조건을 고려한 자유무역과 분업체계 중심의 구분으로, 당시 개발구 중심의 발전전략에 따른 결과라 할 수 있다. 그러나 9·5계획 이후에는 개혁단계의 달라진 발전조건과 중앙과의 관계 측면에서 동북지역 내부의 정치적 동질성을 고려하여 동북지역이라는 동일한 지역으로 묶여 다뤄지고 있다.
13) 胡兆量 主編, 『中國區域發展導論』(北京大學出版社, 1999), pp. 111-112.
14) Dali Yang, "Reforms, Resources, and Regional Cleavages: The Political Economy of Coast-Interior Relations in Mainland China," *Issues and Studies*, Vol.27. No.9(1991); 王紹

봉쇄, 시장분할, 소비장벽 등의 지역주의를 타파하고 국내 시장의 팽창과 자유무역을 전제로 하는 지역간 분업체계를 구축하기 위한 시도이며, 동북개발을 둘러싼 담론 역시 이러한 논의의 연장 속에서 진행되었다. 동북개발 역시 지역불균형 해소, 사회안정 목적 측면에서 볼 때 서부대개발 전략의 연장선에 있지만, 1990년대 후반부터 달라진 국내적·국제적 환경에 보다 적극적으로 대응하고 3세대 지도부와는 다른 4세대 지도부의 차별화된 리더십을 보여준다는 점에서 차이가 있다. 그렇다면 동북개발 구상의 직접적 배경이 된 요인은 무엇인가?

첫째, 발전을 위한 전략적 변화의 필요성 때문이다. 2000년 10월 제15차 5중전회에서 통과된 "중공중앙의 국민경제발전 10·5계획에 관한 건의"에서는 '경제 효율'을 중심으로 하는 전략적인 구조조정을 진행할 것을 제시하고 있으며, 중국 경제의 구조적 문제로 불합리한 산업구조, 불균등한 지역발전, 낙후된 도시화 수준 등을 꼽고 있다. 또한 중국 국가계획위원회의 연구보고서에서는 경제구조의 문제가 중국의 경제사회발전에 영향을 미치는 근본적인 문제라 지적하면서, 1993년부터 시작된 중국 경제성장률 감소의 근본적인 원인은 제품, 산업, 지역, 도·농 등 네 부문에서의 불합리한 경제구조 때문이라고 분석하고 있다. 따라서 경제구조를 조정해야 경제성장률을 높일 수 있고 내수를 확대해야 경제발전의 지속성을 보장할 수 있다고 분석하고 있다.[15] 즉, 개혁발전을 지속시키기 위해서

光·胡鞍鋼, 『中國: 不均衡發展的政治經濟學』(中國計劃出版社, 1999); 胡兆量 主編, 『中國區域發展導論』(北京大學出版社, 1999). 중국 지역개발에 대한 전략에 대해 일반적으로 1978년을 기준점으로 하여 개혁 전에는 '균형 발전전략'으로, 개혁 후에는 '불균형 발전전략'으로 나눈다. 이러한 논의구도에 주목하는 연구들은 지역 균형/불균형의 정도, 범위, 추세 및 형성 기제 과정에서의 중앙정책, 즉 중앙의 재정흡수 및 이전지불능력, 가격체제, 정책편향 등을 주로 다룬다. 그러나 지역정책이라는 것은 당시의 정치적·경제적 상황과 복잡하게 맞물려 나타났고, 균등/불균형이라는 도식적인 구분은 특정 맥락 속에서 진행된 지역정책 형성의 논리를 놓쳐 동태적인 파악을 불가능하게 만드는 한계를 안고 있다.

는 전략적 변화가 필수적이고, '변화'의 핵심은 바로 구조조정에 있다는 것이다. 특히 사회주의체제의 비효율성을 완전히 타파하기 위한 국유기업에 대한 구조조정은 중국이 완전한 시장메커니즘으로의 전환에 성공하여 체제전환을 달성할 수 있는지의 여부가 달린 매우 중대한 사항이라 할 수 있다.

둘째, 구조조정으로 인한 대량의 실업자 양산 및 빈민층의 확대, 그리고 끊임없이 일어나고 있는 노동쟁의 등 아래로부터의 사회적 압력에서 그 이유를 찾아볼 수 있다. 1990년대 이후 경쟁력을 갖추지 못한 기업들이 도태되고 구조조정을 진행하는 과정에서 제조업에 종사하던 노동자들이 대거 감원되었는데, 1990년대 이후 10년 동안 동북3성에서만 334.4만 명에서 222.3만 명으로 1/3의 노동자가 실직했다.16) 랴오닝성의 경우 1995년에서 2001년까지 475.6만 명의 실업노동자가 양산되었는데, 이러한 수치는 전국 실업노동자의 1/10을 차지하여 실업노동자가 백만을 넘는 8개 성 중에서 1위를 차지하고 있다.17) 중국의 공식적인 통계에 따르면 1996~2000년까지 랴오닝성의 실업률 증가속도는 전국 수준의 2.3배에 달하고, 지린성은 9배에 달한다.18) 이 중 국유기업 구조조정으로 인한 실업자가 많았는데, 1998~2000년 랴오닝의 샤강노동자는 125만 명으로 그 중

---

15) 黃智聰·高安邦·陳子芸, "中國大陸製造業的産業發展策略,"『遠景基金會季刊』, 2003年 第4卷 第4期.

16) 국유기업 개혁이 실시된 상당한 기간 동안에도 국유기업 노동자들은 공식적인 실업이 아닌 매월 100여 위안의 생활비를 받을 수 있는 기업과의 노동관계를 유지해 왔다. 그러나 최근 개혁의 행보가 가속화되면서 기업들이 '연공매입'(買斷工齡)의 정책을 채택하여 일정한 보상금을 지불하는 형식으로 수십 년간 유지했던 노동관계를 한번에 단절, 수백만 명의 노동자가 영구 실업의 지위로 전락하게 되었다. 따라서 최근 감원 대상 선정 문제와 연공의 액수를 둘러싼 분쟁이 급증하고 있다. 관련 인터뷰는 다음을 참고할 것. http://www.china-labour.org.hk.

17) 胡亞蓮, "關於遼寧就業與再就業情況的調査,"『黨政幹部學刊』, 2003年 第6期.

18) 丁四保 主編,『'中國東北論壇' 2001: 跨世紀的中國東北經濟』(東北師範大學出版社, 2002), pp. 13-14.

국유기업이 80여만 명을 차지하고, 지린성은 2002년 한 해 동안 샤강노동자 규모가 24만여 명에 이르렀고 그 중 국유기업이 19만 명에 달해 전체 샤강노동자의 78.3%를 차지하고 있다.[19] 더구나 실직한 노동자가 3차 산업으로 흡수되지 못하고 대부분 농촌으로 돌아가 생활수준이 점차 하락하면서 빈민층이 양산되고 있고 사회불안정 요소가 증가하고 있다.[20] 푸신(阜新)시의 경우 샤강노동자가 15.5만 명으로 시 전체 인구의 20%를 차지하며, 극빈(特困) 주민은 20만 명으로 시 전체 인구의 25%를 차지하고 있다.[21] 이에 따라 노동자 시위가 자주 일어났는데, 특히 2001년 3~5월에 랴오닝성 각 지역에서 일어났던 대규모의 노동자 시위는 천안문 사건 이후 가장 큰 규모로 일어났으며, 이들이 사회주의체제 속에서 주인임을 자랑스럽게 여기던 국유기업의 노동자였다는 사실은 개혁의 역설적 측면을 단적으로 말해준다고 하겠다.[22] 또한 2002년 4월에는 지린성 송위안(松原)시에서 석유 부문 노동자들이 100일이라는 장기간 동안 청원시위(上訪)를 벌였는데,[23] 이와 같이 노동자 저항의 패턴은 점차 조직적이고 공개적인 형태를 띠어 갔다. 이러한 사회불안정 요인을 해결하지 않고서는 안정을 통한 발전은 불가능한 것으로 보인다.

---

19) 孫艷霜, "東北老工業基地增加就業難題求解," 『長白學刊』, 2003年 第5期.

20) 慧峰, "振興東北老工業基地困難重重," 『中共硏究』, 2003年 37卷 11期, p. 16. 다큐멘터리 영화 '티에시취'(鐵西區)에서는 1950~60년대 화려했던 중공업 도시가 개혁 이후의 산업화 과정에서 어떻게 쇠락해 가고, 노동자 생활의 중심이었던 공장이 이상적인 폐허가 되는 과정을 잘 그리고 있다. 영화에 대한 소개로는 다음을 참고할 것. 呂新雨, "〈鐵西區〉: 歷史與階級意識," 『讀書』, 2004年 第1期.

21) 『北京靑年報』, 2003年 9月 8日.

22) Yongshun Cai, "The resistance of Chinese laid-off workers in the Reform Period," *The China Quarterly*, No.171(2002); Feng Chen, "Subsistence crises, managerial corruption and labour protests in China," *China Journal*, No.44(2000); 張允美, "改革時期中國的勞工運動," 『二十一世紀』, 2003年 4月.

23) 工言, "吉林省松原市石油工人上訪100天的調査報告," http://www.epochtimes.com(검색일자: 2004년 3월 20일).

세 번째 배경으로는 변화된 국제적 환경 속에서 국제분업의 우위를 확보하기 위한 필요성에서 대두되었다. 개혁 초기 주로 제조업과 화교자본에 의존하여 성장을 이루었던 중국 경제는 이제 제조업 일변도의 산업구조와 기계장비의 대부분을 수입에 의존하는 무역구조에서 탈피해야 할 필요성에 직면하게 되었다. GDP 규모를 2020년까지 2000년의 네 배 수준으로 끌어올린다는 목표를 달성하려면 매년 7.2%의 성장을 지속해야 하는데, 2010년 이후에는 동부 연해지역에 의존한 발전전략이 한계에 이를 것으로 예측된다.[24] 따라서 새로운 산업화 전략을 위해서는 중장비 공업의 육성이 필수적이며, 이를 위해 지리적 조건, 산업기지, 과학기술인력, 기초설비 등을 갖춘 동북지역은 후발의 이점을 최단 기간에 가장 효율적으로 살릴 수 있는 최적의 지역으로 떠오르게 되었다.[25] 이에 따라 동북지역을 상대적으로 폐쇄적인 내부순환경제에서 동북아 개방형으로 전환해야 한다는 목소리가 높다.[26] 또한 동북아의 중심지인 동북지역은 역사적으로 분쟁이 잦은 지역으로 전략적으로 매우 중요한 위치에 있다. 특히 동북아 국제관계에서 지역 패권을 장악하고자 하는 중국으로서는 동북지역의 경제 발전이 뒷받침되어야 하며, 발전을 위한 동북지역의 안정적인 정치환경의 조성은 필요조건이라 할 수 있다.[27]

---

24) 盧松, "振興東北戰略中的國家政策支持," 『遼寧經濟』, 2003年 第11期, p. 4.

25) 中國社會科學院工業經濟研究所, 『中國工業發展報告: 世界分工體系中的中國製造業』(經濟管理出版社, 2003).

26) 2001년 현재 동북지역의 수출입무역의존도는 20.37%로 전국 수준인 43.57%보다 낮고, 외국인 직접투자 총액은 31.9억 달러로 각 성 합계의 6.89%를 차지하고 있다(『中國經濟時報』, 2003年 7月 28日).

27) 동북개발의 전략적 기회를 잘 활용하기 위해서 최근 중국 지도자들은 내부적인 사회안정의 유지뿐만 아니라, 주변국과의 우호적인 관계 유지와 안정적인 국제환경 조성을 거듭 강조하고 있다. 이를 위해 동남아시아와의 평화우호조약 체결, 중앙아시아 국가와 상해합작조직을 통한 동반자관계 강화, 인도와의 관계 개선 등의 노력을 보이고 있으며, 특히 북핵 해결을 위한 6자회담의 적극적인 조정자로 나서고 있다.

3. 중국의 개혁과 지역개발 조건의 변화

　　1990년대 이후 시장화 개혁이 확대되고 질적 평가 없이 가시적인 경제 성장으로 각 지방 지도자의 정치적 업적(政績)을 평가하면서, 각 지방은 해외투자 유치와 중앙의 재정지원을 받기 위한 치열한 경쟁구조에 놓이게 되었다. 동북3성 역시 지역의 고질적인 문제를 해결하기 위한 관련 정책·연구기관과 전문가들의 많은 개혁정책 건의가 이어졌고,[28] 재정 이전을 통한 중앙의 지원도 계속되었다. 그러나 개혁 이후 동북지역의 산업기지 개혁을 위한 중앙정부의 수 천억 위안 규모의 기술개조자금의 투입이 이어졌지만, 소기의 효과를 달성하는 데 모두 실패했다.[29] 동북지역은 지리적 입지조건, 중앙의 지원정책, 대외연계의 유리한 조건을 갖추었음에도 불구하고, 왜 계획체제의 유산인 비효율성의 문제를 해결하지 못하였는가?

　　일반적으로 이에 대한 해답을 소유제 구조, 산업구조, 시장메커니즘의 측면에서 찾는다. 우선 계획시기 대형 국유공업기업이 밀집해 있던 동북지역은 개혁 이후 진행된 비국유경제의 확대 과정에 적응하기 어려운 구조를 지녔다. 비국유경제 영역의 확대와 경제성장의 속도가 비례관계를 보이고 비국유 부문이 차지하는 비율이 높을수록 발달한 지역으로 비춰짐에 따라, 국유경제 위주로 구성된 동북지역은 상대적으로 낙후된 지역으로 보여졌다.[30] 또한 산업구조의 측면에서 볼 때, 개혁 이후 노동집약적 경공업과 서비스업 위주로 산업구조가 조정되었는데 이러한 과정에서 동북지역이 중공업 위주의 산업구조를 조정하기란 매우 어려웠다. 따라서 계획시

---

28) 丁四保　主編, 『'中國東北論壇' 2001: 跨世紀的中國東北經濟』(東北師範大學出版社, 2002).
29)　喬榛·李玉芬, "東北老工業基地改造政府應在解決社會保障問題中起關鍵作用," 『理論探討』, 2003年 第6期, p. 62.
30) 2002년 저장성에서 판매수입이 5억 위안이 넘는 민영기업은 160개인 반면, 동북지역은 3개 성을 합쳐 불과 30여 개뿐이다(『國硏網』, 2003年 9月 27日).

기로부터 남겨진 이러한 소유제와 산업구조의 역사적 관성은 시장메커니즘을 위주로 하는 자원의 효율적 배분과 발전을 더디게 하였다.

그러나 국유경제 위주의 소유형태, 대형 중공업 산업 중심, 계획에 의한 자원 분배 등 각각의 개별적 특징 때문에 동북지역의 경제적 발전이 지체된 것은 아니다. 보다 근본적인 이유는 이러한 특징을 갖고 있던 동북지역이 개혁과정에서 지역적 우위를 상실한 데서 찾아볼 수 있다. 즉, 동북지역의 낙후성은 사회주의체제의 핵심인 국유부문에 대한 직접적 개혁이 아닌 비국유부문 창출에 의존한 경제적 성장, 보다 단기간에 경제적 효과를 볼 수 있는 소비재와 경공업 위주의 산업지원으로의 전환, 그리고 이러한 부문에서 시행된 시장에 의한 효율적 자원 분배 등 이러한 개혁전략의 특징 자체에서 비롯된다. 중국의 개혁은 비국유부문의 우회적 확산, 경공업 위주의 산업구조, 시장의 순차적 팽창, 차별적 분권화, 지역간 불균형 발전 등을 특징으로 하며, 동북지역은 불행히도 이러한 전략적 순서에서 모두 유예되거나 비껴나 있었다. 따라서 근본적인 구조에 대한 개혁없이 진행된 행정 지원식의 개혁은 모두 실패를 거듭할 수밖에 없었고, 사회주의의 체제적 유산은 동북지역의 발전을 가로막는 장애물이었다.

반면, 개혁전략의 수혜지역인 주장(珠江)삼각주와 창장(長江)삼각주 지역은 달랐다. 우선 주장삼각주 지역이 갖추고 있었던 개혁의 초기조건은 발전수준, 소유제 구조, 중앙계획의 통제 정도 측면에서 모두 유리했다. 문화적으로도 개혁에 필요한 자유로운 인식의 수준이 비교적 높았고, 지리적으로도 대외개방에 유리한 지위를 구비하고 있었다. 여기에 동아시아 분업구조 아래에서 경쟁력 있는 지역으로 생산의 재배치(relocation)를 진행하려는 화교자본의 요구가 결합되면서 연해지역을 중심으로 빠른 성장을 보였다. 이와 같이 지방정부와 경제주체에 대한 인센티브를 유도하는 분권화 정책과 화교자본으로 구성된 외자기업의 투자에 의존하여 주장지역은 초기 개혁개방정책의 핵심 지역으로 떠오르게 된다.

창쟝지역은 주쟝지역과는 다른 맥락에서 성공한 사례라고 볼 수 있다. 창쟝지역의 발전은 향진기업이라는 독특한 형태의 농촌기업의 성장으로 가능할 수 있었다. 1980년대 초기 농촌개혁으로 인해 농업 생산력이 제고되고, 농촌에 기반을 둔 향진기업이 많은 잉여노동력을 흡수하게 된다. 향진기업은 국가 계획에 의해서가 아니라 시장기제에 보다 충실하게 움직였고, 이러한 향진기업의 발달은 중국의 비국유부문이 확장할 수 있는 가능성을 보여주었을 뿐만 아니라 개혁 지향적인 시장기제로의 전환을 공고히 할 수 있는 계기가 되었다. 이러한 내부적 발전을 배경으로 하여 개발된 창쟝삼각주 지역은 중국 자체 개혁과정의 맥락에서 등장한 지역이라는 점에서 주로 대외개방에 의존하는 주쟝지역의 모델과는 차별성을 보여준다.31) 즉 주쟝지역이 해외자본과 기술에 의존하여 시장기제를 확대했다면, 창쟝지역은 시장화 개혁이 상당히 진척된 상황에서 값싼 노동력을 우위로 하여 외자를 흡수했다고 볼 수 있다.

이처럼 중국의 지역개발은 개혁의 단계마다 서로 다른 맥락에서 등장하여 지역별·시기별로 매우 다양한 형태를 띠고 있다. 동북개발 역시 변화된 개혁 조건과 달라진 국제환경의 맥락 속에서 등장하였다. 동북개발의 필요성이 제기된 지금의 시점은 기존의 동부연해지역에 의존한 발전전략의 한계에서 탈피하고, 지금까지 순차적으로 진행되었던 시장화를 더욱 팽창시키며, 규제 철폐와 자유무역 확산, 국가 개입의 제거 등 WTO 가입으로 인한 각종 대외적 압력에 전략적으로 대응해야 하는 시기다. 따라서 주쟝과 창쟝지역이 (선별적 시장화인) 대내개혁, (일부 지역에서의) 대외개방이라는 배경에서 발전해 왔다면, 동북개발은 세계경제의 개방 압력과 함께 대내적으로는 전면적인 시장화를 구축하기 위한 '대내개방'이 동시

---

31) 姚釋棠, 『中國特色的社會主義市場經濟的實踐與理論: 長江三角洲地區的特徵與模式』(上海社會科學院, 1998), pp. 39-53.

에 진행되는 시기에 제기되었다고 할 수 있다. 즉 세계화로의 '궤도진입'
(接軌)과 더불어 국내에 존재하는 각종 비시장적 요소를 제거하기 위한
'궤도통합'(倂軌)이 동시에 이루어지는 시기라 할 수 있다.32)

　　이러한 조건으로 볼 때 동북개발은 국가의 거시적 계획과 재정지원이
라는 기존의 방식에서 벗어나, 외국자본과 민간자본을 유치하여 세계화로
의 편입에 적극적으로 대처하고 대내적으로는 전국적인 통일 시장을 형성
하는 방향으로 조절될 가능성이 크다. 중국 개혁은 또다시 새로운 단계로
진입했고, 더 이상 과거 특정 지역에 부여했던 특혜정책의 방식이나 국가
의 적극적 개입으로 지역발전을 추진하기 어렵게 되었다. 그러나 일반적으
로 세계화론자들이 예측하듯이 중국에서 자본의 힘이 국가의 경제적 결정
을 제약하거나 지배하기는 힘들 것으로 보인다. 이는 탈사회주의라는 전환
적 상황에서 국가로부터 시장과 사회의 영역을 분리하고 이들의 영역을
재조직하는 과정에서 국가의 역할이 핵심적이기 때문이다. 변화하는 국제
경쟁에 대처하기 위해 산업변화를 조정하는 국가의 능력이 훨씬 더 중요
해졌으며, 특히 중국의 경우 지역개발을 주도하는 지방정부(성 정부)의
역할이 어느 때보다 중요해졌다고 볼 수 있다.

---

32) '궤도통합'이란 계획과 시장이라는 이 중 경제에서 완전한 시장궤도로의 통일을 의미하며,
　　따라서 샤강노동자에게 부여했던 기본 생활비를 실업보험의 형태로 전환하고, 샤강이라는
　　잠정적 지위 역시 시장원리에 따라 완전한 실업 상태로 전락하게 되었으며, 국유기업에서
　　의무적으로 설립해야 했던 재취업서비스센터도 폐쇄하게 되었다. 이런 의미에서 '궤도통합'
　　이란 계획과 시장의 병존(雙軌)이라는 모든 과도기적 상황의 종료를 의미한다고 볼 수 있다.

4. 동북개발의 쟁점: 국가와 시장

1) 국가 역할의 재조정과 투자자본의 문제

동북지역은 9·5계획 시기 후반부터 실시된 은행에 대한 국유기업의 채무를 기업에 대한 국가의 투자로 전환하는 정책(債轉股)과 국채자금으로 내수를 촉진하는 정책으로 중앙의 정책 지원을 상당히 많이 받아왔다. 그러나 중국 정부도 공식적으로 밝혔듯이 동북개발은 시장 논리를 더욱 강조하고, 서부대개발과 같은 대규모의 자금투입은 이루어지지 않을 것으로 보인다.[33] 중앙은 동북 지원정책의 하나로 동북지역에 대한 재정이전 지불 규모를 확대하기로 했지만, 이러한 이전지불은 주로 실업노동자에 대한 보조금 및 기업 파산으로 인한 비용에 쓰여질 것이다.[34] 2001년 서부대개발 전략이 추진된 이후 서부지역에 대한 중앙의 재정지원으로 이루어진 건설자금 규모는 3년 동안 2,700억 위안에 달한다. 또한 장기건설 국채자금 중 1/3 이상에 달하는 1,600억 위안을 서부개발에 썼고, 서부지역에 대한 중앙의 재정이전 지불이 3천억 위안에 이르며 서부지역 금융기관의 각종 대출액이 6천억 위안 증가했다.[35] 이에 비해 동북개발에 대한 투자는 상대적으로 적은 규모일 뿐만 아니라 동북개발 구상이 발표된 이후 중앙정부는 끊임없이 지방의 '자

---

33) 瞭望新聞周刊編輯部, "2003中國發展報告,"『瞭望新聞周刊』, 2003年 第51期.
34) 중앙의 11호 문건에서는 동북지역 지원정책 중에서 채무부담 감소, 재정세수 지원, 프로젝트 투·융자 및 취업, 사회보험 등을 명확히 제시하고 있다. 중앙의 지원은 우선 계획경제에서 시장경제로의 전환 과정에서 발생한 노후공업기지의 부담을 해결하는 것으로 기업의 사회적 부담을 덜어주어 시장경쟁에 참여할 수 있게 하는 것이 최우선의 목표이다. 따라서 국유기업의 체불된 세금을 부분적으로 감면해주고 각급 재정은 '기업에서 사회운영을 분리하는 전문자금'(剝離企業辦社會專項資金)을 계획하고 있다.
35) 國家發展和改革委員會地區經濟司·地區經濟分析與評價課題組,『中國地區經濟發展年度報告: 2003』(中國財政經濟出版社, 2003).

력갱생'을 강조하고 있다.[36] 즉, 동북개발은 이미 달라진 개혁과 개방화 수준으로 인해 시장 법칙에서 자유로울 수 없는 객관적 이유뿐만 아니라 국가의 재정적 부담 때문에 시장논리에 따를 수밖에 없는 현실적 이유도 지니고 있다. 동북개발은 국가의 전체적인 전략 속에서의 지위, 국가원조의 방식과 정도 측면에서 모두 서부개발과 다르다. 동북개발을 서부개발과 같이 국채 자금 분배형식으로 대량으로 지원한다면 국가의 재정 부담을 가중시킬 뿐만 아니라 서부개발 추진전략에도 상당한 영향을 미칠 것이다.[37]

따라서 동북개발은 외국자본과 민간자본의 투자가 얼마나 이루어지느냐에 따라 중국 전체경제에 활력을 불어넣는 '효율적 카드'로서의 성패 여부가 결정될 것이다. 주로 산업자본에 의존하여 발전한 주쟝삼각주와 금융자본에 의존하여 발전한 창쟝삼각주의 경험은 한 지역의 발전과 조정을 위해서는 자본이 관건이라는 것을 말해준다. 따라서 동북지역의 산업구조조정은 시장금융을 발전시켜 해외자본이나 민간자본을 충분히 활용해야 산업구조조정에 필요한 자금문제를 해결할 수 있다. 특히 내수확대를 위한 '대내개방'을 달성하기 위해서는 민간자본의 활용이 중요해질 것이다. 동북발전의 최대 장애는 국유기업의 문제이지만, 이 문제의 해법은 국유기업 자체에 있지 않고 비국유부문을 얼마만큼 확대하고 발전시키느냐에 있기 때문이다.

그렇다면 동북개발이라는 지역발전 전략을 둘러싸고 중국은 국가의 역할을 어떻게 재조정할 것인가? 기존의 행정하달식 계획에서 벗어나 효율적

---

36) 전통적인 방식으로 중앙이 지방에 재정이나 자금지원을 해 줄 것인가, 아니면 새로운 메커니즘으로 운영될 수 있는 환경을 조성할 것인가의 문제에 있어, 원 총리는 "자력갱생을 위주로 하고, 국가(중앙)는 필요한 지원을 할 것이다. 국가의 정책과 자금 분야에서의 지원 역시 시장경제 규칙에 따라 효율을 중시할 것이다"라고 밝히고 있다. 동북개발은 최소한의 필요한 부분에서만 중앙의 지원이 이루어지고 대부분은 시장 메커니즘에 따라 운영될 것으로 전망된다.

37) 『中國經濟時報』, 2003年 7月 28日.

관리를 위한 국가경영 시스템은 어떠한 방식으로 구성될 것인가? 대내외적·전면적 시장화가 추진되는 새로운 시대적 조건에서 국가는 어떠한 능력을 발휘할 수 있으며, 또한 그런 능력의 조건들은 무엇인가? 나아가 국가는 발전이라는 목표와 사회적 복지라는 목표를 어떻게 양립시킬 수 있는가? 이러한 문제들은 탈사회주의 전환기라는 상황과 세계시장 세력에 맞서 중국이 국가의 능력을 어떻게 규정할 것인가, 그리고 (공동부유, 복지 등) 사회주의적 국가목표를 어떠한 방식으로 실현해 갈 것인가의 근본적 문제와 닿아있다. 따라서 동북개발이 중국 경제의 새로운 성장점으로 기능할 수 있는가의 여부는 내부적 통일시장의 형성과 세계경제로의 편입과정에 대처하는 국가의 변화능력에 달려있다고 볼 수 있다. 그러나 중국의 국가는 단일하지 않다. 많은 연구가 중국 국가를 단일한 정체로 다루고 있지만, 중국 국가는 엘리트 집단의 서로 다른 기능과 행정 수준, 가장 중요하게는 지방 엘리트의 이질적 요소에 따라 다양하게 나타난다. 국가 지도자의 정책에 지방 엘리트들이 순응하는 것처럼 보이지만, 지방 엘리트는 항상 자유로운 행동의 공간을 가져왔다.[38] 분절된 중국의 사회 구조에서 지방 엘리트는 대중의 반응에, 그리고 국가 정책에 상당한 영향을 미치기 때문이다. 이처럼 중국의 독특한 중앙-지방관계는 개혁시기 시장화의 맥락을 다양하게 풀어놓는다.

따라서 중국에서 국가 능력에 관한 쟁점은 국가-시장관계와 더불어 중국의 다양한 중앙-지방관계의 특성에 따라 복잡해진다. 우선 동북개발과 관련된 국가-시장관계의 쟁점을 살펴보자. 시장화 개혁 시기 국가의 역할을 어떻게 조절할 것인가에 대해 대체로 두 가지 시각이 존재하는데, 하나는 상당히 긴 시간동안 중국은 사회주의 시장경제 초급단계에 처해 있기 때문에 경제발전과정에서 국가의 역할은 다른 시장경제 사회보다 훨

---

38) Alan P. L. Liu, *Mass Politics in the People's Republic: State and Society in Contemporary China* (Westview Press, 1996), pp. 9-15.

씬 더 많을 것이라는 시각이다. 물론 이는 국가권력 개입의 무조건적 강화를 의미하지는 않고 거시적 재정조절수단과 발전계획을 통해 경제발전과정에 간여해야 한다는 입장이다.39) 이러한 입장에 따르면 동북개발은 중앙과 지방정부의 프로젝트 확대와 자금지원을 통해 이루어져야 한다. 또 다른 견해는 동북지역이 가진 비교우위를 이용한 발전전략원칙을 준수함으로써 향후 동북지역의 산업과 제품 및 기술구조를 확립해야 한다는 것으로 국가의 거시적 정책보다는 시장메커니즘에 의존한 발전을 중시하고 있다.40) 이 두 가지 시각 모두 시장에 의한 경제운영법칙을 부정하지는 않지만 국가의 개입정도에 차이가 있다.

그런데 중국에서 시장화란 무엇을 의미하는가? 중국에서 시장화는 단순히 가격이 결정되는 메커니즘으로의 전환을 의미하지 않는다. 점진적이고 우회적인 개혁의 특성으로 말미암아 중국에서 시장은 대상과 공간에 따라 강조점이 달라지는데, 이는 크게 두 가지로 나눠 볼 수 있다. 하나는 기존에 국가계획에 의해 생산·분배되었던 부문을 시장 영역으로 이전하는 과정을 의미하며, 다른 하나는 지역 내부로 한정된 시장화의 공간이 점차 대외적으로 확대되는 것을 의미한다. 이는 대외적인 시장개방을 의미할 뿐 아니라 중국 내부의 지역정치로 차단되었던 공간적 장벽을 철폐하는 것을 의미한다. 중국에서 시장화는 국가계획과 시장기제 간의 역할 조정뿐만 아니라 이를 둘러싼 중앙과 지방 간의, 지방과 지방 간의 경쟁과도

---

39) 唐世平, "重塑國家發展規劃決策機制," 『戰略與管理』, 2003年 第3期.
40) 林毅夫·劉培林, "遵循比較優位戰略振興東北老工業基地," 『經濟要參』, 2003年 第80期. 이러한 두 가지 견해는 학계뿐만 아니라 국가기관 내에서도 찾아볼 수 있다. 원 총리의 동북방문을 전후하여 두 개의 보고서가 작성되었는데, 발전개혁위의 보고서에서는 전통적인 지원방식에 따라 프로젝트에 자금을 지원해 주는 방식으로 구조조정과 국유기업 개혁을 가속화해야 한다고 제기하고 있고, 국무원발전연구중심의 연구조사에서는 체제전환의 측면에서 문제를 다루면서 정부 직능을 어떻게 변화시킬 것인지, 새로운 성장거점은 어떠한 메커니즘으로 육성시킬 것인지에 대해 집중적으로 다루고 있다.

관련되며, 따라서 시장화는 개혁을 위해 던져진 객관적 조건이 아니라 개혁과정에서 여러 행위주체자간의 이해관계에 따라 다양하게 풀이되는 긴장 관계 속에서 파악해야 할 것이다. 이러한 과정적 관점에서 중국의 시장화를 파악할 때, 향후 시장의 조직화 과정에서 발휘되는 국가의 역할과 국가간(중앙과 지방)의 관계는 여전히 중요할 것으로 보인다.

이와 관련하여 두 번째 쟁점은 중앙-지방관계에 관한 문제이다.[41) 동북개발을 위한 자금문제와 관련해서는 주로 중앙의 재정지원에 의존할 것인가 아니면 지방의 자체 자본조달 능력에 의존할 것인가에 대한 이슈로 압축될 수 있다. 중앙-지방 간의 재정지원 규모와 국가-시장관계를 관련지어 보면, 흔히 중앙의 재정지원에 의존한 발전전략은 국가의 역할을 강조하는 국가중심적 관점으로, 지방의 자체 능력에 의존한 발전전략은 시장메커니즘을 따르는 시장중심적 관점으로 연결한다. 왜냐하면 중앙 차원에서는 지방에 대한 재정지원의 부담을 덜기 위해 시장메커니즘을 강조하고, 지방 차원에서는 재정지원을 받기 위해 (중앙) 국가의 정책능력을 중시하기 때문이다. 그러나 국가-시장의 관계가 중앙-지방의 이해관계에 따라 복잡하게 교차되는 중국에서는, 중앙에서 시장메커니즘에 따른 개발방침을 확정해도 지방 차원에서는 여전히 (지방) 국가 주도하의 개발이 이루어질 수 있고, (중앙) 국가의 경제주도적 능력이 강조되어도 중앙의 재정능력이나 혹은 지방의 경쟁력에 따라 지방 차원에서는 시장메커니즘에 충실할 수 있다. 이는 중국의 시장화와 분권화 개혁이 다양한 영역에서 분리되어 순차적으로 진행되었기 때문인데, 이러한 특징으로 인해 세계화의 과정 속에서 중국 국가의 역할과 능력을 일관되게 평가하기는 간단치 않으며, 수많은 지역 정치의 내부 요인에 따라 다양하게 나타날 수 있다.

---

41) 지방은 성, 시, 현, 향 등 다양한 수준의 행정주체를 일컫지만, 이 글에서는 주로 성 정부를 가리킨다.

2) 중앙의 지원정책과 지방의 역할

16차 당대회에서 동북개발에 관한 구상이 정식으로 제기된 이후 중국 정치 지도자들의 동북지역 방문이 잦아지고, 관련 정책들이 발표되기 시작했다. 2003년 원자바오 총리가 두 차례에 걸쳐 랴오닝을 방문 조사한 이후,[42] 2003년 8월 3일에는 장춘(長春)에서 동북개발에 대한 좌담회가 개최되었고 이어 9월 10일에는 국무원상무회의가 개최되어 동북개발전략에 관한 지도사상과 원칙, 주요 임무 및 정책들이 제기되었다.[43] 또한 9월 29일에는 후진타오(胡錦濤) 총서기의 주관으로 정치국 회의가 열려 동북개발에 관해 심도있는 논의가 진행되기도 하였다. 이러한 동북개발전략은 중앙의 제11호 문건으로 확정되면서 새로운 중국 지도부의 상징적인 사업으로 떠오르게 되었다. 16차 3중전회에서 통과된 "중공중앙의 사회주의 시장경제체제 정립의 약간 문제에 대한 결정"에서는 동북개발의 국가정책으로서의 지위를 다시 한번 확인하였고, 이후 발전개혁위에서는 100개 항목 610억 위안 규모의 첫 번째 동북공업단지 투자항목을 비준하였다.[44] 또한 동북지역의 8개 업종에 대해 세제개혁 시범 대상으로 선정했으며, 2004년 2월 13일 국유자산위에서 발표한 "동북지역 중앙기업의 구조조정

---

42) 2003년 8월 원 총리는 동북3성에서 "새로운 사고와 새로운 체제, 새로운 메커니즘, 새로운 방식을 사용하여 동북 산업기지의 조정, 개조, 발전의 새로운 길을 가속화하자"라고 강조하고, "동북개발을 서부대개발과 함께 중국 경제를 발전시키는 동서의 양 수레바퀴로 삼겠다"는 강한 의지를 피력했다.
43) 이 회의에서 발표한 6가지 원칙은 다음과 같다. 첫째, 개혁의 가속화를 견지하고 개방을 확대함으로써 구조조정을 촉진한다. 둘째, 주로 시장메커니즘에 의존하고 정부 역할을 정확히 발휘한다. 셋째, 신형 공업화 길을 견지하여 산업구조를 개선한다. 넷째, 협력적 발전에 주력한다. 다섯째, 자력갱생을 위주로 하고 국가가 필요한 지원을 제공한다. 여섯째, 실제에서 출발하여 실제적 효과를 추구한다.
44) 100개 항목 중에 랴오닝성이 52개 항목, 총투자액 440억 위안으로 전체 투자의 72.5%를 차지하고, 헤이룽장성과 지린성이 각각 37개항과 11개항을 차지한다(『財經時報』, 2003年 12月 16日). 이번 프로젝트 선정은 과거와 같이 행정지역에 따른 획일적 분배에 따르지 않고, 시장메커니즘으로의 전환을 위해 각 지역 기업의 경쟁력과 기초 조건을 보고 선정했다고 할 수 있다.

을 가속화하기 위한 지도의견"에서는 "5개항 원칙을 견지하고 한 개 목표를 실현한다"는 구조조정의 원칙을 밝히면서, 동북지역에 대한 개발이 바야흐로 본격적으로 시작되었다.

이러한 정책을 효율적으로 수행하기 위한 후속 조치로 시장 행위자를 위한 서비스 제공과 발전환경 조성을 위한 정부기구 개혁이 단행되었다. 2003년에는 효율적인 행정을 위해 건국 이후 9번째로 행정기구개혁이 진행되었고, 정부의 거시조절체계의 개선을 위해 기존의 계획 위주의 기관을 국가발전개혁위원회로 통폐합했다. 즉, 국가는 국유자산에 대해서만 책임을 지고 기업을 국가로부터 완전히 분리한다는 취지에서, 기업을 관리하는 경제무역위(經貿委)를 없애고 국유자산을 관리하는 국유자산위(國資委)를 설립하였다. 이에 따라 지방정부도 기존의 발전계획위원회를 발전개혁위원회로 바꾸었고, 기존의 '계획' 위주의 관행에서 벗어나 시장기제에 의존한 '개혁' 중심으로 체계를 바꾸었다. 이에 따라 중앙 각 부서와 지방정부는 기존의 행정심사대상 항목을 대폭 폐지하였고 관리할 필요가 있는 부분은 행정조직이나 사회중개조직에게 이관하였다. 심사절차를 간소화함으로써 기업의 투자경영과 주민의 소비환경을 개선하는 데 역점을 두었다.[45] 이는 관료의 기업가적 행위나 공적영역과 사적영역의 클라이엔티즘적 관계를 지양하고, 기업 발전을 위한 사회서비스와 공정한 경쟁환경을 조성하는 정부의 역할을 강조하고 있다고 할 수 있다.

또한 전문적으로 동북개발을 담당하는 '국무원 동북지역 등 노후공업기지 조정개조 영도소조판공실(東北辦)'을 신설하였다. 동북판공실은 모두 24명으로 구성되는 부급(部級) 단위로 국가발전개혁위원회에 두고 있다.[46] 최근에는 동북개발의 지원을 위한 영도소조(領導小組)가 구성되

---

45) 武小欣, "2003年中國經濟體制改革新進展及2004年展望,"『經濟要參』, 2003年 第80期.
46)『北京靑年報』, 2004年 3月 21日. "중공중앙의 동북지역 등 노후공업기지 발전전략 실시에

었는데, 원자바오 총리가 조장을 맡아 동북개발에 대한 지도부의 의지를 보여주기도 하였다. 원 총리는 2004년 3월 23일 열린 동북개발 영도소조 제1차 전체회의에서 동북개발전략은 중앙과 국무원이 전면적인 소강(小康)사회를 건설하기 위해 내린 중대한 정책이라 밝혔다. 이 회의에서 밝힌 동북개발의 기본 전략은 체제전환을 통한 국유기업 개혁의 완성, 산업구조 조정의 추진, 대내·외 개방 확대, 취업 및 사회보장사업의 개선을 골자로 한다. 또한 동북개발을 위한 국무원 관련 부서와 동북3성 각급 정부와의 협력과 분업의 조화로운 관계를 강조하고, 조직적이고 체계적인 정부의 지도역할을 강조하였다.[47]

개혁 이후 지방정부는 정책형성 초기단계부터 지역발전에 유리하도록 하는 정책산출에 대한 영향력이 증대되었을 뿐만 아니라, 자체 지역발전전략 수립과정에서의 주도적인 능력 역시 향상되었다. 이는 발전계획에 관한 정책결정 메커니즘이 지역 중심으로 되어 있기 때문인데, 현재 지역발전에 관한 연구는 거의 행정구역을 중심으로 이루어지고 있고, 이러한 시스템에서는 각 지방 계획위원회가 지닌 권력이 매우 크다고 할 수 있다.[48] 2002년

관한 약간의 의견"에서 규정하고 있는 동북판공실의 주요 직책은 첫째, 노후한 공업기지의 발전전략, 전문기획, 중대 문제 및 관련 정책과 법규를 연구하고, 둘째, 각 지역의 발전계획을 지도, 검증하여 종합적으로 균형 배치하며, 셋째, 우수 산업발전을 연구하고 자원고갈 도시의 전환 및 중대항목 배치 등을 건의하며, 넷째, 노후한 공업기지의 개혁 심화, 개방 확대, 국내외 자금과 기술, 인재 유치에 관한 정책건의를 연구하고, 다섯째, 기초 시설 건설, 생태환경보호와 건설, 공업과 기타 관련 산업의 협조 발전 등을 도모하는 것이다(『21世紀經濟報道』, 2003年 11月 27日). 즉, 관련 정책건의를 제기하고 관련 계획의 실행에 협조하는 것이 주요 임무이다.

47) 『人民日報』, 2004年 3月 24日.
48) 물론 이러한 구도로 인해 지방정부의 주도적인 역할이 중요하게 되었지만, 중국 전체의 발전계획에 관한 지도적 역할에는 한계가 있어 보인다. 각 지방의 부서는 해당 행정구역 내의 이익을 위해 존재하기 때문에 대부분 관할구역 범위 내에서의 기본적인 입장을 반영하고 자체 지역의 이익을 우선적으로 고려한다고 볼 수 있다(唐世平, "重塑國家發展規劃決策機制," pp. 74-75).

16대 당대회에서도 "국가는 이제 동북문제를 주시하지 않으면 안 된다"는 얘기가 나오면서 처음으로 동북공업기지 발전에 관해 언급되었지만, 이미 동북지역에 대한 국가의 정책성 지원이 있어야 한다는 지방의 다양한 목소리가 있어 왔다.[49] 특히 16차 당대회에서 국가건설과 발전의 전략적 구상이 확정된 이후, 랴오닝성은 지방정부의 자체 전략을 매우 중시하고 있다. 중앙의 지역경제 정책전략을 기회로 삼아 산업기지 조정과 구조조정을 성공시킬 수 있을지의 여부는 랴오닝성 자체의 철저한 인식의 변화, 그리고 자체 우위에 대한 자신감에서 비롯된다고 보고 있다.[50] 따라서 동북개발이라는 중앙의 거시적 계획이 발표된 이후, 랴오닝성 계획위원회 당조는 노후한 산업기지 조정문제에 대해 전면적 조사를 진행하여 전통적 산업기지의 발전 역사와 현황, 최근의 추세 등을 연구하여 문제점을 지적하고 향후의 발전경로와 정책건의를 활발하게 제기해 왔다. 이러한 랴오닝성의 적극적인 사업추진 계획에 대해 국가발전개혁위원회의 각 부처는 지원을 아끼지 않았고, 랴오닝성 발전계획위원회가 지역발전을 위한 구체적인 안을 제시할 것을 요구하기도 하였다. 이에 대해 랴오닝성의 발전계획위원회는 지방정부의 기업 발전과 개혁 지원정책 및 중앙의 지원정책을 얻어내는 방법을 연구하여 국가발전개혁위원회에 보고하는 등,[51] 동북개발의 구체적 정책방안과 전략을 둘러싼 중앙과 지방 간의 지속적인 공조가 중시되고 있다.

---

49) 丁四保 主編, 『'中國東北論壇' 2001: 跨世紀的中國東北經濟』(東北師範大學出版社, 2002); 王明馥 主編, 『東北老工業基地實現'兩個轉變'途徑硏究』(中國國際廣播出版社, 1999); 仝樹仁, 『回眸與展望: 遼寧五十年經濟發展變革的思考』(遼海出版社, 1999).

50) 遼寧省人民政府發展硏究中心課題組, "遼寧老工業基地調整改造的比較優位和策略選擇," 『遼寧經濟』, 2003年 9期.

51) 遼寧省發展計劃委員會, "推進遼寧老工業基地調整改造工作," 『中國經貿導刊』, 2003年 第18期.

5. 결론

　　중국의 동북개발은 정치적 안정과 사회적 통합을 위해, 그리고 변화를 통한 발전이라는 중국 경제의 도약을 위한 새로운 전략으로 제기되었다. 동북개발은 제4세대 지도자들이 발전의 새로운 정치적 비전을 보여줌으로써 정치적 기반과 합법성을 공고히 할 수 있는 핵심적 사업이라 할 수 있다. 이는 동북개발이 체제와 구조의 전환이라는 개혁의 핵심적 문제와 관련되기 때문이며, 이로써 동북지역은 새로운 지도자들이 정치적 리더십을 발휘하여 사회적 안정과 경제적 통합을 실험할 수 있는 무대가 되었다.

　　그러나 동북개발은 전혀 상이한 국내적·국제적 개발 조건에서 시작되었다. 중국은 부분적 개혁의 점진적 확대로 체제의 근본적인 문제를 우회할 수 있었으나, 이제는 이러한 방식의 개혁전략이 한계에 봉착하게 되었고 발전의 지속을 위해서는 개혁전략에 대한 근본적인 수정이 불가피하게 되었다. 또한 대외적으로는 WTO 가입과 함께 진행된 무역자유화와 금융자본의 세계화, 그리고 생산의 국제화라는 조건에서 국가 역할에 대한 재조정이 불가피한 핵심적 문제로 떠오르게 되었다. 중국 정부는 일정한 기간 동안의 조정을 거쳐 중국 경제가 이미 경공업 위주의 산업화 단계에서 중화학공업 위주의 산업화 단계로 진입했다고 보면서, 이러한 새로운 산업화 단계에서 시장메커니즘의 확대로 정부의 역할이 축소되는 것이 아니라, 시장 변화에 대한 감시통제와 조절통제 능력이 오히려 강화되어야 한다고 본다. 중국은 여전히 정치적 수단을 사용하여 지방발전을 조절하고 싶어한다. 그러나 이는 과거의 계획경제적 수단을 의미하는 것이 아니라 중앙의 시장경제 지향적 경제정책에서 이루어지는 것이다. 지역발전 과정에서 지방의 역할은 꾸준히 증가하는 동시에, 전체 경제를 위한 중앙의 거시적 조절능력 역시 증대하고 있다.

　　동북개발의 정책결정과정에서 볼 때, 오랜 기간 지방의 발의가 있은

후에 중앙에서 거시경제에 대한 필요성과 새로운 성장거점으로 활용하기 위해 국가정책으로 채택하였다. 그러나 중앙은 정책의 위상을 국책으로 규정짓고 전체적인 가이드라인만을 제시할 뿐, 지역발전을 위한 구체적인 계획이나 정책은 각 지방에 의해 움직여지고 있다. 이러한 과정에서 중앙으로부터 더 많은 지원을 이끌어낼 수 있는 지방 지도자의 능력도 중요하지만, 점차 시장 시스템에 기반하여 효율적인 지원과 조절을 진행하는 각급 정부의 역할이 중요시되고 있다.

동북개발은 여러 가지 측면에서 중국 정부에게 기회를 주는 동시에 위기를 가져다 줄 수 있다. 계획과 시장의 공존이라는 과도기적 상황을 지나 완전한 시장경제체제로 성공적으로 진입할 수 있는가, 사회적 안정 문제를 해결하여 발전의 기틀을 확고하게 다질 수 있는가, 또한 사회적 문제들을 해결하여 사회주의적 복지의 문제를 실현할 수 있느냐 등은 동북개발이 새로운 발전전략으로 자리매김되어 중국의 개혁 신화를 완성할 수 있을 것인가의 문제와 관련된다. 이러한 조건에서 중국이 정치경제적 문제들을 어떻게 풀어나가느냐에 따라 변화를 통한 발전전략의 성공 여부가 결정될 것이다. 즉, 동북개발을 통한 발전전략의 성공은 시장메커니즘으로의 완전한 전환 여부보다는, 시장에 대한 정치적 권력 개입의 성격이 어떠한지와 지방정부의 주도적인 역할에 달려있다고 할 수 있다. 특히 어떠한 방식으로 중앙과 지방의 상호의존이 이루어지는가가 중요할 것으로 보이며, 이에 따라 중국에서 발전은 세계시장보다는 국내정치의 영역에서 결정될 것으로 보인다.

제5장

정보산업화와 정부의 역할 : IT산업을 중심으로

■ 이민자

1. 서론

중국의 급속한 경제성장은 지속될 수 있는가?[1] 라는 질문은 중국의 현재와 미래를 주목하고 있는 모든 사람들의 관심사라 할 수 있다. 중국은 1980~90년대까지 화교자본에 기초하여 노동집약적인 제조업 중심으로 성장했으나, 1990년대 후반부터 구미 다국적기업의 자본 및 기술을 도입하여 IT 산업 및 첨단산업을 발전시켜 왔다. 세계경제에서 중국이 차지하는 위상을 살펴보면, 2003년 10월말 기준으로 외국인 투자유입 세계 1위, 수출 세계 4위, GDP 규모 세계 2위, 교역규모 세계 4위, 외환보유액 세계 2위이다.[2] 2000년대 중국의 지속적인 성장의 비결은 산업구조의 국제적 변화 흐름에 맞추어 정보통신(IT)산업 중심으로 산업구조를 재편하는 데 성공했기 때문이라 볼 수 있다.[3] 중국은 2004년 현재 세계 제1위의 이동

---

1) 중국의 지속적인 성장 가능성에 대한 논의는 다음을 참조. Albert Keidel, "Prospects for Continued High Economic Growth in China," POSCO 경영연구소 중국 국제포럼 발표논문 (2004년 11월 10일).

2) 류후규, "중국경제의 성장지속 전망과 현안과제," 하반기 FKI China Forum 정례심포지엄 발표자료(2004년 11월 10일), p. 32.

3) IT(정보통신)산업의 범위는 기관별, 국가별로 다양한 정의를 내리고 있으나, 이 글에서는 PC 관련 하드웨어, 패키지 소프트웨어, 유무선 통신 서비스를 대상으로 중국 IT산업을 연구하려 한다.

통신 가입자, 세계 제2위의 인터넷 이용자 보유국, IT 하드웨어 분야에서 '세계의 공장'으로 부상하고 있다는 점에서 볼 때 'IT 강국'으로 발전하고 있다.[4)]

중국정부가 정보산업화를 주도해 온 이유는 1997년 아시아 금융위기 이후 지속적인 경제발전을 위해 'IT산업 발전 중심의 산업화 정책'이 불가피함을 인식했기 때문이라 볼 수 있다. 세계화, 정보화 시대 중국의 경제발전 전략은 고부가가치 산업이라 할 수 있는 IT산업을 집중 육성하는 '정보산업화' 정책이다. 정보산업화라는 국가의 전략적 목표를 추진하는 과정에서 중국 정부가 어떤 역할을 했는지 이해하는 것은 중국의 지속적인 성장을 설명하는 핵심 변수라 할 수 있다. 한편, 시장개방을 요구하는 세계화라는 흐름 속에서 중국의 시장화 및 외자기업 유치는 경제발전을 추진하는 힘인 동시에 경쟁력이 약한 자국 산업을 위협할 수 있다. 이런 상황에서 중국정부가 자국 IT산업이 국제경쟁력을 지니도록 하기 위해 어떤 방식으로 '시장 경쟁 촉진' 및 '시장개입'을 추진하고 있는지 살펴보는 것은 후발국의 산업화 과정에서 '국가의 역할'을 이해하는 데 중요한 사례라고 볼 수 있다.

이 논문에서는 중국의 IT산업 발전이 경제발전에서 차지하는 비중 및 효과를 중심으로 정보산업화 추진 현황을 소개하고, 이런 정보산업화 추진 과정에서 나타난 '정부의 역할'을 설명할 것이다. IT산업 발전과정에서 중국 정부의 역할은 '국내 IT산업 육성을 위한 시장 개입' 및 '시장경쟁 활성화'라는 양면성을 보인다. 중국정부는 IT산업에 대한 정책적 특혜를 제공하

---

4) 2001년 7월 말 중국의 이동통신 가입자는 1억 2,060만 명으로 당시 세계 제1위였던 미국을 추월했으며, 2004년 11월 말 중국 이동통신 가입자는 3억 3,000만 명을 기록했다. 또한 중국 인터넷 이용자수는 중국 국무원 산하 기관인 중국인터넷정보센터(CNNIC)의 발표에 의하면, 2005년 1월 9,400만 명으로 미국 다음으로 세계 제2위다(http://www.cnnic.net.cn 검색일: 2005년 1월 21일).

는 형식으로 시장에 개입하여 자국 기업을 '보호 육성'하는 한편, 국가 독점을 개혁하여 시장 개방 및 경쟁체제를 도입함으로써 '시장 경쟁을 촉진'했다. 이런 특징을 피터 에반스(Peter Evans)의 '보호자 역할'(husbandry) 및 '산파역할'(midwifery) 개념을 적용하여 설명할 것이다.

2. 정보산업화와 경제발전

'정보산업화'란 산업화시대의 연장선상에서 정보화를 산업화의 부분 집합으로 인식하고, 경제발전전략으로서 정보산업을 발전시키는 것이라 할 수 있다. 중국 정부는 2000년대 지속적인 성장을 유지하기 위해서는 '정보산업화'가 불가피하다는 것을 인식했다. 이하에서는 정보산업화에 대한 중국 지도부의 인식 및 IT산업 육성 계획을 고찰함으로써 IT산업 발전을 통한 경제발전 구상을 살펴보자.

중국 지도부의 정보산업화에 대한 인식을 살펴보면, 2000년 제16회 세계 컴퓨터회의에서 장쩌민(江澤民) 당시 총서기는 개막 연설을 통해 "국가발전 전략으로서 정보산업화"를 강조했다. "우리의 전략은 정보기술을 도입하여 산업화의 수준을 끌어올리고 정보기술로 전통산업을 혁신하여 정보화를 산업화의 견인차로 활용하는 것이다. 전통경제와 정보기술의 결합은 21세기 중국 사회의 경제적 발전을 이끄는 엔진 역할을 할 것이다."[5] 이처럼 중국 지도부는 "정보화가 산업화의 수준을 높여 21세기 국

---

5) 로렌스 브람 편, 『중국의 시대』(서울: 민음사, 2002), pp. 481, 499. 정보화가 각 분야의 발전에 미치는 영향에 관해서는 다음을 참조. 劉吉·金吾倫 等著, 『信息化如知識經濟』(北京: 社會科學文獻出版社), pp. 40-44.

가경쟁력과 발전수준을 결정한다"고 인식했다. 따라서 2002년 16차 공산당 전국대표대회에서는 "정보화로 공업화를 이끌고, 공업화로 정보화를 촉진한다"라는 '정보산업화 전략'이 발표되었다. 중국 지도부는 산업화에 뒤진 중국의 경제발전 전략은 전통적인 구경제와 신기술에 기초를 둔 신경제를 적절히 조합하는 것이라 본다.[6]

위와 같은 전략적 인식을 바탕으로 전국인민대표대회에서는 2001년 4월 제10차 5개년 계획(2001~2005)이 승인되어 정보산업화정책이 구체화되었다. 중국 정부는 10·5계획 기간 중 IT산업의 성장률을 경제성장률의 3배 이상으로 유지하고, 2005년 IT산업이 GDP의 7%를 차지하고, 이 중 통신산업이 GDP의 4.7%가 되도록 할 계획을 발표했다. 또한 중국의 IT산업을 주관하는 정보산업부는 2010년까지 정보통신산업을 중국 최대의 기간산업으로 육성하기 위해 총 2천억 달러를 투자할 예정인데, 이 중 1,500억 달러는 통신산업에 500억 달러는 IT 제조업 분야에 투자할 계획이다.[7]

특히 후진타오 체제는 전자산업, 정보통신산업, 소프트웨어산업 육성에 치중하여 정보산업화 정책을 추진하고 있는데, 그 핵심 내용은 다음과 같다. 첫째, IT산업의 연평균 성장률을 20~30%대로 유지하여 2010년 IT산업을 중국 경제 최대의 기간산업으로 육성한다. 둘째, 정보화가 공업화를 선도할 수 있도록 금융, 세금 징수, 무역 등의 분야에서 정보화를 추진

---

6) Marcus Franda, *China and India Online: Information Technology Politics and Diplomacy in the World's Two Largest Nations* (Lanham: Rowman & Littlefield, 2002), p. 52; Christopher R. Hughes and Gudrun Wacker eds., *China and Internet : Politics of the Digital Leap Forward* (London: Routledge Curzon, 2003), p. 9, p. 2, p. 24; 張智江 主編, 『21世紀的信息化社區』(北京: 人民出版社, 2002), pp. 13-15 ; 박세근, "중국 IT산업의 현황과 우리 기업의 진출방향," 『수은해외경제』, 2004년 3월, p. 20.

7) 한국전산원, 『국가정보화백서 2002』(서울: 한국전산원, 2002), pp. 502-503; 張智江 主編, 『21世紀的信息化社區』(北京: 人民出版社, 2002), pp. 129-130; 이은민, "중국 IT산업의 정책과 시사점," 『정보통신정책』, 제14권 23호, 통권 315호(2002), pp. 1-2.

하고 소프트웨어 산업을 육성한다. 셋째, 디지털 TV, 제3세대 이동통신체계 등 하이테크기술 발전에 주력한다.[8]

이런 정책 방향하에서 중국 정부는 2005년까지 다음과 같은 소프트웨어산업 발전전략을 추진할 계획이다. 중국 국산 소프트웨어 및 관련 서비스의 국내시장 점유율을 60%까지 끌어올리며, 소프트웨어 수출액을 10억 달러 이상 달성한다. 연간 생산액이 10억 위안을 초과하는 소프트웨어 기업을 10개 정도 육성하여 50개 이상의 소프트웨어 유명 브랜드를 창출한다. 국가, 정치, 보안 관련 부분에서 기본적으로 자체 생산한 소프트웨어 시스템을 사용한다. 또한 2001년 정보산업부는 전국 주요 도시(베이징, 상하이, 다롄, 청두, 시안, 지난, 항저우, 광저우, 창사, 난징)에 소프트웨어 발전지원센터 건설을 결정했다.[9]

중국 IT산업 발전에 대한 각 연구기관의 전망은 매우 희망적이다. 베이징의 유력한 IT 컨설팅 회사에 의하면, 중국 IT시장은 향후 경제발전을 주도하는 핵심분야가 될 전망이다. 중국의 IT시장은 2004년 전년대비 15% 성장했으며, 하드웨어 시장은 매년 10%, 소프트웨어 및 IT 서비스 시장은 전년보다 25~27% 성장하리라 기대된다. 2004년 중국 정부기관에 의하면, 중국 IT시장은 2003년 전년 대비 11% 성장했으며, 향후 5년 동안 IT시장은 매년 18.5% 고도 성장하는 '황금시대'를 경험할 것이라 했다. 삼성경제연구소 역시 2004년 4월 14일 발표한 "반도체 강국으로 부상하는 중국"이라는 보고서에서 중국이 향후 반도체 생산대국이 될 것이라 보고, 2003년 229억 달러 규모의 중국 반도체 시장은 2009년까지 연평균 20% 고성장을 하고, 제품별로는 PC와 휴대전화의 급성장에 따라 D램 반도체, 플래시 등

---

8) 유진석, "중국경제의 부상," 삼성경제연구소, 2004년 9월, p. 13.
9) 박상수, "중국의 IT시장 현황과 전망,"『세계경제』, 2001년 2월호, p. 100;『人民日報』, 2001年 7月 12日.

메모리 시장규모가 가장 빠르게 확대될 것으로 전망했다.[10]

　　실제로 중국의 정보산업화는 1990년대 후반부터 경제발전 효과를 발휘하고 있다. 2000년대 중국은 IT산업 분야(컴퓨터, S/W, VCD/DVD, 자동교환기, 이동전화, 모니터 등)에서 '세계의 공장'으로 부상하고 있다. 2000년 IT제품 생산은 전년대비 38% 이상 성장한 256억 달러로 미국, 일본에 이어 세계 3위다. 중국 하드웨어 시장은 PC 가격의 하락, 전자상거래 개념의 보편화, 인터넷 확산 등 각종 요인 덕분에 빠르게 성장하고 있다.[11]

　　중국 정부가 추진하고 있는 정보산업화 정책은 미국 윈텔리즘(Wintelism)의 경제발전 효과를 떠오르게 한다. 윈텔리즘으로 개념화된 미국 컴퓨터 산업의 기술과 제도는 1980년대 쇠락하는 것으로 여겨지던 미국의 경쟁력을 재도약시키는 데 기여했다. 따라서 윈텔리즘이 표상하는 기업조직과 제도환경이 컴퓨터 산업의 새로운 '산업모델' 내지는 '산업 패러다임'으로 여겨지게 되었다. 윈텔리즘이란 마이크로소프트 운영체계인 윈도우즈(Windows)와 마이크로프로세서 생산업체인 인텔(Intel)의 합성어인 윈텔(Wintel)에서 착안된 것으로, 일차적으로 PC 아키텍처 표준에 대한 마이크로소프트와 인텔의 구조적 권력을 의미한다.[12] IT산업이 쇠락하던 미국을 다시 세계제국으로 부활시켰던 것처럼 중국도 IT산업 발전을 기초로 경제강국으로 도약하려는 계획을 추진하고 있다. 양국 발전전략의 차이가 있다면 미국의 윈텔리즘은 IT 기업이 주도한 반면 중국은 정부 주도로 정보산업화를 추진하고 있다는 점이다.

---

10) 이원재, "中 수년내 반도체 생산대국 된다," 『동아일보』, 2004년 4월 14일.
11) "Huge IT Market Expected in 2004," *China Daily*, March 25, 2004; 외교통상부, 『중국 정보통신시장의 발전과 우리 기업의 진출전략』(서울: 외교통상부, 2002), pp. 7-13 참조; 유진석, "중국 IT산업의 현황과 전망," 삼성경제연구소 연구보고서, 2001년 10월, pp. 12-13.
12) 김상배, "정보화시대의 거버넌스: 탈집중 관리양식과 국가의 재조정," 『한국정치학회보』(한국정치학회), 35집 4호(2001), p. 365.

위와 같은 정보산업화를 추진하는 과정에서 나타난 중국 정부(국가)의 역할은 에반스(Peter Evans)의 개념을 빌려 설명하면 '산파 역할'(midwifery)과 '보호자 역할'(husbandry)이 혼합되어 있다고 볼 수 있다. 동아시아 산업화 과정에서 국가의 역할은 다양하게 전개되어 왔으며, 이 중 에반스의 '착근적(着根的) 자율성'(embedded autonomy) 논의는 중국 IT산업 발전과정에서 국가의 역할을 설명하는 데 적절한 시사점을 준다. 에반스는 경제 발전을 추진하는 과정에서 나타나는 발전국가의 역할을 4가지로 구분했다. 즉, 공정경쟁을 유지하기 위한 중립적 규제자를 의미하는 관리자의 역할(custodian), 산업 생산에 직접 참여하는 창조자의 역할(demiurge), 민간의 산업참여를 지원, 육성하는 산파 역할, 첨단산업 발전을 정책적으로 장려하는 보호자 역할 등으로 분류한 바 있다. 이런 다양한 국가의 역할은 현실에서 상호 배타적이라기보다는 혼합되어 나타난다.[13] '산파 역할' 및 '보호자 역할'을 보여주는 대표적인 예가 국내 시장의 보호와 국내 기업의 육성 등 이른바 온실정책(protective greenhouse)이다.

이하에서는 위의 4가지 개념 중 중국 정부는 IT산업 발전과정에서 '보호자의 역할' 및 '산파역할'을 병행하고 있음을 살펴 볼 것이다. 여기서 중국 정부의 '보호자 역할'이란 자국기업이 경쟁력을 갖출 수 있도록 정책적 특혜를 제공하여 보호하는 것이며, '산파 역할'이란 시장 개방 및 규제 완화, 경쟁체제 도입 등을 통해 민간자본이 투자하기 좋은 환경을 조성하여 IT산업에 참여하도록 유도하는 것이다.

---

13) Peter Evans, *Embedded Autonomy* (Princeton: Princeton University, 1995), pp. 74-81.

3. IT산업 특혜정책: 베이징 중관춘

중국 정부는 정보산업화라는 국가전략을 추진하는 과정에서 IT산업에 대한 다양한 특혜 및 지원정책을 제공하여 국제경쟁력을 강화할 수 있는 환경을 만들었다. 특히 베이징 중관춘 IT산업단지 형성 과정에서 중국 정부는 IT산업 발전을 위한 '보호자 역할'을 했다고 볼 수 있다. 1980~90년대 주장삼각주 지역은 화교자본 및 기술과 유리한 입지조건으로 인해 IT 관련 하드웨어 제조 기지로 발전한 반면, 베이징 중관춘은 정부의 IT산업 육성정책으로 발전했다고 볼 수 있다. 중국의 주요 대학이 몰려 있는 대학촌이었던 중관춘을 IT 연구단지 및 소프트웨어 개발을 중심으로 한 '중국적 실리콘벨리'로 만든 것은 중국 정부의 전략적 구상의 결과라 하겠다. 이하에서는 2000년대 중관춘이 IT산업의 중심으로 발전하는 과정에서 중국 정부가 어떤 특혜정책을 통해 IT산업이 발전할 수 있도록 '보호자 역할'을 했는지 살펴보자.

중관춘과 미국의 '실리콘벨리' 개념이 밀접한 관계를 맺게 된 계기는 1997년 아시아 금융위기였다. 1999년 10월 선전(深圳)에서 열린 중국 하이테크 박람회에 참석했던 주룽지 총리는 "아시아 금융위기 이후 중국 정부가 버블경제 현상을 피하기 위한 유일한 방법은 하이테크 분야를 발전시키는 것"이라고 했다. 중국 정부는 '강한 중국' 건설을 위해 하이테크를 발전시키는 실리콘화 전략을 공론화했다. 이로서 '실리콘벨리' 아이디어는 '강한 중국'의 경제적 미래를 재규정하는 '하이테크' 및 '정보화 시대'의 상징이 되었다.[14]

---

14) Ngai-Ling Sum, "Re-Imagining 'Greater China': Silicon Valley and the strategy of siliconization," in Hughes and Wacker eds., *China and Internet: Politics of the Digital Leap Forward*, pp. 103-104.

중국 정부가 '실리콘밸리' 건설 구상에 따라 정책적으로 지원한 것이 바로 중관춘 하이테크 단지 건설이다. 중관춘은 중국 정부의 정보산업화 전략의 일환으로 계획적으로 만들어진 작품이라 할 수 있다. 중국 국무원은 중관춘을 연구단지로 조성하기 위해 1999년 6월 '중관춘 과기원구'(科技園區)로 지정했다. 이 지역은 미국의 실리콘밸리, 대만의 신주(新竹) 지역을 모델로 하여 하이테크 산업개발, 벤처기업을 육성하기 위한 중국 최초의 시범지역이다. 중국 정부는 중관춘에 기업 설립(원스톱 서비스, 무역권 부여), 인재 채용(북경시 호구 취득 허용), 기간시설(토지사용료 감면, 통신시설 우선 정비) 면에서 특혜를 제공했다. 1999년부터 중관춘의 대학과 연구소는 정부의 정책적 지원을 받으며 발전하기 시작했다.[15]

중국 정부는 1999년부터 중관춘을 IT분야의 메카로 만들기 위해 ① 세제혜택, ② 재정지원, ③ 산학협력 등의 방식으로 중관춘 지역의 실리콘밸리화(siliconization)를 추진했다. 첫째, 첨단 IT제품(PC, 소프트웨어, 반도체 등)에 대해 부가가치세 및 소득세 감면, 주요설비에 대한 수입관세 면제 등 각종 세금우대정책이 실행되었다. 중국 정부는 중관춘 하이테크 기업에 다음과 같은 세금우대 혜택을 제공했다. ① 하이테크 기업의 경우 기업소득세를 15% 징수하고, 기업 생산제품의 수출액이 당해 연도 총생산액의 40% 이상인 기업은 소득세를 10%만 징수한다. ② 하이테크 기업은 설립 후 3년간 소득세를 면제하고, 그 다음 3년은 하이테크 기업 소득세율의 1/2만 징수한다. ③ 기술공여 및 개발, 이와 관련된 자문, 서비스 업무에 종사하는 기업과 개인의 수입에 대해 영업세를 면제한다. ④ 과학적 서비스(과학연구기관 및 대학에 기술 제공, 훈련, 서비스 등)에 의한 수입은 소득세를 면제한다. 일반 제품의 부가가치세율은 17%이나 소프트웨어 제품은 6%이다.[16] 중국 내 일반 기업의 기

---

15) 구로다 아쯔오 저, 박정동 편역, 『메이드 인 차이나』(서울: 시대의 창, 2002), p. 154; 王德祿 主編, 『區域創新: 中關村走向未來』(濟南: 山東敎育出版社, 1999), p. 70.

업소득세율이 33%라는 점을 고려할 때, 하이테크 기업에 제공되는 위와 같은 세금우대 혜택은 상당한 수준임을 알 수 있다.

둘째, 중국 정부는 중관춘 지역을 첨단산업 기지로 만들기 위해 직접 재정지원을 했다. 중관촌에 학교기업 및 연구소기업이 만들어진 것은 중국 정부의 재정지원이 있었기에 가능했다. 예컨대 커하이(科海)는 민간이 운영하는 IT기업이지만, 중국과학원(科)과 베이징 하이뎬구(海)가 상호출자하는 형식으로 정부가 창업자본을 제공했기 때문에 기업 이름을 두 투자기관을 상징하는 두 글자를 합쳐 커하이라고 했다. 중관촌에 창업한 IT기업 중 상당수가 대학, 국가연구기관, 지방단체 등의 국유단위에서 출자하고 민간이 운영하고 있다. 또한 중국 정부는 첨단기술제품 개발에 대하여 심사를 거쳐 은행, 기금 등을 통하여 관련 자금을 지원하고 창업시 우대혜택을 제공하는 등의 금융지원을 하고 있다. 중관춘에 대한 중국 정부의 지원은 창업자금 및 공간 지원에서 더 나아가 창업 이후 제품까지 구매하기도 한다.[17]

또한 중국 정부는 IT산업에 대해 기금 조성 및 주식상장 등을 정책적으로 지원하여 자본조달 출구를 만들었으며 수출입을 지원했다. 예컨대 ① 민간자본에 의한 하이테크 투자기금과 벤처캐피탈 설립 추진, ② 하이테크 기업에 융자 서비스를 제공하는 보증회사 설립, ③ 중관춘에 광역 멀티미디어 정보 네트워크 건설을 가속화, ④ 소프트 산업에 대한 세제상 지원정책 실시, ⑤ 중관춘 하이테크기업 상장을 정책적으로 지원, ⑥ 하이테크기업의 국제경쟁력 제고를 위해 유리한 수출입정책 실행 등의 방식으로 자본

---

16) 아시아 IT 비지니스연구회 편, 전경련 동북아경제센터 역, 『도해로 보는 중국 IT 비즈니스』 (서울: FKI 미디어, 2002), p. 163; 이은민, "중국 IT산업의 정책과 시사점," p. 142; 정부연, "중국의 IT서비스 시장 현황 및 시사점," 『정보통신정책』, 2003년 7월 16일, pp. 54-55.
17) FKI China Forum, 『한·중 산업단지 경쟁력 비교 및 정책과제』(서울: 전경련, 2004), p. 57; 오승은, 『전자정부 구현을 위한 서울시의 디지털 도시 구축사업』(서울: 서울시립대학교 전자정부연구소, 2002), pp. 74-75.

조달을 지원했다.[18] 이처럼 중국 정부가 다양한 방식으로 재정지원을 했기 때문에 참신한 아이디어만을 지닌 사람들이 자본 없이도 창업하여 성공할 수 있는 환경이 조성되었다.

셋째, 중국 정부는 대학 및 공공연구기관 개혁을 통해 산학협력 모델이 추진될 수 있는 기반을 조성했다. 베이징 중관춘 IT산업단지는 중국의 우수한 연구인력과 연구기관들이 집중되어 있으며, 첨단산업 연구개발(R&D) 투자의 중심지이다. 이런 특성에 기초한 발전모델이 바로 '산학협력모델'이다. 1980년대 후반부터 1990년대까지 중국 정부가 추진했던 대학 및 공공 연구기관 개혁의 주요 내용은 다음과 같다. ① 정부가 지급하는 일률적인 연구개발비를 폐지하고 성과급으로 전환, ② 지적 소유권제도 확립과 기술시장 개설, ③ 대학과 연구소 간 연구원의 이동 증진, 영리사업으로 겸업 인가, 기업의 위탁연구 및 공동연구에 대한 규제 완화, ④ 연구성과의 공개 및 실용화를 의무화, 기술이전 조직 설치, ⑤ 대학 독자 혹은 외부와 공동으로 기업을 설립, 경영하는 것을 촉진하기 위한 세금 감면 등이다. 또한 각급 지방정부는 다양한 네트워크 주체(기업가, 과학자, 정부관리 등) 간의 합작과정에서 일종의 연결망 역할을 했다.[19] 중국 정부는 이처럼 다양한 규제를 제거하여 대학과 기업이 산학협력할 수 있는 환경을 조성했다. 이런 면에서 국가의 개입은 IT산업 발전을 촉진하는 역할을 했다고 하겠다.

위와 같은 개혁의 결과 탄생한 대표적인 산학협동기업이 롄샹그룹(聯想集團: Lenovo), 베이다팡정(北大方正)이다. 롄샹은 1984년 국가연구기관인 중국 과학원 연구자 11명이 모여 창업한 기업으로 중국 컴퓨터 제조업체 부문

---

18) 아시아 IT 비지니스연구회 편, 전경련 동북아경제센터 역, 『도해로 보는 중국 IT 비즈니스』, p. 163.
19) 구로다 아쯔오 저, 박정동 편역, 『메이드 인 차이나』, p. 160; 王德祿 主編, 『區域創新: 中關村走向未來』, pp. 26-27.

1위에 올라 있다. 이 기업의 대주주(소유지분 65%)는 중국과학원이지만 경영은 민간경영이다. 이 기업은 중관춘에 본사를 두고 하드웨어, 소프트웨어, 전자상거래 등을 비롯한 컨텐츠 사업에도 진출해 있다. 베이다팡정은 베이징대학 산하의 산학협동기업으로 컴퓨터와 전자출판 시스템으로 유명한 기업이다. 베이다팡정은 1986년 창립하여 한자 전자제판 시스템 개발로 유명해진 기업이다. 컴퓨터와 주변기기 분야에서 중국 시장 점유율 3위를 차지하고 있다. 이 기업은 홍콩 주식시장에 상장되어 있으며 종업원이 3천여 명 이상이다.[20]

칭화(淸華)대학 역시 대표적인 산학협동 대학으로, 대학 내에 '과학기술개발부'라는 기술이전 조직을 만들고 국내외 1천여 개 이상의 기업과 공동연구 프로젝트를 진행하고 있다. 칭화대학은 1995년 대학의 자산관리회사로서 '칭화대학기업집단공사'를 설립하여 그 산하에 200여 개 하이테크 벤처기업을 소유하고 있으며, 대학 자체에서 자본금을 출자하여 벤처자본을 설립하고 기술과 경영 면에서 조언도 한다. 칭화대학 계열의 칭화통팡(淸華同方), 칭화쯔광(淸華紫光)은 산학협동기업으로 유명하다. 주요 상품으로는 전자출판 시스템, 컴퓨터와 주변기기, 파인케미컬 등이다.[21]

2000년대 중관춘이 '중국의 실리콘벨리'로 부상되고 있는 것은 중국 정부의 정책적 특혜의 결과라고 볼 수 있다. 중국 정부가 시장에 개입하여 다양한 정책적 특혜, 재정지원, 산학협력 지원 등의 방식으로 중관춘의 발전을 추진하지 않고 시장의 힘에 맡겨 놓았다면, 중관춘의 비약적 발전은 기대하기 어려웠을 것이다. 중국 정부는 정책금융, 조세감면 등 다양한 정책적 지원을 통해 중관춘 IT산업을 육성하는 '보호자 역할'을 해 왔다.

---

20) 구로다 아쯔오 저, 박정동 편역, 『메이드 인 차이나』, pp. 161-162, pp. 58-59.
21) 구로다 아쯔오 저, 박정동 편역, 『메이드 인 차이나』, pp. 161-162. 1995년 7월 칭화대학은 '칭화대학-기업 합작위원회'를 만들었다. 칭화대학과 기업 간의 산학협동에 관해서는 王德祿 主編, 『區域創新: 中關村走向未來』, pp. 67-68 참조.

2000년대 중관춘은 고부가가치를 창출함으로써 '정보산업화'라는 국가 전략을 실현하는 IT 연구개발의 핵심 기지로 주목받고 있다.

중국 정부가 자국 IT산업 발전을 육성하기 위해 정책적 특혜를 제공하는 '보호자 역할'을 하고 있다는 것은 베이징시가 마이크로소프트사(MS)로부터 운영체제 및 업무용 소프트웨어(SW) 구매 계획을 취소한 사례를 통해서도 알 수 있다. 베이징시의 구매 계획 취소는 최근 중국 정부가 외국 SW와 자국산 SW를 구분해 자국 업체에 특혜를 제공하는 방안을 마련하고 있다는 소식이 전해진 직후 나온 것이어서 향후 중국 정부의 SW 구매 및 조달정책에 변화 가능성을 시사하고 있다. 2004년 11월 30일 파이낸셜 타임스 등 외신에 따르면 베이징시는 자국의 경쟁업체들이 계약 방식에 대해 불만을 표출함에 따라 2,900만 위안(미화 350만 달러) 상당의 MS SW 구매 계획을 취소했다. 이번 구매 취소 결정은 상하이, 톈진 등 SW 구매 계획을 갖고 있는 다른 지방정부에도 영향을 미칠 가능성이 커 MS는 물론 외국 SW업체들에게 타격이 될 전망이다. 중국에서는 사적으로 사용되는 SW 대부분이 불법 복제물이고 SW 시장 전체에서 정부조달이 차지하는 비중이 40%에 달한다. 따라서 이번 결정으로 지방정부의 조달시장에서 외국 SW업체들이 밀려날 가능성도 배제할 수 없다.[22]

중국 정부는 자국 SW업체를 보호해야 한다는 여론을 의식하여 구매 계획을 취소했다고 볼 수 있다. 중국언론과 중국 SW업체들은 베이징시가 MS의 SW를 구입할 것이라는 발표 후 정부조달이 자국 SW업체들에게 혜택을 주는 문제에 대해 심각하게 논쟁을 벌여 왔다. 이와 관련해 중국 과학기술부 장관은 많은 지방정부들의 외국 SW 구입은 국가의 이익과 보안을 무시한 행위라고 비난한 바 있다. 현재 중국은 국내 SW와 외국 SW를 구별

---

22) "中 베이징시, MS SW 구매 없던 일로," 『전자신문』, 2004년 12월 1일.

하여 국내 SW에 특혜를 주는 내용의 규정을 마련중인 것으로 전해졌는데, 이 규정이 시행되면 외국 SW업체들이 큰 타격을 입을 전망이다.[23]

이 사건은 중국 정부가 WTO 가입 이후 통신시장 개방을 추진하는 동시에 자국 SW업체들을 보호하기 위해 정책적 특혜를 제공할 수 있는 가능성을 암시하는 것으로, IT산업 발전과정에서 중국 정부의 '보호자 역할'을 보여주는 대표적인 사례라 하겠다. 특히 중국의 경우 정부 구매가 전체 SW 시장의 40%를 차지할 정도로 정부가 주요 소비자라는 점을 고려할 때, 중국 정부의 자국 SW 보호정책은 SW업계의 사활이 걸린 문제라는 점에서 더욱 주목할 만한 사건이라 하겠다.

4. IT산업 투자 개방과 경쟁력 강화

1) IT산업 투자 개방

중국 정부는 시장경쟁을 활성화하여 국내의 민간기업의 투자를 유도하고, 기술자립화를 통해 국제경쟁력을 강화하는 등 IT산업 발전을 위한 '산파역할'을 하기도 한다. 중국 통신 서비스 시장은 외국인 투자를 법적으로 금지하여 국가독점을 유지해 온 기간산업이었으나 2000년부터 대규모 자본을 동원하기 위해 국내외 민간자본에 개방하기 시작했다. 통신 서비스 분야는 언론통제와 밀접한 관계가 있는 분야이기 때문에 외국자본의 진출이 증가할수록 정치·사회적 통제에 부정적 영향을 미칠 수 있다. 그

---

23) 『베이징저널』, 2004년 12월 1일.

럼에도 불구하고 중국 정부는 왜 통신 서비스 시장의 독점을 포기하고 시장개방과 경쟁체제 도입을 선택했는가?

2000년 이전 중국의 통신부문은 국가기간산업이라는 이유로 외국인 투자 및 경영이 전혀 허용되지 않았기 때문에 IT산업은 자본조달에 어려움이 많았다.[24] 외국인의 투자가 금지된 상황에서 정보통신분야는 국내에서 자본조달을 할 길도 막혀 있었다. 왜냐하면 IT기업은 경영위험이 높고 수익성이 불확실하므로 은행대출, 채권발행, 주식상장 등 어떤 방식으로도 자본조달이 어려웠다. 한 예로 중국의 선전, 상하이 증권거래소는 주식상장시 반드시 회사가 3년 동안 이익을 낸 기록이 있어야 하는데, IT 민영기업들은 이런 기준을 적용하면 주식상장을 할 수 없다. 또한 IT 민영기업은 은행대출 역시 거의 불가능한데, 그 이유는 4대 국유은행은 총융자금의 86%를 국유기업에 대출했고, 비국유기업 대상 대출금 14% 중 민영기업의 비율은 0.3%에 불과했기 때문이다.[25]

중국 정부는 IT산업에 자본을 조달하기 위해 국가독점이던 정보통신 분야를 개방하여 외국인 및 중국인 민간자본이 IT산업에 투자하도록 유도하는 '산파 역할'을 하고 있다. 중국 정부는 2001년 11월 WTO 가입을 계기로 정보통신, 인터넷, 금융, 유통 등의 대외개방을 확대하고 외국인 직접투자를 유치하고 있다. 해외의 기술, 경영방법 및 자본 도입을 바탕으로 중국의 전자, 통신, 가전산업이 국제적 수준으로 발전하고 있다. WTO 이행 계획에 따라 반도체, 컴퓨터, 통신설비 등 IT제품에 대한 관세는

---

24) 1993년 우전부(郵電部) 규정에 의하면, 중국 밖의 조직과 개인 및 중국 내의 외상독자, 중외 합자 및 합작기업은 전기통신사업에 투자하거나 경영에 참여할 수 없다. 또한 1995년 문건에 의하면, "국제통신업무는 우전부가 통일적으로 경영하며 국무원의 승인 없이는 어떠한 단위도 국제통신사업을 수행할 수 없다"고 되어 있다. 이은민, "중국 IT산업의 정책과 시사점," pp. 120-121.
25) 李濤 編, 『再造中關村』(北京: 中信出版社, 2000), p. 23; 구로다 아쯔오 저, 박정동 편역, 『메이드 인 차이나』, p. 39.

2005년 폐지되며, 외국인투자 관련 법제도가 국제기준에 맞게 개선된다. 이런 시장개방 및 투자환경의 개선으로 외국기업의 중국진출이 급증하고 있다. 예컨대 인텔은 쓰촨성 청두(城都)에 3억 7,000만 달러 규모의 반도체 생산공장을 건설하고 있다.26) 중국의 IT산업은 세계 분업구조에 편승하여 양질의 저렴한 노동력을 기초로 다국적 기업의 현지 생산기지로서 외국인 투자를 흡수하고 있다.

중국 정부는 10 · 5계획기간(2001~2005) 동안 IT분야의 자본을 국내외 금융시장에서 직접 조달하려는 계획이다. 방법은 통신분야의 자금시장을 개방하여 주식상장, 유한책임회사 설립, 개인지분 참가 등의 형식으로 사회자금 및 외국자본 등의 민간자본을 유치하는 것이다. WTO 가입 규정에 따라 2002년부터 6년간 단계적으로 통신 서비스 시장을 개방해야 하고, 2005년부터 외국인 지분은 이동전화 49%, 인터넷 50%, 유선전화 35%로 확대되고 지역규제가 폐지되므로, 미국을 비롯한 세계 다국적 기업의 자본 투자가 활발해질 전망이다.27) 따라서 단계적으로 외국자본의 중국 통신 서비스 사업자 지분 취득이 확대되고 외국인이 합작법인 형식으로 서비스 사업 운영이 가능해지면, 중국 통신 서비스 시장의 경쟁은 더욱 치열해질 전망이다.

중관춘 지역의 IT기업 중 국내외 주식시장을 통해 자본을 조달하는 기업들이 증가하고 있다. 예컨대 팡정커지(方正科技), 칭화통팡, 칭화쯔광, 다탕전신 등은 A 주식시장에 주식을 상장했고, 베이다팡정, 롄샹, 쓰통

---

26) 유진석, "중국경제의 부상," pp. 9-10; Zixiang Tan, "Product Cycle Theory and Telecommunications Industry-Foreign Direct Inverstment, Government Policy, and Indigenous Manufacturing in China," *Telecomunications Policy*, Vol. 26, No. 1-2 (Feb.-March, 2002).
27) 외교통상부, 『중국 정보통신 시장의 발전과 우리기업의 진출전략』, p. 51. 중국 WTO 가입 이후 통신 서비스 시장 개방 일정에 관한 구체적 자료는 다음을 참조. 양평섭, 『중국의 WTO 가입 이후 산업별 개방 계획과 그 영향』(서울: 대외경제정책연구원, 2000), p. 65, 〈표 3-15〉.

(四通) 등은 해외 주식시장에 상장했다. 중국과학원은 유망한 연구분야를 자회사로 하여 3개사를 상하이 주식시장에 상장시켰다. 2000년 6월 차이나 유니콤(中國聯通)은 홍콩증시 상장으로 390억 홍콩달러를 모집했고 뉴욕증시 상장으로 49억 달러를 모집했다.[28]

중관춘 지역의 IT기업은 은행권을 통해 자본조달을 하기도 한다. 화샤은행(華夏銀行)은 1999년 8월 서우청(首創)그룹과 협의하여 중관춘 지역 개발에 사용하는 명목으로 15억 위안을 대출했다. 중국은행은 1999년 12월 칭화대학 경제관리학원과 합작에 서명했다. 중관춘 청년창업투자공사는 칭화대, 베이징대 위주의 청년학자와 45세 이하 창업자에게 투자자금을 제공했다. 이 회사는 금융계의 관심을 불러일으켜, 개발은행(開發銀行), 화샤은행, 국가 과학기술형 중소기업(國家科技型 中小企業)도 기금을 조성하여 자금지원을 하기로 결정했다.[29]

위와 같은 IT산업 분야에 대한 투자 개방에서 알 수 있듯이 중국 정부는 경제발전을 위해 국가독점을 해체하고 민간자본 투자를 허용하여 시장경쟁을 촉진하고 있다. IT기업들이 외국인 직접투자 및 주식시장을 통해 자본을 조달하여 국가로부터 자본을 독립해 갈수록 중국 정부의 IT산업에 대한 통제는 힘들어질 것이다.[30]

---

28) 李濤 編,『再造中關村』, p. 21; 중국 증권시장에 상장한 IT분야 기업 명단에 관해서는 다음을 참조. 아시아 IT 비지니스연구회 편, 전경련 동북아경제센터 역,『도해로 보는 중국 IT 비즈니스』, pp. 168-169.

29) 李濤 編,『再造中關村』, p. 20. 한편, 창업시 자기자본의 투자 없이 은행대출에만 의존한 자본조달은 재산권 문제를 발생시키기도 한다. 예컨대 쓰통의 재산권이 불분명한 이유는 쓰통의 창업자본은 개인출자나 공공투자가 아니고 은행대출이었다. 1984년 5월 중국과학원의 7명 과학기술자가 중국과학원을 나와 베이징 하이뎬구(海淀區) 사계청향(四季靑鄕)에서 2만 원을 빌려 창업했다. 창업자들은 누구도 한 푼도 출자하지 않았고, 어떤 단위도 한 푼도 투자하지 않았으며, 창업초기의 운영자금은 전부 단위대출 및 은행대출로 충당했다. 쓰통의 4가지 원칙은 자립적 자금조달, 자유로운 조직, 자주경영, 독립적인 손익관리 등이다. 1980년대 쓰통은 '경영자주권을 지닌 민영기업'임을 강조하여 정부가 창설한 집체기업과 쓰통을 구별하려 했다. 李濤 編,『再造中關村』, p. 26.

2) IT산업 경쟁력 강화

중국 정부는 정책적 지원, 독점 해체 등의 형식으로 자국 IT산업이 국제경쟁력을 갖출 수 있도록 '산파역할' 및 '보호자 역할'을 병행해 왔다.

중국 IT산업의 국제경쟁력 강화는 '경쟁체제 도입', '기술 자립화', '다국적 기업 합병'이라는 세 가지 면에서 추진되고 있다. 첫째, WTO 가입으로 중국 통신 서비스 시장은 공정한 경쟁 원칙의 제정, 경쟁체제 도입이 불가피해졌다.[31] 중국 정부는 통신 서비스 시장 독점의 폐해를 극복하고 국제경쟁력을 강화하기 위해 국내 통신사업자 간의 '경쟁체제'를 만들었다. 1994년 차이나 유니콤이 설립되기 전까지 중국 통신산업은 우전부 독점체제였다. 우전부 독점체제에 대한 도전은 전자부가 철도부와 컨소시엄을 형성하여 차이나 유니콤을 설립하면서 시작되었다. 전자부는 각종 토론회를 열어 독점체제의 타파를 통한 서비스 질 개선, 전용망의 적극적 활용, 국가재정 외에 다양한 재정 확충의 필요성을 주장했으며, 국무원의 비준을 얻기 위해 적극적인 로비 활동을 전개했다. 결국 국무원이 전자부 제안을 받아들여 1994년 7월 19일 차이나 유니콤이 설립되었다.[32]

---

30) Merritt T. Cooke, "The Politics of Greater China's Integration into the Global Info Tech(IT) Supply Chain," *Journal of Contemporary China,* 13(40)(August 2004), pp. 503-505.

31) WTO 가입 후 통신시장 개방이 중국 통신산업에 미치는 영향에 관한 구체적 논의는 다음을 참조. Markus Fredebeul-Krein & Andreas Freytag, "Telecommunications and WTO discipline," *Telecommunications Policy,* 21-6(1997), pp. 477-491; Bing Zhang, "Assessing the WTO agreements on China's telecommunications regulatory reform and industrial liberalization," *Telecommunications Policy* 25-4(2001), pp. 461-483; 孫東·周玉波, "中國電信企業如何適應 WTO下的開放環境," 人民網, 2002年 2月 28日, http://www.people.com.cn(검색일: 2002년 4월 6일); "入世最大衝擊在電信監管體制改革," 人民網, 2002年 1月 9日, http://www.people. com.cn(검색일: 2002년 4월 6일); "入世了, 電信企業壓力有多大," 人民網, 2001年 11月 29日, http://www.people.com.cn(검색일: 2002년 4월 6일); "IT企業如何面對入世后親規則的挑戰," 人民網, 2001年 11月 21日, http://www.people.com.cn(검색일: 2002년 4월 6일); "加入WTO 后 電信企業如何應對挑戰," 人民網, 2001年 11月 19日, http://www.people.com.cn(검색일: 2002년 4월 6일).

차이나 유니콤이 설립되어 형식적으로는 경쟁체제가 되었으나 우전부의 '차이나 텔레콤'(China Telecom, 中國電信)에 대한 편애와 '차이나 유니콤'에 대한 차별정책 때문에 실질적 경쟁 효과를 발휘할 수 없게 되자 언론매체 및 차이나 유니콤은 차이나 텔레콤 구조조정을 강력히 제기했다. 중국 정부 역시 1999년 초부터 WTO 가입을 서두르는 상황에서 국내 통신산업의 국제경쟁력을 높이기 위해 통신 서비스 분야의 개혁이 필요하다고 인식했다. 정보산업부는 1999년 통신 서비스 시장에서 차이나 텔레콤의 실질적인 독점을 해체하기 위해 차이나 텔레콤을 차이나 텔레콤(유선), 중국이동(中國移動: China Mobile, 무선), 중국위성(中國衛星: China Satellite, 위성), 중국심호(中國尋呼: Guoxin, 무선호출)등 4개 회사로 분할했다.33)

2001년 11월 중국의 WTO 가입은 중국 통신 서비스 시장의 국제경쟁력을 강화하기 위해 구조개혁의 바람을 몰고 왔다. 2002년 1월부터 유선전화부문의 시장지배적인 사업자였던 차이나 텔레콤은 남북으로 분할되어, 북쪽은 차이나 넷컴(China Netcom), 남쪽은 차이나 텔레콤이 운영하도록 하여 새로운 경쟁체제를 도입했다.34) 이런 개혁은 유선전화시장의 독점적

---

32) Zixiang Tan, "Challenges to the MPT's monopoly," *Telecommunications Policy* 18-3 (April, 1994), p. 177; Zixiang Tan, "China's information superhighway: What is it and who is control it?" *Telecommunications Policy* 19-9(1995), p. 726.

33) 정보통신 서비스 분야를 개혁하여 경쟁체제를 도입하는 과정에 관한 보다 자세한 내용은 다음을 참조. 李甬, "切開中國電信,"『財經』, 1998年 12月 5日; 錢晉群·張毅·葉小忠, "電信業: 面向市場競爭,"中國社會科學院公共政策研究中心 編,『中國公共政策分析 2001年』(北京: 中國社會科學出版社, 2001), pp. 111-113; 盛洪, "競爭規則是如何形成的?,"張曙光 主編,『中國制度變遷的案例研究 第2輯』(北京: 中國財政經濟出版社, 1999), pp. 98-120; 北京天則經濟研究所, "中國電信業立法建議研究報告,"『中國制度變遷的案例研究 第2輯』(北京: 中國財政經濟出版社, 1999), pp. 138-200; Ping Gao & Kalle Lyytinen, "Transformation of China's telecommunications sector: a macro perspective," *Telecommunications Policy* 24(2000), pp. 721-724.

34) 이석우·공영일, "중국 〈전신법〉 제정동향 및 주요 이슈분석,"『정보통신정책』, 2004년 6월

사업자였던 차이나 텔레콤의 분할로 독점적 구조를 타파하여 시장경쟁을 발전시키려는 정책적 의지의 표현이라 할 수 있다. 중국 정부가 세 차례의 구조개혁을 통해 독점체제를 포기하고 경쟁체제를 도입한 것은 통신 서비스 산업이 WTO 가입 후 환경 변화에 적응할 수 있는 국제경쟁력을 높이려는 의도가 깔려 있다고 볼 수 있다.

둘째, 중국 정부는 제3세대 이동통신분야에서 중국적 기술표준 개발을 지원하여 '기술자립화'로 국제적 표준화에 대응하고 있다. 이런 정책적 대응과정에서 중국 정부는 시장에 개입하여 자국 IT산업 발전에 유리한 환경을 조성하여 '보호자 역할'을 했다. 중국 제3세대 이동통신정책은 중국 기술표준인 TD-SCDMA 육성을 통한 이동통신산업의 자립적 발전을 지향하고 있다. 중국은 그동안 제2세대 이동통신시장(2G)이 세계 최대 규모의 시장으로 급성장했으나 외국 통신제조업체들이 시장을 장악했기 때문에 막대한 로열티를 지불해야 했다. 이런 문제를 해결하기 위해 중국 정부는 TD-SCDMA 개발을 전폭적으로 지원했다. 중국 정부는 TD-SCDMA 기술이 다른 기술표준에 비해 기술수준이 낮은 상황을 고려하여 3G 사업자 선정 시기를 연기하여 중국 기술이 상용화될 수 있도록 시간을 주었다. 중국 정부는 TD-SCDMA 기술을 개발하는 중국 제조업체를 대상으로 2003년 약 6억 위안을 지원할 계획을 밝히기도 했다. TD-SCDMA 개발은 토착기술 개발 및 표준경쟁 참여와 같은 경제적 고려 외에 전략적 안보 및 국가 자부심 등 복합적 동기가 작용했다. TD-SCDMA는 중국기업(따탕)과 지멘스가 공동으로 개발하여 2000년 5월 국제전기통신연맹(ITU)으로부터 국제 3G 표준으로 공식 비준되었다.[35]

16일, pp. 3-4. 중국 정보통신사업에 대한 국가 독점의 문제점을 지적하고, IT산업의 발전을 위해 경쟁체제가 도입되어야 한다는 주장에 관해서는 다음을 참조. Marcus Franda, *China and India Online*, pp. 56-57.

또한 중국 정부는 중국 IT기업이 MS와 같은 국제적 대기업과 경쟁할 수 있는 국제경쟁력을 강화하기 위해 '리눅스 보급 운동 및 SW 개발'을 정책적으로 지원하고 있다. 중국 정부가 정부기관, 교육기관의 컴퓨터 운영체제를 윈도우에서 리눅스로 대체해 가는 이유는 MS사의 윈도우 운영체제에 종속되지 않으려는 중국 정부의 강력한 의지가 반영된 것이다. MS 윈도우 운영체제는 소스 코드가 공개되지 않아 보안을 요하는 국가 정보가 유출될 가능성이 있으나, 리눅스는 코드가 공개된 오픈소스 SW이기 때문에 정보의 유출이라는 측면에서 안전하다는 것도 리눅스를 선호하는 이유이다.36)

리눅스는 인터넷을 통해 무료로 다운로드되기 때문에 윈도우 SW 불법 복제가 여전히 골칫거리인 중국에서 매력적인 대안이기도 하다. 시장조사회사 IDC의 앨 길렌 분석가는 "중국 당국에 대해 불법복제를 단속하라는 압력이 거셌다"며 "그 같은 압력에 직면한 중국 정부는 컴퓨터 업체들에게 책임있는 기업 시민으로서 불법이 아닌 운용체계를 설치할 것을 요청했다"고 전했다. 그는 "중국 업체들이 자사 PC에 무료 리눅스를 설치, 윈도우 불법 복제 문제를 피할 수 있었기 때문에 리눅스를 채택하게 됐다"고 설명했다.37)

한·중·일 3국 정부 차원의 리눅스 협력이 민간기업을 중심으로 진행되고 있다. 한국 리눅스 개발업체인 아이겟리눅스는 최근 중국의 홍기리눅스, 일본의 미라클 리눅스 등이 공동으로 추진하는 '아시아 눅스' 개발에 전격 참여키로 결정한 것으로 알려졌다. 와우 리눅스도 중국 공창

---

35) Hughes and Wacker, *China and Internet*, pp. 18-19; 강인수·공영일, "중국 3G 사업 동향 및 시사점," 『정보통신정책』, 2003년 9월 29일, pp. 15-18; Marcus Franda, *China and India Online*, pp. 59-60.
36) 조지원, "중국의 인터넷 열풍과 정부의 대응," 『정보화동향분석』, 2000년 7월 31일, pp. 65-66.
37) 코니박, "인텔, 중국 인도에 리눅스 OS칩 공급," 『전자신문』, 2004년 11월 30일.

공개 소프트(Co-Create) 일본의 IPEX사 등과 함께 데스크 톱 리눅스 개발을 시작했다.[38] 이처럼 중국은 MS 중심의 SW체제에 대응하여 리눅스체제 보급운동과 리눅스 개발에 적극적으로 참여하고 있는데, 중국 정부는 그 배후에서 이런 활동을 장려하고 있다.

셋째, 중국 정부는 IT산업이 국제경쟁력을 확보할 수 있도록 다국적 기업 인수를 권장하고, IT제품의 국내 수요를 확대함으로써, IT산업 발전을 촉진하는 '보호자 역할'을 하고 있다. 2004년 12월 8일 롄샹그룹은 12.5억 달러에 유명한 씽크패드(ThinkPad) 노트북을 포함한 IBM의 글로벌 PC사업 전 부문을 매입하고, 동시에 IBM PC 부문이 지닌 5억 달러의 채무를 승계하기로 했다고 발표했다. 이로서 롄샹그룹은 Dell, HP 다음으로 세계 3대 PC 제조업체가 되었다. 전문가들은 롄샹이 IBM PC 사업부를 인수할 경우 중국은 물론 유럽과 미국 PC 시장의 점유율을 확대할 수 있을 것으로 전망하고 있다.[39]

롄샹은 IBM 매입으로 단기간에 현금수요가 11.5억 달러에 이르나 롄샹이 보유한 현금은 4억 달러 정도이다. 나머지는 차입으로 충당해야 하는 상황이므로 중국 정부의 정책성 자금지원이 없이는 IBM 매입이라는 결단을 내리기 어려웠을 것이다. 롄샹그룹이 IBM PC 부문을 매입한 것은 일종의 국제화 모델로서 국제적으로 유명한 회사와의 합병으로 중국 PC 영역의 경쟁력을 향상시키고, 국제화된 마케팅과 관리조직 인수를 통해 단기간에 다국적 업무의 운영시스템을 배울 수 있게 된다. 롄샹은 IBM 인수로 세계적인 기업으로 도약할 수 있으며 중국 및 해외시장에서 시장

---

38) 윤대원, "한-중-일 리눅스 민간협력 활기," 『전자신문』, 2004년 4월 14일.
39) "IBM PC 부문, 중국 업체에 매각될 듯," 『조선일보』, 2004년 12월 6일; "IT산업: 聯想集團의 IBM PC 부문 매입으로 본 중국 PC 시장," 『중국산업정보』, 제11기, 전경련 중국산업연구센터, 2004년 12월 20일, pp. 12-13.

경쟁력을 갖추게 될 것이다.

한편, 중국 정부가 PC 시장의 수요를 정책적으로 창출하고 있다. 중서부지역은 각급 정부와 교육기관이 가장 큰 구매 고객으로 부상하고 있으며, 중국 정부의 서부대개발 정책으로 서부지역의 노트북 시장도 커지고 있다. 중국 정부의 전자정부 구축 추진 정책으로 정부 부문에서의 PC 구매가 급증하고, '농촌 중학교 및 농촌당원의 현대화 교육 프로젝트'는 데스크탑 PC 수요 증가의 가장 큰 동력이다.[40]

결론적으로 중국 정부는 IT산업 개방 및 자유화를 통해 독점을 해체하고 시장경쟁을 도입하는 한편, IT산업의 '기술자립화,' 다국적 기업 합병에 의한 규모 확대, IT 제품의 수요 확대 등의 방식으로 중국 IT산업이 국제적 경쟁력을 갖도록 지원하고 있다. 중국 정부는 '경쟁 도입'과 '보호 육성'이라는 서로 상반된 처방을 병행함으로써 중국 IT산업 발전에 있어서 '산파' 및 '보호자' 역할을 했다고 하겠다.

5. 정보산업화의 평가와 전망

'IT산업 발전에 기초한 경제발전 추진'이라는 정보산업화정책은 2000년대 어떤 평가를 받을 수 있는가? 중국 경제발전에 있어서 IT산업이 차지하는 비중이 어느 정도이고 왜 중요한 역할을 했는가? 중국 정보산업화 전략이 경제발전에 있어서 어떤 역할을 했는지 살펴보면, IT산업은 지속적인 경제성장의 원동력이며 고부가가치 상품의 수출 증대, IT제품의

---

40) "IT산업: 聯想集團의 IBM PC 부문 매입으로 본 중국 PC 시장," pp. 15-16.

국산화 확대라는 면에서 효과적인 경제발전을 주도하고 있다.

첫째, 중국의 IT산업은 기간산업으로 2000년대 중국의 지속적인 경제성장을 주도하고 있다. 세계경제에서 중국이 차지하는 위상을 살펴보면, 2003년 10월 말 기준으로 외국인 투자유입 세계 1위, 수출 세계 4위, GDP 규모 세계 2위, 교역규모 세계 4위, 외환보유액 세계 2위다.[41] 이처럼 중국이 2000년대 경제대국으로 성장한 것은 다국적기업의 투자 유치 및 IT산업 육성을 중심으로 한 정보산업화 전략의 성공을 보여주는 것이다. 중국은 2004년 7월 현재 IT분야에서 일본을 제치고 미국 다음으로 세계 2위의 IT 제품 생산대국으로 부상했다. 정보산업부의 발표에 의하면, 2003년 중국 IT제품 판매 총액이 일본을 추월했고, IT제품 판매수입은 중국 전체 산업 판매총액의 12%로서 IT산업이 중국 최대의 기간산업으로 자리잡고 있다. 차이나 데일리는 2010년이 되면 IT분야 매출액이 세계 1위가 될 것이라 전망했다.[42] 중국의 방대한 내수시장이 IT산업 성장에 유리한 조건을 제공하고 있다. GDP 중 IT산업 비중은 1997년 2.3%에서 2002년 5.7%로 상승했으며, IT제품 수출은 2003년 1,000억 달러를 돌파했다. 중국 IT산업은 최근 5년간 연평균 30% 이상 성장했으며 중국 내 100대 기업 중 SW, 반도체, 컴퓨터, 통신 등 IT 관련 기업이 전체의 3/4을 차지하고 있다.[43]

둘째, IT산업은 중국 수출의 주력 산업이며 고부가가치를 창출하고 있다는 면에서 경제발전에서 핵심적 역할을 하고 있다. 2004년 상반기 중국의 총수출에서 전자수출 비중이 36.4%로 증가했으며, 전자수출품의 부문별 구성을 보면 컴퓨터 39.8%, 통신기기 18.6%, 반도체 7%로 IT분야가

---

41) 류후규, "중국경제의 성장지속 전망과 현안과제," 2004년 하반기 FKI China Forum 정례심포지엄 발표자료(2004년 11월 10일), p. 32.
42) "중국 IT 분야 세계 2위 부상,"『베이징저널』, 2004년 7월 2일; "중국 2010년 세계 IT 최강국,"『베이징저널』, 2003년 12월 12일.
43) 유진석, "중국경제의 부상," p. 12.

65.4%로 압도적 비중을 차지하고 있다. 그런데 중국 전자산업의 세계시장 점유율이 상승하고 있으나 전자수출의 약 80%는 중국기업이 아니라 다국적 전자기업들(중국에 진출한 유럽, 대만, 한국, 일본기업)이다.[44]

특히 2000년대 중국의 IT산업 발전 및 수출 증대에서 외자기업의 역할이 중요해지고 있다. 2001년 IT 관련 총공업 생산에서 외자기업이 차지하는 비중은 58%이며, 이들 외자기업이 전체 IT산업 수출에서 차지하는 비중이 90% 이상으로 외국기업들이 중국을 생산기지화하고 있다.[45] 중국 정부는 첨단산업 발전을 위해 다국적 기업을 적극 유치하고 있는데, 2002년 외국인 직접투자의 30%가 IT부문으로 유입되었다. 2004년 현재 미국, 유럽, 일본 등 세계적 다국적기업들이 반도체, 휴대폰 등 IT분야를 중심으로 중국 시장으로 진출하고 있다. 휴대폰은 노키아, 모토롤라가 선점하고, 반도체는 필립스, 벨, 모토롤라, NEC 등이 선점하고 있다.[46] 따라서 중국 정부가 1990년대 후반부터 IT산업 육성정책 및 다국적기업의 자본과 기술을 도입한 정책은 IT산업의 수출경쟁력을 강화하고, 2000년대 지속적인 경제성장의 원동력이 되었다고 하겠다.

또한 1990년대 후반부터 중국 정부가 추진한 IT산업(컴퓨터, 통신기기, 반도체) 육성정책은 고부가가치를 창출한다는 면에서 효과적인 경제발전 전략이라 볼 수 있다. 전자산업의 부문별 투하자본 수익률(1998~2001 평균)을 보면 휴대폰 25%, PC 10%, AV 가전 4%, 백색가전 4%로 나타나 IT부문(휴대폰, PC)의 수익률이 다른 부문에 비해 훨씬 높다는 것을 알 수 있다.[47]

---

44) 김석진, "중국 전자정보산업의 판도변화와 우리 기업의 대응," 2004년 하반기 FKI China Forum 정례심포지엄 발표자료(2004년 11월 10일), pp. 67-73.
45) 박세근, "중국 IT산업의 현황과 우리 기업의 진출방향," p. 24.
46) 유진석, "중국경제의 부상," p. 12.
47) 김석진, "중국 전자정보산업의 판도변화와 우리 기업의 대응," p. 56.

셋째, 중국은 'IT기술의 국산화를 통해 IT 강국'으로 발전하였고 중국 브랜드 IT제품의 시장점유율을 확대하고 있다. IT부문 기술경쟁력 향상의 효과를 중국 브랜드 제품(휴대폰, PC)의 중국 시장 점유율을 통해 살펴보자. 우선 수익성이 높은 휴대폰의 경우 중국 브랜드 점유율이 판매대수 기준으로 1999년 3.5%에서 2004년(1~8월) 45%로 증가했다. 2004년 외국 브랜드 휴대폰의 판매대수 기준 점유율은 1위 노키아 15.4%, 2위 모토롤라 15%, 3위 삼성 10.3% 순이다. 그러나 고급 휴대폰은 아직도 외국 브랜드가 우위를 차지하고 있는데, 2004년 인민폐 4천 위안 이상의 경우 1위 모토롤라 42%, 2위 삼성 32%, 3위 노키아 15%로 외국 제품이 절대적 우위를 차지하고 있다. 반면 중국 브랜드 휴대폰은 인민폐 1천 위안 이하의 저가시장에 집중되어 있는데, 그 이유는 중국 브랜드의 인지도 및 선호도가 낮기 때문이다.[48]

중국 휴대폰시장은 2001년 미국을 제치고 세계 최대 시장으로 부상함에 따라 전 세계 이동통신업계에 영향력을 확대하고 있다. 중국은 1999년부터 휴대폰을 자체 생산하기 시작했으며, 중국산 휴대폰의 시장점유율은 2000년 8%, 2001년 15%, 2002년 30%로 급성장했다. 2003년 12월 중국 휴대폰 생산량은 세계 총 생산량의 1/3, 판매량의 1/5에 달해 휴대폰 생산 및 판매 강국으로 부상했다. 『중국경제시보』(中國經濟時報)는 중국산 휴대폰의 중국 시장 점유율이 2003년 1~10월 60%였다고 보도했다. 중국 IT업체의 빠른 성장 원인으로 중국 정부의 수입 허가제도, 중국 부품 조달 의무, 생산기업 인증제도 등 정부의 중국업체 육성정책과 중국 업체의 마케팅 전략이 지적되고 있다.[49]

---

48) 김석진, "중국 전자정보산업의 판도변화와 우리 기업의 대응," pp. 59-60.
49) "중국산 휴대폰 시장점유율 60%," 『베이징저널』, 2003년 12월 26일; 강인수·공영일, "중국 3G 사업 동향 및 시사점," pp. 5-12; 외교통상부, 『중국 정보통신 시장의 발전과 우리기업의 진출전략』, p. 19-22.

다음으로 중국 브랜드 PC(노트북＋데스크 탑)는 판매대수 기준으로 중국 PC 시장 점유율이 1996년 9.2%에서 2004년 2/4분기에는 40%로 상승했다. 2000년 중국 컴퓨터 제품의 판매규모는 700만 대로 일본을 제외하면 아시아 최대 시장으로 부상했다. 중국 PC시장의 주력 제품인 데스크 탑 시장에서는 2000년 말 중국 브랜드 점유율이 외국 브랜드를 제치고 80% 이상을 차지했다. 특히 렌상, 팡정, 창청(長城)의 '빅 3'가 시장의 50% 이상을 점했다. 그러나 중국 노트북 PC 시장의 시장 점유율은 외국 브랜드 61.6%, 중국 브랜드 28.7%로 외국 브랜드가 압도적으로 우위를 차지하고 있다.[50] 이를 통해 볼 때 2000년대 중국 내수시장에서 수익성이 낮은 저기술(Low Tech), 중저가 제품 부문에서는 중국기업이 우세한 지위를 확보하고 있으나, 수익성이 높은 고기술(High Tech), 고급제품 부문에서는 다국적 기업이 확고한 우위를 유지함을 알 수 있다.

위에서 살펴본 바와 같이 IT산업 발전에 기초한 정보산업화는 효율적인 경제발전을 주도한 반면, 정치·사회적 영향에서 보면 다양한 통신사업자의 출현 및 인터넷의 확산은 국가가 차이나 텔레콤을 통해 독점적으로 온라인 정보유통을 통제하던 시대와는 달리 여론통제를 약화시킬 가능성이 크다.

6. 결론

이 논문은 중국정부가 '정보산업화'에 기초한 경제발전이라는 전략

---

50) 김석진, "중국 전자정보산업의 판도변화와 우리 기업의 대응," pp. 59-60; 유진석, "중국 IT산업의 현황과 전망," p. 3.

적 목표를 실현해 가는 과정에서 '보호자 역할' 및 '산파 역할'을 병행하고 있다는 것을 고찰했다. 논문의 핵심 내용을 정리하면 다음과 같다. 첫째, 중국정부는 중관춘을 중국의 실리콘밸리로 개발하기 위해 시장에 개입하여 자국 IT산업에 대한 다양한 특혜 및 지원정책을 함으로써 '보호자 역할'을 했다. 또한 IT 산업의 국제경쟁력을 강화하기 위해 차이나 텔레콤이 독점했던 통신시장을 개혁하여 국유 통신사업자 간의 경쟁체제를 도입했으며, 기술자립화, 레노보의 다국적 기업과 합병을 지원하는 등의 형식으로 '보호자 역할'을 하기도 했다. 둘째, 중국 IT 산업에 구미 다국적 기업의 기술과 자본을 끌어들이기 위해 중국 정부는 IT 분야에 대한 시장 개방 및 투자규제 완화를 통해 국내외 민간자본이 투자하기 좋은 환경을 조성하여 IT산업 발전을 위한 '산파역할'을 했다.

2000년대 중국의 급속한 정보화 및 IT산업 발전은 정부가 정보산업화를 설계하고 총지휘한 결과였다고 할 수 있다. 중국정부는 정보화시대라는 역사적 흐름 속에서 정보화 및 IT산업 발전에 적응하지 못하면 지속적인 경제성장을 할 수 없다고 인식하고 'IT 강국 건설'이라는 국가전략을 추진했다. 중국 IT산업 발전 과정에서 중요한 사건들이 1990년대 말 이후 집중적으로 발생한 것은 정부주도의 '정보산업화' 정책의 결과라고 볼 수 있다. 예컨대 1998년 정보통신분야를 전담하는 정보산업부(信息産業部) 창설, 1999년 중관춘 과기원구 설립, 차이나 텔레콤 분할에 의한 경쟁체제 도입, 통신분야에 대한 국내외 민간기업의 투자 허용, TD-SCDMA 개발을 통한 기술 자립화, MS 독점체제에 대한 정책적 대응, 레노보의 IBM 합병을 통한 국제화 등의 구조 개혁 및 변화가 중국 정부의 계획 및 정책적 지원 하에 추진되었다.

2000년대 중국의 지속적인 경제성장의 비결은 다국적기업의 자본과 기술을 도입하여 IT산업을 발전시켰으며 국내에서 IT분야 수요를 창출하고 수출을 증대시킨 것이다. 그 과정에서 중국정부는 독점을 해체하여 '시장경쟁을 촉진'하는 한편 자국 IT산업을 '보호 육성'하기 위해 특혜라는 형식으로 시장에 개입했다. 중국 IT산업 발전과정에서 정부 주도의 '전략적 선택'은 지속적 성장의 원동력이 되었다.

한편, 중국의 정보산업화 정책은 경제발전의 시각에서는 성공적인 반면 정치·사회적으로는 여론통제를 약화시킬 위험성이 있는 '양날의 칼'과 비슷하다. 저널리스트, 컬럼리스트, 공공정책 분석가들은 중국에서 인터넷 확산이 중국 사회를 근저에서부터 변화시킬 수 있으며, 공산당, 중국군, 국가기관의 통제를 약화시킬 수 있다고 지적한 바 있다.[51] 정보화의 양면성을 인식하고 있는 중국정부는 적극적으로 IT산업 발전을 추진하는 동시에 기술적, 법적 수단을 이용하여 온라인 정보 유통을 제한하거나 차단해 왔다. 그럼에도 불구하고 중국 온라인 공간은 국가와 사회세력이 경쟁적으로 입장을 표출하는 언론 매체로 부각되고 있다.[52] 이처럼 인터넷 확산으로 온라인 정보유통이 활발해지면 공산당의 정치·사회적 통제가 위협받을 수 있음에도 불구하고, 중국정부는 정보산업화가 가장 효과적인 경제발전 수단이라고 인식하고 정부가 주도하여 IT산업 발전을 위해 다양한 정책적 지원을 했다.

---

51) Worf, Richard, "Speaking Out : The Internet in China," *Harvard International Review*, 23 : 4(Winter, 2002), pp. 7-8.

52) 중국의 인터넷 규제 및 인터넷의 정치·사회적 영향에 관한 자세한 내용은 다음을 참조. 이민자, "중국 온라인 공간의 주도권 쟁탈전: 국가-사회의 경쟁." 『한국과 국제정치』제20권 4호(2004); 이민자, "중국 인터넷: 정보공개와 통제의 딜레마," 『계간사상』, 가을호(2003), pp. 160-182; Hughes and Wacker, *China and Internet,* pp. 1-6, pp. 58-82; Xiudian Dai, "Chinese Politics of the Internet: Control and Anti-Control," *Cambridge Review of International Affairs,* Vol. 13, No. 2 (2000), pp. 181-194; Yadong Luo, *China's Service Sector* (Copenhagen: Copenhagen Business School Press, 2001), p. 39.

안정과 변화의 조화 제2부

제6장

중국의 사회주의 법제 건설과 체제안정

■ 전병곤

1. 서론

개혁개방 이후 제기되었던 사회주의 법제의 건설이 1990년대 후반 이후 중국에서 새롭게 강조되고 있으며 당면과제로 대두하고 있다. 1997년 15차 당 대회의 정치보고에서는 그동안 추진되었던 사회주의 법제에 대한 개혁의 경험을 정리하고 사회주의 법치국가 건설의 중요성을 강조하였고, 1999년에 수정된 헌법에 이를 반영하여 '중화인민공화국은 의법치국(依法治國)을 실행하여 사회주의 법치국가를 건설한다'는 조항을 추가하였다.[1] 또 2002년 개최된 16차 당 대회에서 통과된 당장(黨章)에도 사회주의 민주정치와 사회주의 정치문명을 골자로 하는 사회주의 법치국가 건설의 내용을 총강 부분에 삽입하였다.[2] 이 밖에 건국 50주년 및 창당 80주년 기념 연설과 10기 전국인민대표대회(전인대) 정부공작보고 등 당과 국가의 주요 문건에도 사회주의 법제 건설에 관한 내용이 강조되고 있다. 그 요지는 '법에 의한 통치는 사회주의 현대화 국가를 건설하는 데 필연적인 요구이며, 사회주의 법제의 완비는 부강, 민주, 문명의 사회주의 현대화 국가를 건설하는 데 중요한 목표가 된다'는 것이다.

---

1) 顧昂然, 『中華人民共和國憲法講話』(北京: 法律出版社, 1999), p. 106.
2) "中國共産黨章程(2002年11月14日通過)," 『中國共産黨第十六次全國代表大會文件滙編』(北京: 人民出版社, 2002), pp. 61-62.

이와 같이 최근 중국에서 사회주의 법제의 건설은 국가적 목표로 상정될 만큼 중시되고 있다. 이 글은 바로 1990년대 후반부터 사회주의 법제의 건설이 왜 강조되고 있는지에 주목한다. 사회주의 법제의 건설이 강조되고 있는 이유를 파악하기 위해서는 중국 당국이 사회주의 법제의 건설을 제기한 배경을 추적하고 그 내용을 확인해야 한다. 따라서 본 연구의 목적은 중국이 사회주의 법제의 건설을 제기한 배경 및 목표 그리고 그 내용을 파악하는 데 두고자 한다. 이러한 작업을 통해 본 연구는 다음과 같은 주장을 할 것이다.

중국은 사회주의 법제의 건설을 통해 법률에 의한 통치를 실현하고, 이를 바탕으로 당-국가(party-state)체제의 안정을 확보함으로써 공산당 일당 지배체제를 장기적으로 유지하려는 구상을 가지고 있다. 그러나 이러한 중국의 구상은 단기적으로는 체제안정의 효과를 거둘지 몰라도, 중장기적으로는 당-국가체제의 안정을 위협할 수 있는 새로운 변화를 초래할 수도 있을 것임을 규명할 것이다.

이러한 연구목적에 효율적으로 도달하기 위해 본 연구는 발전과 안정의 두 가지 측면 중 안정에 무게중심을 둘 것이다. 중국은 1990년대 이후 '개혁·발전·안정'(改革·發展·穩定)을 구호처럼 제기해 왔다. 개혁은 발전을 위해 필요하며 이러한 개혁과 발전은 변화를 낳을 수밖에 없다. 이 변화를 안정적으로 제어하면서 개혁과 발전을 달성할 수 있느냐가 중국의 딜레마이다. 본 글은 여기에 착안하고 있다. 따라서 본 글에서 사용하는 안정은 정치, 경제, 사회의 안정을 포함하나, 구체적으로는 당-국가체제의 안정을 의미한다. 사회주의 중국의 정치체제는 당이 체제의 권력을 독점하고 모든 것을 지도하는 원칙이 관철되는 당-국가체제로 정의할 수 있다.[3]

---

3) Janos Kornai, *The Socialist System: The Political Economy of Communism* (Princeton: Princeton University Press, 1992), p. 39.

그런 점에서 본 논문은 당의 권력독점을 체제유지의 핵심으로 보고 이를 저해하는 의미로 변화를, 이를 유지시켜주는 의미로 안정을 사용하였다.

그리고 본 논문에서 사용하는 법제의 개념은 넓은 의미에서 법과 제도를 모두 포함하나, 좁은 의미에서 법치를 의미한다. 특히, 당의 지도가 관철되고 있는 레닌주의체제의 특성이 건재한 중국의 현실을 감안하여 입법권·사법권·행정권 등 3권의 독립과 상호견제를 법률에 의해 실현하는 일반적인 법치와 달리, 공산당의 지도를 전제로 당의 통치를 법률에 의해 실현하려는 '협의적 법치'(consultative rule of law)4)의 개념을 원용하였음을 밝혀둔다.

본 논문은 다음과 같이 구성될 것이다. 우선, 본 논문은 중국이 1990년대 후반부터 사회주의 법제의 건설을 왜 제기하였는지 그 배경을 추적할 것이다. 다음으로, 중국이 구상하는 사회주의 법제화의 내용이 당 지배체제의 제도화에 있음을 규명할 것이다. 즉, 중국의 사회주의 법제화 구상은 당의 직접적인 지배에서 법률과 제도를 통한 간접적 지배로의 전환임을 규명할 것이며, 이를 권력교체의 제도화와 당의 집권능력 강화에 관한 조치를 통해 확인할 것이다. 이어서 이러한 중국의 사회주의 법제화가 갖는 한계 및 효과를 평가한 후 그것이 당-국가체제의 안정에 일정 부분 기여하고 있음을 분석할 것이다. 마지막으로 법제화가 체제의 안정을 위협할 수 있는 새로운 변화를 초래할 수도 있음을 전망함으로써, 중국의 사회

---

4) '협의적 법치'는 판웨이(潘維) 교수가 중국의 정치개혁 3단계를 주장하면서 제기한 개념이다. 그에 의하면, 1단계는 교육과 법치의 중요성 선전이 중심이 되면서 초보적인 기구 개혁과 경제 건설보다는 법치 건설을 강조하는 단계로 약 5년이 소요되며, 2단계는 당정분리, 견제와 균형체계, 사법기관 독립, 반부패위원회 및 사회협의위원회 설립 등과 같은 기구의 발전단계로 역시 5년이 소요된다. 마지막 단계로 협의적 법치가 완성되며, 이 단계에서는 국가와 사회 관계가 조정되며, 최종적으로 당의 역할이 축소된다고 보았다. Wei Pan, "Consultative Rule of Law Regime: China;s Next Step in its Political Reform?" A Report on a Conference On China's Political Options, Vail, Colorado (May 19-21, 2000), p. 3.

주의 법제 건설이 향후 당-국가체제의 변화와 안정의 상관관계를 규명하는 데 거시적인 통로를 제공해 줄 수 있음을 제시할 것이다.

2. 사회주의 법제 건설의 제기 배경: 당 지배체제의 제도화

1990년대 후반부터 중국이 사회주의 법제 건설을 재강조하게 된 배경은 1978년 이후 추진해 온 개혁으로 야기된 경제사회적 변화에서 찾을 수 있다. 개혁개방 이전의 중국에서 공산당은 혁명을 통한 국가수립의 주도 세력으로서 사회주의 통치이념 및 가치를 통해 통치의 정당성 내지 정통성을 유지할 수 있었다. 개혁개방 이후에는 경제발전의 성과를 통해 인민의 지지를 얻고 이를 당 지배체제의 안정과 정통성의 기초로 삼을 수 있었다. 이를 바탕으로 중국은 1989년 천안문 사건 이후 분출되는 정치개혁의 요구를 제한하였고 반체제 인물이나 조직에 대해 억압과 탄압을 할 수 있었다. 그러나 1990년대 후반부터 이러한 중국의 체제안정 구도에 대한 새로운 차원의 위협이 대두되기 시작했다.

우선, 시장화와 사유화를 향한 개혁은 마르크스·레닌주의와 마오쩌둥(毛澤東) 사상과 같은 사회주의 통치 이념을 약화시켰고, 평균주의와 같은 사회주의적 가치를 붕괴시켰다. 과거 마오쩌둥과 덩샤오핑(鄧小平)은 강력한 카리스마와 권위를 가지고 국가를 통치할 수 있었다. 그러나 장쩌민(江澤民)을 핵심으로 하는 제3세대 지도부는 이러한 카리스마나 권위를 가지고 있지 못했다. 물론 '3개대표론'(三個代表論)이라는 변형된 이데올로기를 창출하고 그것을 당의 지도이념으로 공식화했지만 여전히 과거의 지도자와 같은 권위를 갖고 있지 못했다. 특히 현 중국의 지도부인 후진타오(胡錦濤)를 중심으로 하는 제4세대 지도부는 더욱 그러하다. 즉, 마오쩌둥과 덩샤오핑은 개인의 영향력과 같은 요인을 통해 통치를 할 수 있었으나, 현 지도부는 이러한 요인을 갖고 있지 못하기 때문에 법과 제도에 의한 효율적이고 합법적인 통치를 강조하게 되는 배경으로 작용하였다.5)

두 번째로 중국이 사회주의 법제 건설을 제기하게 된 배경은 개혁개방 이후 변화된 중앙-지방관계 속에서도 찾을 수 있다. 개혁개방 이후 중국은 중앙의 권력을 지방과 기업에 빠르게 이전시켰다. 물론 1994년 '분세제'(分稅制)를 실시하면서 일부 지방으로 이전된 권력을 중앙에서 제어하기는 했지만, 지방의 자주권을 이전의 수준으로 되돌릴 수는 없었다. 입법권을 포함한 성(省) 일급의 권한은 강화된 반면, 중앙의 재정권은 특히 축소되어 중앙정부가 추진하려는 정책과 능력을 위협할 정도가 되었다.6) 이렇게 변화된 중앙-지방관계에 적응하기 위해 중앙정부는 법률적인 수단을 도입할 필요성을 절감하게 되었다. 이는 "법제의 통일과 존엄을 유지시켜 지방과 부문의 보호주의를 방지하고 극복해야 한다"고 명기한 당의 16차 당 대회의 정치보고에서도 확인할 수 있다.7)

세 번째로 중국이 사회주의 법제 건설을 제기한 배경은 개혁 이후 변화된 국가와 사회의 관계에서도 나타난다. 시장화와 사유화를 향한 개혁은 중국에서 사회구조를 다원화 내지는 분화시켰으며, 불균형을 심화시키는 결과를 초래했다. 대표적으로 중국에서 도시와 농촌, 동부와 서부의 지역간 격차가 확대되었고,8) 실업자의 증가와 계층간 소득격차로 인한 빈부격차도 크게 심화되었다.9) 이러한 불균형 내지 불평등의 확대는 경제성

---

5) 張健, "合法性與中國政治," 『戰略與管理』, 2000年 第5期, p. 10.

6) 王紹光, "分權的底線," 『戰略與管理』, 1995年 第2期, pp. 37-56.

7) 江澤民, "全面建設小康社會, 開創中國特色社會主義事業新局面," 『中國共産黨 第十六次全國代表大會文件滙編』(北京: 人民出版社, 2002), p. 33.

8) 한 조사에 의하면, 1999년 동부연해지역의 발달된 성과 도시의 1인당 평균소득이 그렇지 못한 서부지역의 성과 도시의 1인당 평균소득보다 14배의 격차를 보이고 있다. 郝鐵川, 『秩序與漸進: 中國社會主義初級階段依法治國研究報告』(北京: 法律出版社, 2004), p. 16.

장의 혜택을 공유하지 못한 계층을 양산하고, 당과 정부의 정책에 대한 불만을 고조시킴으로써 중국 사회의 불안 요인으로 등장하게 되었다. 이와 같이 개혁 이후 시장을 매개로 증대된 사회의 자율적 영역은 사회에 대한 국가의 통제력을 약화시켰다. 지역 및 소득 격차와 같은 불평등한 관계의 확립과 사회이익 구조의 다원화 및 분화는 다양한 이익계층의 대립과 충돌을 낳고 있으나, 제도화된 정치참여의 구조는 완전하게 형성되지 않고 있다. 이로 인해 당과 국가의 정책에 대한 중국 인민의 복종심과 신뢰도가 약화됨으로써 사회를 통합시킬 수 있는 당과 국가의 통치력을 위협하기 시작했다.[10] 따라서 중국은 개인 및 각종 사회단체의 정치참여를 제도화하여 효율적으로 조정하고 통합할 수 있는 기제를 마련할 필요성이 대두되었다.

마지막으로 국가의 통치력을 약화시키고 더 나아가 체제의 안정을 위협하는 가장 대표적인 예로 부패문제를 거론할 수 있다. 부패의 파급효과가 당과 체제의 안정과 직결될 수 있다는 인식은 1990년대 당 지도부에 깊이 각인되어 나타났다. 1997년 15차 당 대회의 정치보고에서는 "부정부패에 대한 반대는 당과 국가의 생존에 관계되는 엄숙한 정치투쟁이다. …… 만약 부패에 대한 유효한 징벌이 없으면 당은 인민대중의 신임과 지지를 상실하게 된다"라고 하였다.[11] 2002년 16차 당 대회 정치보고에

---

9) 중국 사회의 소득격차의 수준을 보여주는 지니계수의 변화를 보면, 1980년 중국의 지니계수는 0.3이었으나, 1994년 0.4를 돌파했고, 1998년 0.456, 2000년에는 0.458에 달했다. 지니계수가 0.4 이하이면 정상이나, 0.4를 초과하면 소득불평등 국가에 속하며 사회불안을 야기할 수 있는 경계상태라는 점을 감안하면, 현 중국 사회는 경제발전을 저해할 수 있는 심각한 경계수준에 있다. 汝信·陸學藝·李培林, 『2002年: 中國社會形勢分析與豫測』(北京: 社會科學文獻出版社, 2002), p. 144.

10) 劉力, "論我國社會利益結构的變化與執政黨建設," 『中國共産黨』, 2004年 第4期, p. 50.

11) 江澤民, "中國共産黨第15次全國代表大會上的報告," 中共中央文獻研究室 編, 『十五大以來重要文獻選編(上)』(北京: 人民出版社, 2000), p. 49.

서도 "부패를 단호하게 다스리지 않으면 당과 인민군중과의 연계에 심각한 손실을 입게 되어, 당의 집권적 지위를 상실할 위험이 있으며 당이 자체 붕괴할 가능성이 있다"는 문구가 삽입되어 있다.[12] 중국공산당의 입장에서 볼 때, 국가통치 능력의 제고를 통해 당 지배체제의 안정을 도모하기 위해서는 부패를 효과적으로 통제해야 할 필요성이 대두되었다. 그래서 반부패의 방식으로 과거에 사용했던 사상투쟁이나 운동방식만이 아닌 법제화를 통한 방식을 강조하였다. 이러한 중국공산당의 인식은 '교육은 기초이고 법제는 보증이며 감독은 관건'이라고 명기한 15차 당 대회의 정치보고에서도 확인할 수 있다.[13]

이와 같이 개혁으로 인해 변화된 현실은 당과 국가체제의 안정을 위협하고 통치능력을 약화시키는 결과를 초래했으며, 이는 더 이상 과거와 같은 직접적인 지배방식으로 변화를 수용할 수 없음을 의미한다. 왜냐하면 시장경제체제를 건립하는 과정에서 계획경제체제에서 사용했던 국가의 직접적인 개입 방식이 이제는 불가능하기 때문이다. 그렇다고 해서 일당 지배체제를 결코 포기할 수도 없는 중국공산당의 입장에서 볼 때, 당-국가체제의 근본적 변혁을 초래할 수 있는 서구식 민주나 정치제도를 도입할 수도 없다. 그렇다면 중국이 선택할 수 있는 방법은 두 가지다. 하나는 이러한 변화를 억압하는 것이고, 다른 하나는 이를 합법적인 경로를 통해 수용하는 것이다.[14] 중국은 두 번째 방식인 사회주의 법제화를 통한 해결을 선택했으며, 어쩌면 이것이 유일한 대안이었을 것이다. 왜냐하면 개혁

---

12) 江澤民, "全面建設小康社會, 開創中國特色社會主義事業新局面," 『中國共産黨第十六次全國代表大會文件滙編』, p. 54.
13) 江澤民, "中國共産黨第15次全國代表大會上的報告," 中共中央文獻研究室 編, 『十五大以來重要文獻選編(上)』, p. 49.
14) Suisheng Zhao, "Political Liberalization without Democratization: Pan Wei's proposal for political reform," *Journal of Contemporary China*, Vol. 12, No. 35(2003), pp. 354-355.

이후 경제건설을 중심으로 국가의 발전을 주도한 결과 당과 정부의 역할도 통제자 내지 계획자에서 인도자 내지 지도자로 전환되었기 때문이다. 따라서 중국도 이러한 변화에 알맞게 당의 정책집행 방식을 전환시켜야 한다고 인식하였으며, 그것은 제도건설을 통해 달성할 수 있다고 보았다.[15] 그렇기 때문에 중국은 당을 포함하여 국가의 기본 제도를 건설하려고 시도하고 있으며, 국가의 전반에 걸친 제도화, 규범화, 절차화를 실현시켜 통치능력을 강화하고 당-국가체제의 안정을 목표로 하는 사회주의 법제 건설을 제기하였던 것이다.

3. 사회주의 법제화의 구상

중국은 1990년대 후반 시장경제의 발전에 따른 변화를 제도화하여 체제안정을 유지하기 위해 사회주의 법제의 건설을 제기했다. 이러한 중국의 구상은 1996년 8기 전인대 제4차 회의에서 "9·5계획과 2010년의 장기목표"라는 문건에서 제시된 바 있다. 여기에서 중국은 전략적 목표로 "사회주의 시장경제체제의 건립"과 "의법치국(依法治國)을 실행하여 사회주의 법제 국가를 건설하는 것"을 제시했다. 1997년 15차 당 대회에서는 '법제'를 '법치'로 개칭하여 "의법치국을 실행하여 사회주의 법치국가를 건설하는 것"으로 수정했다. 중국이 법제를 법치로 수정한 이유는 제도보다는 법률을 강조하고 있음을 의미한다. 즉, 인민대표대회제와 정치

---

15) 국가제도연구 과제조에 따르면, 1978년 이후의 개혁을 경제건설의 시대라고 한다면, 21세기 이후에는 제도건설의 시대라고 구분하고 있다. 이에 대해서는 胡鞍鋼·王紹光·周建明 主編, 『國家制度建設』(北京: 淸華大學出版社, 2003) 참조.

협상제 그리고 공산당 영도하의 다당협력제와 같은 사회주의 정치제도 자체에 대한 개혁보다는 이를 합법화함으로써 법률에 의한 통치를 향한 개혁에 무게중심을 두기 시작했음을 의미한다. 이는 중국이 사회주의 민주정치의 법제화를 "당의 지도와 인민이 주인이 되는 것(즉, 주권재민) 그리고 의법치국을 유기적으로 결합시키는 것"이라고 규정한 데서도 확인할 수 있다.16)

이처럼 중국은 당의 지도를 전제로 한 채 당과 인민의 관계를 법제화를 통해 재구성하려 한다. 즉, 중국은 인민에 대한 당의 직접적 통치를 법에 의한 간접적 통치로 전환함으로써 당에 대한 인민의 지지를 얻고 결과적으로 당의 지배체제를 공고히 하려는 의도를 가지고 있다. 이러한 의도가 반영된 것이 의법치국의 방침이다. 중국이 구상하고 있는 의법치국의 내용을 보면 다음과 같다. "의법치국은 광대한 인민군중이 당의 지도하에서 헌법과 법률의 규정에 따라 각종 경로와 형식을 통해 국가사무, 경제문화업무, 사회업무를 관리하여 국가의 각 업무가 법에 의해 진행됨을 보장하는 것이고 사회주의 민주의 제도화, 법률화를 점차 실현시킴으로써 이러한 제도와 법률이 지도자가 바뀐다고 해서 바뀌지 않고 지도자의 관점과 주의력이 변한다고 해서 변하지 않는 것이다."17) 이를 통해 볼 때, 중국이 구상하는 사회주의 법제화는 당 및 지도자 개인의 통치에서 벗어나서 국가기구를 통한 법과 제도에 의한 통치의 실현이다.

이는 중국이 당의 지도와 당의 집권(執政)을 구분하여 사회주의 법제건설을 시도하려는 것으로 구체화된다. 당의 지도방식은 전체 국면을 총괄

---

16) 江澤民, "全面建設小康社會, 開創中國特色社會主義事業新局面,"『中國共産黨第十六次全國代表大會文件滙編』, p. 31.

17) 江澤民, "中國共産黨第15次全國代表大會上的報告," 中共中央文獻研究室 編,『十五大以來重要文獻選編(上)』, p. 30-31.

하고 각 방면과 협조를 통해 국가와 사회에 대한 지도를 실시하는 것이고, 당의 집권 방식은 제도와 법률로서 당의 기본 노선과 방침을 실시하는 것을 말한다.[18] 구체적으로 당은 인대, 정부, 정협, 인민단체와의 관계를 규범화하고, 국가기관은 당의 건의를 법에 의거하여 찬성, 반대, 보완, 수정을 통해 집행한다는 것이다.[19] 이는 과거 당이 결정한 노선, 방침, 정책이 국가기관을 통해 집행되던 직접적인 지배에서 국가의 입법절차, 국가기관의 조직절차, 국가기관의 법 집행과 사법절차에 따라 당의 지도를 실행하는 간접적 지배로의 전환을 의미한다. 이러한 중국의 구상은 당 및 국가기관의 권력교체에 대한 제도화와 당의 집권능력을 강화하려는 시도로 나타났다.

1) 권력교체의 제도화

중국 지도자(부)의 권력교체는 이념 및 노선에 의해 결정되어 왔다. 과거 마오쩌둥에서 화궈펑(華國鋒)으로, 화궈펑에서 덩샤오핑으로, 그리고 덩샤오핑에서 장쩌민으로 권력이 이양되는 과정에는 항상 당 내외의 투쟁과 정변이 존재했다. 그러나 1990년대 후반 특히 1997년 덩샤오핑 사망 이후 중국 지도부의 권력교체 과정은 당의 분열 및 혼란의 표출보다는 당내 결속을 통한 체제유지 및 안정에 대한 공통된 합의를 기반으로 한 제도화 모색으로 이어졌다. 이는 당 지도부 교체의 제도화와 국가기관의 지도부 교체의 제도화라는 두 가지 방향에서 시도되었다.

---

18) 胡錦濤, "在紀念毛澤東同志誕辰110周年座談會上的講話,"『人民日報』, 2003年 12月 27日, http://www.people.com.cn(검색일: 2004년 6월 18일).
19) 王壽林, "我國政治體制改革的回顧與展望,"『中共中央黨校學報』, 2003年 第4期;『中國政治』(中國人民大 復印報刊資料), 2004年 第1期, p. 6.

물론 레닌주의체제의 특성이 건재한 중국에서 권력교체의 제도화 시도를 가늠하는 것은 쉽지 않다. 왜냐하면 일반적으로 정치제도화란 공식적인 법률이나 규정 그리고 절차에 의해 정치과정이 이루어지는 공식 정치(formal politics)를 말하나, 중국에서의 정치제도화는 이러한 공식 정치와 개인의 권위나 '꽌시'(關係) 및 이념에 영향을 받는 비공식 정치(informal politics)의 특성이 동시에 존재하기 때문이다.[20] 따라서 이러한 중국 정치의 특성을 감안할 경우, 중국에서 권력교체의 제도화 시도를 논의할 수 있는 기준은 다음 몇 가지로 집약할 수 있다. 즉, 권력교체와 관련한 공식적인 헌법 및 당장의 규정, 비공식적이지만 당내에서 권력교체의 규범으로 작용하는 합의나 관례, 권력교체의 과정이나 절차 등이다. 이를 기준으로 1997년 15차 당 대회 이후 당 및 국가기관에 대한 권력교체의 제도화를 위한 중국의 시도를 살펴보면 다음과 같다.

먼저, 당 지도부 교체의 제도화는 당에 대한 인민의 지지를 유도하고 권력의 합법성을 확보함으로써 당의 지배체제를 안정적으로 유지하는 데 긴요하다. 더욱이 덩샤오핑과 같은 국민적 지도자가 없는 가운데 당내의 권력 갈등은 체제의 안정을 저해할 수 있다. 따라서 15차 당 대회에서 중국은 당내의 권력교체와 권력분배의 제도화를 위해 70세 이상 은퇴 연령에 합의하였다.[21] 이에 따라 15차 당 대회에서는 차오스(喬石)가, 2002년 16차 당 대회에서는 주룽지, 리펑(李鵬)이 은퇴함으로써 이 합의는 권력교체의 규범으로 작용하였다. 다만, 15차 당 대회에서 73세였던 장쩌민의

---

20) 이러한 중국 정치의 비공식적 측면과 제도화에 관한 논의는 다음을 참조. Frederick C. Teiwes, "Normal Politics with Chinese Characteristics," *The China Journal*, Vol. 45 (2001), pp. 69-82; Joseph Fewsmith, *Elite Politics in Contemporary China* (Armonk, M.E. Sharpe, 2000).

21) John Wong, Zheng Yongnian eds., *China's Post-Jiang Leadership Succession* (singapore, singapore University Press, 2002), pp. 44-51.

총서기 유임은 제도화의 한계로 남는다. 하지만 16차 당 대회에서는 장쩌민이 물러남으로써, 후진타오 총서기를 중심으로 한 정치국 상무위원 9인 전원이 70세 이하의 제4세대 지도부로 전면 교체될 수 있었다. 이는 정변이나 투쟁 없이 진행된 최초의 수직적 권력교체였다. 이와 함께 16기 4중전회에서 장쩌민이 당 중앙군사위 주석을 후진타오에게 물려준 사실도 '군에 대한 당의 지도'(以黨領軍, 黨指揮槍) 원칙을 실현했다는 점에서 제도화의 진전으로 볼 수 있다.

다음으로, 국가기관의 권력교체를 위한 제도화는 헌법에서 규정하고 있는 최고 권력기관인 5년 임기의 전인대를 통해 시도되었다. 대표적인 예로, "82헌법"에서 규정하고 있는 국가지도자급 직위의 3선 금지 조항에 따른 인사를 들 수 있다. 이 3선 금지에 해당하는 직위는 전인대상무위원회 위원장과 부위원장, 국가주석과 국가부주석, 국무원 총리와 부총리 그리고 국무위원, 최고인민법원장, 최고인민검찰원장 등이다.[22] 1998년 9기 전인대에서 리펑이 국무원 총리를 연임(즉, 10년)했기 때문에 이 규정에 해당되어 전인대 위원장으로 자리를 옮겼으며, 2003년 10기 전인대에서도 장쩌민 국가주석이 이 3선 금지 조항에 해당되어 국가주석에서 물러난 예가 대표적이다. 당시 많은 논란과 다양한 예측을 낳았던 장쩌민의 국가중앙군사위 주석 직위 유임은 3선금지에 해당하는 직위가 아니기 때문에 위헌은 아니다. 게다가 장쩌민은 16기 4중전회에서 당 중앙군사위 주석을 사임하면서 2005년 3월로 예정된 10기 전인대 제3차 회의에서 국가중앙군사위 주석직도 사임할 것을 밝혔는데,[23] 실질적으로 국가 중앙군사위가 당 중앙군사위와 같은 기구이나 국가기구로서 전인대에 책임을 진다는 점

---

22)『中華人民共和國憲法』(北京: 人民出版社, 2004), pp. 73-91.
23) 江澤民, "江澤民同志請求辭去中共中央軍事委員會主席職務的信,"『新華社』, 2004年 9月 19日, http://www.people.com.cn(검색일: 2004년 9월 20일).

을 감안하면, 이 역시 절차를 따르는 것으로 볼 수 있다.

물론 당과 전인대 개최 시기의 안배로 인해 지도부 인선에 대한 당의 사전기획이 가능하고, 표결방식도 단독 후보자에게 찬성, 반대, 기권의 표기로 결정되는 등액(等額)선거 방식이라는 점에서 권력교체의 민주적 절차나 제도화와는 거리가 먼 제한된 제도화로 평가할 수 있다. 그러나 중국이 '정부에 대한 당의 지도'(以黨代政) 원칙을 관철시키기 위해 국가권력의 교체를 합법화하려 한다는 점에서, 이러한 권력교체의 제도화 시도 역시 당 지배체제를 제도화하려는 사회주의 법제 건설의 연장선상에 있다.

2) 당의 집권능력 강화

중국의 사회주의 법제화는 권력교체의 제도화와 함께 법에 의한 통치의 실현을 통해 당의 집권능력을 강화하는 것으로 모아진다. 당의 집권능력을 강화하려는 구상은 2004년 7월과 9월의 중앙정치국회의에서 제기된 후 16기 4중전회에서 통과된 "당의 집권능력 건설을 강화하는 데 관한 결정"(中共中央關於加强黨的執政能力建設的決定)으로 집약되었다.24) 이 결정은 인민의 지지를 얻기 위해 공산당이 '공익을 위해 당을 운영하고(立黨爲公), 인민을 위해 정치를 하는(執政爲民)' 정당이 되는 것을 이념이자 목표로 설정하고 있다. 구체적으로 법률과 제도에 의한 수단으로 당과 정부, 당과 인민대표대회, 당과 사회단체와의 관계를 조정함으로써 '법에 의한 통치'(依法治國)를 실현하는 것을 집권방식으로 제시하고 있다.25)

이러한 중국의 구상은 국가기관에 대한 당의 직접적인 지배관계를

---

24) "加强黨的執政能力建設的重要綱領,"『人民日報』, 2004年 9月 21日.
25) "中共十六屆四中全會在京擧行,"『人民日報』, 2004年 9月 20日.

법률에 의한 간접적인 관계로 전환하는 조치로 구체화되었다. 즉, 당의 명령이 아닌 법에 의한 통치를 실현하려는 것이었다. 이를 위해 중국은 당에 대한 법제화와 국가기관에 대한 법제화를 추진했다.

먼저 국가기관에 대한 주요 법제화 조치들을 살펴보면 다음과 같다. 중국은 전인대의 입법기능을 강화하는 한편, 헌법의 수정을 통해 국가주석의 업무에 '국사활동의 진행'을 추가함으로써, 명목상의 상징적인 국가주석의 권한을 포괄적인 수준으로 명문화하였다.[26] 이 점은 시장경제의 건전한 발전과 WTO체제에 적응하기 위해 법제화를 통해 중앙정부의 거시조절 능력을 강화하려는 시도와 맞닿아 있다. 정부의 조절능력을 강화하려는 대표적인 예로 2003년에 추진된 금융 및 국유자산관리체제에 대한 개혁을 통해 '국유자산감독관리위원회'를 국무원 직속 특별기구로 설립한 사실을 들 수 있다. 이는 재산권의 불명확한 규정으로 인해 발생하는 국유자산의 유실을 막기 위해 시(市)와 지(地)급 지방정부에 국유자산관리기구를 설립하여 이를 전담하도록 함과 동시에 중앙정부인 국무원 직속의 특별기구인 국유자산감독관리위원회의 통제를 받도록 함으로써 국유자산에 대한 중앙정부의 효율적인 역할을 제도화한 것이다.[27]

이처럼 정부의 통치력을 제고시킴으로써 당의 집권능력을 강화하려는 시도는 중국의 법제화가 행정법규의 제정에 집중되는 것에서도 확인할 수 있다. 중국은 2000년 말까지 기존 행정법규에 대한 전면적인 정리 작업을 하여 그 중 221건을 폐지 내지는 정지시키는 조치를 감행했다. 2001년에는 정부행위의 규범화를 위해 "시장경제질서의 정돈과 규범화를 위한 결정"(國務院關於整頓和規範市場經濟秩序的決定)을 통과시켰으며,[28] 이어

---

26) "中華人民共和國憲法修正案,"『中華人民共和國憲法』, pp. 51-54.
27) "國務院機構改革方案,"『人民日報』, 2003年 3月 11日, http://www.peopledaily.com.cn (검색일: 2003년 3월 25일).

서 2003년에는 "중화인민공화국행정허가법"을 통과시켰다.[29] 이러한 행정절차에 대한 법제화 시도는 견제와 균형에 입각한 입법, 사법, 행정의 3권을 분립하는 데 중점이 두어 있지 않고 당의 통치를 강화하는 데 있다.

이와 같이 법률로써 당의 통치를 합법화 내지 제도화하려는 시도는 당과 인민의 관계를 조정하려는 데서도 찾아볼 수 있다. 즉, 중국은 인민의 자발적인 정치참여를 제도적으로 수용하는 한편, 법률로써 인민에 대한 당의 관리를 합법화하려는 조치를 시도했다. 전자는 1998년에 수정, 통과시킨 촌민위원회조직법과 도시주민위원회조직법이 그 대표적인 예이다. 이 법률은 직접선거를 포함한 도시와 농촌 주민의 자치와 직접참여를 보장한 법률로서, 중국은 이를 통해 사회적 불만이나 불안정을 해소할 수 있는 통로를 만들어 줌으로써 국가의 사회통합 능력을 제고시키고자 했다. 후자는 2004년 헌법을 수정하여 '국가는 인권을 존중하고 보장한다'는 조항(33조)과 "합법적 사유재산권에 대한 보호와 법률에 의거한 보상(13조)" 그리고 "법률에 의거한 토지보상(10조)"의 규정 등을 명문화한 것이 그 예이다.[30] 이로써 중국은 그동안 끊임없이 제기되어 왔던 인권문제와 재산권에 관한 민원을 해소할 수 있는 법률적 틀을 마련하게 되었다.[31]

이와 같이 중국은 법제화를 통해 인민의 불만 및 요구를 통제함으로써 당의 간접적 지배를 실현시키고자 했다. 이러한 조치는 당 자체에 대한 법제

---

28) 胡澤君, 『依法治理槪論』(北京: 法律出版社, 2003), p. 192.

29) 2004년 7월부터 정식 시행된 이 법안은 행정기과에 대한 감독과 관리를 체계화함으로써 법에 의거한 행정절차를 실현했다는 자체 평가를 받는다. 中共黨史出版社編, 『十屆全國人大二次會議 '政府工作報告' 學習補導』(北京: 中共黨史出版社, 2004), pp. 95-96.

30) "憲法原條文與修改後條文對照表," http://www.pepleedaily.com.cn (검색일: 2004년 3월 22일).

31) 실제로, 당국의 강제철거 조항과 강제체포가 헌법이 규정한 합법적인 공민의 권리를 침해한다며 전국인민대표대회의 상무위원회 법률공작위원회에 항의문을 전달하는 사례가 빈번히 발생했다. 吳隅, "3中全會的 '新事,'" 『爭鳴』, 2003年 11月, p. 27.

화를 정책결정과정에 대한 법제화보다는 반부패의 법제화에 집중하는 데서도 나타난다. 대표적인 예로, 중국이 2001년부터 10년 동안 간부인사제도에 대한 개혁요강을 마련한 점을 들 수 있는데, 이는 경쟁을 통한 일반 관료들의 임용을 골자로 한 국가공무원 임용제도(1993년 실시)에 이어 공개경쟁을 통하지 않고 당의 결정에 의한 기존의 간부급 관료에 대한 임용 방식을 제도화하려는 시도이다. 즉, 임용공시제, 선거제도의 개혁, 임기제, 임용전 수습제, 사직제 등 간부 선발임용에 관한 제도화와 간부에 대한 심사, 교류, 감독 등의 규범화를 통해 간부급 관료들의 부패를 제도적으로 방지하려는 것이다. 2002년 7월에 보완되어 정식으로 반포된 이 법안은 간부의 민주적 추천, 심사, 예비토의, 토론결정 등의 선발제와 법에 의한 추천과 지명, 공개 선발과 경쟁, 간부의 교류, 회피, 면직, 사직 등에 관한 조항을 포함하고 있으며, 또한 한 부문이나 지역에서 오래 근무하지 못하도록 당정간부에 대한 교류회피제도를 실시하고, 관할 부서나 기업 등에 간부의 3대 이내 친인척의 근무를 금지하는 내용도 포함하고 있다.[32]

이러한 조치와 아울러 16차 당 대회에서는 당내 최고 준칙이라 할 수 있는 당장을 수정하여 기율검사위원회의 반부패에 관한 임무와 권한을 강화하고 명문화하였다. 즉, 당장과 기타 당내 법규의 수호, 당의 노선·방침·정책 및 결의의 집행상황에 대한 검사, 당풍건설의 강화라는 기존 임무에다가 '반부패업무에 조직적으로 협조한다'는 내용을 새로 추가하였고, 당원의 권리 보호, 당원에 대한 기율 준수 교육, 당의 기율을 위반한 당원에 대한 징계권과 감독권이라는 기존 권한에다가 '지도간부의 권력행사에 대한 감독권'을 새로 규정하였다.[33] 이것은 2004년 그동안 유명무실

---

32) "深化幹部人事制度改革綱要," 中共中央紀律檢查委員會法規室, 中華人民共和國監察部法規司 編, 『中國共產黨紀律檢查工作現行條規滙編(1993~2000)』(北京: 中國方正出版社, 2001), pp. 582-593.

했던 상·하급 조직간의 감독과 당외 감독인 여론감독을 제도화한 "당내 감독조례"로 구체화되었다.[34] 이 조례는 순시제도를 두어 하급기관에 대한 상급기관의 감독을 정례화하는 한편, 상급자에 대한 하급자의 파면 및 소환요구를 가능하게 제도화하였다. 특히, 중앙정치국과 같은 상층 기관이 그 책임기구인 중앙위원회 전체회의에 매년 업무를 보고하도록 규정함으로써 권력에 대한 감독을 명문화하였다. 또한 언론매체나 여론조사 등을 통한 당외 감독을 허용한 것도 주목되는 조치로 거론할 수 있다.

4. 사회주의 법제 건설이 체제안정에 주는 함의

1) 사회주의 법제 건설의 한계 및 성격

중국이 구상하고 추진 중에 있는 사회주의 법제화의 효과는 제한적이다. 가장 근원적인 이유는 '당의 지도' 원칙이 관철되고 있는 중국의 당-국가체제에서 기인한다. 왜냐하면 일당체제의 특성상 중국공산당에 의해 주도되고 있는 중국의 사회주의 법제 건설은 근본적으로 한계를 갖기 때문이다. 이 점은 앞에서도 살펴보았듯이 당보다는 국가 지도자의 권력교체에 초점을 둔 제도화 시도에서도 나타난다. 중국은 당의 총서기와 정치국 상무위원과 같은 최고 권력층의 선출이 공개 및 경쟁선거에 의해 이루어지지 않는 한계를 가지고 있다. 당장(黨章)에 따르면, 이들은 중앙위원회 전체회의에서 선거에 의해 탄생한다고 규정되어 있으나 구체적인 선거방

---

33) "中國共産黨章程(2002年11月14日通過)," 『中國共産黨第十六次全國代表大會文件滙編』, p. 87.
34) "中國共産黨黨內監督條例(試行)," 『中國共産黨』, 2004年 第4期, pp. 4-9.

식에 대해서는 언급이 없다.35) 중앙위원회 위원도 전국대표대회에서 후보
자의 수가 더 많은 차액선거(差額選擧) 방식으로 선출되나, 이 선거 방식
역시 완전한 의미의 경쟁선거는 아니며, 구체적으로 후보자의 자격과 재적
대표수와 투표자 수의 비율이나 득표율 등에 대한 규정이 명확하지 않아
여전히 제도화의 한계를 보인다. 그나마 군사위 주석을 포함한 최고 권력
층의 선출에는 이러한 규정조차 없다. 더욱이 당 및 국가의 군사위는 실질
적으로 동일한 기구이며, 군사위주석의 자격과 임기에 관한 규정을 두고
있지 않다.36) 따라서 이에 대한 제도화를 생략한 권력교체의 제도화 시도
는 정치적 상황에 따른 합의를 통해 이루어지든가 아니면 정변에 의해
이루어질 수 있는 개연성을 내포하고 있다고 평가할 수 있다.

또한 전인대를 통한 국가지도부의 교체에서도 당의 사전 개입이 가능
할 뿐만 아니라 완전한 경쟁선거를 도입하고 있지 않기 때문에, 결과적으
로 전인대를 통한 권력교체는 여전히 당의 결정을 그대로 추인하는 한계
를 갖고 있다. 이런 점에서 중국 권력교체의 제도화 시도는 당의 권력에
대한 견제와 균형의 원칙에 입각해 있지 않으며, 일당지배체제를 합법적으
로 공식화하려는 시도라고 평가할 수 있다. 당의 집권능력 강화를 위한
법제화 조치 역시 정부의 통치력을 제고시키는 행정법에 집중되어 있으며,
정책결정과정에 인민의 참여가 보장되어 있지 못하다. 더욱이 당내의 법제
화 조치도 부패 방지에 중점이 두어져 있다는 점에서, 중국의 사회주의
법제 건설은 당의 지배를 전제로 한 채 법과 제도에 의한 통치를 실현하려
는 한계를 가지고 있다. 즉, 중국은 당의 집권적 지위를 유지하기 위해

---

35) "中國共産黨章程(2002年11月通過)," 『中國共産黨第十六次全國代表大會文件滙編』, pp.
  76-77.
36) 원래 당 군사위 주석의 자격으로 정치국 상무위원회 위원이 담당하도록 되어 있었으나, 13
  대 당장에서 이 조항을 삭제했다. "中國共産黨章程部分條文修正案(1987年11月通過)," 中共
  中央文獻研究室 編, 『十三大以來重要文獻選編(上)』(北京: 人民出版社, 1991), pp. 62-65.

'인민을 위한'(for the people) 정치를 추진하는 것이지, 진정한 의미의 정치 제도화·민주화 — '인민에 의한'(by the people), '인민의'(of the people)의 정치 — 와는 거리가 있기 때문이다.

이렇게 볼 때, 중국이 구상하는 사회주의 법제의 건설은 당의 지배를 전제로 한다는 점에서, 권력의 견제와 균형에 입각한 법과 제도의 건설이 아닌 당의 정책이나 의지가 관철되는 수단적 성격을 갖는다. 더욱이 중국은 사회주의 법제의 건설을 달성하는 데 단계적이고 질서 있는 추진을 강조하고, 당이 국가기관이나 사회의 다양한 집단과 협의를 통해 사회주의 법제의 건설을 달성하려고 한다는 점에서, 위로부터 추진되는 제한된 성격을 보인다. 그런 점에서 중국이 구상하는 사회주의 법치국가는 민주주의가 부재한 채 권위주의적인 정부와 그것의 합법성만을 강화시키는 '협의적 법치'의 성격을 드러낸다.[37]

이러한 특성은 중국이 '의법치국'과 함께 '이덕치국'(以德治國)을 강조하는 데서도 엿볼 수 있다. 2001년 1월 장쩌민은 '우리는 중국식 사회주의를 건설하고 사회주의 시장경제를 발전시키는 과정에 사회주의 법제의 건설을 강화해 의법치국을 견지해야 함과 동시에 사회주의 도덕 건설을 강화하여 이덕치국을 견지해야 한다'고 언급한 바 있다.[38] 또 2003년 12월 후진타오도 '의법치국과 이덕치국을 상호 결합시켜 이상과 신념의 교육을 전개시키고 사상도덕의 건설을 강화해야 한다'고 주장했다.[39] 이러한 중국 지도부의 법치와 덕치의 결합은 전통 중국에서 통치자가 덕치를 실행하듯이, 현 중국에서는 광범위한 인민의 근본 이익을 대표하는 공

---

37) Wei Pan, "Toward a Consultative Rule of Law Regime in China," *Journal of Contemporary China*, Vol. 12, No. 34(2003), pp. 3-43.

38) 『人民日報』, 2001年 1月 11日. http://www.people.com.cn(검색일: 2004년 6월 18일).

39) 胡錦濤, "在紀念毛澤東同志誕辰110周年座談會上的講話,"『人民日報』, 2003年 12月 27日, http://www.people.com.cn(검색일: 2004년 6월 18일).

산당이 덕치를 실행해야 한다는 인식을 반영한다는 사실이다.[40] 이는 과거 중국의 정치 원리였던 덕치를 현 중국에 원용하여 안정된 사회질서와 당의 지배체제를 공고히 하려는 의도로 보인다. 이러한 한계와 성격은, 사회주의 법제 건설을 위한 중국의 구상이 일반적인 법치국가의 건설에 있는 것이 아니라 당-국가체제의 안정을 확보함으로써 공산당 일당 지배체제를 장기적으로 유지하려는 데 있음을 의미한다.

2) 사회주의 법제 건설의 효과와 체제안정

중국은 사회주의 법제의 건설을 추진 중에 있으며, 그렇기 때문에 그 효과가 아직은 두드러지게 나타나지는 않는다. 그럼에도 불구하고, 지금까지 나타난 사회주의 법제화의 효과는 중국이 애초에 의도하고 구상한 바대로 결과가 이루어졌는지에 대한 검토를 통해 평가해 볼 수 있다. 앞에서 살펴본 대로, 중국은 당 지배체제를 장기적으로 유지하려는 의도를 가지고 사회주의 법제의 건설을 추진해 왔다. 즉, 당의 직접적인 지배방식에서 법률과 제도화를 통한 간접적인 지배방식으로 전환함으로써 변화된 현실을 안정적으로 조율하고 이를 바탕으로 당-국가체제의 안정을 유지하려는 의도를 가지고 있다.

이러한 의도를 가지고 중국은 그동안 경제발전의 부작용으로 출현한 소외 계층이나 지역의 불만이 초래한 정치・사회적 불안정을 안정적으로 제어하기 위해 국가의 재분배와 사회통합의 기제를 마련하려는 조치를 추진해 왔다. 이러한 조치의 추진 결과 양로보험과 실업보험 그리고 의료보험의 혜택을 받는 사람들이 대폭적으로 증가했다. 양로보험의 경우, 2003

---

40) 秋石, "堅持依法治國和以德治國相結合,"『求是』, 2004年 第4期, pp. 21-24.

년의 가입자 수가 1억 1,638만 명에 달해 전년도에 비해 753만 명이 증가
했고, 실업보험의 경우는 191만 명이 증가한 1억 373만 명이, 의료보험의
경우는 1,494만 명이 증가한 1억 895만 명이 제도권 내로 편입되었다. 또
한 정부의 최저생활보장 지원을 받은 도시주민도 170만 명이 증가한
2,235만 명에 달했다.[41] 이러한 제도권 내로 편입되는 수의 증가는 사회불
안층을 안정적으로 흡수한다는 점에서 사회안정에 긍정적 효과를 준다.

이러한 긍정적 효과는 정치참여의 기제를 확대하는 조치를 통해서도
나타났는데, 대표적인 예로 1998년 촌민위원회조직법에 의해 전국의 27개
성, 자치구, 직할시의 촌민위원회가 선거제도로 전환하였고, 약 6억에 달하
는 농민이 직접선거에 참여함으로써 자치를 실현하였다.[42] 이러한 농민에
대한 정치참여 기회의 확대는 농민의 요구와 이익을 제도적으로 보장해
줌으로써 당에 대한 불만을 억제시키는 효과를 가져다주었다. 정치참여의
수준이 향·진(鄕·鎭)장 선거로까지 확대된 대표적인 사례로 거론되는
쓰촨성 쑤이닝(遂寧)시의 경우, 농촌의 기층민주의 건설이 당의 지도를 강
화한다는 견해를 가진 자가 전체의 55.33%를 차지하여 당의 지도를 약화시
킨다는 견해(8.95%)와 민주가 부족하다는 견해(29.41%)를 압도하였다.[43]

인민의 지지를 통해 사회안정을 이루면서 동시에 당 지배의 합법성
및 통치의 효율성을 제고시키는 데 무엇보다도 유효한 조치는 부패방지다.
특히, 부패는 직접적으로 당의 지배와 통치적 지위에 위협을 끼치는 중요한
분야이기 때문에, 중국은 이 분야에 집중적인 조치들을 실시했다. 그 효과는
중국 측의 자체 평가를 감안한다 해도, 일정한 성과를 거둔 것이 사실이다.
14대 기간(1992년 10월~1997년 6월)과 15대 기간(1997년 10월~2002년

---

41) 溫家寶, "政府工作報告," 『十屆全國人大二次會議』(北京: 人民出版社, 2004), p. 225.
42) 楊帆, "論十三屆四中全會以來中國的政治發展," 『政治學研究』, 2003年 第3期, p. 40.
43) 李惠斌·薛曉源 主編, 『中國調查報告』(北京: 社會科學文獻出版社, 2003), p. 172.

9월) 중에 중국이 법에 의해 적발한 사건 및 부패 행위자들을 처벌한 수치를 비교하면, 부패사건은 731,100건에서 861,917건으로, 부패 행위자는 669,300명에서 846,150명으로 증가하였다.[44] 이러한 수치의 증가는 적발 및 처벌할 수 있는 법규의 제정과 감독이 강화되어 부패를 일정하게 통제해 왔음을 단적으로 보여준다. 이 점은 2002년 전국의 30개 성, 시, 자치구 주민에 대해 실시한 여론조사의 결과에도 반영되어 나타났다. 즉, 73.5%가 반부패투쟁에 대해 긍정적이었으며, 69.1%가 부패현상이 일정하게 억제되 었다고 답했으며, 78.7%가 반부패투쟁을 신뢰한다고 응답했다.[45]

이와 같은 긍정적인 효과는 아직까지는 제한적이다. 왜냐하면, 법제 관념이 보편화되지 못했고, 여전히 이념적 요인이 작용하고 있는 사회주의 국가라는 점과 새로운 법제에 의해 침해받게 될 기득권층의 반발을 무시 할 수 없기 때문이다. 게다가 변화된 현실에 맞지 않는 기존 법제의 존재와 이를 대체할 수 있는 새로운 법제의 미비를 감안하면 더욱 그러하다.[46] 그러나 비록 제한적일지라도 긍정적인 효과가 갖는 의미는 중국이 의도했 던 결과를 보여주었다는 점이다. 따라서 중국의 사회주의 법제화는 중국이 당-국가체제의 안정을 유지하는 데 부분적으로 기여하고 있다고 평가할 수 있다. 그리고 이 점은 중국이 사회주의 법제를 지속적으로 건설하려는 데 긍정적인 요인으로 작용할 것이다.

---

44) "中共中央紀律檢査委員會向黨的第十五次全國代表大會的工作報告," 中共方正出版社編輯 部 編, 『以十五大精神爲動力在反腐敗上見行動出成效』(北京: 中國方正出版社, 1997), p. 36. 과 "中共中央紀律檢査委員會向黨的第十六次全國代表大會的工作報告," 中央紀委硏究室 編, 『中央紀委第一次全會專輯』(北京: 中國方正出版社, 2002), p. 21.
45) "中共中央紀律檢査委員會向黨的第十六次全國代表大會的工作報告," 中央紀委硏究室 編, 『中央紀委第一次全會專輯』, p. 24.
46) 趙金山・杜永明・王彦坤, "論黨的領導, 人民當家作主與依法治國的制度建設,"『中國共産 黨』, 2004年 第4期, p. 88.

5. 결론 및 전망

  이상에서 보듯이, 1990년대 후반부터 중국이 구상한 사회주의 법제 건설은 당-국가체제의 안정을 유지하는 데 중점이 두어져 있다. 즉, 중국이 구상하고 추진하는 사회주의 법제의 건설은 직접적인 통치에서 법률에 의한 간접적인 통치를 통해 일당 지배체제를 유지하려는 수단적 의미를 내포하고 있다. 따라서 중국의 사회주의 법제화는 서구식 법치나 민주화와는 다르며, 법에 의한 통치를 통해 일당 독재의 합법적 지위를 유지하려는 시도로 평가할 수 있다. 이와 같은 의도를 가지고 위로부터 제한적으로 추진되는 사회주의 법제 건설은 중국의 구상대로 당-국가체제의 안정을 위한 법과 제도적 틀의 구축에 일정 부분 기여하고 있다고 평가할 수 있다.

  따라서 중국은 변화된 현실을 법치를 통해 안정적으로 제어할 수 있을 것으로 전망된다. 즉, 중단기적으로 중국은 법제화를 통해 1989년의 천안문 시위나 당-국가체제를 위협하는 급격한 변화 없이 안정적으로 유지될 것으로 보인다. 그렇기 때문에 이러한 일련의 시도는 지속되고 강화될 전망이다. 특히, 16대에 새로 출범한 당 지도부는 안정을 중시하는 경향을 보이며 법에 의한 통치를 강조하고 당의 정통성을 위협하는 부패 척결을 중시하고 있기 때문에 더욱 그러하다. 그러나 중국이 구상하는 사회주의 법제는 민주주의가 부재한 채 정치적 자유화가 일부 허용되는 협의적 법치국가의 성격을 가지고 있기 때문에, 중단기적으로 중국의 법제 건설은 권위주의적인 정부와 당 통치의 합법성만을 강화시킬 것으로 예상된다.

  그러나 법제 건설이 확대됨에 따라 중국 내에서 법과 제도의 비중도 점차 증대될 것이라는 점을 주목할 필요가 있다. 실례로, 중국공산당은 2003년 10월에 개최된 16기 3중전회에서 그동안 지켜지지 않았던 중앙정치국의 보고와 그에 대한 중앙위원회 전체회의의 심의, 평가를 실천했고, 중앙위원회 8개 대조(大組)의 소집인 선출도 이전의 지명제에서 선거제로 개혁했다.47) 2004년 9월의 16기 4중전회에서도 이를 다시 실천했다. 이러한 사실은 법과 제도의 비중이 당내에서도 증가하고 있으며, 권력을 감독하는 주요 기제에 해당하는 선거제에 대한 개혁이 점차 확대될 것임을 시사한다.48) 최근 이에 대한 논의가 증폭되고 있는 사실이 이를 뒷받침한다. 여기에는 후보자 지명방식의 개선과 차액선거 비율의 확대, 선거절차, 표결제, 직접선거 범위의 확대 등을 포함하고 있다.49)

이처럼 법과 제도의 비중 증대는 다시 더 높은 수준의 법제화를 필요로 하는 순환과정을 거칠 가능성이 높다. 따라서 중국이 1990년대 후반 변화된 현실을 법과 제도의 건설로써 제어하면서 체제안정을 모색하려는 사회주의 법제 건설은 중장기적으로 중국 사회의 속성을 변화시킬 것이다. 왜냐하면, 당의 통치에 대한 합법성은 결국 법의 실행으로부터 나오며, 공정한 법체계에서 산출하는 결과에 대한 인민의 지지로부터 얻게 되기 때문이다. 따라서 법치의 실현은 법의 영역에만 국한되는 것이 아니라 사회적·경제적·정치적 영역에 많은 변화를 가져다 줄 것이다. 이러한 변화들은 중국 사회에서 법과 제도의 비중을 더욱 증대시켜 국가와 사회의 관계, 당과 정부의 관계, 중앙과 지방의 관계의 권력 균형에도 변화를 초래할 것이다. 더 나아가 법률 제정과 정책결정과정에 사회단체나 이익단체와 같은 민의의 참여도 증대될 것이다.50)

이렇게 변화된 현실은 다시 한 단계 높은 수준의 법제화를 요구할 것이고, 당-국가체제의 안정을 유지하려는 중국공산당의 입장에서도 이러

---

47) 吳隅, "3中全會的'新事'," 『爭鳴』, 2003年 11月, p. 27.

48) Gang Lin, "Leadership Transition, Intra-Party Democracy, and Institution Building in China," *Asian Survey*, Vol. XLIV, No. 2 (2004), pp. 272-275.

49) 潘立魁, "改革和完善黨內選舉制度," 『中國共産黨』, 2003年 第6期, pp. 119-121과 擔玉榮, "關於健全幹部選拔制度的思考," 『中國共産黨』, 2003年 第2期, pp. 81-86.

50) Randall Peerenboom, "A governmaent of Laws: democracy, rule of law and administrative law reform in the PRC," *Journal of Contemporary China*, Vol. 12, No. 34 (2003), pp. 60-67.

한 법제화의 요구를 수용하지 않을 수 없을 것이다. 물론, 이러한 중국의 법제화를 향한 논의와 실천은 정치체제의 개혁과 맞물리면서 진행될 것으로 예상되며, 이러한 추세는 급진적이지 않으면서 장기적으로 조심스럽게 추진될 것으로 전망된다. 다만, 이러한 법치의 건설은 더욱 강력한 행정법 체계나 독립적인 사법부와 같은 제도적 개혁을 요구할 것이다. 이러한 반복적인 순환이 장기화된다면, 법제화에 대한 요구는 현 단계 중국공산당이 원하지 않는 수준 즉, 일당 지배체제로 유지되고 있는 당-국가체제에 대한 개혁을 포함할 가능성도 배제할 수 없을 것이다. 비록 그것이 서구식 민주화가 아니라 중국식의 민주화라 하더라도, 여기에는 일당 독재로 유지되는 당-국가체제의 변화를 포함할 수도 있을 것이다. 따라서 중국에서의 법제화는 민주화의 길로 나아갈 수 있는 하나의 단초가 될 수 있을 것이다. 이런 점에서 중국의 법제화는 향후 중국의 변화와 안정, 더 나아가 민주화를 가늠해 볼 수 있는 주요 통로가 될 것이다.

제7장

선거의 확대와 제도개혁: 향진 간부 선거를 대상으로

■ 김도희

1. 서론

시장경제가 사회주의 중국에 도입되면서 많은 논란을 일으켰듯이 사회주의체제에서 실제로 선거가 진행되면서 사람들은 수많은 의혹과 기대의 눈길로 선거의 진행상황을 지켜봤다. 개혁개방 이전 명목에 불과했던 선거는 인민대표대회의 기능 강화와 더불어 인민대표를 직접 내 손으로 선출한다는 취지에 의거해 향진급(鄕鎭級) 인민대표대회(이하 인대) 대표, 더 나아가서는 현급(縣級) 인대대표에 적용되었다. 이것과 관련된 수많은 자료들이 쏟아져 나왔으며 2003년 겨울에 진행된 베이징시 하이뎬(海淀)구 인대대표 선거에서 독립후보가 당선되는 사례까지 보여주었다.[1] 인대대표 선거와 더불어 사람들의 관심을 받은 것은 촌민위원회(村民委員會 이하 촌위) 선거였다. 시범적으로 실시되던 촌민위원회 선거는 이제 전국적으로 시행되고 있으며 이에 대한 각양각색의 조사보고서들이 나왔고 다양한 유형과 방식의 직접선거가 시도되었다.[2] 인대대표선거가 인대

---

1) "Independents included on city ballot 'for show'," *South China Morning Post*, December 6, 2003; 蘇峰, "政治發展視覺下的自薦仙居," http://www.cc.org.cn/zhoukan/shidaizhyanti/0312/0312121005.htm (검색일: 2003년 12월 13일); "12月 10日, 北京選擧,"『南方周末』, 2003年 12月 12日. 최근 인대선거와 관련된 자료는 다음을 참조. 唐娟等 主編,『2003年深圳競選實錄』(西安: 西北大學出版社, 2003); 史衛民等 主編,『規範選擧 2001~2002』(北京: 中國社會科學出版社, 2003); 蔡定劍 主編,『中國選擧狀況的報告』(北京: 法律出版社, 2002), pp. 60-99.

기구 개혁과의 관련에서 논의되었다면 촌위 선거는 농촌 기층에서의 문제해결을 위한 촌민자치와 관련해 거론되어져 왔다. 아직까지 그 효과에 대해서는 논란의 여지가 있지만 선거가 계속될수록 새로운 시도와 개혁으로 선거가 제도화 되어가고 있는 것은 확실하다.

촌위 선거를 바라보면서 사람들의 궁금증은 과연 이것이 향진까지 파급될 수 있을 것인가, 혹은 시장(市長)이나 현장(縣長)까지도 선거로 선출되는 것이 가능할까 하는 것이었다. 또한 농촌에서 실시되는 선거가 도시로까지 파급해 갈 수 있을 것인가, 당내에서도 선거가 가능할까에 의문을 던졌다. 아마도 이를 불가능하게 여기는 시각은 선거가 과연 어떤 배경과 원인에 의해 시행되고 있는지에 대한 의문을 풀지 못했기 때문이거나, 혹은 선거가 국가의 주도로 진행되긴 했으나 기구개혁이나 농촌의 문제를 해결하기 위한 조심스러운 시도이므로 여기서 더 확대되지 않을 것이라고 보기 때문일 것이다. 그러나 1990년 후반기부터 선거는 점차 확대되고 있으며 향진장(鄕鎭長)[3]과 향진 당위원회 서기(書記) 선거가 1998년과 1999년에 이어 2001년과 2002년에도 지속적으로 지역범위를 넓히면서 실시되었다. 2004년 초에는 현장과 시장 임명에 선거방식을 도입하는 사례까지 생기고 있다. 2004년 2월에는 저장(浙江)성 취저우(衢州)시의 세 개 현에서 부현장 선출에, 장쑤(江蘇)성 페이(沛)현에서 현장 선출에, 1월에는 장쑤성 진탄(金壇)시에서 시장 선출에 선거를 도입한 것이다.[4] 물론 이는 아주 부분적 사례에 불과하지만 점진적으로

---

2) 최근 촌민위원회 선거와 관련된 자료는 다음을 참조. 賀雪峰, 『鄕村治理的社會基礎』(北京: 中國社會科學出版社, 2003); 肖唐鏢 主編, 『宗族, 鄕村勸力與選擧』(西安: 西北大學出版社, 2002); 吳毅等, 『村民自治在鄕土社會的遭遇』(武漢: 華中師範大學出版社, 2003).

3) 향진장은 향장(鄕長)과 진장(鎭長)을 말한다.

4) 袁亞平, "衢州'民推競選'三名副縣長,"『人民日報』, 2004年 2月 19日; "江蘇省金壇市: 中國首位'公推公選'市長産生,"『中國靑年報』, 2004年 1月 10日; "中國第一位'公推公選'縣長在江蘇沛縣産生,"『中國靑年報』, 2004年 1月 10日; "全國首位公推公選縣長上任,"『揚子晚報』, 2003年 12月 17日.

향진의 선거가 현과 시로 파급될 가능성을 보여준다. 또한 도시에서 사구(社區)가 건설되면서 사구 주민위원회(居民委員會)도 선거로 구성되고 있다.5)

이러한 선거의 확대는 이전의 선거도입이나 실시가 기구(조직)나 그 지역의 문제를 해결하기 위한 일시적 혹은 부분적 정책이 아니었다는 걸 입증한다. 그렇다면 현재의 이러한 선거의 다각적인 전개와 확산을 어떻게 바라보아야 할까. 중국에서 선거는 과연 앞으로 어떻게 전개되어 나갈 것인가, 그리고 이것이 가지는 진정한 의미는 무엇일까. 이에 대한 해답을 찾기 위해서는 현재 활발히 진행되는 선거의 확대에 대한 구체적인 분석이 필요할 것이다. 본 논문은 다양한 선거의 확대에서 향진장 선거와 향진 당위원회 서기 선거에 대한 연구를 통해 이를 규명해 보고자 한다. 물론 당서기의 선거는 당내 민주와 관련되고 향진장 선거는 향진 정부 개혁과 관련되지만 여기서 다루고자 하는 범위는 당과 정부기구의 개혁 문제가 아니고 중국에서 향진 영도간부(領導幹部)라고 일컫는 향진단위의 지도자 선거를 대상으로 한다. 이를 본 논문에서는 향진 간부 선거라고 부르고자 한다. 물론 엄밀하게 말하면 향진 영도간부 혹은 지도간부 선거이지만 편의상 이렇게 명명하고자 한다. 향진 간부 선거를 연구하는 데 있어서 또 하나 짚고 넘어가야 할 문제는 선거라는 개념이다. 왜냐하면 현재 중국에서 진행되는 향진 간부 선거는 일반적으로 공인되는 직접선거의 방식만이 아닌 다양한 방식들이 적용되고 있기 때문이다. 후보만을 선거로 선출하는 경우도 있고 민의조사(民意調査) 혹은 민의평가(民意測評)라고 하는 투표도 있으며 현직간부에 대한 평가도 포함된다. 이러한 과정들을 향

---

5) "社區居委會直選: 自己的當家人自己選," 『人民日報』, 2003年 3月 31日; 王敬堯, "社區建設: 治道變革的路經考察: 以武漢市漢興街爲个案," http://www.wiqpp.org/spapers/wangjy04.html(검색일: 2003년 9월 2일); Irene Wang, "District elections fail to move voters," *South China Morning Post*, December 11, 2003; 李凡 主編, 『中國基層民主發展報告 2002』(西安: 西北大學出版社, 2003).

진 간부 선거에 포함시키는 것은 이 모두가 향진 간부를 지명하던 것에서 선출하는 것으로 바꾸는 과정에서 나타나는 방식들이기 때문이다. 그래서 본 논문에서는 간접방식과 직접방식의 선거가 모두 다루어질 것이다.

선거의 확대와 관련해 제기되는 문제들을 풀기 위해 본 논문은 다음의 단계로 논의를 진행시키고자 한다. 우선 첫째로 향진 간부 선거가 실시되는 배경과 목적을 규명해 보는 것이다. 이를 통해 선거가 확대되는 다양한 원인들을 추적해 낼 수 있을 것이다. 둘째, 향진 간부 선거의 내용과 방식을 살펴보려고 한다. 지역별로 향진 간부 선거가 어떤 범위에서, 어떤 과정으로, 어떤 방식을 통해 진행되는지를 통해 연구대상의 실체에 접근할 수 있을 것이다. 셋째는 향진 간부 선거가 구체적으로 어떠한 영향을 가져오며 이것이 지니는 의미가 무엇인지에 대해 거시적 관점에서 고찰해 보고자 한다. 이러한 과정을 통해 본 논문은 선거 확대의 추세가 제도개혁에 어떠한 파급효과를 가져다 주고 어떤 함의를 제공할 것인지를 밝히고자 한다. 더불어 중국에서 선거의 확대가 지엽적이거나 부분적 의미가 아니라 좀더 광범위한 함의를 가지고 진행될 수 있다는 주장을 입증하려고 한다.

2. 선거 확대(향진 간부 선거)의 배경과 목적

1) 국가 또는 중앙정부의 거시적 개혁

중국은 경제성장으로 단기간 내에 현대화의 목표를 달성했다. 그러나 1990년대 들어 경제성장의 그늘에 가려진 문제들이 표면으로 분출하면서 이것의 한 원인으로 정치제도 개혁의 미비가 지적되어 왔다. 경제를 밑바닥 깊숙한 곳까지 고르게 발전시키기 위해서는 이를 관리하고 집행할 제도가 필요하고 이것이 제대로 그 기능을 발휘해야 한다. 그러나 양적 성장에 치우쳐진 경제위주의 발전은 단기간은 그 효과로 인해 일정 정도 국가의 능력과 권위를 되살려낸다고 해도 장기적으로 경제일변도가 가져오는 모든 문제를 감당하지는 못한다. 이를 위해서는 정치제도에 있어서도 현대화된 개혁이 필요하다. 중국에서 직접선거가 여러 지역과 여러 단위에 걸쳐 시범적으로 실시되고 있는 것은 이러한 거시적 정치제도 개혁의 일환이라고 볼 수 있다.

중공 당 14대와 15대의 문건은 정치제도 개혁에 대한 청사진을 제시하고 있고 정부기구 개혁과 사회주의 법제의 건설, 그리고 부패를 해소하기 위한 당정에 대한 감독기제 설립을 주요 내용으로 하고 있다.6) 다양하게 전개되는 직접선거 관련 정책도 간부인사제도 개혁과 관련해 진행되고 있으며 더불어 기층민주를 확대하고 공민의 단계적 정치참여를 확대한다는 정책의 일환으로 시행되고 있다. 중국 정부는 1995년 "당정간부선발임용업무임시조례"(黨政領導幹部選拔任用工作暫行條例)를 통해 당정간부 선발과 관련해 경쟁요소를 도입함으로써 위로부터 일방적으로 임명하던 이전의 관행을 바꾸기 시작했다. 이에 의해 향진 간부 선거가 시도되었고 실시 이후 향진 간부 선발과 관련된 많은 논란이 있었으나 2002년에 발표된 조례를 통해 다시 한번 정부의 입장을 재확인한다. 2002년에 발표된 "당정간부선발임용업무조례"(黨政領導幹部選拔任用工作條例) 제10조는 당정간부를 공개선발과 경쟁으로 임용하도록 명기하고 있고 제49조의 규정을 통해서 "공개선발, 경쟁 임용을 당정영도간부 선발임용의 방식중 하나로 한다"고 명시했다. 이를 통해 알 수 있듯 1990년대 이후 당정간

---

6) 1990년대 중국의 정치체제 및 제도개혁에 관한 내용은 다음을 참조. 김재철,『중국의 정치개혁: 지도부, 당의 지도력 그리고 정치체제』(서울: 한울, 2002); 김도희, "중국의 정치개혁과 기층선거 그리고 통제의 딜레마," 정재호 편,『중국개혁개방의 정치경제 1980~2000』(서울: 까치, 2002), pp. 199-240.

부에 대한 선거의 적용은 중앙의 거시적 제도개혁의 일환으로 중앙정부의 의도에 따라 진행되고 있으며 정식으로 체제 내의 통로에 진입하고 합법화되었다. 또한 조례 71조에 의하면 현 이하 간부임용 방식을 지방에 위임함으로써 "향진, 가도 당정 영도간부 선발임용은 성, 자치구, 직할시 당위가 본 조례를 근거로 상응하는 실시 방법을 제정한다"고 되어 있다.[7]

이것이 종적 개혁의 일환으로 향진 간부 선거가 실시된 배경이라면 횡적 개혁의 일환으로 향진 간부 선거는 향진 정부 개혁과 연관된다. 향진 정부를 개혁하기 위해서는 향급 당정기관과 행정기능의 사업단위를 공개하는 정무 공개, 향진의 당내 민주 확대, 향진 인대의 감독기능 강화와 더불어 향진 간부의 임용제도를 개혁하는 내용이 모두 포함된다. 여기서 특히 정무공개는 전체 현의 모든 향진에 적용해 향진의 재무수지 상황과 농민부담의 현황, 계획생육(산아제한), 정부 기초건설의 항목과 목표, 각종 세금과 기준 등을 공개하는 것이다.[8] 이러한 향진개혁은 향진 간부 임용에 있어서도 변화를 요구하고 있으며 향진 간부 선거가 거시적 정책의 하나의 고리로 진행되고 있음을 보여준다.

중국의 경제정책과 마찬가지로 중국의 정치제도 개혁 또한 점진적이고 확장형의 유형을 띠고 있으며 선거를 실시하는 개혁 방안도 중국 정부가 상당히 점진적이고 순차적으로 시행하고 있음을 알 수 있다. 촌민 선거 실시와 인민대표 선거가 일정 기간을 거쳐 전국적으로 시행되었듯이 향진 간부 선거도 중국이 거시적 개혁으로서 진행하고 있으므로 우여곡절을 겪을지라도 전국적으로 확대되어 나갈 것임을 예측할 수 있다.

---

7) "당정간부선발임용업무조례"(黨政領導幹部選拔任用工作條例)는 중공중앙조직부가 발표한 문건으로 총 13장 74개 조항으로 이루어져 있다.

8) 吳理財, "鄕政新論," 『開放時代』, 2002年 第5期; 吳理財, "中國鄕鎭政府往何處去?" 『二十一世紀』, 2003年 第4期.

2) 향진 간부 정책 집행 문제의 해결

향진 간부 선거를 실시하는 또 다른 목적은 농촌의 불안정을 야기하는 주된 원인 중 하나인 향진 간부 문제를 해결하는 것이다. 향진 간부들은 현의 직접적 지배를 받으며 향진 주민들에게 권력을 행사한다. 향진 간부 문제는 크게 두 가지를 들 수 있는데, 우선 향진 간부가 향진의 공공재정을 관리하는 것과 관련된다. 중국에서는 이들이 '영리추구형 경기인'(經紀人: 중개인 혹은 대리인) 또는 '국가 브로커'(state brokerage)라고 불리기도 하는데, 향진 간부가 향진이나 향진 주민을 위해 일해야 함에도 불구하고 국가권위에 의존해 영리를 도모하기 때문이다. 1994년 분세제가 실시된 이후 국가는 향진기업에 대해 실행하던 감면세정책을 취소하고 향진기업 세금징수를 규범화해 어떤 지방에서는 현의 세부부서에서 직접 향진기업의 세금징수를 하게 된다. 이는 일정 정도 향진 자체의 수입원을 감소시켰고 향진 간부가 부패한 행위를 하고 향진농민에 대해 마구잡이로 세금을 징수하게 되는 계기를 만들게 된다.[9]

두 번째는 향진 간부가 중앙의 정책을 모두 다 집행하지 않고 선택적으로 자신들에게 유리한 정책만 실시하는 것이다. 개혁개방이후 현 간부는 지역 위원회 조직을 거치지 않고 부속 향진 간부의 인선을 마음대로 결정할 권리를 가지게 되었다. 이는 정책의 시행을 현지상황에 맞게 진행시키기 위해 현 간부에게 자율성을 준다는 측면도 있었으나 실제적으로는 향진 간부로 하여금 상부의 명령만을 따르고 해당 지역이나 농민들에게 이익이 되는 정책을 집행하지 않는 결과를 가져온다.[10] 향진 간부들은 농민의 부

---

9) 沈延生・張守禮, "自治抑或行政" 中國鄉治的回顧與展望," 華中師範大學中國農村問題研究中心, 『中國農村研究 2002年卷』(北京: 中國社會科學出版社, 2003), pp. 68-74.
10) 오브라이언(O'Brien)과 리(Li)는 이를 '선택적 정책집행'이라고 부르는데 그들은 이를 야기한 원인으로 간부책임제를 들고 있다. Kevin J. O'Brien and Lianjiang Li, "Selective Policy

담을 경감하도록 하는 정책보다는 그들의 업적을 올려 승진할 기회를 주는 세수증대 정책 실행에 집중한다. 이는 그들의 임용과 탈락이 상급자의 손에 달려 있으므로 상급자에게 잘 보일 수 있는 정책만을 중시하게 되는 것이다. 이러한 향진 간부들의 편향적 정책집행은 농민의 불만을 가져올 수밖에 없으며 향진에서 향진 간부는 국가권력의 대리인이므로 향진 간부에 대한 농민들의 불만이나 향진 간부와 농민의 갈등은 국가권력의 정당성과 합법성에 대한 문제를 제기하게 된다. 이는 향진의 권력구조를 변화시킴으로써 간부들의 권력근거를 바꾸고 향진 간부가 향진농민들의 이익을 고려하도록 만들 필요성을 제기하게 된다.[11] 향진 간부에 대한 선거 실시는 이러한 향진 간부들이 농민들의 직접적인 권력위임으로 농민들의 감독하에 정책을 집행하게 함으로써 향진 간부가 보여주는 문제들을 해결하고자 한 것이다.

3) 향진의 자체적 요구

농민들이 가장 불만을 품는 것은 열악한 농촌현실에서 간부들에게 경제적 수탈을 당한다는 것이다. 농민의 부담은 나날이 가중되고 간부들은 부패하고 그들의 불법적 강제가 자행될 때 이에 대한 농민들의 대응은 개인적으로 상방(上訪)을 하거나 집단으로 향진 정부를 찾아가 항의하는 것이다.[12] 그리

Implementation in Rural China," *Comparative Politics*, Vol. 31, No. 2 (January 1999), pp. 167-186.

11) 물론 이러한 부분은 향진자치로써만이 해결될 수 있다는 주장도 가능하다. 향진유한자치 (limited self-government)를 통해 국가 법률의 범위 내에서 상대적으로 독립적인 정책결정권과 관리권을 가져야 한다는 주장은 다음을 참조. 黃衛平 等 主編,『鄕鎭長選擧方式改革: 案例研究』(北京: 社會科學文獻出版社, 2003), pp. 37-75.

12) 농민들의 불만이 커지면서 각 지역마다 농민들이 향진 정부나 해당기관에 투서나 방문을 할 수 있는 상방과 신방(信訪)조례들을 자체로 규정하고 있다. 각 성의 신방조례 내용에 관해서는 다음 지방법규를 참조. http://www.chinaelections.org/315.asp?currentpage=2&bigclassid =3&smallclassid=15(검색일: 2003년 3월 30일).

고 다른 하나가 힘없는 농민들에게 주어진 유일한 권리로 선거에 개입함으로써 농촌과 자신들의 문제를 해결할 하나의 실마리를 제공받는 것이다. 물론 향진 간부가 바뀐다고 해서 모든 일이 해결되는 것은 아니지만 향진 간부에 의한 농민들의 수탈이 적지 않은 것을 감안하면 부패하고 마음에 들지 않는 간부를 다음 기회에 선택하지 않을 수 있다는 것은 그들에게는 큰 권리이기 때문이다. 향진 간부 선거가 처음으로 시도되기 시작하는 1998년은 1987년부터 시작된 촌 선거가 이미 세 차례에 걸쳐 진행되었고 인대 대표선거에 대한 경험도 축적되기 시작한 시점이다. 이제 농민들은 선거의 유용성에 대해 알고 있으며 그들이 뽑은 촌민위원회 간부들이 상급의 눈치를 보기보다는 촌의 경제를 활성화시켜 촌 농민들의 이익을 위해 일하고 있다는 것을 경험했다.[13] 이는 향진 간부 선거에서 양표제선거가 산시성 허취(河曲)현에서 촌민위원회의 사례를 향진에 적용한 것에서도 나타난다. 공선 또한 쓰촨성의 33,139개 촌에서 이미 공선으로 촌당지부 서기를 선출한 사례가 있어 이것이 향진 간부 선거에 활용된 것에서도 볼 수 있다.[14] 즉, 촌에서의 선거경험과 이로 인한 긍정적 결과들이 향진 간부 선거까지 그 범위를 확대한 배경이라고 할 수 있다.

향진 간부 선거를 실시한 지역에서 선거직전 설문조사를 한 사례를 보면 향진 간부들도 향진 간부 선거를 요구하고 있음을 알 수 있다. 1998년 5월 난청(南城)향 정부는 향장직선을 준비하면서 설문조사를 실시했다. 그 결과 95% 이상의 향진 간부가 선거가 자신들의 지역에서 실시되는 것을 선호하는 것으로 나타났다.[15] 허난(河南)성 동팡(東方)시와 신미(新密)시, 장쑤성 우

---

13) Robert A. Pastor and Qingshan Tan, "The Meaning of China's Village Elections," *The China Quarterly,* Vol.162 (June 2000); Liu Yawei, "Consequences of Village Committee Elections in China-Better local governance or more consolidation of state power," *China Perspectives,* No. 31 (September-October 2000); 項繼權, 『集體經濟背景下的鄕村治理』(武漢: 華中師範大學出版社, 2002); 肖唐鏢, "鄕鎭長直選的民意基礎-對村民自治的一項效應與后果分析," 『中國農村觀察』, 2003年 第1期, pp. 55-65.
14) "四川省公推直選村黨支部書記," 『組工通信』, 1999年 第30期.

시(無錫)에서 진행한 향촌 간부에 대한 설문 조사를 보면 이들이 향진 직선에 비교적 적극적 태도를 보이고 있고 그들 지역이 시범지역이 되면 기꺼이 하겠다는 입장을 보인다는 걸 알 수 있다.[16] 향진 간부들이 선거에 동의하는 것은 상부에서 임명하는 것이 아니라 선거로 자신들이 임명될 경우 좀더 자율적으로 정책을 집행할 수 있으며 자신들이 거주하는 지역의 발전을 위해 일할 수 있다는 생각이라고 보인다. 물론 선거에 의해 선출됨으로써 얻는 신망과 권위도 정책을 집행하는 데 유리하다고 보기 때문일 수도 있다. 물론 이외에도 직접선거가 확대되는 배경에는 실시지역이 가진 지역적 특성과 지방 지도자들의 성향도 들 수 있다.[17] 이상과 같이 선거 확대의 하나로 향진 간부 선거가 실시되는 배경이나 목적은 3농문제라고 불리는 농촌의 문제를 해결해 준다거나 간부와 농민의 갈등을 해소해주는 것에서 머물지 않고 좀더 복잡하고 다양하며 거시적인 요인을 갖고 있음을 알 수 있다.

3. 향진 간부 선거의 전개 과정과 방식

1) 향진 간부 선거의 전개 과정

향진 정부와 향진 당위는 중국의 행정체계에 있어 1급 또는 2급의 당정기구이고 향진을 관리하고 지도할 책임을 가지며 모든 업무를 총괄한다. 향진

---

15) 李凡 主編, 『中國基層民主發展報告 2002』, p. 377.
16) 榮敬本・高新軍 等, 『再論從壓力型體制向民主合作體制的轉變』(北京: 中央編譯出版社, 2001), pp. 99, 163-164, 184.
17) 쓰촨성 스중구에서 실시된 다량의 향진 간부 직선의 경우 구위원회 서기인 장진밍(張錦明)이 이를 추진한 관건적 인물이었다고 한다. 何包鋼・郎友興, "'步雲困境': 中國鄉鎮長直接選擧考察,"『二十一世紀』, 2001年 第2期.

당위 서기를 보통 향진의 제1인자(一把手)라고 부르며 향진장은 제2인자(二把手)라고 칭해진다. 중국의 현행 법률에는 향진장과 부향진장 후보는 향진 인대(이하 인대) 주석단과 향진 인대 대표 10인 이상의 추천에 의해 인선된다고 명기되어 있다.[18] 그러나 실제적으로 향진 인대 주석단이 후보를 인선하는 예는 없으며 현이나 시의 당위가 추천하는 단일후보를 선거의 형식을 빌려 인가하는 데 그쳐왔다. 또한 향진 당서기와 부서기는 이제까지 당 조직부가 임명하도록 되어 있다. 즉, 향진 간부의 선출이 상부 소수의 결정으로 이루어져 왔다고 볼 수 있다. 향진 간부 선거는 이러한 일방적인 간부 선발권이 일반 대중과 일반 당원에게 위임되는 과정이라고 말할 수 있다.

향진 간부 선거는 여러 지역에서 1998년과 1999년, 그리고 2002년과 2003년 두 차례에 걸쳐 시행되었다. 우선 1차로 시행된 경우를 살펴보면, 1998년 5월 중국 쓰촨성 당위원회는 "영도간부 공개선발에 관한 시행의견" (關于公開選拔領導幹部的試行意見)을 발표하고 전 지역에서 향진 간부 공선개혁을 추진하기로 결정한다. 이를 주도적으로 실시한 지역은 쑤이닝(遂宁)시 스중(市中)구였고 1998년 5월 바오스(保石)진의 진장 선거를 시작으로 9월에는 둥선(東禪)진과 렌화(蓮花)향에서 당위 서기에 대한, 헝산(橫山)진에서는 진장에 대한 선거가 시작된다.[19] 쓰촨성의 난부(南部)현에서는 1998년 10월까지 79개 향진에서 부향진장을 선거로 선출했다.[20] 1999년 1월 광둥(廣東)성 선전(深圳)시 룽강(龍崗)구 다펑(大鵬)진에서도 진장 선거가 실시되었고,[21] 산시(山西)성의 경우에는 1999년 4월 린이(臨猗)현 쥐리

---

18) "중화인민공화국 지방각급 인민대표대회와 지방각급 인민정부 조직법"(中華人民共和國地方各級人民代表大會和地方各級人民政府組織法) 제9조, 21조와 22조의 후보 추천에 관한 규정 참조.

19) 쓰촨성 쑤이닝(遂寧)시 스중구의 선거에 관해서는 다음을 참조. 史衛民, 『公選與直選: 鄉鎮人大選擧制度硏究』(北京: 中國社會科學出版社, 2000), pp. 384-410.

20) 난부현의 선거에 관해서는 다음을 참조. 李凡等, 『創新與發展: 鄉鎮長選擧制度改革』(北京: 東方出版社, 2000). pp. 77-86.

21) 선전시 다펑진의 선거에 관해서는 다음을 참조. 黃衛平 主編, 『中國基層民主發展的最新突

(卓里)진에서 진장 선거를 실시한다.22) 이상의 선거가 향진장 선거를 간접적으로 선출하는 것이었다면 쓰촨성의 두 지역에서는 직선으로 향진 간부를 선출하는 시도가 진행되었다. 1998년 12월 스중구 당위원회는 "쑤이닝시 스중구 부윈향 유권자의 인민정부 향장 직접선거에 대한 공고"(遂寧市中區步云鄕選民人直接選擧人民政府鄕長的公告)를 1998년 100호 문건으로 채택해 일반 대중이 직접투표로 향장을 뽑는 최초의 시도를 하게 된다.23) 이는 부윈향뿐 아니라 또 다른 지역인 메이산(眉山)시 칭선(靑神)현 난청(南城)향에서도 진행된다.24) 이외에 좀 다른 방식이긴 하지만 쓰촨성 몐양(綿陽)시 9개 현과 시, 그리고 가오신(高新)구의 11개 향진에서 1998년과 1999년 사이에 향진장을 인대대표가 직접 추천하고 선출하는 시도가 있었다.25) 이상이 1차로 진행된 향진 간부 선거의 대략적 내용이다. 이러한 향진 간부 선거가 진행된 이후 다양한 논란이 벌어지면서 차기 향진 간부가 어떻게 선출될 것인지에 관심이 모아졌다. 즉 이러한 선거방식을 지속해 나갈 것인지 아니면 다시 이전의 방법으로 돌아갈 것인지에 이목이 집중된 것이다.

2001년과 2002년에 진행된 향진 간부 선거는 부분적으로 선거의 개

破』(北京: 社會科學文獻出版社, 2000), pp. 179-180; 史衛民,『公選與直選: 鄕鎭人大選擧制度研究』, pp. 411-427.

22) 린이현 쥐리진의 선거에 관해서는 다음을 참조. 史衛民,『公選與直選: 鄕鎭人大選擧制度研究』, pp. 350-383; 劉喜堂, "卓里鎭: 兩票先任制的實踐及其意義," http://www.usc.cuhk.edu.hk/wk_wzdetails.asp?id=2581(검색일: 2003년 11월 29일); Lianjiang Li, "The two ballot system in Shanxi Province: Subjecting Party secretaries to a popular vote," *China Journal*, No. 42 (July 1999), pp. 103-118.

23) 쑤이닝시 스중구 부윈향의 선거에 관해서는 다음을 참조. 史衛民,『公選與直選: 鄕鎭人大選擧制度研究』, pp. 428-453; 中共四川省委組織部課題組, "關于公選鄕鎭領導幹部與加强黨的領導問題的調査與思考," 李惠斌 等 主編,『中國調査報告』(北京: 社會科學文獻出版社, 2003), pp. 122-139.

24) 메이산시 칭선현 난청향의 선거에 관해서는 다음을 참조. 李凡 主編,『中國基層民主發展報告 2000~2001』(北京: 東方出版社, 2002), pp. 376-388.

25) 몐양시 향진 인대에서의 향진 간부 선거에 관해서는 다음을 참조. 史衛民,『公選與直選: 鄕鎭人大選擧制度研究』, pp. 335-349.

혁적 측면이 축소된 지역도 있으나 1998년과 1999년에 시행된 선거가 그 방식을 유지하면서 지역범위를 더 넓혀 진행되었다. 쓰촨 난부현에서는 2001년 55개 향진장과 200개 부향진장을 선거로 선출했으며 뿐만 아니라 야안(雅安)시, 바중(巴中)시 등을 비롯한 쓰촨 전 지역으로 확산되었다[26] (〈표 1〉 참조). 2002년에는 후베이성 징산(京山)현 양지(楊集)진과 중부 (中部)현 샤오(曉)진, 셴닝(咸寧)시 셴안(咸安)구에서 선거가 실시되었 고[27] 장쑤성에서는 수양(沭陽)현 13개 향진과 쑤위(宿豫)현에서 선거가 실시되었다.[28] 이 밖에도 광둥성, 허난성, 광시(广西) 자치구 등지에서도

<표 1> 쓰촨성 향진 간부 선거 실시 향진수와 향진 간부 직위의 변화

	1998~1999	2001~2002
향진 간부 선거가 실시된 향진 숫자	295개 향진	2,000개 향진
선거로 선출된 향진 간부의 직위	203개 향진의 향진장 290개 향진의 부향진장 3개 향진의 당위 서기 200개 향진의 당위 부서기	야안시 175개 향진의 간부 바중시 284개 향진의 간부 난부현 43개 향진의 향진장 난부현 201명 향진의 부향진장 쑤이닝 스중구 9개 부향진장 쑤이닝 스중구 1개 향진장

주 : 저자는 2001~2002년 향진 간부 선거 실시 사례가 많으나 구체적 통계가 미비한 상황임을 밝히고 저자가 방문한 4개 지역의 향진 간부 직위 자료를 제시하고 있다.
자료 : 賴海榕, "競爭性選舉在四川省鄕鎭一級的發展," p. 61.

---

26) 2002년 4월까지 쓰촨성 40% 지역에서 향진 간부 선거가 실시되었다고 한다. 쓰촨성의 향진 간부 선거 확대와 관련된 자료는 다음을 참조. 賴海榕, "競爭性選舉在四川省鄕鎭一級的發展," 『戰略與管理』, 2003年 第2期, pp. 57-70.
27) 후베이성의 향진 간부 선거에 관해서는 다음을 참조. 仝志輝, "政治體制'形式化改革'的生成邏輯: 湖北曉鎭'海推直選'个案硏究," 『戰略與管理』, 2003年 第6期, pp. 78-86; "'兩推一選': 基層民主的有益嘗試," 『求是』, 2004年 3月 5日; 王學進, "'海選'鄕鎭領導政權民主建設的收嚄," 『新快報』, 2003年 2月 27日.
28) 孫庭兆·胡小前, "關于江蘇省宿豫縣'公推競選'鄕鎭長情況的調查," http://www.chinaelections.org/readnews.asp?newsid={35ED03C4-FDE}(검색일: 2004년 2월 26일) 및 徐增祥, "沭陽'易地差選'一批鄕鎭長," 『人民日報』, 2004年 2月 19日.

지역마다 다양한 방식을 사용해 향진 간부 선거가 실시된다.[29]

2) 향진 간부 선거의 유형과 방식

다양한 형태로 진행되는 향진 간부 선거는 몇 가지 유형으로 분류할 수 있는데 공선(公選), 양표제(兩票制), 해추(海推), 직접선거가 바로 그 것이다. 공선이란 공개적으로 선발할 간부를 추천한다고 해서 공추공선 (公推公選)이라고도 불리는데, 쓰촨성에서 실시된 대부분의 향진 간부 선 거와 장쑤성 그리고 후베이성 일부 지역에서 쓰인 방식이다. 공선은 후보 자 지명방법을 개선하는 것으로 공개적으로 후보자가 등록할 수 있고 이 러한 후보자에 대해 민의조사라는 대중의 평가를 첨가해 후보자격을 결정 하는 것을 말한다. 또한 향진 인대에 상정되는 향진장 후보를 복수로 함으 로써 경쟁선거를 하게 된 것이다. 양표제는 산시성 린이현 쥐리진에서 사 용한 방식으로 양표선임제(兩票選任制), 양추일선(兩推一選)이라고도 불 리는데 향진 간부 선거 이전에 현직 향진 간부에 대해 전체 유권자가 참여 해 평가를 함으로써 차기 후보 선정에 반영하는 것을 말한다. 해추는 선전 시 다펑진, 후베이성 징산현 양지진과 중부현 샤오진, 셴닝시 셴안구에서 실시된 방식으로 해추직선(海推直選) 혹은 해선(海選)이라고도 불리며 양추일선의 방식도 일부 채택하고 있다. 해추는 공선의 후보가 일정한 자 격을 필요로 해 향진기관의 간부나 당 내외 간부여야 하는 것에서 벗어나 누구나 후보로 등록할 수 있는 방식이다. 다만 해추에 있어서 인대에 상정 되는 정식선거에 복수후보가 되는 경우도 있고 단일후보가 되는 경우도

---

29) 이 이외에 다양하게 전개된 향진 간부 선거에 관해서는 다음 사이트를 참조. http://www. chinaelections.com 中國選擧與治理 사이트.

있다. 이 세 가지 방식이 향진 간부 후보의 결정에 있어 선거방식을 도입했다면 직접선거는 후보선출에서 정식 향진장 선거까지 유권자의 투표로 진행되는 것을 말한다. 이는 당위와 인대의 권한이던 향진장 선거가 일반 대중에 의해 치러지는 보다 획기적인 방법의 선거라고 말할 수 있다.

(1) 공선 방식의 향진 간부 선거

공선은 후보자 지명방법을 개선하는 것으로 당위원회가 일방적으로 결정하던 것에서 공개적으로 후보자 등록과 선발을 할 수 있도록 바꾼 것이다. 첫 번째 단계는 공개등록과 자격심사인데 개인이 자천하거나, 대중이나 조직의 추천을 받아 후보등록을 할 수 있다. 두 번째는 등록자가 너무 많아 이를 가려내는 과정으로 필기시험을 거치게 된다. 바오스진의 사례를 보면 등록자가 67명이었는데 이들이 필기시험을 봐서 6명이 통과되어 초기 후보자가 되었다. 세 번째는 초기 후보자들이 소재한 향진에 가서 민의평가에 참가하는 것이다. 물론 공선이라도 민의평가의 형식과 내용은 약간의 차이가 나는데 일반적으로 보면 일종의 면담 시험이라고 할 수 있다. 여기에는 향진 인대 대표, 각촌 당지부 서기와 촌위 주임, 촌민 소조장, 향진기관 간부, 정협 간부, 소수의 보통 촌민 등이 참여한다. 민의평가는 후보자들에 대한 평가근거를 마련하는 것으로 이것이 끝난 후 이들에게 무기명 투표를 하거나 난부현이나 바중시처럼 시험을 봐서 가장 다수 득표한 사람 혹은 고득점자 두 명이 정식으로 후보자가 된다. 네 번째는 이 정식 후보자 두 명을 현이나 구 당위가 공식후보로 확정하는 절차이다. 마지막으로 향진장은 인대에서, 향진 당서기는 향진 당위에서 두 명에 대해 투표를 해서 향진장과 향진 당서기를 결정한다. 공선은 전통적 방식의 선거제도와 직접선거의 과도기적 형태라고 할 수 있다.

(2) 양표제 방식의 향진 간부 선거

양표제의 기본 특징은 후보자 추천에서 대중의 평가를 도입한 것이다. 양표제는 말 그대로 두 가지 단계로 구분되는데 쥐리진은 1999년 4월 "쥐리진 주요간부에 대한 민의조사 실시방안"(關于對卓里鎭主要幹部進行民意調査的實施方案)을 통해 민의평가에 대한 규정을 만들었다.[30] 이에 의거해 진행되는 향진 간부 선거는 우선 첫째로 현직 향진 간부에 대한 평가를 진행하는 것이다. 이 대상은 현직 향진장, 향진 당위 서기, 인대주석이다. 민의표결에는 유권자 모두가 참여할 수 있으며 신임, 기본적 신임, 불신임 세 가지 항목에 표기를 하고 표기 기준은 현직 향진 간부에 대한 신임도, 능력평가, 청렴 여부와 관련된 6가지로 명시했다. 이 민의표결의 의미는 이 결과가 당 대회에서 당서기를 선출할 때, 인대에서 진장을 선출할 때 이를 직접 연관시키도록 한 것이다. 두 번째 단계는 민의표결에서 신임표 60%를 얻은 사람만이 차기 향진 간부 선거 후보가 되어 당 대회와 향진 인대에서 표결을 한다. 신임표가 50% 이하일 경우에는 차기 향진 간부 후보가 될 수 없게 함으로써 민의평가를 간부 임용의 중요한 근거로 삼게 된다.

(3) 해추 방식의 향진 간부 선거

해추는 크게 두 가지로 나누어 설명할 수 있는데, 다펑진에서 실시된 삼윤양표제와 양지진과 샤오진, 셴안구에서 시행된 방식이다. 다펑진의 경우는 세 단계로 진행되었는데, 첫째로 다펑진 전체 유권자가 무기명으로

---

30) 史衛民, 『公選與直選: 鄕鎭人大選擧制度研究』, p. 363; 吳理財, "中國農村鄕鎭的黨政負責人選擧制度倉新及改革設想," 『當代中國研究』, 2003年 第4期.

후보를 추천하는 것이다. 이 중 민의표결을 거쳐 초기 후보자를 선정한다. 1999년 다펑진의 경우 후보 추천으로 76명이 이름을 올렸고 그 중 5명이 초기 후보자로 선정되었다. 두 번째는 이 진의 전체 당원, 간부, 노동자와 농민대표 등 유권자 1/5이 모인 가운데서 후보자들이 연설을 하고 이에 대해 투표를 해 다수 득점자를 정식 후보로 인대에 상정한다. 세 번째는 진 인대에서 향진장을 선출하는 것이다. 사실상 다펑진의 사례는 양표제와 공선의 내용도 포함하고 있지만 누구나 후보가 될 수 있다는 점에서 해추로 분리될 수 있다.[31] 다른 해추의 방식은 네 가지 단계로 실시되는데 첫째로, 향진 간부 후보를 대중의 추천과 당내 추천을 통해 인선하는 것이다. 두 번째는 후보에 대한 일종의 자격심사로 당원대회와 촌민대표대회에서 무기명 투표로 이 후보들 중에서 정식 후보자 두 명씩을 추천한다. 세 번째는 이 두 명의 후보에 대해 현 당위가 심사한 이후 정식 후보자의 자격을 갖게 되는 과정이다. 네 번째는 정식 후보가 된 두 명이 인대에 상정되어 표결을 하는 것이다. 해추를 실시한 원래 의도는 향진 간부 후보 인선과 선거과정에서 일반 유권자들과 당원들의 참여를 강화하려는 시도라고 할 수 있다.[32]

---

31) 다펑진의 진장 선거는 각계의 주목을 받았으나 2002년 진장 선거에서 1999년 방식이 폐지되고 현 당위가 단일후보를 내 인대에서 형식적 절차를 거쳐 선출함으로써 퇴행하는 결과를 가져왔다. 深圳大學管理學院當代中國政治研究所課題組, "深圳市大鵬鎭與四川省步雲鄕," 『當代中國硏究』, 2003年 第1期.

32) 샤오진의 해추선거는 시간과 경비를 줄인다는 명목하에 기존 향진 간부에 대한 평가와 후보 인선을 동시에 진행했다. 14명의 기존 향진 간부의 공과표에 표기를 한 후 그 아래 차기 향진 간부 후보 추천표에 후보를 표기하도록 한 것이다. 결국 후보를 마음대로 추천할 수 있다는 시작 당시의 의도가 제대로 관철되지 못한 사례를 보여준다. 이는 어떤 정책의 실시가 불완전하게 진행될 경우 원래의 개혁목표와 다른 결과가 나온다는 것을 입증한 셈이다. 仝志輝, "政治體制'形式化改革'的生成邏輯: 湖北曉鎭'海推直選'个案研究," pp. 78-86.

(4) 직선의 향진 간부 선거

직접선거를 통해 향진 간부를 선출하는 것은 후보 인선에서 선출까지 향진의 유권자들이 투표로 결정하는 것을 말한다. 직선의 유형은 두 가지로 설명할 수 있는데 하나는 부원향의 향장직선이고 다른 하나는 난청향의 향장직선이다. 부원향의 선거는 우선 첫째로 후보 등록과정을 자유롭게 하는 것으로 정당 등 조직이 단독으로 추천하는 것과 개인이 자유롭게 등록하는 방식이다. 여기서 해추와 다른 것은 개인의 경우 30명 이상의 추천을 받아야 후보등록을 할 수 있다. 부원향 향장후보에 등록한 사람들의 자료를 보면 직업이 교사, 경리, 사영기업주, 회계사, 일반 농민 등 다양하고 업무단위도 중학교, 향정부, 향진기업 판공실, 정육점 영업, 외지노동 등 각양각색의 사람들이 후보로 등록했음을 알 수 있다. 두 번째는 이 후보들이 선거구의 연석회의에서 예비선거를 거쳐 두 명의 정식 후보가 만들어지는 것이다. 공식적으로 후보등록을 한 15명의 후보가 연석회의에서 공개경선에 참여하게 된다. 연석회의란 향당서기, 향인대 대표, 향정부 간부, 유권자대표, 촌민 대표 등이 참석하는 것으로 여기에서 무기명 투표를 통해 1/3 이상을 득표한 사람이 정식 후보자로 선출된다. 세 번째는 이 과정을 거쳐 선출된 두 명의 정식 후보자와 당위원회가 추천한 1명의 후보가 공개경선을 하는 것이다. 부원향의 경우에는 정식 후보자로 화학 교사, 촌주임이 선출되었다. 공개경선은 13번의 유세과정을 거치는데 부원향 소속 10개 촌과 한 개 주민위원회에서 한 번씩, 전체 유권자가 모인 곳에서 두 번 실시되었다. 네 번째는 11개 선거구에서 직접투표를 실시해 향장을 당선시키는 것이다. 마지막으로는 향 인대에서 선거결과를 확정하는 절차를 거치게 된다.[33]

난청향은 1998년 전체 농민 1만 4천여 명이 직선의 방식으로 향정부의

---

33) 何包鋼・郎友興, "'步雲困境': 中國鄕鎭長直接選擧考察."

향장과 부향장을 선출하고, 전체 향진 당원 5백여 명이 직선으로 향당위 서기를 선출했다. 난청향의 향장직선도 몇 개의 단계로 나뉘어 진행되었는데 우선 첫째로 향에서 각종 토론회를 개최해 후보자격과 관련된 논의를 한 끝에 향장후보는 현에서 부과장급 이상으로 2년을 업무한 경력이 있는 대졸출신이라는 단서를 붙인다. 이것도 해추와 다른 후보등록 방식이다. 두 번째는 초기 후보를 현당위 조직부에 보고하고 조직부는 후보규정을 심사해 3명의 향장후보와 8명의 부향장 후보를 최종적으로 확정했다. 세 번째는 난청향 초등학교에서 향촌 간부, 당 소조장, 유권자 대표, 인대대표 약 천 명이 모여 경선대회를 연 것이다. 후보자들은 "내가 만약 (부)향장이 된다면"을 주제로 연설을 하고 참석자들의 질문에 답변하는 형식이다. 경선 이후 대표들은 자신이 속한 촌에 가서 유권자들에게 경선 연설 상황을 보고한다. 네 번째는 예비선거를 진행하는 것인데 이동 투표함을 통해서 난청향 유권자 소조 전체에서 동시에 진행되었다. 투표결과 향장 정식 후보 두 명, 부향장 정식 후보 네 명을 정해 전체 유권자에게 발표했다. 다섯째는 18개 선거구에서 동시에 투표를 해 향장과 부향장을 선출했다. 이색적인 것은 난청향의 경우에는 인대에서 선출을 확정하는 절차를 진행하지 않았다는 것이다. 향당위원 선출에 있어서도 난청향은 향당위 서기, 부서기, 당위 위원, 기율위 서기와 기율위 위원을 직선으로 선출했다. 개인적으로 등록하거나 당원 및 조직의 추천을 받아 후보로 등록할 수 있었으며 현당위 조직부에서는 조건이 맞으면 모두 정식 후보로 결정했다. 이후 전체 향당위 일반 당원 535명이 직접 투표를 진행해 지도 간부를 선출했다.[34] 두 경우가 다른 방식으로 진행되었지만 부원향과 난청향의 선거는 다른 지역선거와 달리 유권자나 평당원들이 투표로 향진 간부를 선출한 사례를 만들어냈다.

---

34) 李凡 主編, 『中國基層民主發展報告 2002』, p. 379.

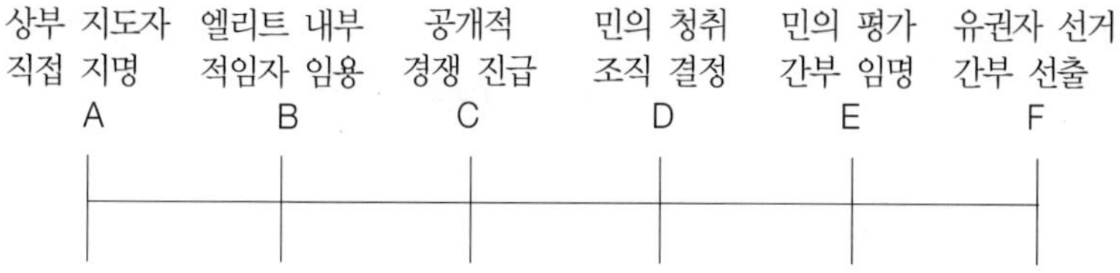

〈그림 1〉 향진 간부가 임용되는 스펙트럼[35]

4. 향진 간부 선거의 영향과 제도개혁

1) 향진 간부 선거의 영향과 의미

향진 간부 선거는 다양한 지역에서 다양한 방식으로 전개되었다. 다핑진이나 난청향과 산시성의 쥐리진 같이 비교적 부유하고 재정수입과 주민소득이 높은 지역에서 실시되기도 했으며 부원향과 샤오진 같이 빈곤하고 외진 소규모 지역에서 시도되기도 했다. 또한 간부와 농민의 관계가 첨예하게 대립되는 지역에서 실시되기도 하고 간부와 농민이 큰 갈등이 없는 지역에서 실시되기도 한다.[36] 향진 간부 선거의 다양성은 그 지역의

---

35) 간부가 만들어지는 스펙트럼을 보여주는 그림. 현재 중국의 향진 간부는 F로 가고 있으며 F로 갈수록 경쟁성과 직접선거 성향이 강해진다. 향진 간부 선거의 다양한 방식들이 이 스펙트럼의 어느 지점에 있다고 할 수 있다. 景躍進, "'公選'與幹部制度改革," pp. 45-46 참조.

36) 다핑진은 집체경제가 발달한 지역으로 자체 촌의 집체경제에서 나오는 농민들의 소득이 비교적 높고 세금도 집체에서 대신 내므로 향진의 수탈을 받는다는 인식이 별로 없다고 한다. 이는 향진 간부와 농민의 갈등이 적다는 걸 말한다. 물론 다핑진의 선거가 2002년에는 다시 상부의 임명으로 전환된 것을 들어 다핑진이 부유한 지역이므로 농민들의 향진 간부 선거에 대한 요구가 적다는 것을 원인으로 보는 시각도 있으나 이보다는 다핑진의 경우 제도

경제수준, 농민의 불만정도나 의식, 간부들의 정책시행에 있어서의 문제, 현이나 향진 지도자들의 성향 등에 의해 달라지기도 하지만 이것이 긴밀한 연관을 가지고 비례적으로 나타나지는 않는다. 이는 일례로 향진 간부 선거가 촌민위원회 선거와 마찬가지로 경제발전 정도와 연관시켜 함수관계로 나타내기 어렵다는 걸 반증한다. 때로는 향진 간부 직선이 간부들의 부패에 대한 농민들의 저항으로 실시되는 경우도 있지만 이것을 보편화시키기는 어렵다.[37] 이와 같이 향진 간부 선거는 일정한 규칙에 의해 시행된다기보다는 각 지역의 특성에 따라 또는 선거 실시를 주도하는 간부들의 정책 성향에 따라 각양각색의 모습을 보여준다. 다만 향진 간부 선거가 실시된 지역의 사회적 조건을 살펴보면 촌선거가 일정 정도 진행되면서 선거에 대한 촌민들의 기대의식이 높아졌다거나, 혹은 촌무가 공개되는 촌 자치의 정도가 비교적 강한 지역임을 알 수 있다.[38] 이는 앞에서도 밝혔듯이 촌민 선거의 훈련이 농민들로 하여금 촌민위원회 선거에서 향진 간부 선거로 자연히 확산되는 것을 기대하게 만든다고 본다.

사실상 촌민자치와 촌위 선거는 향진이라는 상급의 문제가 존재하며 촌에 한정되지 않고 범위를 넓혀 향진의 문제를 해결함으로써 농민들은 관리부패나 세금부담의 가중에서 벗어나길 원하고 선거가 향진 간부를 견제하는 역할을 일정 정도 해줄 것을 기대한다. 부원향의 경우에는 직선실시 이후 경제가 나아지고 공공시설이 개선되는 진보를 가져왔다. 직선으로 선출된 향장이 내건 10개의 선거공약 중 7개를 실제로 성사시켜 부원향

개혁을 제어하는 부분이 새로운 제도를 받아들이는 것을 차단했다고 본다. 黃衛平 主編, 『中國基層民主發展的最新突破』, pp. 91-94.

37) 쓰촨성 쑤이닝시 스중구의 바오스진과 부원향은 향진장과 진당위 서기가 경제문제로 파면되면서 향진 간부 선거가 제기된 지역이다. 史衛民, 『公選與直選: 鄕鎭人大選擧制度硏究』, pp. 384-385; "直選鄕長," 『南方周末』, 1998年 12月 31日.

38) 李景鵬, "基層民主建設的新的增長点," 『馬克思主義與現實』, 2002年 第3期.

농민들의 생활에 진전을 가져온 것이다.[39] 또한 이전의 간부들이 공금을 마음대로 남용하던 현상이 줄어들고 정무공개를 철저하게 실행하는 측면도 보여준다. 향진 간부 선거를 통해 정무관리를 제도화시킨 지역에서는 간부들의 부패나 전횡이 발견되지 않는다는 것이다.[40] 쑤이닝시 전 지역이 향진 간부 선거를 실시한 이후 농민부담이 경감되고 간부들의 부패가 줄어들면서 간부와 농민의 갈등이 해소되어 결과적으로 새로운 향진 간부 선거 이후 상방이 적은 지역이 되었고 간부들의 악행을 익명으로 투서하는 일도 사라졌다.[41] 이는 향진 간부들이 촌민들의 선거로 당선된 이후 상부의 명령만을 수행하는 것이 아니라 향진이나 해당 지역 농민들의 이익도 고려하게 되었음을 보여준다.

향진 간부 선거를 실시한다는 것은 향진자치와도 연관되며 현의 향진 간부 선거정책은 향진 간부에게 자주권을 위임한다는 걸 말한다. 향진 간부 선거 이후 향진 간부들이 향진 인대에 1년에 한 차례 업무보고를 하게 되어 있는데 이 때 각 선거구 대표들이 향진 간부가 보고하는 것을 함께 방청하는 제도를 만들었다.[42] 이들은 선거로 선출된 향진 간부들이 경선 당시의 공약을 제대로 실천하고 있는지에 대한 감독을 실행하는 것이다. 부원향의 경우는 12월 30일마다 향장이 지역 TV를 통해 1년의 업무를 보

---

39) 徐勇, "直選鄕長不辱使命, 全鄕70%村民進小康,"『華西都市報』, 2002年 11月 25日; 李凡 等, 『創新與發展: 鄕鎭長選擧制度改革』, p. 161.

40) 彭宗超·鍾開斌, "政務公開與鄕鎭治理," 李凡 主編, 『中國基層民主發展報告 2002』, pp. 225-254. 리와 오브라이언도 촌민선거를 추진했던 정치지도자 펑전(彭眞)의 비전을 이야기하고 있는 논문에서 촌민선거의 중요한 영향으로 간부부패의 소멸을 들었다. Lianjiang Li and Kevin J. O'Brien, "The struggle over village elections," Merle Goldman and Roderick MacFarquhar eds., *The Paradox of China's Post-Mao Reform* (Harvard University Press, 1999), pp. 129-144.

41) 唐建光, "直選鄕長續任,"『中國新聞周刊』, 2002年 第20期.

42) 唐娟, "基層政府治理變遷的制度分析," 劉亞偉 編, 『給農民讓權-直選的回聲』(西安: 西北大學出版社, 2002), pp. 107-124.

고하고 향의 경제와 재무 상황을 알리고 있다. 향진 간부 선거에서 향진 간부 후보자의 경선 당시의 시정강령은 유권자들의 표를 얻게 되는 중요한 근거이며 선거를 통해 간부와 농민들은 계약관계를 만들어내게 된다. 이는 선거로 선출된 향진 간부가 농민에 대해 책임을 져야 한다는 걸 의미한다.

물론 향진 간부 선거는 시범사례가 적고 대표성이 없으며 경쟁정도가 낮다는 비판을 받을 수 있다. 선택된 사례 지역 중 일부는 갈등이나 모순이 첨예하지 않으며 인구가 적고 향진 조직의 권위가 비교적 높은 향진이어서 선거결과가 예측 가능할 경우 시행되었다는 비난이 있을 수도 있다.[43] 또한 향진 간부 선거가 향진 지도자의 개인적 성향에 의해 추진되었다거나, 실제보다는 선거를 실시했다는 형식적 절차에 그치는 경우도 있다. 향진 간부나 향진의 문제가 단순히 향진 간부 선거를 통해 모두 해결되지는 않을 것이다. 선거로 선출된 향진 간부도 상부의 눈치를 보지 않을 수 없으며 선거가 가진 단점이 그러하듯 선거 당시에만 유권자의 환심을 사려고 할지도 모른다. 그럼에도 불구하고 향진 간부 선거는 실질적으로 전통적인 간부 인선이나 임용의 폐쇄성과 폐단을 극복하고 후보 선정, 민의 평가를 통해 개방적 선거로 발전하는 결과를 가져왔으며, 보통 유권자로 하여금 향진 간부 선거에서 일정한 권리행사를 할 수 있다는 의식을 심어 주었다.[44] 선거를 통해 향진 정부나 향당위원회의 권력행사 방식에 변화가 생겼으며 이를 통해 향정부와 농민의 관계가 과거 하향식의 일반적인 관계에서 상호작용하는 관계로 전환되었다는 의미를 지닌다.

---

43) 黃衛平 等 主編, 『鄕鎭長選擧方式改革:案例硏究』, pp. 168-212.

44) Lianjiang Li, "The empowering effect of village elections in China," *Asia Survey*, Vol. XLⅢ, No.4 (July/August 2003). 또한 향진 간부 선거는 나이제한과 학력제한을 설정함으로써 지역 인재를 향진 간부로 영입하는 데 성공한 측면도 있다. 景躍進, "'公選' 與幹部制度改革," 『天津社會科學』, 2003年 第4期, pp. 43-46.

2) 향진 간부 선거와 제도개혁

향진 간부 선거는 선거로 선출된 향진 간부가 자신들의 상부인 현과의 관계를 어떻게 바꾸어나가는가, 그리고 그들의 하부인 촌이나 향진농민들과 어떠한 관계변화를 보이는가에도 주목해야 한다. 농민들은 자신의 이익이 높아지기를 희망하며 이러한 소망이 향진 간부들의 정책시행을 통해 이뤄지길 기대한다. 기존의 제도가 이러한 농민들의 요구를 제대로 반영하지 못한다면 새로운 제도가 필요하며 이것이 국가의 거시적 개혁과 협력 가능할 때 지방정부는 그 지역의 상황에 맞는 제도 혁신을 하게 된다(Jakobson 2004, 97-120).45) 그리고 농민들의 새로운 제도에 대한 반응과 지방정부의 선택은 일종의 유형화를 보이기도 하지만 다양한 방식으로 나타난다.46)

국가의 거시적 제도개혁은 지방정부의 실천을 통해 완성된다고 봤을 때 중앙정부는 지방정부가 제도적 개혁 모델을 만들도록 자율성을 부여하고 지방정부의 개혁을 위해 필요한 완화된 환경을 제공하는 것이 개혁의 전제이다. 지방정부는 권력의 중심과 거리가 멀기 때문에 비교적 쉽게 제도의 변형이나 예외를 만들어내어 새로운 제도의 모델을 탄생시키기도 한다. 또한 대중과 직접 접촉하므로 실제로 대중의 요구를 받아들이거나 대중의 참여를 끌어낼 수 있다. 결국 향진 간부 선거는 하향식의 개혁만이 아니라 상향식의 참여가 결합되어 나타나는 제도개혁이라고 할 수 있다.

---

45) Linda Jakobson, "Local Governance: Village and Township Direct Elections," in Jude Howell ed., *Governance in China* (Maryland: Rowman & Littlefield, 2004), pp. 97-120. 저자는 이 글에서 향진 간부 선거를 지방 거버넌스의 측면에서 고찰하고 있다. 통치하기 어려운 농촌에서 더욱 효과적인 거버넌스와 안정을 강화하는 수단으로 향진 간부 선거가 도입되었다는 주장이다. 중앙의 제도개혁에 지방정부가 협조를 하는 이유는 바로 이러한 효과적인 거버넌스에 유효하다고 보기 때문일 것이다.

46) 王怡, "鄕鎭的自治和限政,"『當代中國硏究』, 2003年 第4期; 2002. 唐娟, "基層政府治理變遷的制度分析," pp. 107-124.

물론 선거가 진정한 의미의 개혁이 되는 과정에서 당이나 국가권위에 문제를 제기할 수도 있다. 향진 간부 선거는 제도내적 개혁이지만 선거의 결과는 예측 불가능할 수도 있기 때문이다. 이는 비당원이 향진 간부가 될 경우인데 지금까지의 향진 간부 선거 현황을 보면 비당원의 당선은 매우 드물고 당선된 소수의 경우에도 당과 정부와 협조적인 정책실행을 하고 있다.47)

향진 간부 선거에 있어 부원향의 경우는 제도 선택이 기층의 요구를 받아들였고 개혁의 동력이 개혁을 제어하는 힘을 넘어선 대표적 사례이다. 부원향 향장 선거는 선거 이후 위법행위라는 비판을 받았다.48) 물론 많은 학자들이 부원향 직선을 정치체제 개혁의 새로운 활로 모색으로 평하기도 했으나 전국인대는 향진 선거는 헌법과 유관법률 규정을 지켜야 한다는 유권해석을 내렸다.49) 향진 간부 선거가 중앙의 거시적 개혁에 의해 이루어졌으나 다른 유형의 선거방식과 달리 직선을 통한 선거에 대해서는 중앙도 우려를 표명하고 있었다. 그러나 부원향의 2002년 선거는 1999년 선거보다 후퇴한 측면이 있기는 하지만 여전히 후보를 직선으로 선출하는 시도를 보여주었다. 부원향의 선거를 통해 민중의 이익이 별로 증가한 게 없고 제도 변화를 지속할 동력이 결여되었다면 2002년 선거는 다펑진과 같이 예전으로 돌아갔을 것이다. 이는 3년 동안 향진 간부 선거가 가져다 준 이익이 향진이나 농민들로 하여금 중앙의 우려나 제어에도 불구하고 제도를 지속시키는 힘으로 작용한 것이다. 결국 제도개혁에서 기층의 요구를 받아들여 상호작용하는 것이 대중의 이익도 보호하고 향진의 발전에도 유

---

47) 李凡等, 『創新與發展: 鄕鎭長選擧制度改革』, pp. 153-184.
48) 査慶九, "民主不允許超越法律,"『法制日報』, 1999年 1月 19日.
49) "Beijing indicates recognition of landmark election," *South China Morning Post*, March 1, 1999; 江迅, "鄕長直選的是非曲折,"『亞洲週刊』, 1999年 5月 15日.

익하며 동시에 제도개혁의 동력으로 개혁을 지속시킨다는 걸 알 수 있다.

　물론 제도개혁은 불만을 감소시키고 정부의 권위를 높이려는 측면이 분명히 존재하며, 이 경우 밑으로부터의 참여를 축소시킬 가능성도 있다. 제도개혁의 추진을 정책으로 결정한 중앙에게 있어 대중의 참여는 제도개혁을 완성시키는 하나의 경로이지만, 제도개혁을 직접 집행하는 지방정부는 대중의 참여보다는 제도개혁을 통해 통치능력을 재확립하는 것이 시급하다고 여긴다.50) 농민의 불만을 감소시키고 간부들의 권위를 회복하는 것이 대중의 참여기제를 확립하는 것보다 향진 정부나 향진 당에게 있어서는 즉각적인 이익을 가져다준다고 여기기 때문이다. 이것이 지방정부가 향진 간부 선거를 시행함에 있어 중앙의 제도개혁이 가진 참여기제의 부분을 축소하게 되는 결과를 가져올 수도 있다. 그럼에도 불구하고 향진 간부 선거를 어떠한 방식과 형태로든 지속적으로 실시하는 것은 이러한 시도의 누적 과정에서 제도개혁이 점진적으로 진행될 가능성을 보여준다. 물론 향진 간부 선거가 실제적으로 제도개혁을 완성시키고 있는가에 대해서는 좀더 시간을 두고 관찰해야 전면적인 평가를 할 수 있을 것이다. 다만 중국이 제도개혁 실시를 통해 얻으려고 하는 것들이 향진 간부 선거를 통해 실현되고 있음을 알 수 있는데, 이는 구체적으로 농촌에서의 향진 정부나 당의 합법성 위기를 완화하는 중요한 정책으로, 보다 적극적으로는 국가가 농촌기층에서 도덕적 권위를 얻는 유효한 방식으로 향진 간부 선거가 활용되고 있는 것에서 나타난다.

---

50) Lianjiang Li, "The politics of introducing direct township elections in China," *CQ*, Vol. 171 (September 2002), pp. 704-723.

5. 결론

　　향진 간부 선거가 제도개혁의 일환으로 시행된다고 해도 향진자치가
제대로 되지 않는 상황에서 향진 간부 선거가 그 역할을 발휘할 수 있을
것인지에 대해서는 여전히 의문이 남는다. 또한 선거가 대중의 정치참여기
제를 만들어가는 하나의 과정이라고 했을 때 현재 중국에서 진행되는 선
거방식이 과연 대중의 의견을 제대로 전달하는 통로나 수단이 될 것인가,
선거가 과연 대중들이 향진 간부를 선출하는 데 있어 실제적 참여기제로
서 작동하는가, 선거를 통해 당선된 간부가 상부의 관여 없이 해당지역의
유권자에게 그의 공약을 실천하는가, 선거가 간부부패와 농촌의 불안정
문제를 실제로 얼마나 해결해주는가 등도 여전히 규명해야 할 과제이다.
향진 간부 선거는 그 실시 배경의 통로가 여러 갈래이듯 선거와 관련된
여러 가지 변수들도 고려되어야 한다. 향진 간부 선거기제의 문제, 경쟁의
정도, 직선으로의 전환, 농민들의 적극적 참여, 향진 정부의 자율성, 향진
의 당내민주 실현, 향진과 현과의 관계, 향진과 촌과의 관계, 향진 정부와
향진 당위원회와 향진 인대와의 관계 등의 문제가 바로 그것이다.

　　진정한 의미의 직접선거가 되기 위해 중국이 가야할 길은 여전히 멀
어 보인다. 물론 선거를 제대로 실행하기 위한 제반조건들도 아직은 충분
해 보이지 않는다. 선거를 치르기 위해서는 경비도 필요하며 법적인 조치
들도 있어야 하고 정치의식도 필요하다. 또한 농촌에서 비밀선거가 엄밀하
게 진행되기 어렵다거나 대리선거를 할 수밖에 없는 상황, 그리고 문맹이
여전히 남아있으며 매체보급이 빈약한 것도 공정하고 자율적으로 선거가
치러지는 데 장애로 작용한다. 이보다 더 어려운 것은 제도개혁을 하려는
노력에도 불구하고 여전히 새로운 변화가 가져올 자신들의 기득권 상실을
두려워하는 집단의 제어작용일 것이다. 선거로 선출된 향진 간부가 농민의
요구에 부합하려고 해도 향진의 재정이 부족하다거나 향진과 현의 관계가

여전히 달라지지 않았으므로 상부의 압력에서 자유로울 수 없는 한계도 있다. 향진 정부와 향진 당위의 권력관계 충돌도 여전히 남아있다.51) 향진 간부를 선거로 선출함으로써 향진 인대의 향진 간부 선출권의 문제도 미해결된 상태다.52) 향진 간부 선거가 현지의 문제를 해결하고 국가의 통치에 있어 새로운 전환을 가져다 준다고 해도 원래 의도한 제도개혁을 위해서는 더 많은 시도와 경험과 시행착오가 필요할 것 같다.

국가통치의 합법성과 권위는 기층사회로부터의 인정이 필요하며 선거의 확대를 통한 참여기제 도입이라는 제도개혁은 대중들로 하여금 국가권력의 하향적 정책으로만 여겨지던 정책사항에 대해 선거라는 실천과정을 통해 직접 참여의 경험을 갖게 할 수 있을 것이다. 또한 이것은 장기적 시각에서 보면 사회적 불만이나 불안정을 해소하는 중요한 통로의 역할을 할 수도 있다. 이제까지 참여의 경험이 부재했던 중국 사회에서 선거는 선거가 가진 복합적인 성격에도 불구하고 현대화된 국가로 가기 위해서는 한번은 거쳐야 하는 통과기제로 보인다. 지금 중국은 지속가능한 발전을 위한 정치개혁의 먼 항로에서 선거라는 첫걸음을 떼고 있는 듯하다.

---

51) 향진 정부와 향진 당위의 문제를 해결하기 위해 향진 간부 선거에서 연합경선제를 도입하자는 의견이 있다. 향진장 후보와 향진 당위 서기가 연합으로 후보에 나오는 것을 말한다. 미국의 대통령과 부통령이 러닝메이트로 나오듯이 연합으로 경선에 참여하고 유권자는 개인이 아니라 두 후보가 한 조가 된 팀에 투표를 하는 것이다. 이것이 향진 정부와 당위의 갈등을 해소해 줄지는 의문이지만 고려해 볼만한 선거방식이라고 본다. 吳理財, "村委會要競選組閣,"『社會』, 1998年 第7期; 吳理財, "中國農村鄕鎭的黨政負責人選擧制度倉新及改革設想."
52) 향진 간부 선거는 향진 인대의 역할 문제를 제기하게 된다. 그러나 사실상 이제까지 향진장 선거에서 향진 인대의 역할은 형식에 불과했다. 향진 인대의 주요한 권한은 향진임무에 대한 결의권과 향진 정부의 행정실시에 대한 감독권이다. 그러므로 향진 간부 선거를 공선이나 직선으로 한다고 해서 향진 인대의 권한을 침범한다는 주장은 설득력이 없다.

제8장

사회보장제도의 도입과 추진

▌이중희

1. 서론

1990년대 이래 중국에서 단위체제의 해체는 사회보장제도의 도입과 맞물려 진행되었다. 단위체제가 해체되는 대신에 양로보험과 의료보험의 필요성 때문에 사회화된 사회보장제도를 필요로 했다. 다른 한편, 단위체제의 해체에 따른 또 다른 문제점, 특히 실업의 증가는 사회 불안정을 야기할 수 있기 때문에 사회보장제도의 도입이 필요해졌다. 그 결과, 1990년대 이래 사회화된 사회보장제도의 도입이 급속히 추진되었으며, 양적으로 성과를 거두어왔다.

사회보장제도의 도입은 1990년대 이래 국가가 사회안정을 확보하기 위해 추진하는 중점적인 노력 가운데 하나이다. 그런데 국가의 목표가 별로 효과적이지 못하거나 불평등을 온존하게 하면 사회안정에 기여하지 못할 수도 있다. 본 논문의 목적은 주요 사회보험제도의 도입과 문제점을 체계적으로 살펴보면서, 사회보험제도의 도입이 중국 정부가 추구하는 사회안정에 미칠 영향에 대한 시사점을 찾고자 하는 데 있다.

이러한 맥락에서 본 연구가 가지는 의문은 다음과 같다. 첫째, 사회보장제도가 실제로 얼마나 진척되었는가? 둘째, 사회보장제도의 추진이 균등하게 제대로 시행되고 있는가? 불균등하다면 도농간, 지역별, 소유제별로 어떻게 편차가 있고 그것이 가지는 의미는 무엇인가? 셋째, 사회보장제도는 불평등을 줄이고 소득 재분배 기능을 하는 것이 목표인데, 이것이 제대로 관철되고 있는가? 예컨대 도농간, 소유제간, 지역간, 고용형태(정규직/비정규직)에 따라 불평등이 지속되거나 강화되지 않는가? 넷째, 실업보험 제도가 실질적으로 보장기능을 수행하는가? 예컨대 보험금 지급수준이 다른 나라와 비교해서 너무 낮은 것이 아닌가? 다섯째, 종합적으로 현재 도입되었거나 도입이 검토된 사회보장제도가 사회정치적 안정이라는 국가의 목표를 실현하는 데 기여했거나 할 것인가? 오히려 가족이나 사회의 부담이 증가되는 것이 아닌가?

이를 해명하기 위해서 2장에서는 먼저 단위체제의 문제점과 사회보장제도의 도입 배경을 살펴보고 사회보장제도의 도입과 추진의 성과를 살펴볼 것이다. 여기서는 사회보장제도 전반을 다루기보다는 사회보장[1] 가운데 양로보험, 의료보험, 실업보험의 도입배경과 성과를 살펴볼 것이다. 2장에서 사회보험제도의 도입이 상당히 진척되었음을 살펴보았지만, 사회보험제도의 도입과 추진과정에서 여러 가지 문제점도 가지고 있다. 3장에서는 사회보험제도의 도입과 추진과정에서 발생한 두드러진 문제점 가운데 하나인 부문간의 격차문제를 살펴볼 것이다. 먼저 도시와 농촌 간의 격차의 실태와 원인을 살펴본 다음에 도시 내 부문간 격차, 즉 소유제별 · 지역별 · 고용형태별 격차의 실태와 원인을 살펴볼 것이다. 4장에서는 사회안정에 영향을 미치는 각 사회보험제도의 다른 문제점을 살펴볼 것이다.[2]

---

1) 중국의 사회보장 체제는 크게 나누어 사회보험, 사회구제, 사회복지(社會福利) 및 우대구휼(社會優撫)의 네 영역으로 구성된다. 여기서 사회보험에는 양로보험, 의료보험, 실업보험, 산재보험 및 출산보험이 있다. 사회구제는 자연재해와 재난이 발생할 시에 이재민을 위한, 사회복지는 신체장애자, 고아, 무의탁노인 등을 위한, 우대구휼은 군인가족 · 유족 · 상이군인 등을 위한 사회보장제도이다. 穆懷中 編, 『社會保障國際比較』(北京: 中國勞動社會保障出版社, 2002), p. 117.

2) 중국의 사회보장제도에 대한 보다 자세한 내용은 다음을 참고하시오. 鄭功成 外 編, 『變革中的就業環境與社會保障』(北京: 中國勞動社會保障出版社, 2003); 鄭功成 · 鄭宇碩 編, 『全球化下的勞工與社會保障』(北京: 中國勞動社會保障出版社, 2002); 王克益 編, 『福建社會保障建設』(北京: 中國勞動社會保障出版社, 2003); 李迎生, 『社會保障與社會結構轉型』(北京: 中國勞動社會保障出版社, 2003); 閻青春, 『社會福利與弱勢群體』(北京: 中國社會科學出版社, 2002); Nelson Chow and Yuebin Xu, *Socialist Welfare in a Market Economy: Social Security Reforms*

2. 제도 도입의 배경과 내용

1) 전반적인 제도 도입의 배경

1990년대 단위체제의 해체가 시작되기 이선까시 중국의 복지제도는 단위복지체제로 특징지워진다. 단위복지체제하에서는 단위가 사회 복지의 모든 부담을 지고, 복지혜택을 제공하는 주요 경로였다. 이러한 부담으로 인해 단위는 각종 경영상의 곤란에 처하게 되었다. 단위복지체제의 또 다른 문제점은 기업간 복지 부담이 불균등하고 이를 조정할 기제가 결여되어 있다는 점이다.[3]

사회보장제도의 도입 목적은 이러한 문제점을 해결하고자 하는 데 있으며, 사회보장제도 개혁의 방향은 "부담의 균등화, 단위 부담의 감소와 개인 부담의 증가, 경제개혁의 결과에 대한 완충과 흡수 기제의 강화"라고 할 수 있다.[4]

---

in *Guangzhou, China* (Burlington: Ashgate, 2001); Christian Aspalter, *Conservative Welfare State Systems in East Asia* (Westport: Praeger, 2001); Jason Z. Yin, Shuanglin Lin, and David F. Gates, *Social Security Reform: Options for China* (Singapore: World Scientific, 2000); Linda Wong and Norman Flynn, *The Market in Chinese Social Policy* (New York: Palgrave, 2001).

3) 백승욱, 『중국의 노동자와 노동정책』(서울: 문학과 지성사, 2001), p. 251.

4) 백승욱, 『중국의 노동자와 노동정책』, p. 252.

2) 양로보험[5]

(1) 배경

단위복지체제하에서는 퇴직자의 퇴직비용을 단위가 책임지기 때문에 퇴직자의 증가는 바로 단위 부담의 증가로 나타난다.

<표 1> 도시[6] 퇴직자 수의 증가와 재직 직공과의 비율

	전국 도시 퇴직 직공 수	재직 직공과 퇴직 직공의 비율
1978	3,140,000	30.3 : 1
1982	11,130,000	12.8 : 1
1988	21,150,000	7.5 : 1
1992	25,980,000	5.7 : 1

자료: 鄭功成 外, 『中國社會保障制度變遷與評估』(北京: 中國人民大學出版社, 2002), p. 426.

예컨대, <표 1>에서 보듯이 1978년부터 1992년 사이에 도시에서 퇴직자 수는 급속히 증가하였으며, 재직 직공에 대한 퇴직 직공의 비율도 급속히 상승하고 있다. 퇴직자 수가 많을수록 기업이 지불해야 할 퇴직 후 양로금과 의료 혜택의 비용이 커진다. 따라서 많은 국유기업이 복지비용 과다 지출로 인해 경영상황이 지속적으로 악화되어 왔다. 기업경쟁력의 상실은 결국 국가의 부담이 되어 왔다. 다시 말하면, 정부가 거액의 재정보

---

5) 양로보험에 대해서는 다음을 참고하시오. 宋曉梧, 『中國社會保障制度改革』(北京: 淸華大學出版社, 2001); 成思危 編, 『中國社會保障體系的改革與完善』(北京: 民主與建設出版社, 2000); 勞動和社會保障部社會保險硏究所, 『世紀抉擇: 中國社會保障體系構架』(北京: 中國勞動社會保障出版社, 2000); 王夢奎 編, 『中國社會保障制度改革』(北京: 中國發展出版社, 2001); 何軍 編, 『勞動與社會保障』(北京: 東北財經大學出版社, 2002).
6) 특별한 언급이 없으면 도시는 성진(城鎭)을 의미한다.

조금을 통해서 기업의 생존과 퇴직 인원의 생활을 유지했던 것이다. 또한 경영상태 악화에 따라서 퇴직 후 양로금을 체불해 왔으며 그 결과 퇴직 양로 제도의 신용도 상실되어 왔다.[7]

(2) 내용

사회보장제도를 가진 모든 나라에서 양로보험은 가장 중요한 사회보장제도이다. 중국에서 가장 개혁이 일찍부터 시작된 사회보험 또한 양로보험이었다. 도시지역에서 양로보험 관련 개혁은 1984년부터 일부 지역에서 시작하다가 1991년에 본격화되었다. 개혁 이전의 전통적 양로보험에서 단위는 퇴직 후의 양로보험을 책임지면서 동시에 이를 관리하는 주체였다. 단위체제의 변화와 관련하여 1991년부터 도입된 중요한 개혁의 핵심적 내용은 단위화된 퇴직양로제로부터 사회화된 양로보험제로 전환되었다는 것이다. 그 주요한 특징을 살펴보면 다음과 같다.

첫째, 단위 대신에 사회보험 전담 관리기구가 사회통합기금의 징수·투자운영부터 양로금 지급까지 담당한다.

둘째, 책임분담기제가 단위복지체제하에서 단일 책임주체를 대체한다는 점이다. 단위복지체제하에서 직공 개인은 양로보험비를 지불할 필요가 없고 단위가 단일 책임주체로서 양로책임을 담당하는 체제였다. 이에 반해 기본양로보험제도는 책임분담원칙이다. 1997년 국무원이 반포한 "통일적 기업직공 기본양로보험제도 건립에 관한 결정"에 따르면, 도시기업과 그 직공은 기본양로보험비를 납입할 의무가 있다. 기업의 납입비율은 임금 총액의 20%, 개인의 납입비율은 본인 임금의 8%이며, 기업 납입의

---

7) 鄭功成 外, 『中國社會保障制度變遷與評估』, pp. 87-88.

기본양로보험비 일부는 사회통합기금, 나머지 일부는 개인구좌로, 개인 납입분은 개인구좌로 입금된다.

셋째, 단층적 양로보장으로부터 다층적 양로보험제로 전환하였다는 점이다. 제1층은 정부주도·책임관리의 기본양로보험제도, 제2층은 정부가 제창하고 기업이 스스로 발전시킨 기업연금 혹은 직업연금(보충양로보험), 제3층은 단체 혹은 개인구매의 상업성 생명보험이다. 2000년 말 제1층인 기본양로보험 가입자 가운데 재직 직공 수는 10,448만 명, 퇴직 인원은 3,170만 명이며, 제2층인 기업연금의 가입자 수는 560만 명이다. 제3층인 상업성 생명보험 가입자 수도 계속 늘어가고 있으며, 전국 생명보험회사 통계의 양로보험 수입증가상황을 보면, 1985년에 1.77억 위안, 1995년에 33.98억 위안, 1997년에 556.5억 위안, 1999년에 770억 위안, 2000년에 882억 위안에 이르고 있다.[8]

넷째, 신제도의 적용범위가 확대된다는 점이다. 우선, 기본양로보험에 가입하고 있는 인구가 계속 확대되고 있다. 1984년에 양로보험제도가 시작된 이래 1989년에 4,817만 명의 재직 직공과 893만 명의 퇴직자가 가입하였으며, 이것이 지속적으로 증가하여 2002년에는 1억 1,129만 명의 재직 직공과 3,608만 명의 퇴직자가 양로보험에 가입하고 있다.[9] 소유제별로 보면, 국유기업의 경우 1989년에 4,817만 명의 재직 직공과 893만 명의 퇴직자가 가입했으며, 이후 지속적으로 증가하여 2000년 각각 6,467만 명과 2,284만 명이 가입하고 있다. 또한 신제도는 국유부문에 한정되지 않고 다른 소유제부문으로 확대되고 있다. 먼저 도시 집체기업의 경우, 1992년에 1,176만 명과 338만 명에서 2000년에는 1,469만 명과 594만 명에 이른다. 다음으로 기타 기업의 경우, 양로보험 가입자 수도 1992년에 처음으로 58만 명의 재직 직공과 3만 6천 명의 퇴직자가 양로보

---

8) 鄭功成 外, 『中國社會保障制度變遷與評估』, pp. 95-99.
9) 國家統計局, 『中國勞動統計年鑑(2003)』(北京: 中國統計出版社, 2003), p. 555.

험에 가입했다가 이것이 지속적으로 증가하여 2000년에 1,188만 명의 재직 직공과 133만 명의 퇴직자가 가입하고 있다.[10]

<표 2> 전국 기본양로보험 현황 (1989~2001)

연도	기본양로보험 가입자 수(만 명)			그 중 국유단위 직공	기금수입	기금지출	잔액
	합계	재직 직공	퇴직자				
1989	5,710	4,817	893		146.75	118.83	67.99
1990	6,166	5,201	965		178.82	149.34	97.47
1991	6,741	5,654	1,087		215.71	173.07	144.07
1992	9,456	7,775	1,681	7,879.2	365.77	321.91	220.61
1993	9,847	8,008	1,839	8,041.7	503.54	470.63	258.59
1994	10,573	8,494	2,079	8,673.1	707.42	661.09	304.77
1995	10,979	8,738	2,241	8,917.5	950.05	847.61	429.83
1996	11,116	8,758	2,358	8,802.1	1,171.76	1,031.87	578.56
1997	11,204	8,671	2,553	8,872.7	1,337.91	1,251.33	682.85
1998	11,203	8,476	2,727	8,791.3	1,458.97	1,511.63	611.6
1999	12,486	9,502	2,984	9,413.2	1,965.12	1,924.85	733.54
2000	13,618	10,448	3,170	9,882.1	2,278.00	2,115.00	947.00
2001	14,183	10,802	3,381				
2002	14,737	11,129	3,608				

주 : 1. 1992~1998년의 국유단위직공은 기본양로보험 참가 재직 직공과 퇴직자(이퇴휴[11]); 1999~2001년의 국유단위 직공은 기본양로보험 참가 국유기업·기관·사업단위의 재직 직공과 퇴직 직공.
　　 2. 기본양로보험기금 잔액은 그 해의 이자수입과 기타 투자수익을 포함
자료 : 1989~1999년은 勞動部社會保險事業管理局,『中國社會保險年鑑』(北京: 中國人事出版社, 2000), pp. 19-22; 국유단위직공 수는 勞動和社會保障部,『中國勞動和社會保障年鑑』(北京: 內部印刷, 2001), p. 696; 2000년의 기타 자료는 노동사회보장부 제공. 鄭功成 外,『中國社會保障制度變遷與評估』, p. 426에서 재인용; 2001~2002년은 國家統計局,『中國統計年鑑(2003)』(北京, 中國統計出版社: 2003), p. 343.

---

10) 鄭功成 外,『中國社會保障制度變遷與評估』, pp. 98-99.
11) 이퇴휴는 이휴(離休)와 퇴휴(退休)를 의미한다. 이휴는 1949년 혁명 이전에 혁명에 참가한 노간부의 정년퇴직을, 퇴휴는 일반 직원의 정년퇴직을 말한다.

3) 의료보험[12]

(1) 배경

의료보험제도 도입 전, 도시지역에서 중국의 의료체제는 기업직공을 대상으로 한 '노보의료'(勞保醫療)와 기관·사업단위 공작인원을 대상으로 하는 '공비의료'(公費醫療) 등으로 구성되어 왔다. 이러한 체제에서는 단위가 기본적으로 노보의료와 공비의료의 경비를 지불하는 것이었다.[13]

이러한 공비의료와 노보의료가 갖는 문제점은 다음과 같다. 첫째, 직공은 기본적으로 의료비를 부담하지 않고, 국가와 단위가 의료비용을 거의 대부분 부담한다.

둘째, 유효한 의료비용 통제기제가 취약하고 의료비용이 급속하게 증가하기 때문에 의료비용이 국가 재정과 기업의 부담능력을 초월하였다. 의료비용의 증가속도가 빨랐던 이유는 인구 노령화문제, 의료·위생 과학기술의 발전, 약품가격·의료비용 기준의 조정 등에 있다. 하지만, 불합리하거나 심각한 낭비요인도 있다. 어떤 의료단위는 경제수입에 집착하고 중복검사, 과장된 처방(大處方), 치료남용을 한다. 진료 시에 직공 개인은 비용을 부담하지 않기 때문에, 비용의식과 절약관념이 결여되어 있고, 지나치게 높은 수준의 의료서비스를 받기를 원하며 중병도 아닌데 지나친 섭생을 하는 현상이 생겨나기도 한다. 다시 말하면, 의료제도가 효과적인 제약기제를 갖고 있지 않았다.

셋째, 기본적인 의료수요가 충족되지 못하는 현상과 의료자원이 낭비

---

12) 의료보험에 대해서는 다음을 참고하시오. 魏新武, 『社會保障世紀回眸』(北京: 中國社會科學出版社, 2003); 金麗馥·石宏偉, 『社會保障制度改革研究』(北京: 中國經濟出版社, 2003).
13) 鄭功成 外, 『中國社會保障制度變遷與評估』, pp. 120-129.

<표 3> 전국 의료사회보험 현황 (1993~2000) (단위: 만 위안)

| 연도 | 연말 보험참가 인원 수 | | | | 기금 수입 | 기금 지출 | 기말 잔액 |
| | 기본의료보험 | | 중병의료보험 통합기금 | | | | |
	재직 직공	퇴직자	재직 직공	퇴직자			
1993			2,676,094	225,182	14,355	13,335	4,343
1994			3,745,924	257,408	31,561	29,113	7,115
1995			7,026,144	432,560	96,667	72,835	30,982
1996			7,911,835	644,715	190,084	162,336	64,403
1997	2,954,494	738,742	12,934,579	992,015	523,000	405,000	166,000
1998	4,017,360	1,076,359	11,079,683	2,613,458	605,924	532,970	199,971
1999	4,698,570	1,240,773	10,395,529	4,318,220	898,660	690,735	575,543
2000	18,181,600	4,878,355	10,446,211	4,363,329	1,699,984	1,245,411	1,098,311

주 : 1. 1996년 전 기본의료보험 참가자 수에 대한 정확한 통계 없지만, 이 시기에도 많은 도시에서 기본의료보험제도를 건립하였음.
　　2. 의료보험에 참가하고 있지 않으면서 공비의료나 노보의료의 혜택을 받는 기업·기관사업단위의 직공을 포함하지 않음.
자료 : 勞動和社會保障部, 『中國勞動和社會保障年鑑』, p. 698

되는 현상이 병존하였다. 의료자원이 심각하게 낭비되는 가운데, 경영이 곤란한 기업에서는 직공의료비를 정산하지 못하고 특히 일부 퇴직 인원은 의료비를 정산하지 못하기 때문에 사회안정에 나쁜 영향을 미칠 수 있다.

넷째, 관리와 서비스의 사회화 정도가 낮기 때문에 노동력의 합리적 유동을 저해한다. 동시에 기업부담의 편차가 심하기 때문에 경제체제 개혁의 요구에 적응할 수 없다. 노보의료의 경우, 다수 중소기업이 자체 의료기관을 구비하지 못하고, 의료경비를 자체 조달·사용하고 산업간 차이, 노동의 차이, 신구정도 차이, 퇴직 인원수의 차이에 따른 기업부담의 불일치 때문에 공평경쟁의 시장운영기제와 부합하지 않는다.14)

---

14) 鄭功成 外, 『中國社會保障制度變遷與評估』, pp. 129-130.

(2) 내용

이러한 단위보장의 전통적 직공의료보장제는 기본의료보험제도와 중
병에 대한 사회통합기금제도로 전환함으로써 단위부담이 제거되었다. 기
본의료보험제도는 기본양로보험제도와 마찬가지로 단위와 개인이 의료보
험비를 부담하고 사회통합기금과 개인구좌를 결합하는 방식을 채택하고
있다. 그 결과 1994년에 기본의료보험제도에 참가하는 재직 직공 수는
375만 명, 퇴직자 수는 26만 명인 반면, 2002년에는 그 수가 급격히 증가
하여 재직 직공 수가 6,926만 명, 퇴직자 수는 2,475만 명에 이른다.[15]

4) 실업보험

단위체제는 종신고용을 전제로 하기 때문에 공식적으로 단위체제하
에서는 실업이란 존재할 수 없었다. 실제 중국에서는 1993년까지 실업 대
신에 대업(待業)이라는 용어를 사용하였다. 1994년부터 정부부문은 비로
소 실업과 실업률을 공식적으로 사용하기 시작했다.

실업보험[16]은 1986년 국무원이 "국영기업 직공 대업보험 잠정 시행
규정"을 발표하면서 처음으로 모습을 갖추게 되었다. 1993년 5월에는
1986년 "시행규정"의 문제점을 조정 · 보완하여 국무원은 "국유기업 직

---

15) 國家統計局, 『中國勞動統計年鑑(2002)』, p. 540; 『中國勞動統計年鑑(2003)』, p. 563.
16) 중국의 실업보장제도는 실업자의 실업보험제도와 샤강직공을 위한 생활보장제도로 구성되
어 있다. 2000년 이후 대규모 샤강현상은 생기지 않고 2003년 말 모든 샤강직공은 재취업서
비스센터에서 나와서 시장에 진입함에 따라 샤강현상은 점차 소멸할 것으로 예상된다. 직접
실업시키지 않는 샤강이라는 과도기적 보호기제는 점차 소멸하고 국유기업 배출 잉여인원은
직접 실업으로 나타나고 이들에 대한 실업기간 보장은 실업보험제도가 담당할 것이다(鄭功
成 外, 『中國社會保障制度變遷與評估』, pp. 129-130). 따라서, 샤강직공을 위한 생활보장제
도는 점차 소멸할 것이다.

공 대업보험규정"을 발표하였다. 1993년 "규정"은 1986년 "시행규정"에 비해 다음 몇 가지 사항을 보완한 것이다.

첫째, 실업보험의 적용범위가 4가지 항목에서 7가지 항목으로 늘어났다. ① 파산 선고된 기업의 직공, ② 파산에 직면하여 기업의 법정 정리 시기에 감원된 직공, ③ 기업이 노동계약을 종료·해제한 노동지, ④ 기업이 해고한 직공, ⑤ 국가 유관규정에 따라 폐업 및 해산된 기업의 직공, ⑥ 국가유관규정에 따라 각종 중단 정리된 기업의 감원 직공, ⑦ 법률과 법규의 규정에 따라 또는 성·자치구·직할시 인민정부의 규정에 따라 대업보험금을 받을 수 있는 직공 등이다.

둘째, 실업보험 급여의 참조 기준과 수준의 조정이었다. 실업구제보험금의 지급기준이 원래 본인 표준임금의 50~70%로부터 현지(現地) 사회구제금의 120~150%로 바뀌었다. 다시 말하면, 참조기준이 임금에서 사회구제금으로 변경되었다는 것이다.[17]

1999년 1월 국무원이 "실업보험조례"를 반포하면서 중국의 실업보험제도는 새로운 단계로 진입했다고 할 수 있다. "조례"는 1993년 "규정"에 비해서 몇 가지 중요한 수정사항을 제시하고 있다.

첫째, 정식으로 대업보험 대신 실업보험이라는 용어가 사용되었다.

둘째, 실업보험 적용범위가 실질적으로 확대되었다. 1993년 "규정"은 적용범위를 국유기업에 한정했지만, 1999년 "조례"는 적용범위를 도시 소재의 각종 기업·사업단위로 확대하고 있다. 이는 국유기업, 도시집체기업, 외상투자기업, 도시사영기업, 도시기타기업, 비기업적으로 관리되는 사업단위를 포함한다.

---

17) 鄭功成 外, 『中國社會保障制度變遷與評估』, p. 165.

<표 4> 전국 등록실업자 수와 실업보험 현황(1986~2001)

연도	등록실업자수 (만 명)	등록실업률 (%)	실업구제금 수령자 (명)	실업구제금 지급총액 (억 위안)	기금수입 (억 위안)	기금지출 (억 위안)	기금잔액 (억 위안)
1986	264.4	2.0					
1987	276.6	2.0			5.34	0.88	4.67
1988	296.2	2.0			5.81	1.79	8.79
1989	377.9	2.6			6.81	2.02	13.66
1990	383.2	2.5			7.97	2.54	19.22
1991	352.2	2.3			9.26	3.04	25.18
1992	363.9	2.3			11.66	5.15	32.15
1993	420.1	2.6			17.85	9.30	40.77
1994	476.4	2.8	1,964,633	5.08	25.44	14.20	52.00
1995	519.6	2.9	2,613,130	8.20	35.30	18.87	68.42
1996	552.8	3.0	3,307,884	13.87	45.25	27.29	86.38
1997	576.8	3.1	3,190,445	18.68	46.94	36.33	96.99
1998	571.0	3.1	1,581,000	20.39	68.42	51.87	133.45
1999	575.0	3.1	2,714,046	31.87	125.24	91.61	159.86
2000	595.0	3.1	3,297,489	56.20	160.44	123.43	195.93
2001		3.6	4,685,470		187.32	156.57	226.21

주: 1986년 실업보험제도가 시작되었지만 명칭은 대업보험이었으며 상징적 의의만 갖고 있었음. 1993년 실업보험으로 명칭이 변경되었으며 유효한 사회보험제도로서 역할을 하기 시작했다.
자료: 勞動和社會保障部, 『中國勞動和社會保障年鑑(2001)』, p. 488. 실업보험기금의 수입·지출·잔액은 사회보장부 실업보험사 제공. 鄭功成 外, 『中國社會保障制度變遷與評估』, p. 429에서 재인용.

셋째, 실업보험료의 납입비율을 조정하고 단위와 개인의 보험료 공동부담제도를 확립하였다. 먼저 단위의 실업보험기금의 납입비율을 원래 단위임금총액의 1%에서 2%로 증가시켰으며, 직공 개인이 원래 납입하지 않다가 임금의 1%를 실업보험료로 납입하도록 규정하고 있다.[18]

이러한 제도 도입의 결과에 따라 실업보험은 양적으로 급격히 성장하였다. 〈표 4〉는 실업보험의 양적인 팽창을 잘 보여주고 있다. 실업보험기금의 경우, 이미 상당한 규모에 이르렀고 매년 기금 잔액은 일정하게 축적되어서 1987년에 4.67억 위안에서 2001년에는 226.21억 위안에 이르렀다. 또한 실업보험 가입자 수도 1997년 말에 전체 도시직공의 54.3%(7,961만 명)에서 급격히 증가하여 2002년에 1억 182만 명에 이르고 있다.[19]

3. 제도 도입의 불균등성과 불평등구조

외적으로 사회보험제도의 도입이 상당히 진척되었지만, 여러 가지 문제점을 가지고 있다. 여기서는 사회보장제도가 가지는 문제점 가운데 사회 안정에 부정적인 영향을 미칠 수 있는 요인을 중심으로 살펴본다. 원래 중국에서 사회보장제도의 도입은 노동력의 합리적 유동을 촉진하는 등 경제효율성을 향상시키는 데 목적이 있을 뿐만 아니라 단위체제의 해체에 따라 발생할 수 있는 사회 불안정을 줄이는 데도 그 목적이 있다. 사회보장제도가 사회 불안정을 해소하는 데 얼마나 기여하고 있는지는 사회보장제도가 얼마나 공평하게 적용되고 사회 불평등을 얼마나 줄이는가를 살펴보는 것으로 출발할 수밖에 없다.

먼저 사회보장제도의 도입과 추진에서 부문간에 격차가 존재한다. 예컨대 양로보험의 경우, 양로보험료가 기업을 통해서 납부되고 있는 데다가, 또 보험료 중 기업 납입분의 비중이 아직도 절대적이기 때문에 이 제도에

---

18) 鄭功成 外, 『中國社會保障制度變遷與評估』, pp. 166-8.
19) 國家統計局, 『中國統計年鑑』(2003), p. 343; 鄭功成 外, 『中國社會保障制度變遷與評估』, pp. 173-175.

가입하지 않은 기업노동자들은 혜택에서 배제된다.[20] 이는 사회보장제도
에 가입한 부문과 가입하지 않은 부문 간의 불평등을 의미하는 것이다.[21]

1) 도농 격차와 농촌보험제도

부문간 격차에서 가장 두드러지는 것은 도시와 농촌 간의 격차이다. 도
시는 빠르게 진척되고 있는 반면, 상대적으로 농촌에서는 보험제도의 도입이
부진한 상태이다.[22] 2003년경 전체 노년인구 가운데 25%만이 양로보험 보장
을 받고 있고, 10%의 인구만이 의료보험 보장을 받고 있고 있다. 이렇게 비율
이 낮은 주요한 이유는 중국 전체 인구 가운데 65%가 거주하는 농촌지역에서
양로보험이나 의료보험 보장의 비율이 극히 낮다는 데 있다.[23]

(1) 양로보험제도

먼저 양로보험제도를 살펴보자. 중국의 인구 노령화는 도시와 농촌에서
동시에 심화되어 왔다. 농촌에서 가정의 인구 규모가 지속적으로 감소하는
반면, 노령인구는 급속하게 증가하는 상황은 농촌에서 사회화된 양로보장의
필요성을 높여왔다. 1991년 국무원이 도시와 농촌의 양로보험에 대한 업무를
분리한 이후, 1992년 민정부는 "현급 농촌사회 양로보험 기본방안"을 반포,

---

20) 백승욱, 『중국의 노동자와 노동정책』, p. 272.
21) 수입 차이와 사회보장제도의 관계에 대해서는 다음을 참고하시오. 趙振華, 『收入分配與社
會保障』(北京: 黨建讀物出版社, 1999); 曾湘泉・鄭功成, 『收入分配與社會保障』(北京: 中國勞
動社會保障出版社, 2002).
22) 鄭功成 外, 『中國社會保障制度變遷與評估』, pp. 104-105.
23) 鄭功成, "加快建設與經濟發展水平相適應的社會保障體系," 『中國人民大 復印報刊資料: 社
會保障制度』, 2003年 12期.

"개인비용 부담을 주(主)로, 집체보조를 보조로, 정부정책보조"를 기본원칙
으로 하면서 양로보험 기금 축적의 개인구좌 모델을 실시하기 시작했다.

하지만 1998년 아시아 금융위기 이후 이익하락의 국면에서 국무원은 농
촌 양로보험을 잠시 유예함에 따라 농촌 양로보험은 양적으로 오히려 줄어들
었다. 1999년에서 2001년 사이에 안후이, 저쟝, 윈난, 산시(山西), 산둥, 장쑤,
상하이 등 성시의 농촌 양로보험 현황에 대한 조사에 의하면, 상하이와 산둥
옌타이(烟臺)를 제외하고 기타 지역에서 농촌 양로보험은 거의 정체 상태에
있었다. 1997년에 양로보험에 가입한 농촌인구는 8,300만 명, 1998년에 8,025
만 명, 1999년에 8,000만 명, 2000년 말에는 6,172만 명으로 하락하였다.[24]
중국 전체 농촌인구를 고려할 때, 대단히 적은 비중이다.

이러한 상황에서 가정양로[25]가 중국 농민 노년보장의 주요 형식이 될
수밖에 없다. 하지만 인구구조, 가정구조, 농촌 노동력 유동, 경제구조 등 요인
의 영향 때문에 전통적 가정양로가 직면한 도전은 커져가고 있다. 첫째, 농촌인
구의 노령화는 갈수록 심각해지고 있다. 1982년에서 2000년 사이에 전국 65세
이상 노인의 비중은 4.90%에서 6.96%로 상승했으며 연해지구 65세 이상 노인
의 비중은 전국 평균수준을 크게 초과하고 있다. 1990년 농촌지역에 65세 이상
노인의 비중은 5.73%이며, 도시지역의 비중인 5.37%를 크게 초과한다. 2020
년 전후 농촌인구 노령화는 도시와 비교해 2~6%를 초과할 것으로 예상된다.

둘째, 가족계획정책에 따라 농촌 가정구조는 갈수록 소형화 추세에
있다. 1980년에 농촌가구 평균 인구는 5.54명, 1990년 4.8명, 1998년 4.3
명으로 하락하였다. 가정소형화는 노인이 자식을 키워서 노후에 대비하는
경향을 초래하였다. 또한 가정소형화의 압력은 한편으로 자식이 부모를

---

24) 鄭功成 外, 『中國社會保障制度變遷與評估』, p. 256.
25) 가정양로에 대해서는 다음을 참고하시오. 穆光宗, 『家庭養老制度的傳統與變革』(北京: 華齡
　　出版社, 2002).

경제적으로 부양하지만 부모와 따로 사는 현상으로 나타났다.

셋째, 농촌노동력의 유동이 늘어남에 따라 경로·부모봉양의 전통 관념은 약화되고 가정의 응집력 또한 약화되고 있다. 중국 법률이 가정양로의 강제적 의무를 부과해도 신속한 경제사회구조의 변화가 농촌양로제도에 충격을 주고 있다.[26]

넷째, 토지의 보장기능이 약화되었다. 농촌개혁 이후 토지의 양로보장 기능이 오히려 약화되었다. 먼저 연산승포 책임제 실시 이후 농민은 토지사용권을 보유하고 있지만 토지소유권은 보유하고 있지 않기 때문에, 농민이 노년이 되어도 토지를 판매하여 화폐화할 수 없다. 다음으로 공업화와 도시화가 진행됨에 따라 경작지 면적이 줄어들고 1인당 경작지 면적도 줄어들고 있다는 점도 토지의 보장기능을 약화시키는 요인으로 작용하고 있다.[27]

(2) 의료보장제도

개혁 이전 농촌지역의 의료보장으로는 합작의료제도[28]가 존재했지만 침체상태에 빠졌다. 위생부에서 1998년 실시한 "제2차 국가위생서비스조사"의 결과에 따르면, 전국농촌주민 가운데 의료보장을 받는 인구는 단지 12.56%이다. 이 중 합작의료의 비중은 6.5%인데 1980년대 말의 5%와 비교해서는 일정 정도 상승했지만, 1970년대 90% 이상의 합작의료제도 적용

---

26) 鄭功成 外, 『中國社會保障制度變遷與評估』, pp. 264-265.
27) 武唯, "土地能保障農民養老嗎?" 『社會保障制度』(中國人民大 復印報刊資料), 2003年 12期, p. 45.
28) 합작의료제도는 계획경제시기 형성된 농촌지역의 가장 중요한 의료·보건·위생제도 가운데 하나이다. 이 제도는 각급 지방정부의 지원으로 참가자 상호공제의 원칙하에서 조직되었으며, 농촌주민에게 의료·보건·위생서비스를 제공한다. 합작의료제도는 도시의 공비의료·노보의료와 함께 3대 의료보장제도에 속할 정도로 농촌에서는 중요한 제도이다.

비율과 비교해보면 크게 하락했음을 알 수 있다. 합작의료의 비중이 크게
감소하는 대신 가정보장과 자기부담의 비중이 크게 증가했음을 알 수 있다.

<표 5> 중국 의료보장제도 구성(1998년) (단위: %)

조사 항목	전체 총합	도시	농 촌				
		합계	합계	1류	2류	3류	4류
공비의료	4.95	16.01	1.16	1.07	0.76	1.98	0.26
노보의료	6.22	22.91	0.51	1.40	0.54	0.15	0.03
반노보의료	1.62	5.78	0.20	0.64	0.10	0.07	0.05
의료보험	1.88	3.27	1.41	2.39	1.63	1.16	0.12
통주의료	0.39	1.42	0.05	0.15	0.03	0.01	0.00
합작의료	5.54	2.74	6.50	22.21	3.24	1.62	1.83
자비의료	76.40	44.13	87.44	71.79	93.17	94.77	81.49
기타 형식	2.98	3.73	2.73	0.34	0.52	0.23	16.22

자료 : "第二次國家衛生服務調査主要結果初步報告," 1998; 鄭功成 外, 『中國社會保障制度變遷
與評估』, pp. 251-252.

<표 5>에서 보듯이, 도시 주민 자비의료의 비중은 44.13%, 농촌주민
자비의료의 비중은 87.44%였다. 또한 의료보장은 도농간에 큰 격차가 있
을 뿐만 아니라 농촌 내부에서도 뚜렷한 지역격차가 있다. 농촌의료보장
일류지역은 경제가 비교적 발달된 연해 성·시, 예컨대 상하이, 장쑤, 광
둥, 저장, 산둥에 집중되어 있다. 일류지역의 농촌 합작의료의 적용비율은
22.21%이며, 자비의료를 제외한 각종 의료보장유형의 비중은 28.21%에
이를 정도로 높은 반면, 중서부 특히, 빈곤지역에서 농촌 합작의료(2류,
3류, 4류)의 비율은 3.3% 이하일 정도로 극히 낮다.

개혁 이후 합작의료의 적용범위가 급격히 하강함에 따라 <표 5>에서
보듯이 합작의료에 참가하는 수는 농촌인구의 6.5%(총수는 5,587만 명)에
불과한 실정이다. 반면, 어떤 경제발달지구는 다른 유형의 농촌 의료보장
제도를 건립하기 시작함에 따라 농촌 내에서 의료보장제도는 보다 다양화

되고 있다. 도시 공비의료와 노보의료, 반(半)노보의료에 참가하는 농촌
내 비농업직업인구와 그 가족의 수는 농촌인구의 1.67%이다. 의료보험과
통주(統籌)의료 참가자 비중은 1.46%(1,255만 명)이다. 기타 유형의 의료
보장을 갖춘 비중은 2.73%(2,346만 명)이다.[29]

(3) 정체원인

지금까지 살펴본 것처럼, 농촌보험의 발전은 아직 도시부문에 비해
현저하게 정체되어 있다. 그 주요 요인은 다음과 같다.

첫째, 국가가 농촌 사회보험을 그다지 중시하지 않았는데, 예컨대 양
로보험이 그러했다. 또한 농촌주민의 양로문제는 상업적 양로보험에 의존
해서 해결해야 한다거나 농민이 계약하여 경작하는 토지를 특수한 양로보
장 기제로 보는 인식도 작용하고 있다.[30] 그 밖에 국가가 제한된 자원을
국유기업 개혁과 도시 직공의 양로보장이나 의료보장제도에 집중함으로
써 농촌지역의 보험제도를 건설하는 데 소홀히 하고 있다는 점이다.[31]

전술한 것처럼, 농촌에서 가정 인구는 감소하는 반면, 인구는 노령화

---

29) 鄭功成 外, 『中國社會保障制度變遷與評估』, pp. 251-253.
30) 그러나 영리적인 상업적 양로보험은 상대적으로 고소득층으로 치우치는 경향이며 농촌주민
    의 소득수준은 상업적 양로보험에 가입할 수준에 이르지 못하고 있다. 또한 토지는 농촌주민
    의 양로문제를 자동적으로 해결할 수 없고 농업생산 효율이 지속적으로 하락하는 조건에서
    토지는 양로보장에 기여하지 못한다. 鄭功成 外, 『中國社會保障制度變遷與評估』, p. 105.
31) 鄭功成 外, 『中國社會保障制度變遷與評估』, pp. 104-105. 농촌 사회보험을 포함한 농촌 사
    회보장 전반을 보아도 국가의 투입은 절대 부족한 실정이다. 최근 도시의 매년 직공양로금은
    2,000억~3,000억 위안에 이르며 직공양로금의 보조금에 사용하는 국가재정만 해도 수백억
    위안을 초과한다. 반면 광범위한 농촌에 투입하는 국가재정은 200억 위안의 부빈(扶貧)개발
    기금이며 오보호(五保戶), 최저생활보조, 구재구제(救災救濟)의 자금으로 사용된다. 농촌의
    1인당 보장액은 도시주민, 특히 도시직공보다 훨씬 낮은 실정이다. 자금부족 때문에 농촌사
    회보장은 오보호, 최저생활보장이든 부빈, 구재구제든 적용범위가 대단히 좁고 보장수준이
    대단히 낮은 것이 현실이다. 鄭功成 外, 『中國社會保障制度變遷與評估』, pp. 262-263.

하는 현상이 하나의 객관적 추세이기 때문에 사회화된 양로보장에 대한 수요 또한 하나의 객관적 사실이다. 더욱이 도시와 농촌 간의 소득격차가 심각한 상황에서 농촌의 양로문제는 도시보다 더 큰 문제가 될 수 있다.

또한 개혁 이래 의료위생조건의 개선으로 농민 건강수준은 제고되었지만 합작의료제도가 해체되고 절대다수 농민이 의료비를 자비로 부담하는 집단으로 전락하고 급격히 상승한 의료비용이 농민 수입의 증가속도를 크게 초과하기 때문에 상당수의 농민은 경제곤란으로 의료혜택을 받지 못하는 것이 현실이다.

2) 도시 내 부문간 격차

(1) 소유제별 격차

다음으로 도시 내에서의 부문간 격차를 살펴보자. 먼저 소유제별 차이는 다른 변수보다 불평등구조에 가장 결정적인 변수이다. 먼저 사회화된 양로보험에 참가하는 기업은 소유제별로 불균등하다. 먼저 1999년 조사에서 소유제별 양로보험의 참가비중을 보면, 국유기업이 94.1%, 집체기업이 77.7%로 높은 반면, 사영기업은 14.1%, 향진 집체기업은 20.1%로 낮다.[32]

의료보험에 참가하는 비율과 직공가족이 의료비를 부담하는 비중도 소유제별로 불균등하다. 일반 의료보험이나 중병 의료보험에 참가하는 기업 가운데 직공가족의 의료비를 부담하는 기업은 절반 가량이다. 하지만, 다수 국유기업(63.5%), 도시 집체기업(56.7%), 합자기업(60.0%)은 직공가

---

32) 葛延風·龔曉京, "中國城市企業勞動就業與社會保障狀況: 抽樣調査分析報告,"(미간행보고서, 2002年), pp. 28-29.

족의 의료비를 부담하는 반면, 향진 집체기업(0%)과 사영기업(8%)은 직공
가족의 의료비를 부담하지 않는다.[33]

실업보험에 가입한 기업의 비율은 50.5%인데, 이 또한 소유제별로
격차가 존재한다. 1999년에 국유기업의 80.7%, 도시 집체기업의 49.5%,
합자기업의 32.1%가 실업보험에 참여하고 있는 반면, 향진 집체기업은
8.2%, 사영기업은 4.7%에 불과하다.[34] 실업자가 실업보험 혜택을 수령할
수 있는지는 특히 기업 납입금에 따라 결정된다. 많은 향진 집체기업이나
사영기업은 직공을 위한 보험료를 납부하지 못했기 때문에 이들 기업으로
부터 유출된 실업자나 샤강인원은 실업보험을 받을 자격이 상실된다.

〈표 6〉 소유제별 직공 양로보험 (1998년 말) (단위 : %)

	국유단위	도시집체단위	사영기업	삼자기업
단위 제공 양로보장 혹은 사회양로보험	79.9	61.3	10.4	61.1
단위 혹은 고용주가 개인을 위해 가입한 상업양로보험	3.7	5.6	2.8	6.9
스스로 가입한 상업양로보험	1.0	1.9	4.8	1.9
분배 전혀 없음	9.6	24.1	78.5	25.2
모름	5.8	7.1	3.5	4.9
합 계	100.0	100.0	100.0	100.0

자료 : 王奮宇・李路路, 『中國城市勞動力流動』(北京: 北京出版社, 2000), p. 189.

〈표 6〉에서 보듯이 국유부문은 다른 소유제부문보다 양로보험의 조
건이 우수하다. 도시 집체부문과 삼자기업은 유사하다. 도시 집체부문과
삼자기업의 경우 어떤 양로보험도 제공하지 않는 비율이 25% 정도인 반
면, 사영기업은 그 비율이 78.5%에 이른다.

---

33) 葛延風・龔曉京, "中國城市企業勞動就業與社會保障狀況: 抽樣調査分析報告," p. 44.
34) 葛延風・龔曉京, "中國城市企業勞動就業與社會保障狀況: 抽樣調査分析報告," p. 47.

비국유기업이 보험제도에 가입하지 않는 이유 가운데 가장 중요한 것은 기업의 비용부담문제이다. 사회보험 비용의 대부분을 기업이 부담하기 때문에 기업은 비용을 절감하기 위해서 사회보험제도에 가입하지 않는다. 우선 기업 납입비율이 노동력 가격을 변화시키고 노동력 가격은 기업의 고용 · 해고행위에 영향을 미친다. 중국에서 노동력 가격이 실업수준에 미치는 영향은 대단히 크다. 1978년에서 1997년 사이에 매년 직공 평균화폐임금은 1%씩 성장했으며, 도시 종업인원은 0.76% 감소, 비농업 종업인원은 1.32%감소하였다. 노동집약적 향진기업에 사회보험 가입을 강제하면, 현재 평균 사회보험비 납입률에 따른 노동비용의 증가는 기업이윤을 전부 없애고 상당수 향진기업이 폐업할 위기에 처하게 한다는 주장도 있다. 사실상 향진기업의 경쟁력은 그들이 사회보험 부담을 지지 않고 노동력이 저렴하기 때문이라는 것이다.[35]

둘째, 정부는 국유기업에 대해 제도적으로 구속할 수 있기 때문에 대부분의 국유기업은 이러한 보장제도에 가입하고 있는 반면, 비국유기업에 대해서는 정부가 강제적으로 구속할 수 없기 때문에 상당수의 비국유기업은 사회보장제도에 가입하지 않고 있다.

셋째, 비용납부의 시기문제이다. 외자기업을 예로 들면, 이들의 직공 평균연령이 비교적 낮고 젊은 층이 많다. 따라서 이들 외자기업에는 퇴직 직공의 문제가 없다. 외자기업은 의료보험이나 양로보험의 참가에 대한 압박을 받지 않는다는 점에서 국유기업과 상반된다.

(2) 지역별 격차

1999년 조사에서 양로보험 참여의 지역별 격차도 비교적 크다. 푸순(撫

---

35) 鄭功成 外, 『中國社會保障制度變遷與評估』, p. 185.

順, 98.2%), 칭다오(靑島, 92.6%) 같은 대도시의 경우 참여율이 상대적으로 높은 반면, 쟈오난(膠南, 50.0%), 허란(賀蘭, 50.8%), 쟝진(江津, 53.8%) 같은 소도시의 경우 참여율이 상대적으로 낮다.[36]

현재 체제에서 실업보험자금은 사회통합기금에서 사용된다. 그런데 지역별로 실업보험기금의 수금능력 차이가 대단히 크다. 이것은 지역별 실업·샤강인원의 보장혜택의 차이에 영향을 미친다. 예컨대, 동북, 서북 지역처럼 경제발전수준이 낮고 가동률이 낮은 오래된 기업이 많은 지역에서는 실업·샤강인원의 규모가 크고 보험기금도 적자상태이고 지방재정은 위기에 처해있다. 이런 상황에서 실업보험 적용비율이 낮고, 샤강직공의 기본생활비 수령 현황이나 재취업 서비스 면에서 그 보장 정도는 전국 평균 수준보다 낮다.[37]

(3) 농민공과 비농민공 간 격차[38]

비유동인구, 도시호구를 소지한 유동인구, 농촌유동인구 간에 사회보장혜택에서 큰 격차가 존재한다. 〈표 7〉에서 보면, 베이징의 경우 직장에서 의료비용의 일부 혹은 전부를 받는 비중에서 비유동인구는 82%인 반면, 도시호구 소지 유동인구는 35%, 농촌 유동자는 21%에 불과하다.[39] 이러한 격차가 발생하는 이유는 대량의 유동인구가 사영기업에 근무하거나 비정규직으로 근무하기 때문이다. 따라서 이들 간의 격차는 소유제별

---

36) 葛延風·龔曉京, "中國城市企業勞動就業與社會保障狀況: 抽樣調査分析報告," pp. 28-9.
37) 鄭功成 外, 『中國社會保障制度變遷與評估』, p. 178.
38) 농민공의 사회보장에 대해서는 다음을 참고하시오. 盧海元, 『走進城市: 農民工的社會保障』 (北京: 經濟管理出版社, 2004); 李培林 編, 『農民工: 中國進城農民工的經濟社會分析』(北京: 社會科學文獻出版社, 2002).
39) 王奮宇·李路路, 『中國城市勞動力流動』(北京: 北京出版社, 2000), pp. 294-5.

격차나 동일소유제 내에서의 고용형태, 즉 정규직·비정규직의 차이에 의해서 설명할 수 있다.

<표 7> 취업자의 의료비용과 양로보장 (1998년 말) (단위: %)

	베이징			우시(無錫)			주하이(珠海)		
	비 유동자	도시 유동자	농촌 유동자	비 유동자	도시 유동자	농촌 유동자	비 유동자	도시 유동자	농촌 유동자
단위 지급 의료비용(일부 혹은 전부)	82	35	21	72	39	25	49	31	16
단위 분배 양로보장	68	25	2	70	14	12	50	9	1
표 본 수	895	109	355	980	65	533	719	292	885

주 : 도시 유동자는 도시호구를 가진 유동인구를, 농촌유동자는 농촌호구를 가진 도시로의 유동
　　인구를 가리킴.
자료 : 王奮宇·李路路,『中國城市勞動力流動』, p. 295.

농민공에 대한 다른 설문조사[40]를 살펴보자.

<표 8> 당신은 한 번이라도 실업을 경험한 적이 있는가?(2000년)

	명 수		백분율(%)	
	2000년	2002년	2000년	2002년
경험한 적이 있다	165	139	33.5	45.4
경험한 적이 없다	327	167	66.5	56.6
합 계	492	306	100.0	100.0

자료: 李强·唐壯, "城市農民工與城市中的非正規就業," p. 11.

---

40) 1차는 2000년 11~12월 베이징 펑타이(豊臺)구를 대상으로 베이징시 주민(752건), 유동인구
　　(493건), 2차는 2002년 3~4월 베이징 차오양(朝陽)구를 대상으로 베이징시 주민(504건), 유동
　　인구(307건)를 대상으로 한다. 李强·唐壯, "城市農民工與城市中的非正規就業,"『社會學』
　　(中國人民大 復印報刊資料), 2003年 3期, p. 3.

먼저 2000년 조사에서 농민공이 한 번이라도 실업을 경험한 비율은
33.5%인 반면, 2002년 조사에서는 그 비율은 45.4%이다. 그 비중이 상당
히 높다는 사실을 알 수 있다. 정식 주민에 대해서는 베이징의 경우, 실업
보험제도나 도시 최저생활보장선제도가 이미 건립되어 있다. 반면 농민공
은 도시 정식주민보다 실업보험금 혜택이나 도시 최저생활보장선제도의
혜택을 받지 못할 뿐만 아니라 의존할 가족·친지 등도 없는 실정이다.

〈표 9〉 수중에 한 푼도 없었던 때가 있었는가? (2000년과 2002년)

	명 수		백분율(%)	
	2000년	2002년	2000년	2002년
경험한 적이 있다	161	111	32.9	36.3
경험한 적이 없다	329	195	67.1	63.7
합 계	490	306	100.0	100.0

자료: 李强·唐壯, "城市農民工與城市中的非正規就業," p. 11.

〈표 10〉 도시로의 유동 이후 질병에 걸린 횟수 (2000년과 2002년)

질병 걸린 횟수	명 수		백분율(%)	
	2000년	2002년	2000년	2002년
0(병난 적이 없다)	304	162	63.6	54.0
1차	57	52	11.9	17.3
2차	52	35	10.9	11.7
3차	27	23	5.6	7.7
4~7차	25	21	5.2	7.0
8차 이상	13	7	2.7	2.3
합 계	478	300	100.0	100.0

자료: 李强·唐壯, "城市農民工與城市中的非正規就業," p. 13.

2000년과 2002년의 조사에서 32.9%와 36.3%의 농민공이 "수중에 한 푼도 없었던 때가 있었다"고 응답하고 있다.[41]

농민공이 젊은 연령층이지만, 그들의 업무가 육체적 부하가 큰 체력노동이고 주변 위생환경이 나쁘기 때문에 질병에 걸릴 가능성이 높다. 질병에 걸려본 경험이 있는 농민공의 비중이 2000년에 36.4%, 2002년에 46.%였다. 2000년에 13.5%의 농민공이 3차례 이상, 2002년에 17%가 3차례 이상 질병에 걸려본 경험이 있다.[42]

농민공이 전술한 사회보험제도에 참가하고 있지 못할 뿐만 아니라 경제적 조건도 훨씬 열등한 상태에 있음을 알 수 있다.

4. 사회안정에 영향을 미치는 다른 문제점

1) 실업보험제도의 문제점

지금까지 사회보험제도의 추진이 불균등하고 불평등구조를 유지시킨다는 점을 살펴보았다. 여기서는 사회안정에 영향을 미치는 각 사회보험제도의 다른 문제점을 살펴볼 것이다.[43]

먼저 실업보험제도를 살펴보면 다음과 같다. 각국에서 특정한 실업보장모델의 선택은 특정한 사회적 배경과 조건을 가진다. 그 발전방향과 경

---

41) 李强·唐壯, "城市農民工與城市中的非正規就業," p. 11.
42) 李强·唐壯, "城市農民工與城市中的非正規就業," p. 12.
43) 사회보험제도의 문제점에 대해서는 다음을 참고하시오. 勞動和社會保障部社會保險事業管理中心 編, 『社會保險管理工作難點與對策』(北京: 中國勞動社會保障出版社, 2003).

로는 해당 국가 특유의 문화·정치·경제 등의 다양한 요인에 의해서 결정됨에 따라 다양화된 실업보장모델을 형성한다. 중국의 경우, 실업보험제도 건립의 기본 배경은 비경제적 요인, 주로 정치·사회적 요인에 있다. 즉, 계획경제시대하에서의 국유기업 종신취업제도는 시장경제로의 개혁 때문에 유지될 수 없다. 상응하는 실업보험제도로 대체하지 못하면, 정부의 신뢰도는 극단적인 손상을 입을 수 있으며, 상당 규모에 이르는 실업노동자는 전체 사회에 심각한 충격을 줄 수 있다.[44] 따라서 이 시점에서 실업보험제도가 제대로 건립되었는지 여부는 사회안정에 미치는 영향이 더욱 크다고 할 수 있다.

먼저 도시의 등록 실업률은 2002년 9월 말에 3.9%(752만 명)이었다. 그런데 이러한 수치는 실제 실업률을 제대로 반영하지 못하고 있다.

첫째, 다양한 이유로 등록하지 않은 실업자는 포함되어 있지 않다. 둘째, 실업 인원의 범위가 대단히 협소하다. "조사시점 1주일 전에 수입이 있는 노동시간이 1시간보다 적은 경우 실업인구"로 보며 "1주간 노동시간이 15시간보다 적을 때 실업으로 규정"하는 일반적인 국제기준과는 현격한 차이가 있다.[45] 셋째, 샤강직공이 포함되어 있지 않다. 국무원 발전연구소의 표본조사에 따르면, 1997년과 1998년 도시의 실업과 샤강을 합친 실제 실업률은 13~15%에 이르며, 1999년 이래 취업 상황이 다소 호전되었다고 하지만, 2001년 도시의 실제 실업률은 10%에 이르는 것으로 평가하고 있다. 국무원 발전연구소는 WTO 가입 이후 국유기업에서 고용조정이 더욱 진척되어 실질 실업률이 향후 일정기간 15%를 초과할 것으로 예상하고 있다.[46]

---

44) 鄭功成 外, 『中國社會保障制度變遷與評估』, p. 182.
45) 李培林·張翼·趙延東, 『就業與制度變遷-兩個特殊群体的求職過程』(杭州: 浙江人民出版社, 2000), p. 40.

과거 사회주의체제에서는 실업·샤강이 크게 존재하지 않았기 때문에 실업·샤강문제를 흡수할 수 있는 각종 제도적 조건이 구비되어 있지 않았다. 따라서 현재의 중국체제는 오랜 기간 실업을 경험해 왔던 자본주의 체제보다 그 유연성이 취약하다 할 수 있다. 다시 말하면, 실업·샤강의 충격에 보다 경직된 체제라 할 수 있다. 동일수준의 실제실업률이라 하더라도 자본주의 국가보다 중국에서 더욱 심각한 것일 수밖에 없다.

반면, 실업보험이 심각한 실업·샤강문제를 실질적으로 해결하거나 단위제도의 변화에 따른 대책으로서는 불충분한 점이 많다. 예컨대 실업보험제도의 경우 보장기능을 하기 어려울 정도로 보험금 지급수준이 대단히 낮다. 근속연수가 5년 이상이었던 실업자는 24개월 간, 5년 이하인 실업자는 12개월 간 보험금을 받는데, 매달 지급하는 보험금의 최고 수준도 실업자 원래수입의 40%에 불과하기 때문에 실업자의 최저생활을 보장하기 어렵다.[47] 중국의 실업보험금은 국제관례, 즉 실업자 원래 수입의 50%보다 낮은 수준이다. 중국에서는 보험금 수준이 최저생활보장기준과 최저임금기준 사이에서 결정되었다. 따라서 보험금은 최저생활보장기준보다 높은 반면, 최저임금기준보다는 낮다. 중국의 실업보험금은 확실히 낮은 수준이다. 보험금이 낮은 이유는 다음과 같다.

첫째, 중국의 실업보험제도 건립기간이 단지 십 몇 년에 불과할 정도로 짧기 때문에, 축적된 보험기금이 적고 지불능력이 부족하다. 둘째, 실업보험의 납입수준이 낮기 때문이다.[48]

---

46) 國務院發展研究中心課題組, "加入WTO對中國社會的影響及政府政策選擇," 中國發展高層論壇2002會議論文, 2002年, p. 166.

47) 李京文, 『中國社會前景(2001)』(北京: 團結出版社, 2000), p. 14.

48) 실제 일부 국제조직과 중국 학자들은 현재 중국 실업보험의 납입수준이 수요를 만족시키기에는 거리가 너무 멀다고 본다. 국제노동기구(ILO)는 3%의 납입률은 7~10%의 실업률을 겨우 지탱할 뿐이라고 주장한다. 현재 수준의 실업보험 납입률을 전제로 하면 실업보험이 샤강 직공에게 실업보험금을 제공할 수 있을지 상당히 회의적이라고 본다. 하지만, 개인과 기업의

한편, 국가 또한 빠르게 진척되는 실업문제를 해결할 만큼 재정적·
조직적 역량이 충분치 못하다. 첫째, 조직적 측면에서 과거 전통적인 국가
단위보장체제와 판이한 새로운 사회보장체제를 실시해본 경험이 없을 뿐
만 아니라 실업문제를 다루어 본 경험이 없다는 점이다. 둘째, 국가가 실업
문제 해결에 필요한 재정적 자원을 충분히 보유하지 못하고 있다. 예컨대,
현재의 실업노동자와 국유기업의 잉여인원을 몇 년 후 재취업시키려면 매
년 상당한 자금이 필요한데 국가로서는 재정적으로 큰 부담이 될 수밖에
없다.

2) 개인·가족·지역공동체의 부담 증가

양로보험제도와 의료보험제도의 도입 이후 개인의 부담도 증가했다.
먼저 양로보험제도의 도입 이후 피보험자 개인의 부담이 증가하고 있다.
단둥시 A식품공사의 경우 1993년부터 개인이 본인 임금의 1.5%를 양로보
험료로 납부하기 시작하다가 2003년에는 임금의 8%를 납부하고 있다. 또
한 의료보험제도의 경우도 도입 이후 개인의 의료비 부담이 증가해 왔다.
사회보장제도의 도입 자체가 기업의 부담을 줄이고 개인의 부담을 늘리고
자하는 것이기 때문에, 이는 당연한 결과일 수밖에 없고 향후 개인 부담의
감소도 기대하기 어려운 이유이기도 하다.
다른 한편, 가족 및 지역공동체의 부담도 증가하고 있다. 다시 말하면

실제 감당능력으로 보건대, 중국 내 대부분의 학자와 관료 모두 실업보험 납입비율을 올리는
것은 현실성이 없다고 본다. 정공청(鄭功成)도 당분간 기업과 개인의 납입비율을 올림으로써
기금규모를 확대하는 방안은 실현가능성이 낮다고 본다. 전체 사회경제 발전 수준과 현재
경제상황으로 보아 중앙정부나 지방정부가 자금 투입을 대폭 늘릴 것으로 기대하기도 힘들
기 때문에, 기금 부족문제를 해결하기 위해서 다원적인 방안을 제시하고 있다. 鄭功成 外,
『中國社會保障制度變遷與評估』, p. 189.

실업·샤강노동자나 퇴직 노동자에 대한 부양 부담은 국가·단위로부터 가족·친척이나 지역공동체로 불가피하게 전가되는 것이다. 먼저 지역공동체의 부담 증가는 지역공동체의 중요성이나 역할이 정부에 의해서 강조되는 데서도 나타난다. 최근 국가가 지역공동체의 역할과 중요성을 강조하고 있다는 점은 각종 문헌에서도 확인된다.[49]

가족·친척의 부담 증가[50]는 취업자 1인당 부양해야 할 인구가 증가하는 데서도 나타난다. 먼저 도시지역의 문제를 살펴보자. 농촌노동자 한 명이 부양해야 할 평균 인구는 1985년의 1.74명, 1990년의 1.64명, 1995년의 1.56명, 2001년의 1.52명으로 지속적으로 감소한 반면, 도시지역 취업자 한 명이 가정 내에서 부양해야 할 평균 인구가 1985년의 1.81명, 1990년의 1.77명, 1995년의 1.73명, 2000년의 1.86명, 2001년의 1.88명, 2002년의 1.92명으로 증가하였다.[51] 취업자 1인당 부양인구가 증가하였던 첫 번째 원인은 인구노령화로 설명할 수 있고 두 번째 원인은 실업증가로 설명할 수 있다. 도시 등록 실업률은 1985년의 1.8%에서 2001년의 3.6%로 증가하였다.[52] 또한 최고 수입호에서 최저 수입호까지 7등분했을 때,

---

49) 지역공동체(社區)에 대해서는 다음을 참고하시오. 李培林, "社會生活支持網絡: 從單位到社區的轉變," 『社會學研究』(2001); 唐忠新, 『中國城市社區建設概論』(天津: 天津人民出版社, 2000); 周沛, 『社區社會工作』(北京: 社會科學文獻出版社, 2002); 彭穗寧, "市民的再社會化: 由 '單位人', '新單位人', 到 '社區人'," 『天府新論』, 1997年 6期; 黃序, 『城市發展中的社區建設』(北京: 中國城市出版社, 2002); 高鑒國, 『中國社區工作者手冊』(北京: 民族出版社, 2002); 盧漢龍, "單位與社區: 中國城市社會生活的組織重建," 『社會科學』, 1999年 2期; 陳娟, "社區空間與權力規制," 北京大學博士學位論文(2000).
50) 중국의 현행 법률, 즉 "혼인법", "계승법", "노년인구 권익보장법" 등은 자녀가 부모세대에 대한 부양 의무를 규정하고 있다.
51) 도시주민의 평균 호별 취업인구 수는 1985년의 2.15명, 1990년의 1.98명, 1995년의 1.87명, 2000년의 1.68명, 2001년의 1.65명, 2002년의 1.58명으로 점차 감소하였다. 國家統計局, 『中國統計年鑑(2002)』; 『中國統計年鑑(2003)』, p. 345.
52) 샤강직공이 취업자가 아니라 부양해야 할 인구라는 점을 고려한다면, 1인당 부양인구 수는 더욱 급증하였을 것으로 추측된다.

최고 수입호의 1인당 취업자 부양인구 수는 1.64명에 불과한 반면, 최저 수입호는 2.28명에 이른다.[53] 소득 수준이 낮은 가정일수록 부양해야 할 가족구성원이 더 많기 때문에, 그 부담이 더 크다는 사실을 알 수 있다.

상하이지역의 경우도 유사한 추세를 보이고 있다. 상하이시 취업자 한 명이 가정 내에서 부양해야 할 평균 인구가 1980년에 1.69명, 1986년에 1.60명, 1990년에 1.64명, 1995년에 1.88명, 2000년에 1.85명, 2001년에 1.94명으로 비교적 지속적으로 증가하는 추세였다.[54] 이는 샤강직공의 구직과정에서도 친척·친구 등 비공식 사회망에 의존하는 비중이 대단히 높다는 데서도 나타난다.[55]

농촌지역에서도 가족의 부담이 줄어들지 않고 있다. 예컨대 농촌 양로보험의 참가 인원은 감소하는 추세이며, 2000년 말 6,172만 명으로 농촌 총인구의 10%에도 못 미치는 현실에서 90% 이상의 농촌 인구는 노후에 거의 가족에 의존할 수밖에 없다.[56]

---

53) 國家統計局, 『中國統計年鑑(2002)』.
54) 上海市統計局, 『上海統計年鑑』(上海: 中國統計出版社, 2002).
55) 국가가 유교 문화를 부활시키는 것도 이와 무관하지 않다. 새로이 부활시키고자 하는 유교 문화는 국가가 기존의 정치질서를 유지하기 위한 지배수단일 뿐 만 아니라 사회보장의 부담을 과거의 국가-단위로부터 가족으로 전가하는 데 활용되고 있다. 즉, 부모에 대한 효도 등 전통적 가족윤리를 강조하는 유교 문화는 가족구성원이 부모나 다른 가족구성원을 부양하는 것을 강조하기 때문이다. 가족구성원은 실업하거나 퇴직한 부모 혹은 다른 가족구성원을 부양함으로써 불완전한 사회보장제도를 보완하는 것이다. 중국 정부가 유가 사상을 대단히 중시한다는 점은 분명하다. 중앙정부의 한 문건은 중국 사회보장제도는 다방면의 지원을 받는 제도이며 그 가운데 가족부양을 포함하고 있다고 기술하고 있다. 하지만 중국이 유교식 사회보장제도라는 데 동의할 수 없는 이유는 다음과 같다. 첫째, 중국 정부는 유가 사상을 사회보장제도의 지도 사상으로 제정 혹은 실시하지 않고 있다. 둘째, 노인에 대한 가정의 부양이 사회보장제도의 보충일 뿐, 주요 기능은 아니다. 셋째, 현재 중국의 사구(社區)제도는 노인에 대한 부양에서 중요한 역할을 시작하고 있다.
56) 鄭功成 外, 『中國社會保障制度變遷與評估』, p. 256.

5. 결론

　　본 논문에서 발견된 사실을 요약하면 다음과 같다. 첫째, 1990년대 단위체제의 해체가 시작되기 전에 단위복지체제의 문제점은 단위가 사회복지의 모든 부담을 진다는 점과 기업간 복지부담이 불균등하고 이를 조정할 기제가 결여되어 있다는 점이다. 이러한 문제점을 해결하고자 함이 사회보험제도의 목표라 할 수 있다.

　　둘째, 1990년대 이래 중국의 도시지역에서 양로보험, 의료보험, 실업보험은 양적으로 급속히 도입되었다. 먼저 1991년부터 본격적으로 도입된 양로제도 개혁의 내용은 단위화된 퇴직양로제로부터 사회화된 양로보험제로 전환되었다는 것이다. 단위 대신에 사회보험 전담관리기구가 사회통합기금의 징수·투자운영부터 담당하며, 단위 대신 기업과 개인이 공동으로 책임을 지는 체제로 전환하였다. 또한 새로운 양로보험제도의 적용범위도 확대되었다. 다음으로 의료보장제도 면에서도 단위보장의 전통적 직공의료보장제는 기본의료보험제도와 중병에 대한 사회통합기금제도로 전환함으로써 단위부담이 제거되었다. 양로보험과 마찬가지로 1990년대 초이래 적용범위가 급격히 확대되었으며, 기업과 개인의 보험료 공동부담제도도 확립되었다.

　　셋째, 양적으로 사회보험제도의 도입이 상당히 진척되었지만, 여러 가지 문제점을 가지고 있다. 무엇보다 사회보험제도의 도입과 추진에서 부문간의 격차가 존재한다. 가장 두드러진 것은 도시와 농촌 간의 격차이다. 1990년대 초부터 양로보험이 도입되기 시작했지만, 현재 가입자 수는 전체 농촌인구의 10%에도 못 미치는 수준이다. 이러한 상황에서 가족이 양로를 책임지는 가정양로가 중국에서 농민 노년보장의 주요한 형식이 될 수밖에 없지만, 농촌인구의 노령화, 농촌가정구조의 소형화, 토지보장기능의 약화, 농촌노동력의 유동에 따라 가정양로도 도전에 직면하고 있는 현실이다. 의료보장 또한 농촌과 도시지역 간에 격차가 크다.

넷째, 도시지역 내에서도 사회보장제도의 도입과 추진은 지역별, 소유제별로 큰 격차가 있으며, 기존 불평등이 유지되거나 강화될 가능성도 남아 있다. 특히 국유부문과 비국유부문 간에 사회보험조건에서 격차가 존재한다. 격차가 존재하는 이유는 비국유기업의 경우, 현재 평균 사회보험비 납입률에 따른 노동비용의 증가는 기업이윤을 대폭 줄이거나 상당수의 향진기업을 폐업시킬 수 있기 때문이다. 또한 농민공은 비농민공에 비해서 고용안정성이나 경제적 조건이 훨씬 열등한 상태에 있을 뿐만 아니라 사회보험제도에 참가하고 있지 않기 때문에 농민공과 비농민공 간에 불평등은 개선되지 않고 있다.

다섯째, 중국에서 공식적 실업률에 비해 실제 실업률은 훨씬 높고, 중국의 체제는 오랜 기간 실업을 경험해 왔던 자본주의 체제보다 그 유연성이 취약하다고 할 수 있기 때문에 동일수준의 실제 실업률이라 하더라도 자본주의 국가보다 중국에서 더욱 심각한 것일 수밖에 없다. 반면, 실업보험제도가 심각한 실업문제를 실질적으로 해결하거나 단위제도의 변화에 따른 대책으로서는 불충분한 점이 많다. 중국의 실업보험금은 낮은 수준인데 그 이유는 실업보험제도 건립기간이 짧아 축적된 보험기금이 적고, 실업보험의 현재 납입률(3%)이 현재의 수요와 비교해서 낮은 수준이기 때문이다.

여섯째, 단위제도가 해체되고 사회보장제도가 도입된 이래 개인, 가족, 지역공동체의 부담은 더욱 증가되어 왔다. 양로보험이나 의료보험의 도입 이후 개인의 부담이 증가했다. 또한 실업·샤강노동자와 퇴직노동자에 대한 부양부담은 국가·단위로부터 가족·친척이나 지역공동체로 불가피하게 전가됨에 따라 가족·지역공동체의 부담도 증가하는 현상이 나타나고 있다.

결국 사회보장제도의 도입이 1990년대 이래 국가가 경제효율성 향상과 함께 사회안정을 확보하기 위해 추진하는 것이지만, 목표한 만큼 성과를 거두지 못했다. 중국 정부가 추구하는 사회보장제도가 아직 문제점을 갖고 있으며 기존 불평등을 강화하거나 개인 혹은 집단의 부담을 가중함으로써 사회안정에 기여할 수 없을 가능성이 있다. 어떤 면에서 국가가 사회보장제도를 실시하는 데 그다지 적극적이지도 않았으며, 국가역량(state capacity)면에서도 한계가 있었다.

국가가 적극적이지 않았던 이유는 여러 가지가 있다. 예컨대, 농촌 사회보험의 경우, 국가는 처음부터 농촌 사회보험을 그다지 중시하지 않았고, 농촌 주민의 양로문제는 다른 방식으로 해결해야 한다는 인식도 작용하였다. 또한 국가가 제한된 자원을 국유기업 개혁이나 도시 직공의 양로보장이나 의료보장제도에 집중함으로써 농촌의 사회보험제도를 소홀히 하였다는 점이다. 도시지역 내에서도 국가가 노동집약적인 비국유기업에 지나치게 사회보험을 강제하면 이윤압박을 가져올 수 있기 때문에 사회보험 부과에 적극적이지 않았다. 이런 상황에서 국가가 사회보장제도의 각종 문제점에 대한 해결에 적극적이지 않으면, 심각한 사회 불안정의 요인으로 작용할 것이다.

제9장

소수민족의 분리주의에 대한 중국의 인식과 대응

▋ 이동률

1. 서론

개혁 이후 소수민족의 분리주의 문제가 중국의 체제 불안정 요인의 하나로 새삼 제기되고 있다. 중국에서 인종 민족주의(ethnic nationalism)가 고양된 소수민족으로는 몽골, 위구르, 티베트, 회족, 조선족 등이 거론되고 있지만 현재 분리주의 문제가 현실적으로 제기되고 있고 또 중국 정부에서도 비교적 심각하게 인식하고 있는 소수민족은 신장(新疆)의 위구르족과 시짱(西藏)의 티베트족이다.[1] 시짱의 경우에는 달라이 라마가 이끄는 인도의 망명정부와 시짱의 '고도 자치' 문제를 둘러싸고 갈등을 겪고 있으며, 또 일부에서는 여전히 독립시위를 통한 저항도 지속되고 있다. 신장의 경우에는 1991년 소련 해체 이후 '동투르키스탄'(東突 : East Turkeystan) 분리주의 세력들의 분리, 독립운동이 보다 과격하게 전개되면서 중앙정부와의 무력충돌마저 빈번하게 발생하고 있는 상황이다. 두 지역은 중국 내 분리주의 경향이 가장 현저한 지역이라는 공통점 외에도 다음과 같은 유사성을 지니고 있으며 이 유사성은 그 자체가 분리주의

---

[1] 중국 사회과학원 변강사지연구중심(邊疆史地硏究中心)의 보고서에 따르면 불안정을 우려하는 중점 변경 지역을 ① 신장, 시짱, ② 윈난(雲南), ③ 동북, ④ 난사(南沙) 순서로 적시하고 있다. 아울러 1993년 보고에서는 신장 문제가 시짱보다 심각한 것으로 밝히고 있다. 馬大正, 『國家利益高於一切-新疆穩定問題的觀察與思考』(烏魯木齊: 新疆人民出版社, 2002), p. 139.

경향성을 고조시키는 원인이 되고 있다. 즉, 중국의 국경지역에 대단히 광범위한 영역을 차지하고 있고, 다른 소수민족 자치구보다도 소수민족이 차지하는 비율이 상대적으로 높으며, 아울러 소수민족의 대다수가 공유하는 고유의 종교를 지니고 있다. 뿐만 아니라 서부의 편벽한 지역에 위치해 있는 경제적 낙후지역이라는 공통점을 지니고 있다. 다른 한편 두 지역은 분리주의와 관련된 구체적인 현안에 있어서는 차이가 있다. 예컨대 신장의 경우에는 강경한 일부 분리주의 세력을 통제하는 문제가 관건이라고 한다면, 시짱의 경우에는 중국 정부의 주된 대응전략이 개발전략을 통한 경제적·사회적 통합에 있듯이 주요 쟁점이 독립의 문제가 아니라 '실질적인 자치'를 둘러싼 갈등이다.

따라서 본 논문은 이처럼 유사점과 차이점을 함께 갖고 있는 두 지역을 중심으로 한 분리주의 운동에 대해서 중국 정부가 어떻게 대응하고 있으며, 그리고 그 대응의 결과 분리주의 문제가 앞으로 어떠한 변수로 존재하게 될 것인지를 가늠하고자 한다. 일반적으로 분리주의의 영향력에 대한 분석은 두 가지 방법으로 접근할 수 있다. 첫째는 분리주의 운동 자체의 객관적 추진력과 현실성의 측면이다. 이는 두 지역의 분리주의 운동의 현황과 그 원인에 대한 분석을 바탕으로 분리주의 운동의 실체와 특성을 살펴봄으로써 검증할 수 있을 것이다.[2] 또 다른 방법은 분리주의 운동이라는 자극에 대해 국가통합의 유지 확보라는 차원에서 반응과 대응을 하게 될 주체인 중국 당국의 분리주의 문제에 대한 주관적 인식과 대응전략에 대해 분석하는 것이다.

---

2) 중국 소수민족의 분리주의 문제는 2년에 걸쳐 연구가 진행되었으며, 1년차에서 분리주의 운동의 원인과 현황을 중심으로 연구를 완료했다. 그 결과는 이동률, "소수민족의 분리주의 운동: 시짱과 신장을 중심으로," 전성홍 편, 『전환기의 중국사회Ⅱ: 발전과 위기의 정치경제』 (서울: 오름, 2004), pp. 301-341.

본 논문은 후자의 방법에 초점을 맞춰 분리주의 문제에 접근하고자 한다. 즉 분리주의에 대한 중국 정부의 인식과 대응을 분석하고 이러한 대응이 실제로 어떠한 효과와 한계를 드러내고 있는가를 규명함으로써 현재 중국 내 분리주의 운동의 체제 불안정 요인으로서의 영향력을 분석하고자 하는 것이다. 분석과정에서 분리주의에 대한 중국 정부의 인식과 대응은 상호유기적인 관계에 있다는 점을 충분히 고려하여 접근할 것이다. 즉, 분리주의 운동에 대한 중국 정부의 위기인식의 정도에 따라 체제안정과 국가통합을 위한 대응방향이 결정될 것이며, 역으로 중국의 대응전략의 내용을 통해 간접적으로 중국 정부의 분리주의 문제에 대한 인식과 평가를 가늠해 볼 수도 있다.

소수민족의 분리주의에 관한 연구는 해외에 비해 국내에서는 상대적으로 불모지에 가깝다.[3] 국내의 기존 연구 경향은 주로 중국 정부의 소수민족정책이라는 거시적 측면에서 진행되어 왔기 때문에 개별 소수민족 지역의 구체적인 상황에 대한 연구는 그 지역들만큼이나 소외되어 왔다.[4] 일부 티베트를 중심으로 분리주의 문제에 접근한 연구결과가 있기는 하지

---

3) 해외에서는 중국의 소수민족문제에 대한 다양한 연구성과가 있다. 티베트와 관련해서는 Tsering Shakya, *The Dragon in the Land of Snows : a History of Modern Tibet Since 1947* (New York: Columbia University Press, 1999); Dawa Norbu, *China's Tibet Policy* (Richmond: Curzon Press, 2001) 등이 있으며, 신장의 경우에도 2000년 8월 신장의 우루무치(烏魯木齊)에 거주하는 위구르인와 한족에 대한 현지 설문조사를 통해 민족갈등 문제를 분석한 Herbert S. Yee, "Ethnic Relations in Xinjiang: a Survey of Uygur-Han Relations in Urumqi," *Journal of Contemporary China,* Vol. 12, No. 36 (2003), 그리고 9 · 11 이후에 신장 분리주의 운동과 테러활동을 연계하여 접근한 연구로는 Dru C. Gladney, "Xinjiang: China's Future West Bank?" *Current History,* Vol. 101, No. 656 (2002) 등이 있다.

4) 국내의 소수민족정책 일반에 대한 거시적 연구로는 박병광, "중국 소수민족정책의 형성과 전개: 민족동화와 융화의 변주곡에 관하여,"『국제정치논총』, 제40집 4호(2000); 이진영, "중국의 소수민족정책,"『민족연구』, 제9호(2002); 이진영, "중국 소수민족 정책의 이론적 기초에 관한 연구,"『아태연구』, 6권 2호(1999); 최우길, "현대 중국 민족문제에 관한 소고,"『세계지역연구논총』, 제14집(2000) 등이 있다.

만 이 경우에는 오히려 지역적 특수성과 특정 대응전략에 초점을 맞추어 중국의 체제불안 요인으로서의 분리주의 문제의 현실을 총체적으로 파악하는 데는 일정 정도 한계를 지니고 있다.[5] 이런 맥락에서 본 논문은 현재 분리주의 문제를 제기하고 있는 두 지역을 포괄하면서 동시에 중앙정부의 다양한 대응전략의 한계와 효과를 다각적으로 분석함으로써 분리주의 문제가 중국의 체제안정에 갖는 함의를 거시적이면서 종합적으로 이해하려는 데 목적을 두고 있다.

2. 분리주의에 대한 중국의 인식

1) 체제안정성에 대한 우려 증대

중국은 다민족의 거대 국가라는 구조적 특징과 과거 분열과 통합의 점철, 그리고 반식민지라는 역사적 경험을 지니고 있기 때문에 분리주의 문제는 중국의 오래된 과제이며 그 만큼 민감한 사안이다. 이처럼 결코 새로운 현안이라 할 수 없는 분리주의 문제가 1990년대 이후 중국에서 새삼스럽게 보다 심각하게 논의되고 있는 이유는 이전보다 분리주의 세력의 활동이 강화되고 있는 측면도 있지만, 그보다는 분리주의와 관련된 국제환경의 변화, 개혁기 국내정치, 사회환경의 변화, 그리고 이러한 환경의

---

5) 국내의 개별 소수민족에 대한 연구는 주로 조선족에 집중되어 있으며, 그 밖에 티베트와 신장 지역에 대한 연구는 전성흥, "개혁기 중국의 티벳정책: 분리주의 운동에 대한 중앙의 '개발주의' 전략,"『동아연구』, 제36집(1998); 이민자, "티벳독립운동의 경제적 배경,"『동아연구』, 제36집(1998); 이동률, "중국 신장의 분리주의 운동: 현황과 영향력,"『국제정치논총』, 제43집 3호(2003) 등이 있다.

변화를 인지하는 중국 정부의 인식의 변화에 기인한 측면이 강하다.

첫째, 중국 정부에서 분리주의 문제를 보다 심각하게 현안으로 인지한 배경에는 탈냉전이라는 국제환경의 변화가 있다. 탈냉전시대를 맞이하여 이념적 대립이 거의 소멸되고 있는 반면에 상대적으로 민족, 인종, 종교적 갈등으로 인한 분쟁은 오히려 빈번하게 발생하고 있다. 특히 1990년대 초 중국의 신장 자치구 접경지역에 소련이 해체되고 각 공화국이 민족적 정체성을 바탕으로 독립하면서 다민족 국가인 중국 정부에 상당한 자극이 되었다. 즉, 1991년 말 소련연방 붕괴 이후 독립한 카자흐스탄, 키르키스스탄, 우즈베키스탄 등 중앙아시아 국가들은 신장의 위구르족과 같은 터키계 이슬람 민족이 주도권을 장악하고 있는 지역이기 때문에 인접 동일 민족세력과의 연대는 위구르족의 독립기운을 더욱 자극하는 배경이 될 수 있다는 우려가 증폭되었다.[6]

아울러 중국 정부에서는 중앙아시아 민족국가들의 독립은 그 사실 자체만으로도 신장 내 위구르족의 분리주의를 자극하기에 충분한 요인이 될 뿐만 아니라 실제로 이들 신생 독립국가 내의 이슬람단체들이 신장 위구르 분리주의자들에게 무기와 자금, 그리고 훈련 및 피난처를 제공하는 등 실질적인 지원과 연대가 형성되고 있다고 판단하고 있다.[7] 그리고 해외 망명 위구르인들을 중심으로 해외 분리주의 조직을 중앙아시아 이슬람

---

6) 신장에서의 '불법적 종교활동'에 대한 적극적 대응을 논의한 당 중앙정치국의 비공개 문건인 이른바 "7호문건(中共中央關於維護新疆穩定的7號文件)"에서도 "해외 분리주의 세력들이 연합하여 신장으로 침투하여 저항운동을 하려는 움직임을 강화하고 있다"고 외부 영향력에 대해 강한 우려를 표명하고 있다. 7호문건에 대한 보다 자세한 내용은 馬大正,『國家利益高於一切-新疆穩定問題的觀察與思考』, p. 104; Nicolas Becquelin, "Xinjiang in the Nineties," *The China Journal,* 44(July 2000), pp. 87-88 참조.

7) 중국의 이러한 판단은 중국외교부 부부장 왕이(王毅)의 2002년 2월 2일의 뮌헨 국제안보정책회의에서의 발표문에서도 언급되고 있다. 王毅, "新挑戰, 新觀念 : 國際反恐鬪爭和中國的政策," http://www.fmprc.gov.cn/chn/24758.html(검색일: 2002년 11월 5일).

국가에 건립하고 있으며, 그 일환으로 1999년 말에는 뮌헨에서 1차 동투르키스탄 민족회의를 개최한 것으로 인식하고 있다. 뿐만 아니라 위구르인들이 아프가니스탄, 우즈베키스탄, 그리고 체첸에서의 무장 이슬람 활동에 참여하고 있다는 증거도 중국 정부에서 제시하고 있으며 이러한 주장은 9·11테러 사건 이후 일정 정도 설득력을 얻고 있기도 하다.[8] 요컨대 중국의 소수민족 밀집지역 주변 환경의 급격한 변화로 인해 중국 정부는 새로운 차원의 안보문제에 대한 우려를 갖게 된 것이다.

둘째, 개혁추진 과정에서 중국의 국가통합을 위한 기존의 기제와 수단은 그 실질적 기능이 약화되고 있는 반면에 사회 전반적으로 자율성과 다양성이 증대되면서 이전보다는 중국 정부가 사회의 불안요인에 대한 취약성이 커지면서 상대적으로 분리주의에 대한 우려도 커지고 있다. 중국은 국가통합을 위한 전통적 수단과 기제들이 분권화, 시장화, 사유화로 대변되는 중국의 지난 20여 년의 개혁과정과 더불어 그 기능과 역할이 크게 위축되면서 과도기적으로 중국 정부의 통합 및 통제능력이 약화되고 있다. 실제로 1990년대 이후 농촌의 빈곤, 노동자의 실업, 부정부패, 그리고 파룬궁(法輪功)의 확산 등 다양한 국내적 체제불안 요소가 증대되는 상황이 전개되고 있다.

요컨대 사회의 각기 다른 분야에서 누적된 불만과 저항의 요구들이 아직까지는 중국 정부의 입장에서 개별적 차원에서는 위협적인 수준이 아니라고 할지라도 연쇄반응을 일으키며 동시다발적으로 발생할 가능성에 경계하고 있는 것이다.[9] 특히 소수민족 지역은 지역적 특수성으로 인해 다양

---

8) Ahmed Rashid, "Afghanistan: Heart of Darkness," *Far Eastern Economic Review,* Aug 5, 1999; Susan V. Lawrence, "Where Beijing Fears Kosovo," *Far Eastern Economic Review,* Sep 7, 2000.

9) 예컨대 농촌의 빈곤문제는 농촌지역에 파룬궁 또는 유사한 민간신앙의 확산을 유발할 수 있으며, 파룬궁의 확산은 농민의 조직적인 저항을 촉발시킬 수 있고, 농민 저항의 확산은

한 사회불안 요인들이 중첩적으로 내재되어 있다. 즉, 국경지역으로서 안보 전략적 의제를 안고 있으며, 소수민족 집단 거주지로서 민족 및 종교문제가 내재되어 있으며, 변방의 오지로서 경제적 격차의 문제까지도 심화되고 있다. 따라서 과거에 비해 통제력이 약화된 중국에서는 상대적으로 이들 문제들이 복합적으로 연동될 가능성을 더욱 우려하게 된 것이다.

실제로 중국 정부는 분리주의 세력이 여타 다른 '불안세력'과 연계할 가능성을 우려하고 있다. 예를 들어 중국의 표현대로 하자면 '대만독립(臺獨)세력', '민주화운동(民運)세력', 그리고 해외의 '테러리즘, 민족분열주의, 종교 근본주의(三股勢力)세력'과의 연계와 협력에 대해서 우려하고 있다. 장쩌민(江澤民) 전주석도 1999년 민족공작회의에서 "서방의 일부 적대세력이 국내 분열주의 세력과 긴밀히 연계하여 민족, 종교문제를 이용하여 중국의 빈틈을 파고들어서 중국을 서구화(西化), 분리(分化)시키려는 정치적 음모를 도모하고 있다"고 우려를 표명한 바 있다.[10]

예컨대 '시짱 인권문제'에 대해서도 중국 정부에서는 달라이 라마 세력이 시짱문제를 국제화하여 궁극적으로 시짱의 독립을 실현하려는 의도로 제기하고 있는 것으로 의심하고 있으며, 일부 서방국가들도 '시짱 인권문제'를 통해 중국을 봉쇄하려는 의도를 가지고 있다고 인식하고 있다. 즉, 중국 정부에서는 '시짱 인권문제'를 시짱문제의 역사적 본질을 이해하지 못한 서방국가들이 1980년대 국제정세의 변화 속에서 중국을 '화평연변'(和平演變)하려는 의도에서 제기된 문제로 보고 있다.[11] 이와 관련하여

소수민족의 분리주의 운동에도 상당한 자극효과를 가져다 줄 수 있다. 더 나아가 이러한 내우(內憂)가 외부의 개입과 영향력을 야기하는 외환(外患)을 초래할 수도 있다는 우려를 중국 지도부는 역사적 교훈으로 지니고 있다. 미야자키 이치사다 저, 조병한 역, 『중국사』(서울: 역민사, 1991), p. 303.

10) "在中央民族工作會議暨國務院第三次全國民族團結進步表彰大會上的講話." 『人民日報』, 1999年 9月 30日, 第1版, http://www.people.com.cn/item/ldhd/jzm.html(검색일: 2004년 6월 29일).

11) 시짱 인권은 이미 1959년 '민주개혁'을 통해 시짱의 낙후된 봉건 농노제도를 개혁함으로써

1999년 미국을 중심으로 한 나토의 코소보 개입을 소위 민족과 인권문제를 통해 타국에 무력으로 내정 간섭하려는 위험한 선례로 평가하고 있으며, 이러한 선례가 중국 내 분리주의 세력을 고무시키고 있으며, 일부 서방언론들이 시짱을 '중국의 코소보'로 간주하고 있다고 우려하고 있다.

2) 소수민족 지역의 전략적 가치 부각

중국 정부는 분리주의 문제에 대한 민감성이 고조될 수 있는 환경의 변화에 직면해 있는 한편, 개혁과정에서 신장과 시짱 같은 국경지역의 소수민족 지역에 대한 중요성에 대한 인식은 상대적으로 높아지고 있다. 첫째, 탈냉전의 새로운 국제환경에서 국경지역에 위치한 시짱과 신장은 안보 취약지역이기도 하지만 개방정책에서 대외 교류의 교두보이자 전략적 요충지로서의 중요성이 새롭게 부각되고 있다. 특히 변경 지역에 대한 개방이 본격화되면서 신장은 중앙아시아를 통해 중동과 유럽으로 진출하는 교두보이자 주변 국가들과의 선린외교를 추진하는 전진기지로서의 중요성도 부각되고 있다. 둘째, 특히 신장의 경우에는 개혁기 수요가 급증하고 있는 에너지 자원의 보고로서의 가치가 부각되고 있다. 앞으로 중국이 경제건설에 박차를 가할수록 이 지역의 타리무(塔里木) 유전을 비롯한 3대 유전의 원유와 천연가스 등 풍부한 에너지 자원은 그 중요성이 증대될 수밖에 없을 것이다.

셋째, 개혁기 공산당 통치의 정당성 확보라는 난제를 안고 있는 중국

크게 개선되었다고 중국 정부는 주장하고 있다. 특히 중앙정부가 1952년부터 1990년까지 177.7억 위안의 재정지원과 투자를 통해 시짱의 경제상황을 크게 개선, 발전시켰으며 이에 따라 시짱인들의 생활수준과 환경 역시 상당히 개선되었으므로 이것이 바로 인권 개선의 지표라고 주장하고 있다. 楊靜, "'西藏人權問題'透析,"『學海』, 1999年 6期, pp. 139-142.

지도부의 입장에서 두 지역은 중국의 주권과 통합, 그리고 공산당 통치의 정통성 강화라는 차원에서 대단히 중요한 상징적 의미를 지니고 있는 지역이다. 개혁기 국내적으로 다양한 체제불안 요소를 안고 있으며, 홍콩특별행정구에서의 일국양제(一國兩制) 실험, 그리고 대만과의 통일이라는 과제를 상정하고 있는 중국공산당의 입장에서 이 지역에 대한 확고한 통제는 단순한 소수민족정책 차원 이상의 국가통합이라는 중대한 함의를 지니고 있는 것이다. 이처럼 중국 정부의 입장에서는 시짱과 신장 두 지역은 개혁기에 들어서 분리에 대한 민감성은 고조되고 있는 반면에 그 경제적·전략적·정치적 중요성은 오히려 부각되면서 그만큼 분리주의에 대한 우려와 경계심리가 증대되고 있다.

　　그런데 중국 정부는 현재 분리주의 활동에 대해 민감해 있기는 하지만 기본적으로 신장과 시짱의 분리독립 문제를 실현 가능성이 높은 긴박한 사안으로 보고 있다기보다는 방치할 수 없는 체제의 불안요소로 우려하고 있으며, 특히 분리주의 활동이 개혁기에 대두되고 있는 여타 정치, 경제, 사회적 문제와 연동될 경우에는 결정적인 체제 위협요소가 될 수 있다는 차원에서 경계하고 있다.12) 이러한 판단은 일차적으로는 분리주의 문제에 대한 대처가 현 중국 지도부의 최우선 정책 순위에 있다고 보기는 어렵다는 데 근거하고 있다. 즉, 물론 과격한 분리주의 활동에 대해서는 공권력을 통해 강제적으로 대응하고 있지만 주로 경제적 통합과 외교적 대응 등 간접적이며, 구조적이고 장기적인 대응방법이 주류를 이루고 있기 때문이다.

---

12) 현재 중국 정부에서 분리주의 문제에 가장 우려하고, 실제로 적극적이고 강경하게 대처하고 있는 지역은 신장자치구이다. 그렇지만 신장 분리주의 운동의 현황과 영향력을 분석한 결과는 신장조차도 실제로는 중국 정부에서 분열을 초래할 수 있는 정도라고 인식하고 있지는 않은 것으로 나타나고 있다. 이동률, "중국 신장의 분리주의 운동: 현황과 영향력," pp. 317-334 참조.

요컨대 중국 지도부는 소수민족의 분리주의 문제를 국내 정치경제적 측면에서 '발전을 통한 안정확보', '발전을 위한 안정유지', 그리고 '발전과 안정을 통한 체제유지'라는 체제유지 논리에 주요한 변수로 인식, 접근하고 있다.[13] 소수민족의 분리주의는 개혁개방 이후 급속한 발전과정에서 격차문제로 인해 격화된 것으로 인식하고 있으며, 동시에 중국의 지속적인 발전을 위한 기본전제인 체제안정에 위협을 초래할 수 있는 주요한 사안으로 이해하고 있다. 따라서 분리주의 문제가 중국의 발전에 중대한 저해요인이 될 수 있으며, 나아가 발전을 통한 체제유지라는 현 개혁 지도부의 기본 전략에 근본적인 문제를 야기할 수 있다는 우려를 하고 있다.[14]

3. 분리주의에 대한 중국의 대응

중국 정부의 분리주의 세력에 대한 우려와 인식은 결국 분리주의를 억제하고 해결하기 위한 대응방법과 정도를 결정하는 바탕이 된다. 분리주의에 대한 중국 정부의 기본적인 시각은 분리주의가 중국의 발전, 안정,

---

13) 소수민족의 문제를 발전과 안정의 시각으로 접근한 연구는 王宗禮·談振好·劉建蘭, 『中國西北民族地區政治穩定硏究』(蘭州: 甘肅人民出版社, 1998), pp. 204-205; 馬嘯原 編, 『邊疆少數民族地區政治發展與政治穩定』(雲南: 雲南大學出版社, 2000) 참조.

14) 이러한 중국 지도부의 인식은 장쩌민의 소위 '세 가지 없음'(三個沒有)에서 분명하게 나타나고 있다. 즉 "민족지역의 안정이 없으면 전국의 안정이 없고, 민족지역의 소강(小康)이 실현되지 않으면 전국의 소강이 실현되지 않으며, 민족지역의 현대화가 없으면 전국의 현대화는 없다"고 역설하면서 "소수민족 지역의 발전을 촉진하는 것은 중대한 경제문제일 뿐만 아니라 정치문제다"라고 강조한 바 있다. 1999년 중앙민족공작회의에서의 장쩌민의 연설내용. 『人民日報』, 1999年 9月 30日.

안전에 영향을 미칠 수 있는 사안으로 인식하는 것으로 요약할 수 있다. 그리고 동시에 발전, 안정, 안전은 중국 현 정부의 체제유지에 있어서 핵심적인 테마이기도 하다. 따라서 대응의 방법도 이러한 체제안정과 유지의 논리에 바탕을 두고 전개되고 있다. 즉 체제안정에 직접적인 위협이 될 수 있다고 판단되는 강경한 분리주의 활동에 대해서는 공권력을 통한 강제적 통제를 실시하면서도, 기본적으로는 안정과 발전의 상호관계를 부각시키는 방향으로 정책기조를 전개하고 있다.

즉, 한편으로는 불안정은 발전에 장애가 될 것임을 강조하여 일부 과격한 분리주의 세력들이 바로 불안의 원인 제공자임을 부각시켜 그들의 입지와 활동을 약화시키면서, 다른 한편으로는 중앙정부의 주도하에 적극적인 개발전략을 전개하여 지역 불만의 빌미를 해소하면서 결과적으로는 의존적 발전(dependent development) 경로를 통한 경제적 통합을 강화시켜가고 있다. 아울러 국경지역이라는 지역적 특수성, 그리고 분리주의의 국제화 경향이라는 현상을 감안하여 외부의 개입과 영향을 외교적 노력을 통해 적극 차단하는 방법을 병행함으로써 자치구의 발전, 안정, 안전을 확보하여 분리주의 세력을 약화시키고 국가 통합을 공고화하고자 하는 것이다.

1) 경제개발을 통한 중국화

중국 정부는 경제적 동기 부여를 통해 지역경제의 활성화와 발전을 이루어냄으로써 지역 불만을 완화하고 동시에 중앙정부 및 중국 내 다른 지역과의 통합적 발전을 추구해 소수민족의 분리화 경향을 기능적으로 억제하려는 대응전략을 전개하고 있다. 즉, 개혁기 소수민족 지역 소요 발생의 주요인 중 하나가 바로 발전격차의 확대에 따른 불만의 표출이라고 인식하고 있는 중국 지도부는 낙후된 소수민족 지역에 다양한 경제발전의 기회를 제공하여 한편으로는 발전격차에 따른 불만을 완화시키고, 다른 한편으로는 중국 내 다른 지역과의 경제적 통합을 통한 경제발전을 전개하여 소수민족 지역의 원심력을 구조적으로 억제하고자 하는 것이다. 이러한 경제적 동기부여의 구체적 내용은 크게 재정지원과 정책지원으로 나타나고 있다.

시짱에 대한 재정지원은 '제3차 시짱공작좌담회(西藏工作座談會)'가 열린 1994년부터 2000년까지 중앙정부에서는 62개 프로젝트에 48.6억 위안을, 그리고 15개 '지정지원'(對口支援) 성(省)과 시(市), 중앙 각 부(部), 위(委)에서 716개 프로젝트에 31.6억 위안을 지원하였다. 그 결과 국무원의 발표에 따르면 당초 성장률 목표 10%를 초과 달성하여 연평균 12.4%(1994~2000)라는 경이적인 성장을 기록하였고, 2000년 GDP가 117.46억 위안으로 1995년의 2배, 1990년의 4배로 증가하였다.[15]

그리고 10차 5개년 계획기간(2001~2005)에도 연평균 12% 성장률 목표를 제시하면서 재정지원 계획을 발표하고 있다. 예를 들어 칭하이(靑海)성과 라사(拉薩)시를 연결하는 칭짱(靑藏)철도 건설을 포함하여 중국 정부는 10·5계획기간에 379억 위안의 재정지원을 할 예정에 있을 뿐만 아니라, 187개 프로젝트 건설을 위해 다른 지역과 공동으로 322억 위안의 추가 지원도 예정하고 있다.[16] 이처럼 중국 정부는 주로 에너지, 교통 등 대형 인프라 건설을 추진하고 이를 위해 중앙과 각 지방정부에서 시짱에 재정지원을 하고 있으며, 이를 통해 전국 평균을 능가하는 고도 성장률을 실현하고 있다. 요컨대 중앙정부의 재정지원은 대부분 사회간접자원 건설과 정부조직의 인건비에 사용되고 있으며, 티베트족의 80%를 차지하는 목축민이나 농민에 대한 보조비율은 매우 낮다.[17] 따라서 재정지원은 그

---

15) 國務院新聞辦公室, "西藏的現代化發展," 國家民族事務委員會 編, 『民族工作文獻選編 1990~2002』(北京: 中央文獻出版社, 2003), pp. 447-474.
16) 國務院新聞辦公室, "西藏的現代化發展," pp. 447-474.

성격상 중앙정부가 시짱을 보다 효율적으로 통치하기 위한 행정적 비용의 성격이 강하고 시짱의 경제적 자립보다는 중앙정부에 대한 재정의존도를 높이는 결과를 초래하고 있다.

신장의 경우에도 1950~1994년 기간 중앙의 재정지원 총액은 407.2억 위안으로 이는 같은 기간 신장 재정지출의 56.7%에 이르는 규모로서 중앙정부에 대한 신장자치구의 높은 재정의존도를 보여주고 있다. 이러한 재정지원 규모는 9·5기간, 그리고 서부대개발의 추진과 맞물리면서 59.38억 위안(1996), 94억 위안(1999), 그리고 183.82억 위안(2001)으로 크게 증가하고 있다.[18] 특히 신장지역은 타리무 분지의 천연가스 개발과 파이프라인 건설사업인 '서기동수'(西氣東輪) 사업에 약 1,200억 위안의 투자를 계획하고 있는 것을 비롯하여 석유와 천연가스 개발을 위한 대규모의 투자가 이루어지고 있다. 뿐만 아니라 신장지역은 자원개발을 위해 2001년 말까지 세계은행으로부터 총 22개 프로젝트에 약 18억 달러의 차관을 도입하는 등 적극적으로 해외자본을 유치하고 있다.[19] 그런데 이러한 차관 역시 중앙정부의 보증하에 도입된 것이기 때문에 중앙에 대한 의존을 심화시키는 요소로 작용하고 있다.

그리고 재정지원 정책과 연계하여 '지정지원'이 이루어지고 있다. 제3차 시짱공작좌담회에서 연해지역의 비교적 부유한 성, 시, 그리고 중앙 각 부와 위를 지정하여 시짱에 대한 일대일 '지정지원'을 실시하는 정책을 결정한 것이다. '지정지원'은 자금, 기술, 공정건설, 간부, 과학기술전문가 등 다양한 영역에서 중앙 각 부와 위는 시짱자치구의 상응하는 청(廳), 국(局)과 연계하고, 베이징은 라사를, 상하이, 산둥은 르커쩌(日喀

---

17) 이민자, "티벳독립운동의 경제적 배경," pp. 227-236.
18) 王拴乾 編, 『輝煌新疆』(烏魯木齊: 新疆人民出版社, 2003), pp. 224-225
19) 王拴乾 編, 『輝煌新疆』, pp. 234-235.

則)를, 광둥, 푸젠은 린쯔(林芝)를 짝짓기 하여 지원하는 형태로 잠정적으로 10년간 지속하기로 결정했다.[20] 이러한 '지정지원'과 같은 중앙의 수직적 명령을 통한 횡적 경제협력의 추진은 중앙의 재정적 부담을 줄이는 동시에 소수민족 지역과 연해지역의 연계를 강화하면서 지역격차 또한 완화하려는 정책 목적을 담고 있다.[21]

　　이러한 '지정지원'은 시짱에 대한 '간부지원정책'(幹部援藏)의 제도화에도 기여함으로써 시짱에 대한 한족 이주정책과도 연동되고 있다. 중국 정부는 시짱지역의 한족 간부의 부족현상 자체가 시짱에 대한 통제력의 약화와 불안정의 직접적인 요인이라고 판단하고 있다. 마오쩌둥(毛澤東) 시기에는 시짱의 거의 모든 현급 이하에도 한족 간부들이 있었지만 현재는 928개의 향진 정부에 한족 간부가 없다. 통제력의 기반은 기층에서부터 출발하는 것으로 인식하고 있는 중앙정부에서 보다 적극적인 한족 간부 이주정책의 필요성을 인지하고 추진하고 있는 것이다. 간부 지원정책은 1980년대 초부터 한족들의 소수민족 지역 기피 현상으로 인한 시짱의 행정관리 부족을 보완하기 위한 긴급조치로 실시되었다가, 1994년 '지정지원' 체제 수립후 병행 실시되고 있다. 개혁기의 이주정책으로서의 간부지원 정책은 과거의 이데올로기 장려기제와 운동차원이 아닌 수혜정책의 차원에서 실시되고 있다. 즉, 간부지원정책에 참여하는 간부들에게는 승진, 주택분배, 배우자의 호구이전과 직업알선 등의 혜택을 부여하면서 장려하고 있다. 그 밖에 정책적 차원에서도 시짱에 대한 세금의 일시적 면제, 시장가격 이하로의 상품가격 인하 등 시혜적 조치를 도입하고 있다.

　　신장에서도 역시 기본적으로 '지정지원'이 진행되고 있으며, 특히 신장은 중앙아시아 각 공화국의 독립으로 인해 변경무역이 활발하게 이루

---

20) 王力雄, "西藏: 二十一世紀中國的軟筋," 『戰略與管理』, 1999年 1期, p. 31.
21) 정재호, 『중국의 중앙-지방 관계론』(서울: 나남출판사, 1999), pp. 298-309.

어지면서 서북경제협력권의 중심지역으로 부상하고 있다. 그런데 신장의 이러한 역할 수행은 중국 다른 지역과의 경제 협력 필요성을 더욱 절실하게 만들고 있다. 왜냐하면 기본적으로 중앙아시아가 필요로 하는 수출품들을 창출해내기 위해서는 신장 자체의 생산력으로는 한계가 있어 여타 내륙 및 연해지역과의 횡적인 협조체제가 필요하며 동시에 중앙정부에서도 신장의 국가경제로의 구심력을 확보하기 위해 이러한 횡적인 연계를 강조하고 있기 때문이다.

실제로 신장의 15개 주(州)와 시(市)는 전국 59개 주, 시, 현과 우호 협력 및 상호지원 관계를 맺고 있을 뿐만 아니라 베이징, 상하이, 톈진, 광저우, 선전(深圳), 시안 등에 주재 사무소를 설치하여 전국 각지와 전방위적인 경제협력과 정보교환 망을 형성하여 횡적인 경제협력을 추진하고 있다.[22] 그리고 신장 국경지역의 대외 경제협력의 기본 전략도 역시 "국내협력을 바탕으로 하는 대외개방의 추진(外開內聯, 雙向開放)"으로 집약된다. 즉, 변경 지역이 국내의 인접지역이나 연해지역과의 긴밀한 경제협력을 통해서 대외개방의 효율성을 극대화하면서, 동시에 지역간 격차를 축소하며, 아울러 중앙에 대한 변경 지역의 원심력을 억제하여 국가의 통합을 강화하는 다목적적인 전략을 포괄하고 있는 것이다.[23]

개혁기에 동원되고 있는 또 하나의 대표적인 중국화(漢化)정책은 개발주의 전략과 연동된 한족 이주정책이다. 신장 지역은 이러한 개발전략과 대량의 한족 이주로 인해 민족별 인구구성에 변화를 초래했다. 전체 인구에서 소수민족이 차지하는 비율이 1949년의 93.3%에서 1990년에는 62.5%, 1996년에는 61.9%, 그리고 2000년에는 59.4%로 줄어들었다. 반면에 한족은 1949년에 30만 명으로 전체 인구의 6.7%에 불과했지만 1996년에는

---

22) 韓學琦 編, 『新疆經濟開發現在與未來』(北京: 經濟管理出版社, 1996), p. 65.
23) 陳家勤 編, 『沿邊開放: 跨世紀的戰略』(北京: 經濟科學出版社, 1995), pp. 30-31.

38%로 그리고 2000년에는 40.6%로 증가하였다.[24] 신장에서는 대량 이주로 인해 민족구성에 있어서 큰 변화가 있었던 반면에 시짱에서는 다양한 시도에도 불구하고 인구이동이 민족구성 변화에 큰 영향을 주고 있지는 않다. 1964~1990년 사이에 시짱의 한족은 37,000명에서 81,000명 정도로 증가하였다.[25] 그러나 중심 도시인 라사의 경우는 예외이다. 시짱자치구의 관리들은 최근에 대규모의 이주는 없었다고 주장하고 있으나, 외부 전문가의 일반적인 견해는 시짱자치구의 농촌지역은 거의 대부분이 티베트족이지만, 라사의 경우에는 반 이상이 한족이며, 그리고 시짱에 거주하는 한족들의 80%는 쓰촨 출신들이다.[26]

요컨대 개발주의전략은 기본적으로 간접적이고, 장기적인 통합전략이라고 할 수 있으며 현 지도부의 체제유지 기조인 발전과 안정의 두 마리 토끼를 잡으려는 의도에서 추진되는 전략이다. 그런데 문제는 이러한 개발전략과 경제통합 시도가 의도한 대로 지역불만을 완화시키며, 소수민족지역의 원심력을 약화시키고 있는지, 아니면 오히려 소수민족의 불만과 저항을 조장하여, 이들에게 저항의 자본을 제공하는 계기가 되고 있는 것은 아닌지에 대한 검토가 필요할 것이다.

---

24) 인구통계자료는 http://www.tianshannet.com/GB/channel11/50/index.html (검색일: 2004년 4월 20일) 참조.

25) 중국 정부에서 한족 이주정책에 대한 반발을 고려하여 소수민족 지역의 한족 인구 수를 의도적으로 축소 발표하고 있다는 의혹을 티베트 망명정부는 제기하고 있다. 예컨대 중국 정부의 공식 인구통계에서는 10만 명에서 30만 명 정도로 추산되는 한족 유동인구와 인민해방군을 의도적으로 포함시키지 않고 있다는 것이다. June Teufel Dreyer, "Economic development in Tibet under the People's Republic of China," *Journal of Contemporary China*, Vol.12, No.36(August 2003), p. 421.

26) Bruce Gilley, "Saving the West," *Far Eastern Economic Review*, May 4, 2000, pp. 22-23.

2) 공권력을 통한 강제적 통제

중국 정부는 경제발전이라는 '당근'을 동원하여 시짱과 신장의 분리화 경향을 억제한다는 것이 핵심 전략이지만, 실제로 이러한 접근 방법에는 일정 정도 한계가 있다고 판단하고 '채찍'을 동원하는 방법도 병행하고 있다. 즉, 소요 행위에 대해서는 강경한 무력 대응도 불사한다는 입장이다. 1989년 시짱 사태의 경우 건국 이후 처음으로 계엄을 선언하고 주요 사원을 장악하여 강제적으로 진압한 바 있다. 그리고 1997년의 신장의 소요가 최고조에 이르렀을 때에도 이른바 '강경대응'(嚴打)이라는 방침을 채택하였다. 이러한 강제적 수단을 통한 대응은 아무래도 물리력이 수반되는 분리주의 활동이 여전히 지속되고 있는 신장에서 적극적으로 동원되고 있는 방법이다.

우선 국내적으로는 중앙정부에서 위구르인들에 대한 통제를 강화하여 중앙아시아 공화국들의 등장으로 야기되고 있는 신장지역의 불안을 차단하려는 노력을 하고 있다. 즉, 주로 한족들로 구성된 인민해방군이나 무장경찰을 증강 배치하는 방법으로 공권력을 강화하고 아울러 이를 통해 지역 내 한족의 비율을 증대시키고 있다. 특히 '신장생산건설병단'(新疆生産建設兵團, 이하 병단)과 같은 준공권력을 동원한 강제적인 통제의 방법도 병행하고 있다. 병단은 1954년에 "건설신장 보위국경(建設新疆, 保衛邊疆)"의 구호로 인민해방군을 주축으로 조직되어 문혁직후인 1975년에 일시적으로 해체되었다가 신장 내의 분리주의 운동이 심화되자 1982년에 재창설되었다. 현재(2002년)는 신장 총인구의 13.1%에 이르는 250만 명의 규모로 증가하였으며, 1950년대는 주로 생산건설에 그리고 소련과 적대적 시기였던 1960~70년대에는 국경수비에 그리고 1980년대 이후에는 반분리주의 활동에 주력하고 있다.[27]

병단은 1989년 5월의 우루무치의 소요 발생 이후 그 역할이 크게 확대되기 시작하면서 국경지역을 안정시키고, 민족간의 단결을 도모하며, 지역경세를 발전시킨다는 명분하에 신장 내에서 사실상 공권력의 역할을 담당하고 있다. 1997년 4월에 중앙정부는 병단을 성 정부와 동급으로 격상시키면서 중앙정부의 직접적인 지휘계통하에 두고서 병단을 통한 신장 지역 통제의지를 더욱 확고히 하고 있다.[28] 병단의 사실상의 기능과 역할은 소위 "3개대 네 가지 역할(三個隊, 四個作用)"에서 분명히 나타나고 있다. 즉 병단은 생산대(生産隊), 공작대(工作隊), 전투대(戰鬪隊)이며, 생산건설의 역할, 국경수호의 역할, 사회안정·유지의 역할, 그리고 민족단결을 촉진하는 역할을 하고 있다.[29]

시짱의 경우에는 달라이 라마를 중심으로 비폭력 원칙을 주장하고 있지만 최근 일부에서는 무장화의 경향도 나타나고 있고 이에 대해 중국 정부도 경계하고 있다. 1980년대 이후 '시짱독립'(臟獨) 세력 중 '시짱청년대회'(西藏靑年大會)를 중심으로 하는 소장파들의 권한이 강화되면서 물리적 수단을 동원하는 시짱 독립을 주장하고 있다. 1996년에 라사에서는 세 차례의 폭발사건이 있었으며, 마지막 대규모 폭발시에는 자치구 정부사무실 건물과 인접한 호텔이 파손되기도 했다. 중국 정부는 시짱 경우 비폭력의 원칙 속에 적지 않은 불확실성이 존재하고 있다고 판단하고, 이러한 과격화 추세에 상당히 경계하고 공권력 강화에 대한 고삐를 늦추지 않고 있다. 특히 1980년대 중반 이후 달라이 라마와 신장 위구르 분리주의 세력 간의 연계 모색이 빈번해지고 있다는 점에 주목하고 있다. 최근에는

---

27) 王拴乾 編, 『輝煌新疆』, pp. 205-217.
28) Felix K. Chang, "Fresh Perspectives on East Asia's Future: China's Central Asian Power and Problems," *Orbis A Journal of World Affairs,* Vol.41, No.3 (Summer 1997), pp. 413-415.
29) 병단은 당, 정, 군, 기업 합일의 조직체로서 전체 222만 명(1997년) 중 소수민족은 26만 명 (11%) 정도의 비율을 차지하고 있다. 병단의 당위 제1서기와 제1정치위원은 신장 자치구 당 서기가 겸직하고 있다. 馬大正, 『國家利益高於一切-新疆穩定問題的觀察與思考』, pp. 211-241; 劉江海, "新中國成立以來中國共產黨三代中央領導人處理新疆問題的歷史啓示,"『新疆社會科學』, 2002年 第6期, p. 61.

"코소보 독립투쟁을 참조하자"는 합동토론회를 개최하여 공동으로 대책을 모색하고 있다는 것이다.[30] 이러한 경향은 분리주의 운동의 과격화, 연대화라는 중국 정부에서 가장 우려하는 상황의 징조가 될 수 있기 때문에 중국 정부는 강력한 대응을 고려하고 있다.

중국 정부는 경제적 통합과 외교적 대응이라는 온건하지만 구조적인 대응을 위주로 활용하고 있지만 동시에 과격한 분리주의 활동에 대해서는 다양한 공권력을 통한 강경한 대응을 병행하고 있다. 주로 신장 지역의 경우에 해당하고 있으며, 분명 분리주의 세력에 비해 중앙정부의 힘의 우위를 과시하고 있다. 이러한 강경 대응의 경우에는 단기적으로는 분리주의 활동을 크게 위축시키는 등 가시적인 성과를 보이고 있기도 하지만, 한편에서는 오히려 상대적으로 분리주의 세력을 보다 과격화, 조직화시키는 역효과를 초래하며, 소수민족문제를 만성적인 불안 요인으로 만들 수 있다는 논의도 제기되고 있다.

3) 외교적 대응

중국 정부는 분리주의 문제가 국제화된 배경에는 서방국가들이 분리주의 문제를 통해 중국을 봉쇄 또는 체제전환하려는 전략이 내재되어 있다고 우려하고 있다. 따라서 일차적으로 중국 정부에서는 분리주의 문제는 중국 국내 문제이므로 외국에서 이 문제를 제기하는 것 자체가 내정간섭이라고 강력하게 공박함으로써 국제화를 저지하는 데 역점을 두어왔다. 그리고 최근에는 높아진 국제적 위상과 외교역량을 바탕으로 외교적 수단을 적극적으로 동원하여 중국에 유리한 국제적 여론과 환경을 조성하고

---

30) 馬大正, 『國家利益高於一切: 新疆穩定問題的觀察與思考』, p. 155.

심지어 외교적 압력을 행사하는 방향으로 점차 대응의 무게중심을 옮겨가
고 있다. 특히 이러한 움직임은 중국이 21세기에 진입하면서 자국의 국제
적 정체성을 '책임감 있는 대국'(負責任的大國)으로 전환하려는 시도와
보조를 함께 하면서 진행되고 있다.

분리주의 문제가 국제적 쟁점이 된 신장과 시짱 두 지역의 국제화의
성격에는 차이가 있다. 신장의 경우에는 외세, 즉 해외 이슬람세력의 개입
과 지지하에 신장 내 위구르족이 반응, 동조하는 상황이고, 시짱의 경우는
내부에서보다는 오히려 망명정부를 포함하여 외부 세력의 주도하에 전개
되고 있다. 그리고 시짱문제는 주로 미국 등 서방대국이 그 배후에 작용하
고 있는 반면, 신장의 경우에는 물론 미, 러 강대국이 관련되어 있기도
하지만 인접한 중앙아시아의 국가들과 이들 국가 내 반정부 단체의 적극
적인 지지와 영향이 주요 변수이다. 이처럼 두 지역이 공통적으로 외교현
안인 것은 분명하지만 외교의 성격과 대상에서는 차이가 있으며 이에 따
라 대응 방식도 상이하게 전개되고 있다.

표면적으로 볼 때 시짱문제는 강대국을 대상으로 하고 있고, 더욱 국
제화되어 있다는 차원에서 신장에 비해 중국 정부의 외교적 난제인 것으로
보이지만, 실제에 있어서는 오히려 외교적 수단을 통해 비교적 순조롭게
해법이 모색되고 있다. 중국 정부는 달라이 라마가 문제해결의 중재를 빌미
로 순수 국내문제인 시짱문제의 국제화, 특히 미국의 개입을 초래했다는
데 불신과 불만을 드러내고 있다. 따라서 시짱문제는 중미관계의 변화에
비교적 민감하다. 실제로 1993년 미국의 클린턴 행정부때 중국에 대한 최
혜국대우 연장과 시짱인권문제를 연계시키는 정책을 발표하면서 양국관계
에서 시짱문제는 민감한 사안으로 등장하기도 했지만, 그 이후 중미관계가
개선되면서 시짱문제는 큰 장애요인이 되지 않았다. 미국의 입장에서도 대
만과 달리 시짱에 대해서는 전략적 이해관계가 많지 않기 때문에 오히려
시짱문제로 인해 중국과의 관계가 악화되는 것은 원치 않고 있다.

특히 최근에 중국의 종합국력의 증강과 적극적인 대국외교의 추진에
따라 중국의 외교적 주도권이 강화되고 있고 미국과의 관계도 상당히 개
선되면서, 사실상 시짱문제는 국제적 쟁점으로서의 의미가 약화되는 양상
을 보이고 있으며, 오히려 중국이 강화된 외교력을 활용하여 티베트 망명
정부의 국제적 활동 영역과 생존공간을 크게 위축시켜 가고 있다. 실제로
한편으로는 티베트 망명정부와 외교적 접촉을 시도하는 국가에 대해서는
외교적 압력을 행사하기도 하고, 다른 한편으로는 시짱에 대한 중국의 입
장을 국제사회에 적극적으로 홍보해 가고 있다.[31]

그리고 신장의 경우에는 오히려 복잡한 외교적 문제들을 제기하고
있으며 그 만큼 더욱 적극적인 외교 노력을 경주하고 있다. 중국 정부는
위구르인들은 외부의 강력한 지원세력이 없을 경우, 기본적으로 독립운동
에서도 조직적이고 통일된 힘을 발휘하기가 힘들다고 판단하고 있다.[32]
따라서 외교적 노력의 초점은 중앙아시아 각 공화국, 아프가니스탄 등 주
변국가 내의 이슬람 근본주의 세력이 중국의 위구르 분리주의 세력과 연
계하는 것을 막는 국제적인 공동의 네트워크를 형성하는 데 두고 있다.
특히 이슬람 문제에 있어서는 각기 자국의 안정을 위해 기본적으로 이해
관계가 일치하고 있는 러시아, 중앙아시아 각국들과 공동 대응할 수 있도

---

31) 중국 정부의 대표적인 시짱 홍보 전략으로는 1992년 이후 최근까지 5차례에 걸쳐 발간된
    시짱백서가 있다. "西藏的主權歸屬與人權狀況(1992)", "西藏自治區人權事業的新發展(1998)",
    "西藏文化的發展(2000)", "西藏現代化的發展(2001)", "西藏生態建設与环境保護(2003)." 이상
    백서의 원문은 http://www.china.org.cn/ch-book/index.htm(검색일: 2004년 4월 18일) 참조.
    그 밖에 중국정부의 국제적 홍보전략으로는 시짱 홍보 인터넷망 구축, 국제학술회의 개최,
    예술단 해외파견 등의 방법이 병행되고 있다. 이에 대한 자세한 내용은 楊開煌, "中共與達懶
    喇嘛西藏問題 '國際訴求'之對比研究," 文化大學蒙藏學術研究中心 編, 『二十世紀之蒙藏問
    題』(臺北: 南天書局, 2002), pp. 54-71 참조.
32) 중국의 학자도 해외의 중국 분리주의 세력들은 만일 중국 주변국으로부터 지지를 받지 못한
    다면 실패할 것이며, 중국 내 분리주의 세력들도 국제적 지원이 없다면 우려할 만한 일이
    아니라고 분석하고 있다. Yan Xuetong, "Best friends next door," *China Daily*, March 7, 2000,
    p. 4.

록 외교적 유대 관계를 강화하고 있다.

예컨대 장쩌민, 리펑 두 지도자는 인접한 카자흐스탄, 키르키스스탄은
물론이고 우즈베키스탄도 방문하여, 상대국과의 공동성명에 "양국은 어떤
형태의 민족분열에도 반대하며, 어떤 조직이나 세력이 자국에서 분열활동을
행하는 것을 허용하지 않는다"는 원칙을 재삼 천명하였다. 특히 우즈베키스
탄을 방문한 것은 이곳이 중앙아시아 이슬람의 중심이며, 위구르인에 있어
서는 타슈켄트가 제2의 종교 성지인 것을 감안한 것이라 볼 수 있다. 그리고
1996년 이후 매년 러시아, 카자흐스탄, 타지키스탄, 키르기스스탄과 5개국
정상회담을 개최하여 "민족분리주의에 공동대처 한다"는 내용을 공동성명
또는 담화 형식으로 명시하였으며 특히 2001년 6월에는 우즈베키스탄을
포함한 '상하이협력기구' (SCO)를 창설하면서 "테러리즘, 분열주의 및 극
단주의 타파에 관한 상하이조약"을 체결하기에 이르렀다.[33] 뿐만 아니라
키르기스스탄과는 공동으로 양국 국경지역에서 동투르키스탄 이슬람운동
을 겨냥하여 사상 처음 해외에서의 대테러 합동 군사훈련까지 실시했다.[34]

이처럼 분리주의 문제는 시짱과 신장의 경우처럼 공통적으로 국제문제
화되면서 중국의 외교현안으로 상정되어 적극적인 외교적 대응이 추진되고
있다. 최근에 중국의 종합국력의 증강과 적극적인 '대국외교' 의 추진, 그리
고 9 · 11테러사건 등의 영향으로 중국의 외교적 주도권이 강화되고 있고
분리주의 문제를 인권문제로 공박해 온 미국과의 관계도 상당히 개선되면
서 외교적 수단을 통한 대응에 유리한 환경을 맞이하고 있다. 그런데 이러한
외교적 대응은 국제환경 변수의 영향에 민감하기 때문에 가변성이 크다.

---

33) 상하이조약의 내용은 http://www.fmprc.gov.cn/chn/26936.html(검색일: 2002년 11월 7일),
  상하이협력기구에 대한 자세한 내용은 中國現代國際關係研究所民族與宗敎研究中心, 『上海
  合作組織-新安全觀與新機制』(北京: 時事出版社, 2002) 참조.
34) "中國首次跨境軍演," http://www.people.com.cn/GB/paper68/7252/699971.html (검색일:
  2002년 9월 16일).

4. 중국의 대응전략과 체제안정

1) 대응전략의 효과와 한계

(1) 중국화 전략의 효과와 한계

개발전략을 통한 경제적 통합과 중국화라는 대응전략은 세 가지 대응 방법 중 현재 중국 정부에서 가장 역점을 두고 적극적으로 전개하고 있는 방법이라고 할 수 있다. 이 대응전략에서 중국이 지향하고 있는 정책의도는 두 가지로 요약된다. 하나는 중단기적으로 소수민족 지역에 발전의 혜택을 제공하여 불만과 저항의지를 약화시켜 지역안정을 확보하려는 것이고, 다른 하나는 의존적 발전의 경로를 통해 궁극적으로 경제적 통합, 그리고 정치적 통합을 구조화시키고자 하는 것이다.

우선 두 번째 정책 의도는 현재 중국이 전개하고 있는 정책의 내용을 통해 볼 때 거시적인 측면에서는 상당 정도 그 실현가능성이 예상된다. 이론적으로도 개발주의 전략은 소수민족과 한족의 접촉을 증가시키고 소수민족 사회의 사회경제구조는 물론이고 그들의 생활방식을 변화시킬 수 있다. 그리고 장기적으로는 경제발전 과정을 통해 소수민족 지역과 연해 및 내륙과의 통합을 촉진하여 분리주의를 억제할 수 있다. 실제로도 앞서 살펴본 바와 같이 대규모 재정지원과 사회간접시설 건설 위주의 투자를 통해 이미 상당 정도 시짱과 신장 지역 경제의 중앙정부에 대한 의존성을 증대시켜 원심력을 약화시키는 데 일정 정도의 기능을 하고 있다.[35] 그리

---

35) 특히 신장의 경우, 지역경제 발전의 기반이 될 수 있는 신장의 풍부한 천연자원을 개발, 수출하기 위해서는 중앙정부의 지원이 절실한 상황에 있다. 개발을 위한 대규모 투자와 판로를 확보해 줄 수 있는 대상은 중앙정부이거나, 아니면 중앙정부의 허가와 보증이 필요한 외국자본이다. 결국 어느 경우에도 신장은 경제가 활성화되기 위해서는 경제적으로 중앙정부

고 이러한 중국 정부의 장기계획에 대해 분리주의 세력들이 체계적으로 저항할 수 있는 물리력이나 조직력을 갖추고 있지 못하기 때문에 더욱 그 실현성은 높을 수 있다. 그러나 경제적 통합을 구조화시키는 데는 장기적인 시간이 요구된다는 문제를 안고 있으며 이러한 장기적 구조화 작업이 순조롭게 진행되기 위해서는 우선 단기적으로는 첫 번째의 정책의도가 실현되어 일정 정도 지역의 안정이 확보되는 것이 가장 이상적인 방향이라고 할 수 있다.

그런데 중앙정부의 지속적인 지원과 발전 추구, 그리고 그 성과에 대한 홍보에도 불구하고 소수민족들은 오히려 개발전략에 대한 불만과 우려, 그리고 심지어는 저항을 하고 있을 뿐만 아니라 중앙정부의 '지정지원'과 '간부지원정책'과 같은 통합을 위한 구체적인 정책 또한 실효성 있게 추진되지 못하고 있다. 구체적으로는 첫째, 소수민족들은 발전의 성과가 실제로는 소수민족이 아닌 이주해 온 한족에게 돌아가고 있다는 불만을 가지고 있다. 그런데 이러한 문제가 야기된 배경에는 중앙정부가 의도적으로 경제발전의 혜택을 한족에게만 집중한 결과라기보다는 한족의 소수민족 지역으로의 이주를 유도하기 위한 유인책으로서 이루어진 경제적 지원, 그리고 시장논리의 경쟁구도에서 소수민족들이 한족에 비해 열세인 구조적 이유가 작용한 측면이 강하다. 예컨대 시짱의 경우 세금면제 혜택으로 인해 이 지역으로의 한족 유입이 증대되고 있으며, 수입이 좋은 라사 주변 관광지의 상인들은 대부분 쓰촨에서 온 한족들이라고 한다. 그리고 같은 업종에 있더라도 이주해 온 한족들이 숙련공이라는 이유로 티베트족보다 더 많은 임금을 받고 있어 오히려 티베트족들의 상대적 박탈

에 의존적일 수밖에 없는 한계를 지니고 있다. Ferdinand, "Xinjiang: Relations with China and abroad," in David S. G. Goodman and Gerald Segal eds., *China Deconstructs: Politics, Trade and Regionalism* (London and New York: PeterRoutledge, 1994), p. 279.

감을 크게 만들고 있다는 것이다.36)

　　신장의 경우에도 지역 내 발전격차가 신장 분리주의자들의 반한족 정서를 더욱 자극하고 있다. 이주해 온 한족들은 신장 북부의 우루무치, 스허쯔(石河子) 등 발달된 지역에서 위구르보다 다수를 차지하며 비교적 풍족한 생활을 누리고 있는 반면, 신장 남부지역의 커스(喀什), 허톈(和田)에 살고 있는 대다수 위구르인들은 빈곤한 생활을 영위하고 있다. 이러한 격차가 위구르인들의 불만의 원인이 되고 있으며, 지난 20년간 대부분의 정치적 폭동이 남부의 빈곤한 지역에서 일어난 이유이기도 하다. 아울러 1990년대 초 이후의 시장주도의 급속한 발전전략으로 인해 오히려 신장의 고용상황은 악화되었다. 대규모 국유공장과 기업의 노동자들을 샤강(下崗)시키는 과정에서 상대적으로 경쟁력이 떨어지는 것으로 인식되어 온 소수민족 노동자들이 우선 희생자가 되었다. 따라서 위구르족은 새로 이주해 온 한족들에게 자신들의 직업을 빼앗겼다는 불만을 가지게 되었다.

　　아울러 중앙정부의 주도로 도로, 철도 등 사회간접시설 건설이 활발하게 전개되고 있지만 그 혜택은 주로 대도시에 거주하는 한족에게만 돌아가고 실제로 고원의 초원지역에 소규모로 넓게 산재해 있는 대다수의 티베트족과 위구르족에게는 별 의미가 없다. 실례로 서부대개발의 주요 프로젝트의 하나로 추진되고 있는 칭짱철로의 경우 중국 정부에서는 철도 건설이 티베트족들에게 경제적 혜택을 가져다 줄 것이며 티베트족간의 통합에도 도움이 될 것이라고 주장하고 있다. 그렇지만 철도건설은 기술적·환경적 측면에서 그 현실성에 대한 논란이 제기되고 있을 뿐만 아니라 친 망명정부 언론에서는 오히려 이 철도 건설을 중국화의 수단으로 인식하며 강한 거부감을 표출하고 있다.37) 따라서 경제발전의 혜택이 소

---

36) June Teufel Dreyer, "The Potential for instability in Minority Regions," in David Shanbaugh ed., *Is China Unstable?* (Armonk: M.E Sharpe, 2000), pp. 128-129

수의 한족들에게 돌아가게 되면서 한족의 이주를 촉진하게 되어 소수민족의 전통과 문화를 훼손시키고 있다는 불만이 고조되어 오히려 불안정의 요인이 되고 있다.[38]

그리고 이러한 소수민족의 불만은 결국 중앙정부에 대한 불신과 중앙정부의 궁극적 지향점인 중국화에 대한 반발과 저항을 초래하고 있다. 예컨대 시짱에서는 중국 정부의 시짱 현대화 건설이 티베트족의 민족적 특성을 소멸시키고 있으며, 시짱의 자원을 약탈하고, 시짱에 대한 통제를 강화하여 궁극적으로 중국화시키려는 것으로 인식하여 반발하고 있다.[39] 그리고 이처럼 한족들의 이주로 인한 중국화는 결국 민주투표를 통한 시짱의 독립, 또는 자치 실현 시도 자체를 불가능하게 만드는 요인이 될 수 있다고 강력하게 저항하고 있다.[40]

둘째, 개발주의 전략은 중국화라는 중국 당국의 궁극적인 의도 자체로 인해서 소수민족의 반발을 불러올 수밖에 없는 내재적 성격을 지니고 있기도 하지만, 구체적인 정책추진에서 나타나는 미비함과 문제점으로 인해 더욱 어려움을 겪고 있다. 우선 '지정지원' 정책의 경우에 중앙정부의

---

37) 인도 언론에서는 이 철도를 한족의 상징물인 거대한 용으로 묘사하고 그 용이 티베트족의 상징물인 포탈라궁을 향해 몰려들어 궁을 훼손하고 더불어 용의 입에서는 인민해방군을 상징하는 무장한 개미들이 쏟아져 나오는 형상을 삽화로 표현하면서 철도건설의 의도를 경계하고 있다. Loten Namling, "Khari Khthug," *Tibetan Review* (May 2001), p. 20; Dreyer, "Economic development in Tibet under the People's Republic of China," p. 423에서 재인용.
38) 2000년 우루무치에서의 설문조사에 의하면 위구르인과 한족 간의 수입격차가 크다고 응답한 위구르인들은 46.6%에 이르고, 개방정책 이후 한족에 비해 위구르인들의 생활수준이 보다 빠르게 향상되었다고 응답한 위구르인들은 15.1%에 불과하다. 반면 한족은 각각의 응답이 9.4%와 38.0%로 상반되게 나타나고 있다. 즉, 한족은 위구르인들에게 경제적 혜택이 부여되고 있다고 인식하는 반면에 위구르인들은 여전히 경제적 불만을 갖고 있음을 보여주는 것으로 양자 모두 정책에 대한 불만과 불신이 있음을 의미한다고 할 수 있다. 요컨대 경제적 접근이 민족통합에 큰 역할을 하지 못하고 있음을 일정 정도 설명하고 있다. Yee, "Ethnic Relations in Xinjiang: a Survey of Uygur-Han Relations in Urumqi," pp. 443-444.
39) 楊春貴, 『競爭與安全: 世界大變動中的中國發展戰略』(北京: 中共中央黨校出版社, 2003), p. 333.
40) 김한규, 『티베트와 중국: 그 역사적 관계에 대한 연구사적 이해』(서울: 소나무, 2000), p. 425.

행정명령을 통해 지역간 연계와 협력이 초기에는 일시적으로 진행되는 듯하지만 시일이 지날수록 협력 유인구조의 취약성이 현실로 나타나고 오히려 지역간 경쟁 메커니즘이 작동하게 되면서 성과를 내지 못하고 있다.[41]

그리고 간부지원정책의 경우에도 간부들의 소수민족 지역 체류기간이 짧아 임시성이 강하며 따라서 직책을 충실히 이행하지 않고 있다. 즉 "몸만 있지 마음은 시짱에 있지 않는 상황(只有人身進臟, 沒有人心進臟)"이 나타나고 있다.[42] 신장의 경우에도 고위층 간부들은 대부분이 내륙 다른 지역에서 파견된 사람들로서 위구르어를 거의 하지 못할 뿐만 아니라 현지 사정도 잘 이해하고 있지 못함으로써 위구르족들과의 소통과 이해에 문제가 발생하고 있다. 그리고 이들 역시 민족갈등 문제 등을 해결하기 위해 장기적인 업무계획을 세우는 등 적극적인 근무 의욕을 갖기보다는 단지 조용히 문제없이 있다가 신장을 떠날 기회만을 기다리고 있다. 또한 일반적으로 간부는 최저 현급까지만 파견됨으로써 사실상 기층 단위에서는 중앙정부의 영향력에 공백이 생기는 문제도 존재하고 있다.

요컨대 개발주의 전략은 소수민족 지역의 경제발전과 현대화를 추진하여 민심을 얻고, 종교의 세속화를 통해 소수민족의 저항의식을 약화하여 사회의 안정을 확보하고 동시에 중국 내 다른 지역과의 경제적 통합을 촉진하여 분리주의를 제약할 수 있다는 기대를 가지고 추진되고 있다. 그렇지만 실제 추진과정에서는 지나치게 노골적인 중국화 시도와 정책의 미숙함으로 인해 오히려 소수민족의 불만과 반발을 초래하고 있다. 따라서 중국 정부는 기대했던 대로 안정적이며 순조로운 중국화 시도에 적지 않

---

41) 중앙정부의 수직적으로 유도된 지역간 수평적 연계의 한계와 문제점에 대한 자세한 내용은 정재호, 『중국의 중앙-지방 관계론』, pp. 298-303 참조.

42) 원칙적으로 의무 체류기간은 3년이지만 1년간의 적응기간, 그리고 반년, 또는 그 이상의 휴가기간, 그리고 마지막 1년은 조기 전근 준비 등으로 사실상 제대로 임무를 수행할 시간과 의지를 갖지 않게 된다. 王力雄, "西藏: 二十一世紀中國的軟筋," p. 32.

은 어려움을 겪고 있다. 그럼에도 이러한 어려움이 중국 정부의 구조적인 중국화 시도라는 큰 흐름을 막을 수 있을 정도는 아니다.

(2) 강제적 통제의 효과와 한계

분리주의에 대한 세 가지 대응 방법 중 중앙정부의 입장에서 가장 직접적이고 단기간에 가시적인 효과를 얻는 것으로 인식될 수 있는 방법이 바로 중국이 여전히 확실하게 우위를 점유하고 있는 다양하고 강력한 공권력을 동원하여 분리주의 세력을 억압하는 것이다. 현실적으로 중국내의 어떠한 분리주의 세력도 분리독립, 또는 심지어 자치를 실현시키기에 충분한 자체의 군사력과 경제력을 갖고 있다고 보기는 어렵다. 반면에 중국 정부는 비록 체제전환기의 불안정과 이완현상이 나타나고 있고, 특히 중국 내의 다른 지역과는 달리 서부 소수민족 지역에 대한 직접적이고 효율적인 통치에 어려움을 겪고 있기도 하지만, 그럼에도 인민해방군, 무장경찰, 병단, 공안, 당조직 등 분리주의 세력과는 비교할 수 없는 다양하고 강력한 공권력과 조직기반을 유지하고 있다. 따라서 공권력은 중국 정부에서 그만큼 가장 편의적으로 동원할 수 있는 방법이며, 실제로 분리주의 세력에게는 가장 효과적인 억제기제로 작용할 수 있다.

그러나 중국 정부의 입장에서 편의적으로 공권력을 동원할 수만은 없는 한계도 있다. 우선 중국은 분리주의 운동이 국제문제화되면서 강경 대응이 야기할 수 있는 국제 여론의 비난과 이미지 악화는 상당히 부담스러울 수 밖에 없다. 특히 최근에 '책임감 있는 대국'이라는 외교적 수사를 새롭게 부각시키고 있으며, 미국과도 수교 이후 가장 이상적인 관계를 유지하고 있다는 평가를 받을 정도로 안정적으로 관리해 가고 있는 중국 정부의 입장에서 미봉적인 해결에 그칠 가능성이 있는 강제적 대응의 남용은 상당한 외교적 부담이 될 수 있다. 아울러 중국은 분리주의 문제보다 해결의 우선순위에 있는 국내적 난제가 적지 않을 뿐만 아니라, 대만, 홍콩 문제와 같은 국제적 쟁점이 될 수 있는 어떤 의미에서는 더욱 심각한 다른 불씨들을 안고 있기 때문에 가능한 한 국제여론을 악화시킬 수 있는 해결 방법은 최소화해야 하는 입장에 있다.

실제로 시짱의 경우에는 분리주의 세력의 저항 역시 폭력적이지 않고, 쟁점의 핵심 또한 독립이 아닌 자치의 문제로 옮겨가고 있기 때문에 공권력의 사용은 최소화하려는 전략적 대응을 하고 있다. 아울러 상대적으로 공권력의 의존도가 높은 신장의 경우에도 공권력 사용은 자제해야 하는 부담이 있다. 즉, 1991년 이후 원유수입국이 된 중국의 입장에서 대부분이 이슬람교도인 위구르족 문제를 잘못 처리하면 중동의 원유수입국과의 관계에 악영향을 미칠 수 있다는 점을 고려해야만 한다. 실례로 1997년 2월 이닝에서의 인종충돌로 9명의 위구르 무슬림이 사망하고 수백 명이 체포되자 사우디 아리비아의 관영신문이 이에 경고를 하고 터키의 국방장관이 중국 정부를 비난하기도 했다.[43] 아울러 신장 지역의 빈번한 무력충돌의 발생은 세계은행 등으로부터의 해외자본 유치를 어렵게 만드는 주요 원인이 될 수도 있다.

둘째, 강제적 대응은 장기적인 효과 면에서 득보다는 실이 많은 전략이 될 우려가 있다. 즉, 공권력으로 강제할 경우 일시적으로는 분리주의 세력을 억압하는 효과가 나타날 수 있지만 오히려 공권력 사용에 따른 반작용, 이를 테면 국내외적인 여론의 악화는 물론이고 분리주의 세력을 결집시키고 과격하게 만들어 사태를 보다 악화시키는 결과를 초래할 수도 있기 때문이다. 실제로 분리주의 세력의 저항이 강하다고 판단하고 있는 신장에서는 여전히 공권력의 사용 빈도가 다른 지역에 비해 높고, 그리

---

43) Dru C. Gladney, "Islam in Chna: Accommodation or Separatism," *China Quarterly* 174 (2003), pp. 458-459.

고 9·11테러사건 이후 반테러리즘의 국제적 분위기가 확산되면서 신장 지역에서의 공권력 행사는 그 만큼 국제여론의 비난으로부터도 자유롭게 되었다. 그러나 다른 한편 공권력의 남용은 분리주의 문제의 근원적 해결보다는 폭력의 악순환을 초래할 가능성을 높게 만들고 있다. 즉 신장의 경우, 1990년대 이후 정부의 강경대응으로 분리주의 활동의 빈도는 감소하고 있지만 오히려 더욱 조직화, 과격화되는 결과를 초래하고 있다.[44] 요컨대 공권력을 통한 대응은 분리주의 문제의 근본적인 해결책이 될 수 없을 뿐만 아니라 중국 정부가 지향하는 핵심과제의 하나인 안정 추구에도 역행하는 방법이 될 수 있다.

(3) 외교적 대응의 효과와 한계

외교적 대응은 최근 중국의 국력 증강과 적극적인 대국외교의 추진에 따라 상당 정도 효과를 발휘하면서 달라이 라마 14세에 우호적이었던 국가들도 1990년대 말 이후에는 오히려 중국 정부의 입장을 지지하는 쪽으로 선회하는 등 중국의 시짱 통치의 정당성에 대한 국제적 승인이 늘어나고 있다. 예컨대 미국 의회와 유엔 그리고 EU국가들이 티베트 망명정부를 인정하지 않고 있으며, 달라이 라마 14세를 티베트 망명정부의 수반으로 인정하고 있는 국가는 체첸공화국, 에스토니아, 그리고 라트비아 정도에 불과하다. 심지어 일부 서방 의회 의원들은 시짱 자치구를 방문하여 중국에 유리한 공개적인 정치적 발언을 하기도 했다.[45]

---

44) 분리주의 세력의 활동상황에 대한 구체적인 내용은 이동률, "중국 신장의 분리주의 운동: 현황과 영향력," pp. 324-332; 馬大正, 『國家利益高於一切: 新疆穩定問題的觀察與思考』, pp. 30-91 참조.
45) 국제사회의 중국과 티베트에 대한 지지 양상의 변화에 대한 보다 구체적인 사례는 Barry Sautman, "Resolving the Tibet Question: Problems and Prospects," *Journal of Contemporary*

　　반면에 달라이 라마의 스리랑카, 태국, 한국 방문은 중국 정부의 반대로 성사되지 못하거나 지연되고 있다. 뿐만 아니라 2003년 6월에는 그동안 티베트 망명정부의 강력한 지원 국가였던 인도마저도 총리가 중국을 방문하여 티베트를 중국 영토의 일부로 간주하고 나아가 인도 내 티베트인들의 반 중국 정치 활동을 허용하지 않을 것이라는 내용을 담은 공동선언문을 발표함으로써 티베트 망명정부의 입지를 더욱 위축시켰다.46) 이러한 변화는 중국 정부의 국제적 위상 제고와 적극적인 외교력 행사의 결과라고 할 수 있다.

　　신장의 경우에도 9·11테러 사건 이후 이슬람 분리주의 세력을 국제테러집단으로 규정함으로써, 테러와의 전쟁이라는 국제적인 분위기에 편승하여 지금까지 미국 등 서방국가와 인권단체들로 받았던 '민족 및 종교 탄압'이라는 비난의 굴레에서 일정 정도 자유로워졌고, 신장 분리주의자에 대한 무력대응에 국제적 묵인 내지는 동조를 확보하는 상황이 전개되고 있다.47) 뿐만 아니라 유사한 종교 및 인종 분규에 대한 우려를 갖고 있는 중앙아시아 국가들과도 '상하이협력기구'를 통해 긴밀한 공조체계를 구축해감으로써 분리주의 세력의 국제적 연계를 차단할 수 있는 기초를 조성한 것도 중국 정부의 신속한 외교적 대응의 성과라 할 수 있다.

China, Vol.11, No.30(2002), pp. 92-94 참조.

46) 최근 중국과 인도의 관계개선은 단기적으로 티베트 망명정부의 입지를 약화시킬 것이 분명하다. 그렇지만 다른 한편 장기적으로 인도가 중국과 티베트 간의 협상에 조정역할을 할수 있게 됨으로써 협상의 진전을 기대해 볼 수도 있다. 2003년 6월 24일 중인 양국 총리가 서명한 공동성명의 내용은 "中華人民共和國和印度共和國關系原則和全面合作的宣言" http://www.fmprc.gov.cn/chn/wjb/zzjg/yzs/gjlb/1328/1329/default.htm (검색일: 2004년 4월 24일) 참조.

47) 중국은 2002년 9월 유엔총회에서 미국에 강력히 요구해서 결국 동투르키스탄 이슬람운동을 국제테러집단 명단에 포함시켰다. "'東突'上了安理會制裁名單" http://www.people.com.cn/GB/paper68/7252/699970.html(검색일: 2002년 9월 16일). 9·11테러사건 이후 중국이 미국중심의 반테러 연대에 이례적으로 적극적으로 참여한 전략적 배경에 대해서는 이동률, "9·11테러사건에 대한 중국의 반응, 인식 그리고 전략,"『중국학연구』, 23집(2002년 12월), pp. 317-342 참조.

이렇듯 중국 정부의 입장에서는 분리주의 운동을 효율적으로 통제할 수 있는 국제환경을 맞이하고 있을 뿐만 아니라 이를 적극적으로 활용하고 있다. 그런데 이러한 외교적 성과는 중국 외교력과 국제적 위상 제고의 결과이기도 하지만 9·11사건과 같은 국제환경의 영향도 적지 않았다. 따라서 이러한 외교적 대응은 그 만큼 국제환경 변수의 영향에 민감할 수 있으며 가변성이 높다는 것을 반증해주는 것이다. 예컨대 현재는 미중관계가 그 어느 때보다도 안정적으로 유지되고 있지만, 미중관계의 특성상 기복을 상정하지 않을 수 없으며 그럴 경우 대만 문제와 더불어 신장과 시짱문제도 새롭게 갈등의 불씨로 재연될 가능성은 여전히 남아 있다.

2) 분리주의가 체제안정에 갖는 함의

개혁 이후 중국의 분리주의 운동이 보다 활발하게 전개되고 있기는 하지만 분리주의에 대한 중국 정부의 대응 역시 부분적인 문제와 반작용에도 불구하고 전반적으로 억지력과 통제력을 유지하고 있다. 요컨대 중국 정부는 여전히 분리주의를 통제할 수 있는 공권력, 조직, 재정능력, 그리고 외교력을 지니고 있다. 그에 비하면 분리주의 세력은 중국으로부터 분리독립할 수 있는 물리력을 지니고 있지 못할 뿐만 아니라 중국 정부가 전개하고 있는 대응전략에도 강력하고 조직적으로 대응하거나 저항하고 있지 못하고 있다. 그렇지만 앞서 살펴본 바와 같이 중국의 대응전략 역시 일정 정도의 한계와 문제점을 안고 있으며 분리주의 문제의 근본적인 해결책은 되지 못하거나 아니면 해결에 상당한 시간이 필요한 상황이다. 따라서 분리주의 문제는 여전히 근원적인 해결이 이루어지지 않은 채 상당기간 중국의 체제안정과 관련하여 변수로서의 의미를 지니게 될 것으로 보인다.

구체적으로 시짱의 경우에는 분리독립이 아닌 자치의 문제를 놓고 협상이 진행되고 있어 근본적인 해결의 가능성은 일단 열려 있다고 볼 수 있다. 쟁점은 자치의 내용, 즉 '일국양제'의 버금가는 정도의 자치 요구에 대한 타협 여부, 그리고 시짱의 지역적 범위를 둘러싼 이견으로 집약할 수 있다.[48] 그러나 보다 근원적인 문제는 양측의 불신과 갈등의 역사에 있다. 중국의 개발주의 전략은 양측의 신뢰를 회복시키는 데는 도움이 되지 못하고 있다. 일반적으로도 갈등은 갈등을 야기시킨 결정적인 상처의 기억이 잊혀져야 해결될 가능성이 있다. 시짱의 경우 1959년의 충돌이 치유되어야 할 상처라고 한다면 양측에서 당시의 사건을 기억하고 있는 세대가 지도부로 여전히 존재하고 있기 때문에 협상에는 더 많은 시간과 노력이 필요할 것이다.

신장의 경우에는 협상의 대상도 쟁점조차도 명확하지 않다. 협상을 주도할 수 있는 달라이 라마와 같은 구심점이 없으며, 과격 분리주의 세력들의 주도하에 여전히 분리독립을 견지하고 있다. 따라서 협상을 통한 해결 가능성은 상당히 희박한 상황에 있다. 그런 가운데 신장 내의 한족과 위구르족 간의 뿌리깊은 편견과 불신이 있으며, 더 큰 문제는 이러한 관계를 완화시킬 수 있는 상호간의 교류가 공적인 영역 이외에서는 상당히 제한적으로 이루어지고 있다는 점이다. 소수민족에 대한 우대정책의 차원에서든 아니면 민족 간 충돌을 방지하기 위해서든 현재 종교활동은 물론이고 주거, 교육 등이 격리된 채 진행되고 있어 양측간의 소통을 더욱 어렵게 하고 있다.

최근의 한 여론조사는 이러한 양측의 단절 상황을 분명하게 보여주고 있다. 즉 1980년대와 1990년대 분리주의 세력에 대한 중국의 대응에 대해서 한족은 52.2%가 정당했으며, 심지어 지나치게 관대한 대응에 대해 불만족한다는 응답도 12.9%에 이르고 있다. 반면에 위구르족은 34.9%만이

---

48) 티베트의 자치를 둘러싼 중앙정부와 망명정부 간의 쟁점에 대한 자세한 내용은 Sautman, "Resolving the Tibet Question: Problems and Prospects," pp. 77-107 참조.

정당했다고 응답한 반면 오히려 너무 지나쳤다고 하는 응답이 11.6%에 이르렀다.[49] 설문 자체의 민감성을 고려한다면 매우 분명한 대조를 보이고 있다고 볼 수 있다. 요컨대 신장의 한족들은 전반적으로 분리주의에 대한 정부의 대응이 강경노선으로 진행되는 것을 선호하는 것으로 나타남으로써 앞으로 지역 내의 갈등은 더욱 악화될 가능성을 예상케 한다.

결론적으로 분리주의와 중국의 체제안정의 역학관계에서 나타날 수 있는 가능한 시나리오는 대체로 다음 다섯 가지로 요약될 수 있다. 첫째, 중국 정부의 적극적인 대응으로 분리주의 문제가 구조적으로 해결되고 분리주의 세력이 와해되는 상황을 예상할 수 있다. 이 경우에는 중국의 분리주의 문제가 오랜 역사적 배경을 지닌 구조적 문제라는 점을 감안할 때 실현 가능성이 높지 않으며, 실현된다 할지라도 상당히 오랜 시간을 필요로 하는 시나리오라고 할 수 있다. 둘째, 중국 정부와 분리주의 세력 간의 협상을 통해 극적인 타결이 이루어지고 양측이 대승적 차원에서 공존하는 상황을 예상해 볼 수 있다. 이 경우도 그나마 가능성이 남아 있는 것은 시짱의 경우이지만 아직은 쟁점에 현격한 입장의 차이를 보이고 이러한 입장 차이를 좁히기에는 불신의 벽이 두껍다.

셋째, 분리주의 세력에 대한 중국 정부의 중국화 전략이 효과적으로 작동하여, 소수민족의 불만과 저항을 완화시켜 분리주의 문제가 체제불안을 야기하는 주된 요소로서의 의미가 크게 퇴색하는 경우를 상정해 볼 수 있다. 이 경우에도 분리주의 문제가 근본적으로 해결되는 것은 아니므로 여전히 불씨로 남아 재연될 개연성을 안고 있다. 넷째, 중앙정부의 대응이 소수민족의 불만과 저항을 해소시키지 못하고 단지 분리주의 욕구를 억제하고 미봉하는 수준에 머물 경우로서 분리주의 문제가 단기간 내에

---

49) Yee, "Ethnic Relations in Xinjiang: a Survey of Uygur-Han Relations in Urumqi," pp. 444-445.

국가통합에 직접적인 영향을 주지는 않을지 몰라도 지속적으로 체제불안과 위기를 야기할 수 있는 고질적인 변수로 잔존하게 되는 가능성을 예상할 수 있다.

마지막으로 중국 정부의 대응전략이 분리주의 운동을 억제하지도 못하고 오히려 소수민족의 불만과 저항을 증폭시키고, 중앙정부의 통제력마저 현저하게 쇠퇴하여 장기적으로 국내 다른 불안정 요소와 연동되면서 결정적으로 국가분열을 초래할 수 있는 가능성도 상정해 볼 수 있다. 이 경우에는 분리주의 자체의 힘만으로라기보다는 사회 전반의 혼란, 갈등과 연계될 경우에 가능성이 있는 시나리오이므로 그 가능성을 명확하게 분석해내는 것도 현실적으로 용이하지 않지만, 그 자체의 실현 가능성도 현재 상황에서는 높지 않아 보인다. 앞서의 분석을 토대로 접근할 경우 가장 가능성이 높은 시나리오는 네 번째에서 세 번째로 옮겨가는 상황에 근접한다고 볼 수 있다.

요컨대 중단기적으로는 분리주의에 대한 중앙정부의 대응이 소수민족의 불만과 저항을 완전히 해소시키지 못하고 단지 분리주의 욕구를 억제하고 미봉하는 상황에 있기 때문에 분리주의 문제가 단기간 내에 국가통합에 직접적인 영향을 주지는 않을지 몰라도 지속적으로 체제불안을 야기할 수 있는 잠재력을 지닌 변수로 잔존하게 될 가능성이 있다. 그런데 장기적으로는 중국 정부가 전반적으로 체제안정에 내구성을 확보하게 될 경우 분리주의 세력에 대한 중국화 전략 역시 탄력을 받게 되어 분리주의 문제가 체제불안을 야기하는 주된 요소로서의 의미도 퇴색하게 될 것이다.

5. 전망

현 중국 정부는 '개혁을 통한 발전'을 체제의 정당성과 국가통합의 수단으로 활용하고 있는데, 그 과정에서 국가통합을 위한 국가의 능력 기반이 약화되는 역설적 상황이 나타나고 있다. 따라서 앞으로 분리주의에 대한 중국 정부의 억지력 역시 가변성이 존재하는 만큼 이러한 가변성을 촉발할 수 있는 변수들을 제시함으로써 보다 장기적인 시각에서 분리주의가 체제안정에 미칠 영향에 대한 전망의 단서를 제공하고자 한다.

첫째, 당 지도력의 변화가 주된 변수가 될 수 있다. 앞서 살펴본 바와 같이 중국의 분리주의 운동이 활발해지고 있음에도 불구하고 통제의 범위에 있는 주된 이유는 중국의 당-국가체제가 개혁을 추진하는 과정에서 정책의도와는 반대로 권력기반이 약화된 것은 분명하지만 그럼에도 여전히 분리주의 운동을 비롯한 사회문제를 통제할 수 있는 수단과 능력을 확보하고 있기 때문이다. 따라서 현재와 같은 당의 통제력이 언제까지 어떠한 방식으로 유지될 수 있을 것인지, 아니면 유지될 수 없게 된다면 그때는 새로운 어떠한 수단과 방식을 통해 분리주의 문제에 대한 접근이 시도될 수 있을지가 주요한 변수가 될 것이다.

현재 당의 통제력 변화는 두 가지 가능성을 모두 상정할 수 있다. 즉 통제력의 약화로 인한 위기 가능성과 더불어 통제력의 수단과 방법상의 질적인 변화 가능성도 있다. 후자의 가능성과 관련하여 일부 시짱의 급진 분리주의자들이 시짱의 분리독립이 가능한 시점은 오히려 중국의 민주화가 이루어지기 전이라는 주장이 시사해주는 바가 있다. 즉, 중국 정부는 정치민주화가 이루어지면 분리주의 활동을 비롯한 분열적 경향이 증대될 것이라고 우려하고 여전히 일당제에 대한 도전에 단호한 입장을 견지하고 있지만, 시짱의 분리주의자들은 중국의 민주주의가 실현될 경우 오히려 독립의 정당성을 상실할 수도 있다는 우려를 하고 있는 것이다.[50] 요컨대 최근의 '3개대표(三個代表)론'의 채택의 사례와 같이 기존의 당-국가 체제의 점진적인 성격 변화가 발전적으로 진행되어 간다면 분리주의 문제에 대한 접근이 기존의 통합과 분열이라는 이분법적 접근에서 탈피하여 새로운 차원의 해법이 제시될 가능성도 전망해 볼 수 있다는 것이다.

둘째, 분리주의 운동과 여타 정치, 사회 불안요인과의 연계가능성이 또 하나의 주요한 변수가 될 수 있다. 즉, 소수민족 지역에서의 분리주의 운동은 그 자체가 가지는 파급효과뿐만 아니라 사회의 다른 영역에서의 저항, 욕구 분출과 연동될 경우 보다 강력한 영향력이 작용할 수 있다는 차원에서 국가통합에 미치는 변수로서 의미를 지닐 수 있다. 현재 중국 사회는 개혁과정에서 각 영역에서의 다원화와 자율화 현상이 가속화되고 있는 반면에, 개혁 이전과 비교하여 상대적으로 정부의 통제력은 약화되는 현상이 나타나고 있으며, 이는 최근의 파룬궁 수련자들의 저항과 동북지역의 노동자 시위가 과거와는 달리 상당히 조직화, 대규모화되고 있는 양상에서도 감지되고 있다. 예컨대, 부정부패, 빈부격차, 금융시장 혼란, 노동자, 농민의 대규모 시위 등이 제기되고 있다. 특히 노동자, 농민의 시위는 1998년에만 도 5천 건 이상 발생했다고 한다. 1999년에 공안국은 6만 건의 시위가 있었다고 하고 홍콩에서의 보도는 10만 건으로 추산하고 있다.[51] 이러한 시위는 후진타오(胡錦濤) 체제가 들어선 이후에 오히려 그 규모가 대형화되고 있다. 2004년 10월에는 허난(河南)성에서 회족과 한족 간의 민족갈등으로 수만 명의 충돌이 있었고, 특히 쓰촨성 한위안(漢源) 현에서는 주민 15만 명

---

50) 시짱의 분리주의자들은 민주화와 독립을 주장하고 있는데 중국에서 인권탄압이 감소하고 민주주의가 정착되면 대외적 독립을 주장할 근거가 약해지며 독립 주장은 단지 정치적 권력 투쟁으로 비쳐질 수도 있다는 것이다. Baogang He and Yingjie Guo, *Nationalism, National Identity and Democratization in China* (Aldershot England: Ashgate Publishing Ltd, 2000), pp. 176-178.

51) Sautman, "Resolving the Tibet Question: problems and prospects," pp. 77-107.

이 군경과 대치하는 1949년 이후 최대의 농민 시위까지 발생했다.[52] 이에 따라 중국 지도부는 파룬궁, 해고 노동자, 농민과 더불어 소수민족의 분리주의자들을 중국 사회의 주된 불안요인으로 인식하고 있다.[53]

현 중국 지도부는 이러한 현안들을 정치경제적 측면에서 '발전을 통한 안정 확보'의 논리로 접근하고 있다. 그런데 반드시 성장만이 안정을 담보하고, 경제발전이 소수민족의 원심력을 약화시킨다고 확신할 수만은 없다. 왜냐하면 이미 중국의 다른 지역에서도 나타나고 있지만 경제발전을 추진하는 과정에서 야기되는 부정부패, 실업, 인플레이션 등 부정적 현상은 오히려 소수민족 지역의 불안정을 증대시킬 수도 있기 때문이다. 따라서 개혁과정에서 야기될 수 있는 다양한 불안요인과 불확실성은 항상 서로 연동될 개연성을 지니고 있으며 그럴 경우 소수민족문제는 그 자체의 영향력 이상의 큰 파괴력으로 국가통합에 영향을 미칠 수 있는 가능성을 여전히 안고 있다. 요컨대 중국 내 다른 지역에서 혼란이 발생하여 소수민족 지역에 대한 중앙의 통제능력이 약화되거나, 또는 다른 지역의 혼란이 이 지역으로 전화될 경우에는 통제되어 왔던 분리의 욕구가 보다 강하게 표출될 가능성이 있다.[54]

---

52) 『중앙일보』, 2004년 11월 21일.
53) "Jiang compares sect's threat to solidarity," *South China Morning Post*, Feb 12, 2000, p. 7.
54) 王力雄, "西藏: 二十一世紀中國的軟筋," p. 30.

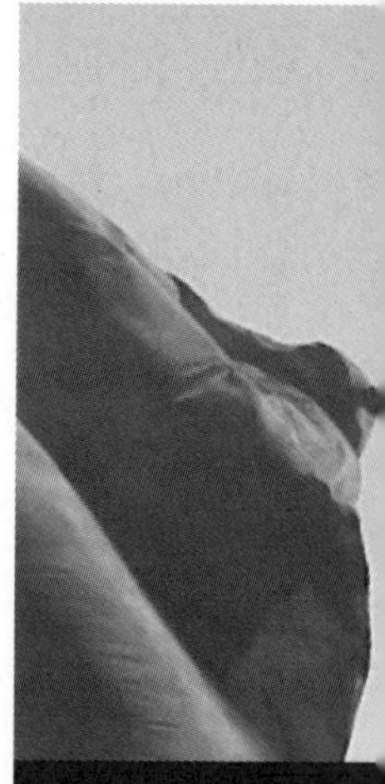

전망 제3부

제10장

변화와 안정을 위한 중국의 노력: 평가와 전망

▌전성흥

1. 연구 주제

이 글은 개혁개방 과정에서 '변화'와 '안정'을 조화시키려는 중국 지도부의 정책의도에 대한 평가와 전망을 제시하는 데 목적을 두고 있다. 주지하다시피 개혁개방은 그간 중국 사회에 많은 변화를 초래했다. 먼저, 중국은 개혁개방 정책을 합리화하기 위해 사상해방(解放思想)과 실사구시(實事求是)를 기치로 기존의 사회주의 이론을 재해석했다. 과거처럼 이론에 의거해 현실을 규정하는 교조주의적 방식이 아니라, 현실을 근거로 이론을 재해석하고 수정하는 실용주의적 자세를 견지함으로써 궁극적으로 중국은 경제발전에 유리한 어떤 정책과 행위도 정당화할 수 있게 되었다. 급기야 공산당이 자본가를 포용하게 됨으로써 이제 중국에서 계급관계를 기초로 한 이념으로서의 사회주의는 더 이상 무의미하게 되었다고 할 수 있다.

또한 경제체제 개혁이란 실질적으로 시장경제로의 전환을 의미한다는 점에서 탈계획경제적 현상이 무엇보다 두드러진다고 하겠다. 초기 농업부문의 탈집체화와 인민공사의 해체, 그리고 국유기업의 개혁 등을 통해 기존 사회주의 경제체제의 주요 특징들이 점차 자본주의 경제체제의 그것으로 대체되었을 뿐 아니라 경제활동에 대한 국가의 간섭도 갈수록 축소되는 추세에 있다. 계획경제와 함께 사회주의 경제체제의 한 축으로서, 중국이 개혁과정에 있어서 가장 보수적으로 접근했던 것이 바로 소유제 부문이었다. 그러나 이제는 헌법에서 사유재산의 보호를 명시적으로 규정할 뿐 아니라 사영기업가가 공산당원이 될 수 있게 됨에 따라 사유제 역시 중국 사회에서 법적으로나 제도적으로 더 이상 논란의 대상이 될 수 없게 되었다. '원저우모델'(溫州模式)에 대한 국내외의 관심과 그것의 적실성 여부를 둘러싼 중국 내의 논쟁은 이제 먼 과거의 얘기가 되고 말았다.

이런 대내개혁의 추진과 함께 대외개방 정책도 병행되었다. 자력갱생과 폐쇄경제를 특징으로 한 과거의 체제에서 벗어나 연해 지역을 중심으로 외국의 자본과 기술을 도입하고 대외무역을 활성화한 것이 초기의 전략이었다면, 이제는 지역적으로 내륙에까지 개발과 개방의 범위를 확대시켰을 뿐 아니라, WTO 가입을 통해 산업 분야별로도 전면적인 개방을 과감히 추진할 정도로 진척되었다. 특히 중국 경제에 있어서 비국유 부문의 급속한 성장과 더불어 국유기업 자체의 개혁은 중국 사회의 '단위체제'적 특성을 크게 변화시켰다. 국가가 개인의 취업과 생계 등을 전적으로 보장해주던 사회주의 복지국가로서의 기능은 현저히 약화된 것이다. 이로써 대부분의 도시 노동자들에게 있어서 개혁은 새로운 도전으로 인식되기도 했다. 그러나 도시 주민들이 단위복지의 혜택으로부터는 점차 소외되어 갔지만 다른 한편으론 그만큼 국가의 간섭과 개입으로부터 자율적인 존재로 변화되었다. 국가는 더 이상 단위체제에서와 같이 도시 주민들의 생산 활동과 개인 생활을 통제할 수 없게 되었다. 그런 점에서 농민공의 존재야말로 농촌 주민들의 자율성 증대가 인구이동에 대한 국가의 통제력을 얼마나 무력화시키는지, 그리고 경제발전이라는 목표를 추구하는 국가가 그런 문제에 대처하는 데 있어서 얼마나 제한된 정책 선택을 지니는지를 잘 보여주는 대표적인 사례라고 할 수 있다.

이와 같은 현상은 명령형 통제경제와 철저한 공유체제를 특징으로 한 과거 마오쩌둥(毛澤東) 시기의 사회주의에 비교한다면 그야말로 급진적 형태의 변화라고 할 수 있다. 그러나 중국에는 현재 이와는 대조적인 현상도 병존하고 있다. 왜냐하면 앞서 본 바와 같이 여러 가지 측면에서 국가의 통제력이 약화된 측면과 함께, 여전히 강한 국가의 성격도 상존하고 있기 때문이다. 다른 그 어떤 것보다 '공산당의 영도'라는 원칙하에 일당체제가 존속하고 있을 뿐 아니라 정권 조직으로서 공산당이 정통성의 기초를 확보하고 있다는 점은 분명 전자와는 대비되는 일면이다. 또한 개혁 이후 많은 사회 불안정 요인들이 나타남에도 불구하고 중국이 기본적으로 정치적 안정을 유지하고 있는 것도 선뜻 이해하기 어려운 부분이다.

그렇다면 과연 이런 측면을 어떻게 이해해야 할 것인가? 왜 이런 현상이 나타나는 것인가? 그리고 이것이 앞으로도 지속적으로 유지될 것인지, 아니면 새로운 변화를 겪게 될 것인지 등은 중국연구에 있어서 매우 흥미로운 질문이 아닐 수 없다. 이 글은 기획된 공동연구의 일부로서, 이런 문제들을 포괄적으로 다루는 데 초점을 두고 있다. 필자는 상술한 현상이 서로 모순된 것이 아니라, 주로 경제 영역에서는 국가의 통제력이 약화된 반면 정치 영역에서는 여전히 통제력을 유지하고 있는 데서 연유하는 것으로 이해하고 있다. 그리고 그것은 시장화 개혁을 통한 경제발전과, 기존 정치체제의 안정을 추구해 온 중국 지도부의 의도된 결과로 간주되는바, 그간 중국은 비교적 변화와 안정을 효과적으로 관리해 왔다고 평가된다. 이에 본문에서는 그것을 가능케 한 요인이 무엇이며, 향후에도 중국 지도부가 의도하는 바대로 지속적으로 변화를 통제하고 안정을 유지할 수 있을지, 또 그러기 위해서 해결해야 할 문제들은 무엇인지 등을 분석하고자 한다.

2. 개혁 지도부의 목표와 정책

지난 수십 년간 개혁정책을 추진해 온 중국이 일관되게 추구해 온 목표가 있다면 그것은 바로 경제발전을 통한 정권의 공고화라고 하겠다.

과거 마오쩌둥 시기의 중국은 계급투쟁을 최우선시함으로써 정치동원 체제의 특징을 보여주었다. 이로써 경제발전 측면에서는 건국 초기의 일정 기간을 제외하고는 거의 성과를 나타내지 못했을 뿐 아니라 사회 혼란만을 야기했었다. 이는 공산당 집권의 정통성에 심각한 도전이 되었고, 이에 개혁 지도부는 30년간의 사회주의 건설 결과에 대한 진지한 반성을 토대로 비록 평범하지만 당시로서는 막중한 국가 과제인 '경제건설'이라는 새로운 목표를 설정하지 않을 수 없었던 것이다.[1]

즉, 중국 지도부는 개혁개방을 통해 새로운 '변화'를 모색했고 그 변화는 '발전'을 위한 국가 정책으로서 명분을 가지는 것이었다. 따라서 초기 개혁은 낙후와 혼란을 초래한 기존 정치경제체제를 개선하는 데 초점을 둘 수밖에 없었고, 정치와 경제체제의 개혁을 동시에 추구한 것은 당연한 논리적 귀결이었다. 빈곤과 낙후를 극복하기 위해서는 기존의 사회주의 계획경제를 점차적으로 시장경제로 전환하는 것이 필요했고, 마오쩌둥 시기의 정치적 혼란을 미연에 방지하기 위해서는 그것을 가능케 했던 고도의 중앙집중식 관료체제의 병폐를 시정할 필요가 있었던 것이다. 그러므로 1970년대 말에 경제체제에 대한 일대 개혁을 단행한 직후인 1980년대 초에 덩샤오핑(鄧小平)을 비롯한 중국 지도부는 정치체제 개혁의 중요성을 강조했고,[2] 이는 중국 사회에서 경제개혁과 정치개혁의 병행 추진(소위 '雙改')에 대한 구체적인 논의를 촉발시켰다. 이런 분위기에 편승하여 1986년에 안후이(安徽)성 허페이(合肥)시에서는 지방정부의 정치개혁을 촉구하는 학생시위가 발생하기도 했다. 이에 대한 책임을 지고 후야

---

1) 흔히 '11기 3중전회'를 개혁개방의 기점으로 삼는 이유는 경제건설이라는 새로운 국가목표가 공식적으로 제기된 첫 번째 당중앙 회의이기 때문이다. "中國共產黨第十一屆中央委員會第三次全體會議公報,"『三中全會以來重要文獻選編』(北京: 人民日報社, 1982), pp. 1-15.
2) 다음 문건이 이런 배경과 취지를 잘 설명하고 있다. 鄧小平, "黨和國家領導制度的改革,"『鄧小平文選(一九七五～一九八二年)』(北京: 人民出版社, 1983), pp. 280-302.

오방(胡耀邦) 전 총서기가 사임하기도 했으나 정치체제 개혁에 대한 지도 부의 강한 의지는 1987년 '13차 당대회'에서 정치개혁에 대한 총체적인 구상을 제시하는 것으로 표출되었다.[3]

그럼에도 불구하고 이런 정책 기조를 근본적으로 변화시킨 것은 바로 천안문 사건이었다. 사실상 개혁 초기부터 당내에는 생산력 중심의 경제주의적 논리에 유보적인 입장을 지닌 일부 세력들이 있었고, 이들의 목소리가 일정 부분 개혁정책에 영향을 미치기도 했다. 특히 당내 보수파들은 개혁의 이데올로기적 성격에 대해 문제를 제기함으로써 개혁 지도부를 끊임없이 비판했다. 특구 논쟁, 원저우모델 논쟁, 소유제 논쟁 등 다양한 이념 논쟁도 이와 관련된 것들이지만, 무엇보다 그 대표적인 사례가 바로 천안문 사건과 그 직후 전개된 지도부의 권력구조 재편이라고 하겠다.[4]

널리 알려진 바와 같이 1989년 4월 후야오방 전 총서기의 죽음을 애도하던 많은 북경 시민들이 대학생을 중심으로 천안문 광장에서 간부 부패에 대한 비판을 제기하며 정부 개혁을 요구하는 등 장기간에 걸쳐 시위를 전개했고, 이는 각지에 파급효과를 불러일으켰다. 이것의 해결을 둘러싸고 당내에서는 격렬한 논쟁과 갈등이 야기되었으며, 급기야 다수의 보수 세력에 의한 무력진압이 결정되어 6월 4일에 사태가 일단락된 듯 했으나, 그 후 일련의 사건에 대한 책임을 지고 자오쯔양 전 총서기가 사임하기에 이르렀다.[5] 결국 중앙 지도부가 보다 보수적인 성향의 지도자들로 재편되

---

3) 이 회의에서 자오쯔양(趙紫陽) 총서기가 행한 "정치보고"는 지금까지 중국 지도부가 공식적으로 제시한 정치체제 개혁 방안 중 가장 급진적이고 전반적인 것이라고 하겠다. 그 구체적인 내용에 대해서는 趙紫陽, "沿着有中國特色的社會主義道路前進," 中共中央文獻研究室 編, 『十三大以來重要文獻選編(上)』(北京: 人民出版社, 1992), pp. 4-61 참조.
4) 중국의 개혁과정에서 제기되었던 주요 논쟁에 대해서는 다음 자료를 보라. 馬立誠·凌志軍, 『交鋒: 當代中國三次思想解放實錄』(北京: 今日中國出版社, 1998); 厲平 編, 『解凍年代: 中國三次思想解放備忘錄(1978~1997)』(北京: 經濟日報出版社, 1997).
5) 천안문 사건은 한동안 베일에 싸여 있다가 익명의 중국 고위간부가 폭로성 문건을 미국에서

고 정책 기조에 있어서도 치리정돈(治理整頓)의 기치하에 중국의 개혁과
정에서 가장 심각한 수준의 긴축정책이 채택되었는 바, 이는 1992년 남순
강화(南巡講話)에 의해 반전될 때까지 계속되었다.

　이와 같이 천안문 사건은 중국 지도부에게 부패와 같은 개혁의 부작
용이나, 경제발전에 따른 시민사회의 성장, 그리고 그에 따른 민간의 정치
참여 욕구 및 반정부 정서의 증대 등 시장화 개혁의 직·간접적인 효과로
서 여러 가지 형태의 사회 불안정 현상이 중국 사회에서 촉발될 수 있다는
사실을 가장 단적으로 보여주었다. 게다가 유사한 시기에 발생한 소·동
구 사회주의권의 연쇄적인 몰락은 중국 지도부에게 개혁의 '체제붕괴적'
효과에 대해 더욱 경각심을 불러일으켰다. 천안문 사건 직후 빈번하게 등
장했던 "안정이 모든 것을 능가하는 가장 중요한 원칙"(穩定壓倒一切)이
라는 구호는 당시 이런 지도부의 인식을 상징적으로 잘 보여주는 것이라
고 하겠다.6)

　따라서 기존 사회주의이론에서 제시되어 있지 않은 '새로운 길'을
스스로 모색해 나가야 한다는 어려움에 더해, 중국 지도부가 개혁개방 정
책을 추진하는 데 있어서 당면하게 된 또 하나의 난제는 바로 개혁의 부작
용으로 초래될 사회 불안정을 어떻게 미연에 예방하느냐 라는 것이었다.
즉, 천안문 사건을 경험한 뒤에 중국 지도부는 경제발전이 무엇보다 중요
한 국가 목표이지만, 그것이 기존 정치질서를 유지하는 전제하에서 이루어
져야 한다는 사실을 자각하게 되었다. 경제발전이 곧 정치적 안정을 보장

출판함으로써 그 구체적인 과정이 상당 부분 밝혀지게 되었다. Andrew J. Nathan and Perry
Link eds., *The Tiananmen Papers: The Chinese Leadership's Decision to Use Force Against
Their Own People - In Their Own Words* (New York : Public Affairs, 2001); 張良, 『中國'六
四'眞相(上·下)』(香港: 明鏡出版社, 2001).
6) 이는 장쩌민의 1989년 말 기자회견, 리펑(李鵬) 전총리의 "제7기 전인대 3차회의" 보고문,
　당 기관지의 사설 등에서 잘 나타난다. 이에 대해서는 각각 『人民日報』, 1990年 1月 1日;
　1990年 4月 6日; 1990年 6月 4日 참조.

해 줄 뿐 아니라 정권의 정통성을 더욱 공고히 해 줄 것으로 생각했으나, 경제발전과 정치안정은 별개로서 오히려 경제발전을 위한 개혁개방이 체제에 위협을 초래할 수도 있음을 인식한 것이다.

이는 경제발전 외에 정치안정을 또 하나의 국가 목표로 설정할 것을 요구하는 것이었다. 이로써 중국은 사실상 두 개의 국가 목표를 동시에 추구해야 하는 모순에 봉착하게 되었다.[7] 이런 이중의 목표는 이중의 부담을 부가하는 것 외에도, 목표간의 상충효과와 현실적 한계라는 문제를 야기하는 것이다. 왜냐하면 발전은 현상타파를 의미하는 것이나 안정은 현상유지를 그 전제로 하는 것이라는 점에서, 발전과 안정은 서로 모순된 목표이기 때문이다. 중국은 한편으로 변화를 지향하고 다른 한편으로는 변화를 거부함으로써 스스로 모순에 빠지게 되는 것이다. 개혁은 기존 체제의 변화를 요구하는 것이나 안정의 국가목표는 이런 개혁과 갈등을 유발할 수밖에 없기 때문이다.

이런 문제를 해결하기 위해 중국 지도부는 경제적 측면에서는 '체제 외적 개혁'을, 그리고 정치적 측면에서는 '체제 내적 개혁'을 추구하는 방법을 취했다.[8] 이는 경제적으로는 과감하게 시장화 개혁을 추진하지만 정치적으로는 개혁에 보다 신중한 입장을 견지하는 것이다. 그 결과 중국의 정치체제 개혁은 1980년대의 급진적 성격에서 벗어나 보다 온건한 그 것으로 변화되었으며, 총체적 개혁에서 부분적 개혁으로, 그리고 초기의

---

7) 당시 이런 문제는 소위 '두 개의 중심'(兩個中心)으로 묘사되었다. 즉, 개혁개방 노선의 대원칙으로서 중국 지도부는 하나의 중심(一個中心)과 두 개의 기본점(兩個基本點)을 견지할 것을 강조했는데, 실제 경제건설이라는 하나의 중심 외에 정치 안정이라는 또 다른 중심이 대두됨으로써 결과적으로 '두 개의 중심'이 병존한다는 사실을 지적한 표현이다.

8) 흔히 이런 정책 경향은 "경제는 좌경화를 반대하고, 정치는 우경화를 반대한다"(經濟反左, 政治反右)는 구호로 묘사되었는데, 그 의미는 경제적 측면에서는 적극적으로 자본주의 시장화 개혁을 추진하지만, 정치적 측면에서는 소위 '자산계급' 자유화(민주화)에 소극적(부정적) 태도를 취한다는 것이다.

적극적인 성향에서 이탈하여 '기획된 변화'를 추구하는 보다 전략적인 것으로 변질되었다고 할 수 있다. '체제 내적' 차원에서 변화를 추구한다는 것은 스스로 변화를 관리(혹은 통제)함으로써 '체제 외적' 변화를 사전에 차단하고자 하는 의도라고 할 수 있다. 다시 말해 위로부터의 계획된, 의도된 변화를 스스로 추동함으로써 발전에 따른 변화의 요구를 사전에 포용하는 한편, 기존 정치체제의 문제점을 부분적으로 개선함으로써 경제 발전에 유리한 내부 환경도 조성한다는 생각이었다. 따라서 정치체제 변화에 있어서 위로부터 추진되는 국가의 개혁은 발전과 안정을 조화시키려는 지도부의 노력, 즉 이 두 가지를 동시에 만족시키는 '안전판' 구실을 한다고 볼 수 있다.

시장화 개혁이 필요로 하는 정치 부문의 변화와 시민사회로부터 제기되는 민주화의 요구를 전적으로 외면할 수는 없으나 그것이 체제와 정권의 안정을 해치는 것이어서는 안 된다는 점에서, 변화를 위한 개혁은 일정 범위를 넘어서지 않는 수준에서 추진될 수밖에 없는 것이다. 따라서 중국 지도부는 그것의 실질적 내용이 '당내 민주'를 실현하는 것이라고 인식했다. 왜냐하면 기존 체제에서 궁극적으로 고수해야 할 것으로 인식되는 공산당의 영도와, 밑으로부터의 궁극적인 요구라고 할 수 있는 민주화를 동시에 만족시킬 수 있는 묘안은 양자간의 결합, 즉 당내 차원의 민주주의를 구현하는 것이라고 생각했기 때문이다.

이런 과정을 거쳐 현재까지 중국 지도부가 추진해 온 개혁정책의 기조는 기존의 '권력 분산'이라는 정치체제 개혁에서 이탈하여 '정부 효율성의 제고'라는 행정개혁의 차원이라고 할 수 있다. 왜냐하면 당정분리(黨政分開), 정기분리(政企分開), 권력하방(權力下放) 등 횡적·종적 측면에서의 권력 분산을 의미하는 초기의 주요 정책 중 관료조직 내부에서의 권력 이동을 의미하는 분권화 개혁 외에 다른 핵심적인 정치체제 개혁은 후퇴되었거나 답보 상태에 머물고 있기 때문이다.9)

3. 의도된 결과와 그 요인

중국의 개혁개방에 대한 구체적인 평가에 있어서 학자들간에 다양한 시각이 제시되고는 있지만 그래도 긍정적 평가가 주류를 이루는 이유는 중국의 급속한 경제발전이라는 성과를 크게 인정한 데도 있지만, 그것이 정치적 안정 위에 이루어지고 있다는 점도 무시할 수 없기 때문이다. 물론 후술하는 바와 같이 그렇다고 중국 사회의 발전에 전혀 문제가 없는 것은 아니다. 그러나 기본적으로 고도성장과 정치안정의 동시 달성이라는 것이 개혁개방 사반세기를 경과한 현재 중국이 받은 '성적표'라고 할 수 있다. 그리고 이는 발전과 안정을 동시에 추구한 중국 지도부의 정책 목표가 일차적으로 달성된 것이라고 하겠다. 따라서 중국의 정치체제가 안정된 기반 위에 작동하는 것은 중국 지도부의 의도된 정책 결과라고 평가할 수 있다. 그러면 과연 어떻게 이런 성과가 가능한 것인지, 시장화 개혁이 장기간 지속된 현재까지도 기존 정치체제의 기본 속성을 변화시키지 않고 고도성장을 계속할 수 있는 요인은 또 무엇인지 궁금하지 않을 수 없다. 이는 크게 강압적 통제와 자발적 동의라는 두 가지 기제로써 설명될 수 있다.

1) 강압적 통제

중국이 기본적으로 정치적 안정을 유지하는 이유는 '강한 국가'의 속성을 지탱하고 있기 때문이다. 어떤 의미에서 보면 여전히 전체주의적 특징을 지닌 정권 조직이 안정된 정치체제를 유지시켜 주는 최대의 보루

---

9) 전성흥, "중국 정치체제 변화의 회고와 전망: 주요 영역과 추동 요인," 『한국정치학회보』, 제35집 4호(2001), p. 300.

라고 할 수도 있다. 이런 강한 국가의 이미지는 당-국가체제 내부의 견고
성과 국가-시민사회의 관계에서 잘 드러난다.

첫째, 강력한 당정 조직의 통제력은 무엇보다 지도부 내의 단결이
그 기본적인 조건이다. 전술한 바와 같이, 개혁의 구체적인 추진 방식을
둘러싼 당내 의견 대립이나, 두 전임 총서기의 경질 과정 등을 통해 나타난
지도부 내 갈등이나 권력투쟁을 둘러싼 정권의 불안정 요인을 전혀 부인
할 수는 없다. 그러나 이런 지도부 내 부분적인 문제를 제외하곤, 개혁과정
전반을 통틀어 볼 때 중국 공산당은 기본적으로 외형상 단합된 모습을
보여주었다. 설령 내부적 갈등이 있다 하더라도 그것이 외부로 노출되지
않는다는 것은 그만큼 갈등의 정도가 미미하거나 또는 잘 유출되지 않을
정도로 상당한 내부 단속이 이루어짐을 말하는 것인데, 이는 어떤 이유에
서든 그만큼 정권 조직이 안정적이라는 의미이다. 이와 같이 비교적 안정
된 권력구조와 단결된 지도부의 존재는 당정 조직에 의한 강력한 통제를
가능케 해주고 또 이는 중국의 정치적 안정에 핵심적인 요인이 된다고
할 수 있다. 왜냐하면 군과 경찰, 공안 조직 등 소위 전체주의체제의 기본
특징을 구성하는 강제적 수단들이 효력을 지니기 위해서는 통치 집단으로
서 공산당 조직 내부의 응집력이 무엇보다 필요하기 때문이다.

둘째, 강한 통제의 실현은 상대적으로 '약한 사회'를 그 전제로 하는
것이다. 예컨대 상술한 바와 같은 다양한 형태의 국가 공권력 사용을 통해
국가 권위에 대한 어떤 형태의 근본적인 도전도 불허할 수 있다는 현실이
이를 잘 말해주는 것이다. 물론 중국의 시민사회에 대한 평가는 다분히
논쟁적이다. 개혁 이후 중국에서의 시민사회 성장에 대한 시각은 크게 둘
로 나뉘는데, 하나는 시민사회가 성장하고 있고 이것이 향후 중국의 정치
체제 변화에 상당한 영향을 미칠 것이라는 것이며, 다른 하나는 비록 시민
사회가 성장하기는 했으나 아직 미숙하며 체제 변화에 미치는 영향은 한
계를 지닌다는 것이다. 따라서 일견 양자는 시민사회 성장과 영향력에 대

한 상대적 평가에 있어서 각각 차이를 나타내는 것으로 보인다. 그러나 이 둘은 시민사회 성장이 내포하는 의미에 대한 낙관적·비관적 정서의 차이를 반영하는 것이지 결코 시민사회 성장 및 영향력의 정도에 대한 평가에 있어서 서로 상반된 입장을 피력하는 것은 아니라고 할 수 있다. 즉 전자는 시민사회 성장을 보다 긍정적인 측면에서 해석하는 반면 후자는 다소 부정적인 입장이라는 점에서는 차이를 보이지만, 두 시각 모두 현재 중국에서 시민사회가 기존 체제의 질적 변화를 추동할 정도로 강력한 영향력을 발휘하기에는 아직 시기상조라는 데는 크게 이견이 없다고 할 수 있다.10)

이런 사실은 시민사회가 전개하는 저항운동의 특징을 통해서도 잘 나타난다. 통상 시민사회의 행태가 국가와 대립적이기보다는 타협적이며 따라서 양자간 관계가 조합주의적 특성을 보인다는 것이 기존 연구의 주류적인 시각이다.11) 그리고 이에 기초해 중국에서의 국가-사회관계는 서구의 경험과는 다르다는 평가가 일반적이다. 그러나 시민사회의 주요 집단들이 왜 국가에 협력하는지에 대한 설명은 없다. 암묵적으로 국가와 상호 교환의 관계에 있음을 설명함으로써 그들이 행하는 이익 추구의 합리성을 시사하고는 있으나 정확하게 어떤 이유로 인해 타협적 행태를 보이는지는 그리 명확하게 설명되고 있지 않다.

---

10) 예컨대 천안문 사건이나 파룬궁 문제의 발생은 시민사회의 성장을 뒷받침해 주는 것이지만 전자에 대한 무력진압이나 후자에 대한 철저한 통제는 강한 국가와 그에 비해 상대적으로 아직 약한 사회의 면모를 잘 보여주는 사례들이라고 할 수 있다. 이런 시민사회 성장을 둘러싼 논쟁에 대해서는 다음 자료를 참조. 전성흥, "중국의 국가-사회 관계," 정재호 편, 『중국정치연구론: 영역, 쟁점, 방법 및 교류』(서울: 나남, 2000), pp. 69-120.
11) 대표적인 논저로는 다음을 들 수 있다. Margaret M. Pearson, *China's New Business Elite: The Political Consequences of Economic Reform* (Berkeley: University of California Press, 1997); Jonathan Unger and Anita Chan, "Corporatism in China: A Developmental State in an East Asian Context," in Barrett L. McCormick and Jonathan Unger, *China after Socialism: In the Footsteps of Eastern Europe or East Asia* (New York: M. E. Sharpe, 1996), pp. 95-129.

　　이에 대한 하나의 설명으로서 시민사회가 취약한 이유를 개인 차원의 문제의식과 문제해결 방식을 선호하는 중국의 문화전통과 정치의식 탓이라고 보는 문화주의적 해석이 있다. 중국인들은 사회 공익보다는 개인의 사익을 우선시하고 시민사회의 조직적 행동이나 단결된 노력을 통한 집단적 해결보다는 개인적인 네트워크를 통한 개별적 해결을 지향하는 경향을 보인다는 것이다.12) 그러나 그렇다면 가장 집단적인 행동이라고 할 수 있는 혁명이 두 차례(1911년 및 1949년)나 중국에서 발생한 것이나 그 후 대중노선(群衆路線)의 기치하에 대중운동이 장기간 지속되었던 것은 어떻게 이해해야 하는지, 그리고 천안문 사건을 비롯해 개혁 이후 나타난 각종 시위는 이런 문화적인 시각에서 또 어떻게 설명될 수 있는지 의문이다.

　　따라서 중국인들의 그런 문화적 정향과 행동 패턴은 집단 및 제도적 차원의 해결 방법이 극히 제한된 구조적 조건에서 취할 수 있는 하나의 합리적 선택이라고 볼 수 있다. 사실상 중국과 같은 권위주의체제에서 국가정책을 변화시킨다는 것은 개인 차원에서 보면 거의 불가능한 것으로 인식되는 바, 권력에 대한 순종적인 태도와 체념적인 정향을 가질 수밖에 없는 것이다. 또 역사적으로 볼 때도 개인의 이익이 국가 정책을 통해 '제도적 보장'을 받지 못했으므로 개인이 자구책으로서 사적 네트워크를 통해 '개별적 보장'을 대안으로서 마련하고 또 그것을 유지해야 하는 바, 그로 인해 소위 '폭넓은 교류'(廣交關係)를 처세의 원칙으로 삼는 것이라고 볼 수 있다. 이런 중국인의 기질은 소극적인 시민사회의 성향을 잘 설명해 주는 것이다. 다시 말해 중국인의 문화적 성향은 태생적이라고 하기보다는 사회 구조적 여건에 의해 형성된 것이며, 그러므로 시간과 상황에 따라 변화되는 것이라고 봐야 한다.13)

---

12) 현지 학자들과의 인터뷰(2004년 8월).
13) 부언하자면, 국가간의 문화적 차이를 전적으로 부정하는 것은 아니나 시민사회의 정향과

이런 점에서 시민사회의 타협적 행태는 현재 중국 사회의 구조적 특성을 잘 말해주는 것이다. 즉, 개혁에도 불구하고 여전히 강력한 통제력을 행사하는 국가의 존재와 그런 사회 구조적 조건에서 아직 미성숙한 시민사회의 각 행위 주체들이 선택할 수 있는 대안은 크게 제한되어 있다는 것이다. 협력을 추구하는 그들의 성향이 문제가 아니라 협력 외에 다른 대안(예컨대 대립과 저항)을 선택할 수 있는 구조적 조건이 아직 구비되어 있지 않기 때문에 현재로서는 타협을 통해 자신들의 이익을 도모하는 한편, 시민사회의 안정적 성장도 모색하는 것이 가장 합리적이라고 판단하는 것이라고 할 수 있다. 따라서 시민사회가 타협적 성향을 보인다는 것은 거꾸로 시민사회가 아직 대항세력으로서 충분한 힘을 가지지 못하고 있다는 사실을 반증하는 것이다. 시민사회가 국가에 대해 협력적 자세를 보이기 때문에 국가로부터 자율성을 가지지 못하는 것이 아니라, 오히려 힘(자율성)이 없기 때문에 타협적인 태도를 보일 수밖에 없는 것이다. 요컨대 이런 약한 사회와 강한 국가는 정치적 안정의 주요 요인이 되는 것이다.

2) 자발적 동의

중국에서의 정치적 안정은 국가와 시민사회 간의 역학 관계에 의해서만 이루어지는 것은 아니다. 힘에 의한 통제는 비록 외형상의 안정을 가져다주긴 하지만 잠재된 저항과 은닉된 불만이 언제 어떤 형태로 가시화될지 모르는 것이기 때문에 실질적인 안정을 보장해 주지는 못하는 것이다. 그런 점에서 현재 중국이 보여주는 정치적 안정은 보다 실질적 의미를

관련하여 중국인들의 문화적 특성이라는 요인이 행동 패턴을 결정하는 독립변수라고 하기보다는 이 역시 사회구조적 조건의 영향을 받는 매개변수의 역할을 하는 것이라는 의미다.

지닌 것이라고 볼 수 있다. 중국이 정치적 안정을 유지할 수 있는 것은 강압적 수단 외에 자발적 동의에도 기초하고 있기 때문이다. 즉 현재의 정치적 안정은 집권 공산당 통치에 대한 인민들의 기본적인 지지를 바탕으로 하는 것으로서 현존 체제가 일정 부분 정통성을 확보하고 있는 것으로 이해된다. 따라서 비록 여러 가지 측면에서 정권의 정통성 약화 현상도 초래되고는 있으나, 기본적으로 중국 지도부가 인민들로부터 통치의 정통성을 확보할 수 있는 것은 통치 행위의 결과에 대한 인민들의 긍정적인 평가와 그에 기초한 정권에 대한 지지에 의해서라고 할 수 있다.

공산당 통치에 대한 긍정적인 평가와 지지는 무엇보다 중국의 개혁개방이 보여준 여러 가지 성과에 대한 것이다. 개혁 이전과 비교할 수 없을 정도로 향상된 인민들의 생활수준이나 각종 사회기반의 확충 등은 개혁개방에 따른 경제성장의 결과로서, 이는 기타 구사회주의 국가들에 비해서나 동아시아 주변 국가들과 비교했을 때 중국의 성과를 더욱 두드러지게 하는 것이다. 물론 빈부격차와 같이 개혁개방의 부작용으로서 나타난 여러 가지 문제들은 인민들의 불만을 초래함으로써 성과의 의의를 약화시킨다고 볼 수 있다. 그러나 이런 불만이 가시적인 사회문제로 크게 비화되지 않는 이유는 앞서 언급한 바와 같이 사회문제 해결에 있어서 소극적인 중국인들의 태도에도 부분적인 이유가 있지만, 성장 신화가 지속되는 한 혜택배분에서 상대적으로 소외된 계층도 미래에 대한 '희망'과 기회에 대한 '기대'를 가지기 때문이라고 볼 수 있다.[14] 이는 불만 자체를 둔화시키는 효과도 있지만, 잠재적 사회 불만 세력들이 자신들의 이익을 위해 현실타파적인 '저항'이나 '대립'을 추구하기보다는 미래에 대한 낙관적 전망과 함께 현실에 대한 '편승'의 전략적 선택을 하게 됨을 의미하는

---

14) 현지 학자들과의 인터뷰(2004년 8월).

것이다.

　이와 같이 체제안정에는 인민들의 암묵적인 동의 내지는 적극적인 지지가 필수적인 요건이라는 점에서 정치적 안정을 위한 일련의 국가 정책들은 여론의 지지 없이는 구현되기 어렵다고 하겠다. 이런 안정된 정치체제에 대한 지도부의 요구와 이에 대한 시민사회의 기본적인 동의는 중국 사회의 문제 인식에 있어서 민간 학자들이 보여준 다음과 같은 '급진적 성향으로부터 보수적 형태로의 변천' 과정을 통해서도 잘 알 수 있다.15)

　개혁 후 중국에서는 사회 변혁과 관련하여 대략 다음과 같은 이론적 경향을 보여준 것으로 평가된다. 1980년대 초에는 인도주의적 맑시즘이 대두되어 소위 '소외론'(異化論) 논쟁을 야기했다. 이는 사회주의의 본질적 모습이 어떠해야 하느냐에 대한 논의로서 기존 사회주의체제에 대한 근본적인 문제제기였다고 하겠다. 1980년대 중반에 들어서면 이런 이데올로기적 차원의 논의에서 보다 발전해 정치체제 자체에 대한 구체적인 문제제기가 있게 된다. 이것은 전술한 '13차 당대회'에서 제시된 총체적인 정치체제 개혁의 구상에 중요한 바탕이 되었다. 이와 동시에 이것의 급진적 형태는 반정부, 반부패 등과 같은 체제 비판적 성격으로 발전해 급기야 천안문 사건을 발생시키는 사상적 토대가 되었을 뿐 아니라 일부 논의는 당시 개혁 지도부 내에 수용되어 중국식 정치경제 발전 모델이라고 할 수 있는 '신권위주의론'(新權威主義論)으로 나타났던 것이다.16)

---

15) 일반적으로 중국 사회 변혁에 대한 시민사회 내부의 논의가 곧 중국의 변화 방향을 결정하는 것은 아니다. 사회 변화는 어떤 일방의 의지나 생각대로만 이루어지는 것이 아니라 여러 가지 다양한 주체들의 선택과 행동의 종합적인 결과로 나타나는 것이기 때문이다. 그러나 지식인은 한 사회의 엘리트로서 궁극적으로 사회 변화를 신도하는 기능을 담당한다는 점에서, 그들의 인식과 판단에 대한 분석은 현재에 대한 문제의식과 미래의 발전 방향에 대한 개략적인 이해를 도모하는 데 유익한 기초 자료가 될 수 있다. 특히 중국과 같이 급격한 변화를 경험하고 있는 체제전환기 사회의 경우 이런 측면은 더욱 두드러진다고 하겠다.

16) Mark P. Perracca and Mong Xiong, "The Concept of Chinese Neo-Authoritarianism: An

1990년대 들어서는 이런 급진적 형태의 체제변혁 논의가 다소 반전을 겪게 된다. 예를 들면 1990년대 초에 서구의 '평화적 변화' 공세에 대한 반대(反和平演變), 마오쩌둥 붐(毛熱)과 네오-마오쩌둥주의자들의 득세 등과 같이 중국 이론계는 보다 보수화, 좌경화된 경향을 보여준다. 이는 천안문 사건 이후 전개된 보수노선의 영향에 의한 것이라고 할 수 있는데, 1992년 덩샤오핑의 남순으로 인해 이런 좌경화 경향은 점차 약화되었다. 남순강화의 일련의 내용들이 시사하듯 이를 통해 중국은 치리정돈으로 대변된 조정정책으로부터 벗어나 다시 제2의 개혁을 추진하게 됨으로써 전반적인 개혁 논조에 있어서 또 한 차례의 반전을 보여주었기 때문이다.17) 그러나 그 후 비록 좌경화 경향이 약화되긴 했으나 사라지지 않았고 그것은 또 다른 형태로 변형되어 나타났다. 1990년대 중반 들어 중국에서는 신보수주의, 신유교주의, (중화)민족주의 담론 등이 등장하였다. 1990년대 말에 일시적으로 정치체제 개혁에 대한 논의가 재론되었으나 그 성과는 미진한 것에 불과했다. 이 시기는 서구 사회에서 중국위협론이 제기될 정도로 중국이 장기간에 걸친 고도성장을 구가하는 한편, 유고 주재 중국 대사관이 NATO에 의해 피습되는 등 중국의 등장과 중미갈등이 복합되어 보다 강한 민족주의적 정서가 국내 이론계를 주도하게 된 것이다.18) 최근 양안관계의 긴장 분위기에서 중국이 강조하는 '국가통일'이라는 목표는 이런 민족주의적 정서를 더욱 고조시키는 효과를 나타내고

Exploration and Democratic Critique," *Asian Survey*, Vol. 30, Number 11 (1990), pp. 1099-1117; 齊墨, 『新權威主義: 對中國大陸未來命運的論爭』(台北: 唐山出版社, 1991).

17) 남순강화는 천안문 사건과 같은 체제 위험이 있음에도 불구하고 중국이 왜 개혁개방을 지속해야 하는지 그 이유를 설명함으로써 정책전환의 명분을 제공해주는 것이었다. 그 내용은 鄧小平, "在武昌, 深圳, 珠海, 上海等地的談話要點," 『鄧小平文選(第三卷)』(北京: 人民日報社, 1993), pp. 370-383.

18) 이런 변화에 대한 개략적인 소개는 다음을 보라. Merle Goldman, "Politically-Engaged Intellectuals in the 1990s," *China Quarterly,* No. 159 (September 1999), pp. 700-711.

있다.

이상의 과정을 통해 나타나는 것은 중국 시민사회의 체제변화 담론이 비록 국가의 강한 통제가 어느 정도 작용한 것이기는 하나 전반적으로 보수화 경향을 두드러지게 보여준다는 점이다. 물론 중국 사회의 자유화 경향에 따라 보다 급진적인 변화의 목소리가 전혀 없는 것은 아니다. 그리고 이런 급진세력의 의견들은 여러 가지 요인에 의해 억제된 상태이기 때문에 실제로는 중국 사회에서 표면적으로 나타나는 것보다 훨씬 비중이 크다고 평가해야 할 것이다. 그러나 그럼에도 불구하고 정치체제의 변화와 관련한 급진개혁의 주장들이 점차 설득력을 잃어가고 보다 온건한 개혁의 목소리가 그 자리를 대신하고 있다는 것이다. 또한 탈사회주의와 함께 탈서구화의 경향도 강하게 반영하고 있다. 이는 중국의 대내외 경제 부문이 갈수록 서구화, 국제화되는 추세와 대조적이다.[19]

이와 같이 시민사회의 논의가 보수화, 중국화(Chineseization)되는 이유는 다음과 같은 중국적 상황과 그에 대한 인식에 기인하는 것으로 보인다.[20] 먼저, 보수화 경향의 배경으로는 1980년대 말 천안문 사건과

---

19) 그 밖에, 시민사회에서 전개되어 온 논쟁의 핵심은 다음과 같이 탈정치화의 추세도 보여주고 있다. 즉 1980년대 말에는 신권위주의 논쟁에서 나타나듯이 '민주', 1990년대 중반에는 『中國可以說不』출판이 상징하듯이 '민족'이, 그리고 1990년대 후반에는 개혁의 부작용으로 나타난 각종 사회문제 해결이 하나의 과제가 됨으로써 '민생'이 각각 시대별 주요 쟁점으로 부상되었다고 할 수 있다. 즉 정치적으로 민감한 주제로부터 현실적인 논의로 쟁점이 옮아가는 추세를 발견할 수 있다. 또한 이를 둘러싼 지식인 진영의 분열도 하나의 특징적 현상으로 지적할 수 있다. 宋强 等,『中國可以說不: 冷戰後時代的政治與情感抉擇』(北京: 中華工商聯合出版社, 1996); 이욱연, "지식인의 사회적 위상과 문화적 역할," 전성흥 편,『전환기의 중국 사회 I: 변화와 지속의 역동성』(서울: 오름, 2004), pp. 205-228.

20) 중국화 경향이란 개혁개방을 통한 중국의 현대화 및 체제전환이 서구식 모델의 답습에 따른 서구화(Westernization)가 아니라 중국적 특색을 유지해야 한다는 주장으로서 소위 '신좌파'(新左派) 사조의 근간이 된다고 할 수 있다. Zheng Yongnian, *Discovering Chinese Nationalism in China: Modernization, Identity, and International Relations* (Cambridge: Cambridge University Press, 1999), pp. 46-66.

소·동구의 몰락, 그리고 1990년대 파룬궁 문제와 중미갈등과 같은 국내외 정치 상황이 초래한 위기의식을 들 수 있다. 흔히 중국 민주화 운동의 상징으로 평가되는 천안문 사건은 그 후 지도부에게는 체제전복 위험에 대한 경각심을 불러일으키고, 지식인들에게는 입지 약화를 초래함으로써 그 효과에 있어서 오히려 체제변화를 지연시키는 역설적 결과를 가져다주었다. 또한 중국의 등장을 견제하려는 서방 국가들의 다양한 시도는 오히려 중국 내에서 민족주의적 정서를 강화시키고 내부 단결을 촉진하는 요인으로 작용하고 있다.21) 여러 가지 형태로 가해지는 서구의 체제 변화 압력이 중국 내 반작용을 야기하고 외부로부터의 도전이 위기에 대한 거국적 대응을 촉구하는 효과를 지니는 동시에, 중국 정치체제가 지닌 내부 문제의 심각성을 은닉 내지 부차적인 것으로 간주하게 함으로써 내적 변화의 필요성을 약화시킨다는 것이다.22)

아울러 앞서 언급한 바와 같이 눈부신 경제발전은 정권의 정통성을 강화시켜 줌으로써 정치체제 변화에 대한 요구를 상당 부분 둔화시키는 효과가 있다는 것 외에도, 궁극적으로 '중국적인 것'(Chineseness)에 대한 자신감을 심어 주는 효과를 나타내고 있다. 말하자면 고도성장의 성과가 '중국식 발전 모델'에 대한 검증 효과를 지님으로써 명분과 설득력의

---

21) 예를 들면 인권 문제도 이런 측면을 잘 반영하고 있다. 즉 중국에 대한 서방국가의 인권 압력은 중국 내 인권 상황을 개선시키는 효과도 있지만 국내 문제에 대한 강대국의 부당한 간섭으로 인식되어 오히려 대내 단결의 명분이 되고 있다는 것이다. 이에 대해서는 Zhao Quansheng with Barry Press, "The U.S. Promotion of Human Rights and China's Response," *Issues and Studies,* Vol. 34, No. 8 (1998); Michael J. Sullivan, "Development and Political Repression: China's Human Rights Policy since 1989," *Bulletin of Concerned Asian Scholars,* Vol. 27, No. 4 (October-December 1995).

22) 경제적 측면에서 이런 점을 지적한 글로는, 외국인 직접투자의 급속한 증가가 중국인들로 하여금 위기의식의 발로에서 내부 문제에 덜 민감하게 함으로써 궁극적으로 정치체제 개혁을 지연시킨다는 다음 연구를 참조할 수 있다. Mary E. Gallagher, "Reform and Openness: Why China's Economic Reforms Have Delayed Democracy," *World Politics,* No. 54 (April 2002), pp. 338-372.

측면에서 민주화의 요구는 그다지 절박한 것으로 받아들여지지 않고 있는 것이다. 요컨대 정치적 위기의식과 경제적 자신감의 결합에 의해 보수화, 탈서구화 경향을 보이는 시민사회의 변혁 논의는 정치안정을 강조하는 중국 지도부의 논리를 뒷받침해주는 이론적·여론적 지지의 기능을 수행한다고 볼 수 있다.

4. 불확실성의 제 측면

개혁개방으로 인해 중국이 정치, 경제, 사회 등 다양한 측면에서 큰 변화들을 경험하고 있음에도 불구하고 기존 정치체제의 근본적인 변화 없이 정치적 안정을 유지하고 있는 것은 분명 흥미로운 사실임에 틀림없다. 성공적인 개혁개방의 추진을 위해서는 경제 영역에서의 시장화 전환에 부합하는 정치적 민주화가 불가피함을 주장해 온 서구식 논리는 기존 정치체제의 안정적 유지하에 고도의 경제성장을 이룩한 중국의 개혁성과를 설명하기에 일견 부적절해 보인다.[23] 변화와 지속의 양면성을 보여주는 이런 중국 사회의 제 현상은 경제 영역에서의 자율성 부여와 정치 영역에서의 통제력 유지를 추구해 온 중국 지도부의 개혁전략의 의도된 결과라는 점에서 더욱 그 성과가 두드러져 보인다.

그러나 이와 같이 경제발전과 정치안정을 동시에 달성하고자 한 중국

---

23) 중국의 시장화 개혁과 경제발전이 성공적이기 위해서는 과연 서구식 민주제도의 도입이 불가피한 것인지의 여부는 다음 논쟁이 잘 말해 주듯이 초기 개혁과정에서부터 학자들 간에 논란의 대상이 되어 왔다. White, "Democratization and Economic Reform in China" 및 Barrett L. McCormick, "Democracy or Dictatorship?: A Response to Gordon White," *Australian Journal of Chinese Affairs*, No. 31 (1994), pp. 73-92 및 95-110.

지도부의 정책의도가 비록 현재까지는 기본적으로 성취되고 있다고 평가할 수 있으나 과연 장기적으로도 이것이 가능할 것인지는 의문이다. 왜냐하면 다음 몇 가지 문제들은 중국 정치의 장기적 안정을 위협하는 것으로서 이를 해결하지 않고서는 중국이 현재와 같은 체제유지를 보장할 수 없기 때문이다. 우선, 성과의 장기적 지속성을 의심하게 하는 요인들이 있다. 즉 눈부신 경제 발전의 이면에 상존하는 위기의 잠재적 요인들이 다수 있는데, 이런 문제들로 인해 만약 중국 경제가 심각한 상황에 처하게 된다면 중국은 정치적으로도 안정을 유지하기 어렵게 될 소지가 다분하다. 흔히 지적되는 것으로서, 부실 금융, 국유자산 유실, 농업의 정체, 과열경기와 거품경제, 에너지 부족 등의 문제들이 있다. 앞서 언급한 바와 같이 고도성장 자체가 공산당 통치의 정통성을 보장해주는 동시에 명시적·묵시적 형태의 사회 불만을 억제하는 역할도 한다는 점에서 경제 발전에 중대한 문제가 발생한다면 지금과 같은 정치 안정은 보장되기 어렵다.

다른 한편으로, 설령 중국이 일정 기간 고도성장을 유지한다고 하더라도 그것만으로는 더 이상 장기적인 정치안정을 확보할 수 없게 되었다. 왜냐하면 안정을 유지하기 위한 국가의 강한 의지에도 불구하고 각종 사회 불안정 요인이 갈수록 심각해지고 있기 때문이다. 예를 들면 부패, 빈부격차, 소수민족의 분리주의운동, 파룬궁 문제, 노동자 및 농민의 시위 등과 같은 문제들이다. 이미 많은 기존 연구들이 중국 사회의 위기와 불안정의 제 측면에 대해 잘 지적하고 있으므로 이에 대해서는 더 이상 상론할 필요가 없다고 본다.24) 다만, 여기에서는 미래에 대한 희망이나 체제 변화의

---

24) 단적으로, 왕샤오광(王紹光) 교수를 비롯해 많은 학자들이 상술한 다양한 문제들로 인해 중국 지도부가 현재 '통치 위기'(governance crisis)에 직면해 있다고 보고 있다. "Political Reforms Almost Ignored at Congress," *South China Morning Post*, November 23, 2002; Minxin Pei, "China's Governance Crisis," *Foreign Affairs*, Vol. 81, No. 5 (2002), p. 107.

외부 압력에 대한 민족주의적 반발 등과 같이 변화를 억제하는 여러 가지
요인들도 결국 변화를 '지연'시킬 수는 있어도 변화를 근본적으로 '거부'
할 수는 없다는 점을 강조하고자 한다.25)

　　또한 강한 국가가 '사회통제'에는 효과적일지 모르나 '문제해결'이
나 '위기대처'에는 오히려 비효율적이라는 점도 간과할 수 없다. 2003년
한 때 중국을 휩쓸었던 사스(SARS, 중증급성호흡기증후군) 사태는 강력한
권위주의국가가 경제발전과 사회안정이라는 국가목표를 위해 언론통제
등의 수단을 통해 사건의 진상을 은폐·축소함으로써 오히려 사회를 통제
불능의 위기 상황으로까지 몰아갈 수 있음을 보여주었다. 경직된 관료체계
하에 정책의 투명성과 정보공개가 보장되지 않는 사회주의체제의 근본적
인 특성이 그런 위기의 주요 요인인 바, 사회안정을 위한 '강한 국가'의
관행적 행태가 오히려 불안정과 위기를 자초할 수 있다는 것을 보여준
대표적인 사례인 셈이다.26)

　　따라서 이런 점은 안정이라는 것이 시민사회에 대한 국가의 통제력에
의해서만 보장되는 것이 아니라 여러 가지 요인에 의해 다양한 영역에
걸쳐 야기되는 각종 문제를 효과적으로 해결할 수 있는 국가의 능력도
요구한다는 것을 말해준다. 다시 말해 향후 중국의 정치적 안정 여부는
국가-사회 간의 역학관계에 의해서만 평가될 수 있는 것이 아니라 중국이
당면한 많은 가시적인 문제들과 돌발적으로 나타날 위기에 대처해서 얼마
나 이를 잘 해결할 수 있는지에 크게 달려 있다고 할 수 있다.

---

25) 이런 점에서 개혁개방의 성과로서 초래된 경제발전은 정치안정과 상호작용적인 관계에 있
　　다고 할 수 있다. 즉 정치적인 안정을 유지하는 것이 단기에 고도의 경제발전을 이룩할 수
　　있는 사회적 기반이 되기도 하지만, 이런 경제발전의 성과는 또 정치적 안정의 기초가 된다
　　는 의미이다.
26) 이에 대해서는 김재철, "사스의 정치: 외적 압력과 중국의 국내적 변화,"『중국연구』, 제31
　　권(2003), pp. 37-60 참조.

상술한 잠재저 위기와 불안정의 제 문제들은 주로 중국 지도부가 의도하지 않은 바의 결과로서 나타난 개혁의 부작용이라고 할 수 있다. 반면에, 중국 지도부가 의도한 바대로 중국 사회를 끌고 가지 못하게 할 수 있는 몇 가지 문제들이 있는 바, 그 중 하나는 바로 관료조직 내부에 있다. 집단지도체제하에 단결된 이미지의 중국 지도부와 수직적인 위계질서 및 일사분란한 명령계통하에 결집된 당정 조직체계라는 '강한 국가'의 이면에는 상호 이해관계의 상충으로 인해 파벌간, 지역간, 부문간, 그리고 중앙-지방 간에 다양한 형태의 갈등과 그로 인한 내부 균열의 가능성이 존재한다. 이미 일부 학자들이 지적하다시피 개혁개방 이후 중국 지도부가 다양한 목소리와 이해관계하에 소위 '분절된 권위주의' 체제로 변화되었는바, 향후 이런 특징이 보다 심화될 가능성이 다분하다는 것이다.27)

중국 지도부 내에 잠재해 있는 파벌간의 갈등이 언제 어떤 형태로 가시화될지, 또 각 부처간의 이해관계의 첨예한 대립이 얼마나 심각한 것으로 비화될지 등의 문제들은 결코 과소평가할 수 없다.28) 하지만 그보다 지방 차원의 정부와 관료들의 행태에 비추어 볼 때 밑으로부터 야기되는 문제가 더욱 심각한 것일 수도 있다. 이런 현상의 근원이 되는 분권화 정책은 원래 고도로 집중되었던 중앙의 권력을 하급 단위 및 지방에 적절히

---

27) Kenneth G. Lieberthal, "Introduction: The 'Fragmented Authoritarianism' Model and Its Limitations," in Kenneth G. Lieberthal and David M. Lampton eds., *Bureaucracy, Politics, and Decision Making in Post-Mao China* (Berkeley: University of California Press, 1992), pp. 1-30.

28) 장쩌민은 제4세대로의 권력계승이 이루어진 2002년 11월 '16차 당대회' 이후부터 2004년 9월 '16기 4중전회'까지 중앙군사위원회 주석직을 약 2년 가까이 더 유지하고 있었으며, 현재에도 여전히 상해방(上海幇)을 비롯한 그의 세력이 당 중앙의 핵심 포스트에 위치하고 있다. 하나의 예로서 '사스'에 대한 대응과 그에 따른 지도부 문책에서도 파벌간 균형을 이루기 위한 노력이 엿보이는 등 일련의 과정은 이런 잠재적 갈등의 측면을 잘 암시해주고 있다. Bruce J. Dickson, "The Future of the Chinese Communist Party: Strategies of Survival and Prospects of Change," a paper presented at the International Conference of Seoul National University (December 6-7, 2004), p. 12.

분산시켜 그들의 생산 적극성을 유발하고 경제적 효율성도 제고시킨다는 취지에서였다. 그 결과로서 비록 지방경제가 크게 활성화되기는 했으나, 이와 동시에 지방보호주의나 제후경제 등의 부작용도 야기함으로써 한때 심지어는 지방간에 각종 원료쟁탈전이 전개되기도 했었다.[29] 이런 지방의 분리주의 경향이 중국의 국가통합에 어느 정도 영향을 미치는지에 대해서는 다양한 시각이 존재한다. 예컨대 가장 극단적이고 비관적인 견해로서는, 개혁 후 약화된 중앙의 통제력과 상대적으로 증대된 지방 자율성의 정도에 근거해 중국 사회의 장기적 분열을 예견하는 중국분열론(해체론)을 들 수 있다. 그러나 현실적으로 중국 해체의 가능성은 그다지 커 보이지 않는다는 점에서, 이는 지방주의 현상의 심각성을 강조한 다소 과장된 표현으로 이해할 수 있다.

일반적으로 지방정부의 이탈행위는 적극적인 의미의 '저항'과 소극적인 의미의 (정책집행의) '왜곡'으로 나타나고 있다. 그리 흔한 것은 아니지만 전자의 사례로서, 당과 중앙이 사전에 기획한 안건에 대해 전인대(全人大)나 지방정부가 명시적으로 거부 내지 반대 의사를 표명한 경우를 찾아볼 수 있다.[30] 이에 비해 보다 보편적인 행태는 권위의 분절에 따른 국가 통제능력의 '일상적 약화' 현상을 들 수 있는데, 이는 일사분란한 국가 정책의 집행을 어렵게 하고 있다.[31] 예컨대 농민 시위의 원인은 농민

---

29) 이런 현상은 최근에 다소 완화되었으나 1980년대 말에서 1990년대 초에 걸쳐 심각하게 대두되었다. 이에 대해서는 Shen Liren and Dai Yuanchen, "Formation of 'Dukedom Economies' and Their Causes and Defects," *Chinese Economic Studies* (1992); Andrew Watson, Christopher Findlay, and Du Yintang, "Who Won the 'Wool War'?: A Case Study of Rural Product Marketing in China," *China Quarterly,* No. 118(1989)을 참조.

30) 전성흥, "중국의 분권화 개혁과 중앙-지방 관계," 김동성 외, 『중국의 개혁과 정치변화』(서울: 세종연구소, 1996), p. 164.

31) 이런 점에서 중앙 능력의 약화란 국가 위기에 대한 대응능력의 약화라고 하기보다는 중앙 정책의 효과적 집행 또는 재분배 기능의 약화라고 해석할 수도 있다. 박병광, "분권화의 딜레마: 지방통제, 지역격차와 국가능력," 정재호 편, 『중국 개혁-개방의 정치경제 1980~2000』(서

불만이고, 불만의 원인은 과도한 분담금 징수인데, 이는 국가의 금지에도 불구하고 지방정부 및 간부들이 자신의 필요에 따라 자의적으로 정책을 집행하기 때문이다. 즉, 국가로부터 공인되지 않은 다양한 형태의 '지방 자율성'의 표현들이 바로 그것이다. 이와는 다른 차원의 문제로서 농촌 기층 단위에서 나타나는 족벌세력과 같은 전근대적 현상도 빈발하고 있는데 이는 기층선거 도입의 중요한 배경이 되는 것이기도 하다. 이는 자율적 관리로 기층에 권한을 위임하는 것이 오히려 국가가 획일적으로 지방을 통제하는 것보다 훨씬 효과적일 정도로 국가 힘이 미치는 범위(the reach of the state)가 갈수록 제한적이라는 사실을 반증하는 것이다.32)

관료조직 외부의 문제로서 시민사회의 장기적 성장과 그에 따른 정치 체제 변화의 가능성도 중요한 변수 가운데 하나이다. 왜냐하면 시민사회의 저항과 변혁 운동은 크게 두 가지 측면에서 체제 변화에 영향을 미치기 때문이다. 첫째, 지도부에 사회 현상과 발전 방향에 관한 문제의식을 심어주는 한편 그 해결을 위한 대안의 정책 선택에 참모적 기능을 수행한다. 즉 밑으로부터의 사회적 요구가 없다면 위로부터의 개혁 의지나 노력도 없을 것이라는 점에서 중국 사회의 점진적·평화적 변화를 추동하는 중요한 모티브 역할을 담당하는 것이라고 할 수 있다. 둘째, 시민사회는 장기적으로 급진적인 사회 변화를 모색하는 터전이자 주체로서 기능한다. 경우에 따라서는 기존 국가체제를 대체할 세력을 구축하고 그 대안의 체제를 건설하는 바탕이 될 수도 있다. 따라서 정치체제 개혁이 중국 사회변화의 최소 변인이라면, 시민사회의 저항운동은 그것의 최대 변인이라고 할 수

울: 까치, 2002), p. 349.
32) 중국의 기층 사회에 대한 국가 통제력의 정도는 비단 개혁 이후만이 아니라 개혁 이전 시기에 있어서도 매우 논쟁적인 문제이다. 다음 연구가 이를 잘 설명하고 있다. Vivienne Shue, *The Reach of the State: Sketches of the Chinese Body Politics* (Stanford: Stanford University Press, 1988), pp. 73-121.

있다. 전자가 단기 전망의 핵심 변수라면 후자는 장기 전망의 결정적 변수가 되는 셈이다.

앞서 논의한 바와 같이, 시민사회의 소극적 태도는 문화적 정향에 의해서가 아니라 국가와의 역학관계에서 규정되는 '선택의 제약'에 의한 것이다. 따라서 국가-시민사회 관계에서 현재 나타나는 조합주의적 성격은 비록 그것이 광범위하게 적용될 수 있는 것이라 하더라도 과도기적 특징에 불과할 가능성이 다분하다. 그렇기 때문에 향후 시민사회가 점차 성장하게 되면 국가에 대해 보다 큰 자율성을 요구하게 될 것이고 이는 국가와 사회 간에 중대한 갈등 요인을 형성하게 될 것이다. 다시 말해 초기 개혁과정에서 혹은 현재의 시점에서 나타나는 시민사회 저항의 정도 및 형태 그리고 그로부터 규정되는 국가와의 관계는 고정불변의 것이 아니라는 것이다. 시간이 갈수록, 상황이 전개될수록 특정 시점에서의 특징은 새로운 형태로 변화된다고 봐야 할 것이다. 그런 점에서 본다면 중요한 것은 현재 나타난 변화의 '정도'가 아니라 앞으로 나타날 변화의 '추세'이며, 또 그에 영향을 미치는 주요 변수가 무엇인가 라는 점이다.

5. 지도부의 대응과 미래의 향배

따라서 장기적 차원에서 중국 정치체제의 질적 변화는 불가피한 것으로서 과연 어떤 과정을 거쳐 어떤 형태로의 변화인가만이 문제가 된다고 하겠다. 그간 중국 지도부는 변화를 억제하는 것이 안정을 확보할 수 있는 최선의 방법으로 간주해 왔으며, 실제 현재까지는 기존 체제의 근본적 변화 없이 사회안정을 유지해 왔다고 할 수 있다. 만약 미래에도 사회안정을 유지한 상태에서 정치체제의 변화를 최소화할 수만 있다면 물론 그것이 중국 지도부로서는 가장 선호하는 시나리오가 되겠지만, 그렇다고 하더라도 이는 중단기적 차원에서만 가능한 것이다. 왜냐하면 시간이 진행될수록 안정과 변화는 서로 별개의 것으로서 이에 대한 동시적 통제가 불가능하기 때문이다. 오히려 안정을 확보하기 위해 변화를 거부할 때 혼란과 위기가 도래할 수도 있다. 예컨대, 정치체제는 여전히 경직된 상태에서 각종 사회 불안정 요인이 장기간 방치된다면 민주화를 동반한 혼란이 초래될 수도 있다. 반면에 이런 사회적 요구에 적극 부응하려는 보다 진취적인 개혁 마인드를 지닌 지도부가 등장한다면, 비교적 사회안정을 유지한 상태에서 위로부터의 개혁이 추진될 수도 있을 것이다. 그 구체적인 과정과 결과는 여러 가지 조건과 변수들에 의해 이루어지는 바, 현재로서는 정확히 예측하기가 매우 어렵다고 하겠다.

상대적으로 보다 단기적 측면에서 중국의 안정을 결정하는 요인은 비교적 명확하다고 볼 수 있다. 현재 중국에서 안정의 문제는 지속적 성장 및 주요 현안문제 해결 여부에 주로 달려 있다. 다시 말해 중국 사회의 안정은 잠재된 경제위기의 요인들을 효과적으로 극복하고 지속적으로 경제성장을 달성할 수 있는지, 또한 지도부가 단결을 유지하고 사회 불안정 요인이 되는 각종 민생문제를 적절히 잘 해결할 수 있는지의 여부에 의해 결정된다고 할 수 있다. 이런 점에서 중국 지도부는 성장을 유지하는 동시에 성장의 부작용도 해결해야 하는 난제에 직면해 있다고 하겠다. 요컨대, 정치체제의 변화가 위로부터 추진되는 국가의 개혁과 시민사회의 변혁 운동 여하에 의해 주로 좌우된다는 점에서 '변화'는 국가와 시민사회의 역학관계와 상호 의지에 의해 이루어진다고 할 수 있다. 이에 비해 안정과 불안정은 경제성장과 사회문제의 해결에 의해 좌우된다는 점에서 '안정성' 여부는 국가의 통치 능력에 의해 결정된다고 하겠다. 중국이 상술한 여러 가지 문제를 어떻게 해결함으로써 과연 어떤 방향으로 나아갈지 향후 귀추가 주목된다.

　　이런 점에서 소위 제4세대 지도부의 등장과 함께 추진되고 있는 국가 발전전략의 기조는 과거와 다른 특징을 보여주고 있다. 예컨대, 개혁 초기에는 성장 위주의 목표하에 연해 편중 정책을 추진했다면 1990년대 말의 서부대개발에 이어 최근에는 동북개발을 추진하고 당정 최고 지도자의 해당 지역 방문이 빈번하게 이루어지는 등 내륙을 비롯한 개혁의 상대적 소외지역에 대한 관심과 비중이 과거에 비해 크게 증대되고 있다.33) 농업, 농민, 농촌 등 소위 '3농문제'(三農問題)에 대한 각별한 중시도 이와 같은 맥락에서라고 할 수 있다. 최근의 사례로서 2004년 2월에는 당중앙 제1호 문건의 형식을 통해 농민소득 증가를 위한 정부의 정책 방안을 제시하였다. 농업세의 감면과 보조금 지급, 그리고 농업 투자의 확대 등의 내용을 담고 있는 이런 농업중시 정책의 기조는 원자바오 총리가 "2004년 하반기 경제사업의 10대 중점"에서 농업 및 농민에 대한 지원을 1순위로 언급한 데서도 다시 한번 확인되고 있다.34)

　　이와 같은 신지도부의 정책 방향은 전면적인 소강사회 건설이라는 목표하에 성장과 균형을 적절히 조화시키는 경제정책을 추구한다는 국가의 장기 비젼을 제시한 데서 더욱 분명하게 나타난다고 하겠다. 즉 2020년까지 GDP의 4배 증가를 이루기 위해서는 연평균 약 7%의 고도성장이 유지되어야 하지만 도-농 간, 연해-내륙 간, 계층간 소득격차와 같은 발전의 불균형 문제 역시 더 이상 방치될 수 없다는 것이 중국 지도부의 고민인바, 이런 정치적 고려에서 성장과 대등한 비중으로서 균형발전 전략이 제시된 것이라고 할 수 있다.

---

33) 물론 서부개발과 동북개발은 모두 국가 균형발전을 위한 노력이라는 점에서는 동일하나 구체적인 배경과 전략 목표에 있어서는 서로 차이점을 보인다고 할 수 있다. 이에 관해서는 본서의 제3장과 제4장을 참조.
34) 지만수, "중국 신지도부의 경제전략," 중국경제연구회 발표문, 2004년 11월 9일.

다른 한편으로, 3개대표론을 통해 새로운 사회 엘리트 집단인 자본가 계급을 체제 내에 흡수 통합함으로써 잠재적 반대세력으로서의 조직화 가능성을 미연에 방지하려는 노력도 병행하고 있다. 사영기업의 성장이 공유체제의 기반을 잠식하는 것이라면 사영기업가의 등장은 사회주의 중국의 계급기초와 집권 공산당의 정통성을 약화시키는 것이기도 하다. 그러므로 사회주의와 공산당의 이념적 성격을 스스로 부정하는 효과를 초래함에도 불구하고 중국 지도부가 3개대표론을 제기한 것은 현실적 변화를 적극적으로 수용함으로써 오히려 공산당의 정통성을 유지하고 지지기반을 확대하고자 하는 의도라고 볼 수 있다.[35]

또한 중국 지도부는 다양한 제도 개선에 노력을 기울이고 있는 것으로 보인다. 대표적인 예로서, 단위체제의 변화가 초래한 사회주의 복지체계의 와해는 중국 공산당 집권의 정통성에 심각한 도전이 되고 있다. 이에 중국 지도부는 새로운 형태의 사회보장제도의 건립을 시도하고 있다. 이를테면 사회보장의 주체를 과거의 단위를 통한 국가 부담에서 개인과 가족 및 지역공동체의 부담으로 전환시킴으로써 국가의 재정 부담을 최소화하는 전제하에서, 기존 복지체계의 와해로부터 야기되는 사회 불안정 요인을 해소하고자 시도하고 있다. 아울러 법제 건설을 통해 인치의 고질적 병폐를 법치로 대체하려는 의욕적인 시도도 병행되고 있다. 먼저 대내적 측면에서는 시장화 개혁의 효과적인 추진을 위해서나 부패와 같은 부작용에 대한 대응을 위해서이기도 하지만, WTO 가입에 따른 대외적 환경 변화에 능동적으로 대처하기 위해서도 그간 중국 지도부는 중요한 국가 목표의 하나로서 법제 건설을 강조해 왔다. 그리고 이는 각종 분야에서의 제도화를 통해 정치적 안정을 도모하고자 하는 신지도부의 등장과 함께 보다

---

35) Bruce J. Dickson, *Red Capitalists in China: The Party, Private Entrepreneurs, and Prospects for Political Change* (Cambridge: Cambridge University Press, 2003), pp. 89-115.

강조되고 있다.36)

　　이런 정책 추진이 원활히 이루어지도록 지도부 내 단결과 정권의 안정
된 기반을 유지하려는 노력도 과거 그 어느 때보다 적극적인 것으로 평가된
다. 예컨대, 중국 정치에서 초법적 역할을 발휘했던 덩샤오핑과 같은 원로
들이 역사의 무대에서 사라지고, 장쩌민(江澤民)과 후진타오(胡錦濤)로 이
어지는 제3세대 및 제4세대 지도부의 권력이양이 순조롭게 이루어진 것은
권력의 계승과 행사에 있어서 제도화의 수준이 크게 제고되었음을 보여주
는 것이다. 그리고 이는 역대 지도부가 보여주었던 것과는 달리 정치적 안
정의 기틀이 기본적으로 마련된 것으로 해석할 수 있다. 비록 개혁 이후에
도 두 번에 걸친 권력계승의 실패 사례가 있으나, 궁극적으로 당 지도부
내 권력의 분점(分占)을 특징으로 하는 집단지도체제의 형식을 통해 세대
간에 권력의 계승이 성공적으로 이루어졌다는 것은 전체주의 체제의 1인
지배와 파벌 간 권력투쟁이라는 폐해를 개선하는 한편 중국식 정권이양의
선례를 남김으로써 중국 나름대로의 가능성을 보여준 것이라고 할 수 있다.

　　아울러 간부 4화(四化) 정책을 비롯해 그간 간부들의 전문성과 기본
소양을 향상시키고자 한 것이나, 기구간소화(精簡機構), 정부의 직능전환,
행정의 투명성 및 정책결정의 민주성 제고, 대의기구(全人大)의 감독기능
강화 등과 같은 여러 가지 조치들은 결국 통치의 효율성을 제고하기 위한
노력의 일환이라고 할 수 있다. 또한 최근에는 정치적으로 민감한 중앙
차원의 개혁에서 벗어나서 촌민 선거처럼 말단 기층 차원의 개혁에 치중
하고 이를 점차 확대해 나가는 방식이 주목된다.37) 물론 이런 제도화 및
개혁의 성과는 정치적 '안정성'과 행정적 '효율성'을 도모하기 위한 것

---

36) 이에 대해서는 본서의 제6장과 제8장을 참조.
37) 특히 본서의 제7장에서 논의하고 있듯이, 농촌의 기층(村) 단위에서 시작된 직접선거가 향
　　진과 현, 그리고 도시로까지 확대 실시되는 추세는 주목할 만하다.

으로서 정치체제의 본질적인 문제들을 비켜가는 것이라고 할 수 있다.[38] 따라서 이런 변화들이 중국 정치체제의 서구식 민주주의로의 진화과정이라고 볼 수 있는 어떤 근거도 현재로서는 제시할 수 없다. 그리고 이런 조치들이 얼마나 효과를 거두고, 그것이 얼마나 오랫동안 지속될 것인지도 불분명하다. 예를 들어 촌민자치 제도가 과연 어느 정부 단위까지 확대 실시될 수 있을지, 투명하고 공정한 선거과정이 보장될 수 있는지, 당 서기의 통제를 벗어나 선거직 지방 행정 수반이 실질적인 권력을 행사할 수 있는지 등의 논란이 이런 점을 잘 말해주는 것이라고 할 수 있다.

무엇보다 앞서 인용한 본서의 관련 연구들이 지적하고 있듯이, 중국 지도부가 정치적 안정을 도모하기 위해 다양한 조치를 시도하고 있기는 하지만 아직 그 구체적인 효과가 가시적으로 나타나는 것은 아니다. 신지도부를 중심으로 추진되고 있는 여러 가지 새로운 정책들이 비록 기존의 문제점을 개선할 수 있는 대안으로서 의미를 지니기는 하나 그 역시 나름대로의 대가를 요구한다는 점에서 원활한 추진이 용이하지 않기 때문이다. 다만 이런 정책적 노력들이 점진적 형태이나마 기존 정치체제의 변화를 초래할 것이고, 이런 양적 변화들이 누적되어 장기적으로는 어떤 형태로든 새로운 질적 변화가 이루어질 것이라는 사실만은 분명하다고 할 수 있다. 그것이 과연 중국 지도부가 의도한 바대로 진행될 것인지, 그 구체적 과정과 결과를 정확히 예측해 내는 것이 바로 중국 정치 연구자들의 공통된 과제라고 하겠다.

---

38) 신지도부의 출범 시에 많은 학자들이 예측했던 바와는 달리 제4세대 지도부는 정치체제의 개혁보다는 통치능력의 강화에 보다 중점을 두고 있는데, 이는 장쩌민의 완전 퇴진으로 새로운 변화의 계기로 인식되었던 최근의 '16기 4중전회'에서도 다시 한번 확인되었다. Dickson, "The Future of the Chinese Communist Party," p. 10.

제11장

국제적 요인과 중국의 국내적 변화: 발전과 안정을 중심으로

■ 김재철

1. 서론

　　세계화의 진전과 함께 어떤 국가도 외부의 영향력으로부터 자유로울 수 없게 되었다. 이것은 중국도 마찬가지다. 그 거대성과 외부의 간섭을 배제하려는 오랜 경향에도 불구하고 중국은 이제 더 이상 외부의 영향력으로부터 자유롭지 않다. 이는 중국과 국제사회 간에 창출된 연계에 기인한다. 개방정책을 통해 국제사회에 참여하기 시작한 후 중국과 세계 간의 연계는 급속하게 증대되어 왔다. 경제적 측면에서 중국과 국제사회 간의 연계는 중국이 WTO의 회원국이자, 세계 최대의 외자유치국이며, GDP의 상당 부분이 국제경제와의 교류나 국제경제와 연관된 부분에 의해 창출된다는 점에서 단적으로 확인된다. 비경제적 측면에서도 중국은 안보와 인권 분야까지를 포함하는 다양한 국제기구와 국제 레짐 등에 참여하고 있으며, 또 최근 들어서는 다자적 틀을 통한 북한 핵문제 해결에 적극성을 보이는 등 중국과 국제사회 간의 연계는 분명하다. 이처럼 중국과 세계 간의 연계가 증대되면서 중국 또한 외부의 영향력에 점차 노출되고 있다.

　　중국이 국제적 요인의 영향력에 노출되었다는 사실은 국제적 요인이 중국의 진로에 영향을 끼치고 이에 따라 중국의 국내적 변화가 국제적 요인의 영향을 받을 가능성을 제기한다. 이는, 이 책의 주제와 연관시켜 볼 때, 중국의 발전과 안정이 국제적 요인의 영향을 받을 가능성을 제기한다. 이 글은 국제적 요인이 중국에 끼치는 영향, 특히 발전과 안정을 동시에 추구하려는 중국의 노력에 끼치는 영향을 검토하려는 시도이다. 이러한 작업은 중국의 진로를 밝히는 데 기여할 뿐 아니라 외적 요인과 국내적 변화 간의 상관관계에 관한 이론적 논의에도 기여할 것이다.

국제적 요인과 국내적 변화 간의 관계와 관련하여, 자유주의자들은 국제적 요인이 국내정치에 끼치는 영향을 강조한다. 이들은 국제화를 국민국가와 충돌하는 것으로 상정하고, 국제적 요인이 개별 국가의 역할에 제약을 가함을 강조한다. 국제화와 국내정치 간의 관계에 관한 한 연구서는 국제적 요인이 ① 국내의 정책선호와 정치적 연대에 영향을 끼치거나, ② 경제·정치적 위기를 촉발시키거나, ③ 정부가 추진하는 거시적 경제정책의 효용성을 저하시킴으로써 국내정치에 영향을 끼친다고 주장한다.[1] 아울러 자유주의자들은 모든 국가가 국제화나 세계화라는 국제적 요인의 영향을 받고 또 이에 대해 동일하게 대응하기에 궁극적으로 유사한 모습을 띠게 될 것이라고 주장한다.[2] 따라서, 이들에 따르면, 어떤 국가의 국내정치도 외적 요인의 영향력에 대한 이해 없이는 규명될 수 없다. 이러한 시각은, 중국과 관련해서, 국제적 요인이 중국의 진로에 영향을 끼칠 가능성을 검토할 것을 요구한다. 실제로 중국과 관련하여 국제적 요인이 국내적 변화를 초래한 경우를 찾기 어렵지 않다. 가령, 대외개방 초기 중국은 세계은행에 가입한 후 GNP라는 개념을 사용하기 시작했고 또 세계은행의 지원을 얻기 위해 국내경제에 관한 자료를 세계은행에 제공하기 시작했다.[3]

---

1) Helen V. Milner and Robert O. Keohane, "Internationalization and Domestic Politics: An Introduction," Robert O. Keohane and Helen V. Milner eds., *Internationalization and Domestic Politics* (Cambridge: Cambridge University Press, 1996), pp. 15-17.
2) 국제화나 세계화와 같은 외적인 요인들이 경제정책, 제도, 정치경제, 문화, 사회구조 등에서 모든 국가를 유사하게 만든다는 주장에 관해서는 Thomas L. Friedman, *The Lexus and the Olive Tree* (New York: Farrar, Strauss, Giroux, 1999)를 참조.
3) Harold K. Jacobson and Michel Oksenberg, *China's Participation in the IMF, the World Bank, and GATT* (Ann Arbor: University of Michigan Press, 1990), p. 151.

보다 최근에 들어서는 WTO에 가입하기 위해 시장개방과 관련하여 많은 양보조치를 취했을 뿐 아니라 가입 이후에도 WTO 가입 시 약속한 의무들을 이행하기 위한 변화를 추진하고 있다. 이처럼 국제적 요인이 중국의 진로에 영향을 끼친다는 사실은 발전과 안정을 조화시키려는 중국의 의도 또한 국제적 요인의 영향을 받을 가능성을 제기한다.

그러나 국제적 요인과 국내적 변화 간의 관계가 자유주의자들의 주장처럼 외적 요인이 일방적으로 영향력을 행사하는 양상을 띨 것으로 기대하는 것은 현실적이지 않다. 비록 패권국가가 아닌 모든 국가는 국제체제의 제약을 받을 수밖에 없지만, 체제는 개별 국가에게 대응책을 선택할 여지를 제공하며 이러한 현상은 강대국들에게 더욱 분명하다.[4] 다시 말해 외부세력에 의해 정복된 상태가 아니라면 외적 압력이 아무리 강해도 이것이 곧 개별 국가의 대응을 결정짓지는 않으며 개별 국가는 압력에 대응함에 있어서 선택의 여지를 갖는다. 따라서 한 국가가 어떤 대응책을 선택하는가는 설명의 대상이 된다. 이러한 설명을 위해서는 국내정치적 요인들을 함께 고려해야 한다.[5] 구체적으로 정치 지도자나 기존의 제도와 같은 국내적 요인들이 국제화의 영향력을 제약하는 것으로 제시된다. 정치지도자들은 외적 압력에 대응함에 있어서 일정 정도의 여지를 누리며, 제도는 지도자들이 대응책을 선택함에 있어서 가능한 폭을 설정한다. 이는 국제적 요인이 국내적 변화에 영향을 끼치지만, 그 영향은 국내적 요인에 의해 매개됨을 제시한다.

이러한 논리를 중국에 적용하면 중국 또한 국제적 요인에 대응함에

---

4) 이러한 주장은 길핀(Robert Gilpin)이 *US Power and the Multinational Corporation* (New York: Basic Books, 1975)에서 제기한 후, 크래스너(Steven Krasner) 등에 의해 반복되어 왔다.
5) Peter Gourevitch, "The second image reversed: international sources of domestic politics," *International Organization,* 32 : 4 (Autumn 1978), pp. 881-911.

있어서 선택의 여지를 지닌다는 추론이 가능해진다. 따라서 중국과 관련하여 국제적 요인의 영향력을 이해하기 위해서는 외적 요인의 영향력을 구체화시키는 국내적 요인들을 검토할 필요성이 제기된다. 중국의 특성은 이러한 필요성을 더욱 제고시킨다. 중국은 오랫동안 외부와의 교류와 외부로부터의 영향력을 경계해 왔다. 19세기 중엽 이후 전개된 서구와의 교류가 중국에게 민족적 수난으로 이어졌던 역사적 경험이 공산중국으로 하여금 주권·독립·자력갱생을 강조하고 외부의 영향력을 경계하도록 작용했다. 1978년 개방정책을 선언하고 국제체제에 적극적으로 참여하기 시작한 후에도 외부의 영향력에 대한 중국의 경계는 계속되었다. 중국 지도부는 대외교류를 촉진시킴으로써 경제적 혜택을 얻으려 하면서도 여전히 외적 요인이 중국에 영향을 끼치는 것을 통제하려 했다. 특히 정치적 측면에서 국제적 요인의 영향력은 경계의 대상이었다. 이는 중국의 엘리트들이 대외교류와 관련하여 신중상주의적 시각을 가짐을 의미한다.6) 이러한 지도부의 선호는 국제적 요인의 영향력에 제약을 가한다.7)

결국, 국제적 요인이 중국에 끼치는 영향을 이해하기 위해서는 상호의존과 국제적 교류의 증대로 초래된 국제적 요인의 영향력과, 이를 통제하려는 지도부를 위시한 국내적 요인들 간의 상호작용을 밝히는 데 분석

---

6) 이에 관해서는 김재철, "상호의존의 증대와 국가의 역할: 중국의 대외개방의 경우," 『한국정치학회보』, 28집 1호, pp. 579-602를 참조.
7) 이 외에도 중국에서 국제화의 영향력을 제약하는 특성들은 많다. 가령, 즈와이그(Zweig)는 외적 요인과 내적 세력을 연결시키는 통로(channels)가 외적인 충격을 완화시키는 작용을 한다고 제시한다. David Zweig, *Internationalizing China: Domestic Interests and Global Linkages* (Ithaca: Cornell University Press, 2002). 셕(Shirk)은 중국의 통제적 정치제도들이, 국내적 변화에 대한 외적 요인의 영향을 제약한다고 주장한다. Susan Shirk, "Internationalization and China's Economic Reforms," in Milner and Keohane eds., *Internationalization and Domestic Politics*, pp. 186-206. 마지막으로 외부의 행위자들 또한 중국과의 교류를 강화하려는 의도에서 중국에 대해 비교적 관대한 태도를 보여 왔는데, 이 또한 중국의 선택지를 확대하는 데 기여한다.

의 초점을 집중시켜야 할 것이다. 다시 말해 중국에서 국제적 요인이 국내적 변화에 끼치는 영향에 대한 검토는 국제적 요인의 영향력과 국내적 대응 모두에 대한 검토를 요구한다.

다음에서는 우선, 중국과 국제사회 간의 연계를 그 현황과 그 배경을 중심으로 검토하게 될 것이다. 다음으로 이러한 국제적 연계가 제기하는 국내적 압력과 이러한 압력에 대한 중국의 대응이 검토될 것이다. 이러한 작업은 국제적 요인이 중국의 발전과 안정에 끼치는 영향을 이해하는 토대를 제공하게 될 것이다. 계속해서 이 글은 국제적 요인이 중국의 발전과 안정에 끼치는 영향을 긍정적 측면과 부정적 측면으로 구분하여 검토하게 될 것이다. 마지막으로 이 글은 국제적 요인이 중국의 진로에 끼칠 영향을 검토하고 끝을 맺게 될 것이다.

2. 중국의 국제적 연계

중국이 대외개방정책을 통해 국제무대에 참여하기 시작한 후 중국과 세계 간의 연계는 급속하게 증대되었다. 연계는 경제적 측면에서 특히 분명한데, 이러한 사실은 몇 가지 수치를 통해 확인이 가능하다. 우선, 국제경제와의 연계 증대는 교역량의 증대에서 나타난다. 대외개방 이후 중국의 교역량은 꾸준히 상승했는데, 구체적으로 1978년 206.4억 달러에서 2002년 6,207.7억 달러로 증가했다.8) 이러한 수치는 15년 사이에 30배가 증가한 것으로, 이 기간 연평균 성장률이 15%를 넘어섰음을 제시한다. 이와

---

8) http://www.moftec.gov.cn/article/200303/20030300072323_1.xml (검색일: 2004년 4월 12일).

함께 교역량이 GDP에서 차지하는 비중 또한 1978년의 9.89%에서 2001
년에는 44%로 증대했다.9) 중국의 교역량이 증대되면서 전 세계 교역에서
중국이 차지하는 비중 또한 1978년 0.75%에서 2002년에는 5.1%로 급속
하게 증대되었다.10) 2002년을 기준으로 중국은 교역액에서 세계 6위를
차지함으로써 1978년의 32위보다 26계단 상승했다.11)

중국에 투자되는 외국자본 또한 꾸준히 증대되었다. 중국이 외국자본
의 유치를 허용한 이후 처음 4년 동안(1979~82년) 17.7억 달러에 머물렀
던 외국자본 유치액은 1996년에는 400억 달러를 넘어섰고, 2002년에는
527.4억 달러를 기록함으로써 500억 달러 선을 넘어섰다.12) 외국자본이
중국 GDP에서 차지하는 비중도 1990년의 1.2%에서 2001년에는 4.9%로
계속해서 증가했다.13) 이러한 외국자본의 증가에 따라 중국은 2002년 미
국을 제치고 세계에서 가장 많은 투자를 유치한 국가로 등장했다. 중국에
투자되는 외국자본은 중국의 교역을 확대시키는 데 기여했다. 1996년 이
후 외자계 기업은 중국 전체 수출액의 40% 이상을 담당했다.14) 아울러
외국자본의 지속적인 유입은, 대외교역의 확대와 함께, 중국의 외환보유액
도 증대시켰다. 1979년 8.4억 달러에 머물렀던 중국의 외환보유액은 2002
년에는 2,864억 달러에 이르렀고, 2003년 말에는 4,032.5억 달러에 이르는

---

9) 『中國統計年鑑』 1990; *World Development Indicators 2003*, http://www.worldbank.org/data/
   wdi2003/tables/table6-1.pdf (검색일: 2004년 4월 9일).
10) 王壽春, "對外開放是我國經濟建設的必由之路," 『國際貿易』, 1984年 10月, p. 9; Thomas
   Rumbaugh and Nicolas Blancher, "China: International Trade and WTO Accession," IMF
   Working Paper, http://www.imf.org/external/pubs/ft/wp/2004/wp0436.pdf (검색일: 2004년 4
   월 9일).
11) *International Trade Statistics*, http://www.wto.org/english/res_e/statis_e/its2003_e/its2003_e.pdf.
12) http://www.moftec.gov.cn/article/200303/20030300072333_1.xml (검색일: 2004년 4월 12일).
13) *World Development Indicators 2003*, http://www.worldbank.org/data/wdi2003/tables/table6-1.pdf
   (검색일: 2004년 4월 9일).
14) 이러한 수치는 일부 분야에서 특히 높았는데, 그 대표적인 경우가 IT산업분야이다. 이에
   관해서는 이 책의 4장을 참조.

등 급속하게 증대되고 있다.[15]

경제적 측면에서의 연계 증대와 함께 중국과 세계 간의 인적교류도 급속하게 확대되어 왔다. 가령, 중국을 방문하는 외국인의 숫자는 1978년의 181만 명에서 2002년에는 9,791만 명으로 증가했다.[16] 이는 25년 사이에 54배가 증가한 것으로 중국의 교역량 증가속도보다 빠른 것이었다. 이와 함께 중국의 관광수입도 1978년 2억 6천만 달러에서 2002년에는 204억 달러로 78배 증가했다.[17] 외국인의 중국방문이 증대되는 것과 함께 해외로 여행하는 중국인의 숫자도 꾸준히 증가했다. 1997년 817.5만 명이던 중국인의 해외여행자 숫자는 2001년 1,213.4만 명으로 증가했고, 같은 기간 사적인 이유로 해외로 출국한 사람의 숫자는 243.9만 명에서 694.6만 명으로 더 빠른 속도로 증가했다.[18] 해외를 방문하는 중국인의 숫자는 중국을 방문하는 외국인의 숫자에 비해 매우 낮지만 중국인의 해외여행에 대한 규제가 계속해서 완화됨에 따라 급속하게 증대될 것으로 예상된다.

개방정책을 선언한 이후 중국은 국제기구에도 적극적으로 참여하기 시작했다. 중국은 대외개방 초기 세계은행, 국제통화기금, 아시아개발은행 등 경제금융기구를 중심으로 국제기구에 참여하기 시작했지만, 점차 정치안보 영역의 국제조약 ― 군비통제 및 감축 영역의 국제조약까지를 포함하여 ― 에도 참여하기 시작했다. 가령, 중국은 1984년 국제원자력기구에 가입했고, 1990년대 들어 핵확산금지조약(1992년), 화학무기컨벤션(1996), 전면적핵실험금지조약(1996) 등에 서명했다. 중국이 참여하는 정부간 국제기구의 숫자는 미국이 참여한 국제기구 숫자의 80%에 이르는

---

15) http://www.moftec.gov.cn/article/200303/20030300072330_1.xml (검색일: 2004년 4월 12일); http://www.safe.gov.cn (검색일: 2004년 4월 12일).

16) http://www.cnta.gov.cn/tongjibanlan/2004/1.htm (검색일: 2004년 4월 12일).

17) http://www.cnta.gov.cn/tongjibanlan/2004/2.htm (검색일: 2004년 4월 12일).

18) http://210.72.32.26/yearbook2001/indexC.htm (검색일: 2004년 4월 12일).

것으로 평가된다.[19] 이는 1960년대 정부산 국제기구에 실질적으로 참여하지 않았던 입장으로부터의 커다란 전환이다.

이러한 중국과 국제사회 간의 연계는 전 세계적으로 진행된 국제화나 세계화가 가져온 불가피한 결과가 아니었다. 물론 국제화와 세계화라는 거대한 흐름이 중국으로 하여금 대외개방을 추진하도록 작용한 것은 사실이다. 여기에다 외부 국가들 또한 중국과의 관계를 증진시키는 데 적극적이었다. 대표적으로 미국은 중국을 국제무대로 끌어내는 데 매우 적극적이었다.[20] 경제적으로는 중국 시장의 잠재적 거대성이 서구 국가들로 하여금 중국과의 관계를 증진시키도록 작용했다. 정치적으로는 중국과의 경제교류가 중국체제의 변화를 촉진시킬 것이라는 기대가 작용했다. 이러한 외적 요인의 작용에도 불구하고 중국의 대외개방은 중국 내의 요인에 힘입은 바 크다.

특히 중국의 개방과 관련해서 지도부의 작용을 주목할 필요가 있다. 마오쩌둥(毛澤東) 사망 이후 권력을 장악한 개혁 지도부는 대외교류의 역할을 재평가했다. 이들은 외국자본과 선진기술의 도입을 통해 사회주의 현대화를 추진하려 들었다. 이들은 대외교류가 발전도상국들에게 선진 국가들이 오랜 시일에 걸쳐 창조한 기술과 집적해 놓은 경험을 흡수함으로써 발전을 촉진시킬 기회를 제공할 것이라고 보았다.[21] 대외개방에 대한 중국의 중시는 경제가 발전하면서 더욱 증대되었다. 경제발전이 계속해서 외적 연계의 확대를 요구했기 때문이다. 대표적으로 덩샤오핑(鄧小平)은 경제의 침체가, 외부로부터의 영향력보다, 당의 권력유지에 더 큰 도전을 제기한다는 판단에서 경제적 탈규제화와 국제화의 심화를 추구했다. 여기에 더해 중국 지도

---

19) 王一舟, 『全球政治和中國外交』(北京: 世界知識出版社, 2003), p. 244.
20) 중국의 대외개방과 관련하여 국제적 요인들, 특히 패권국가 미국의 역할을 강조하는 시각으로는 Bruce Cumings, "The Political Economy of China's Turn Outward." Samuel S. Kim ed., *China and the World* (Boulder: Westview Press, 1984), pp. 235-265를 참조.
21) 肖楓, "世界經濟的'全球化'與中國應探取的戰略," 『國際問題研究』, 2000年 2期, p. 6.

부는 필요한 개혁에 대한 국내적 지지를 동원하기 위해 국제적 요인을 활용하기도 했다. 다시 말해 이들은 개혁에 대한 국내적 저항을 극복하고 국내 경제의 규범화를 촉진시키는 데 외적 요인을 활용하려 했다. 이것이 중국 지도부가 국내의 반대를 무릅쓰고 WTO 가입을 추진한 이유였다.[22]

3. 국제적 요인의 영향력과 중국의 대응

국제적 연계의 증대는, 중국 지도부의 기대처럼, 중국의 경제발전에 기여했지만 동시에 중국에 대한 외부의 영향력도 증대시키는 결과를 가져왔다. 중국과 세계 간의 연계가 증대됨에 따라 중국에 대한 외부로부터의 영향력이 증대되었다. 중국에 영향을 끼치는 국제적 요인은 크게 국제기구, 국제시장, 그리고 개별 국가로부터의 영향력 등으로 구분해 볼 수 있다. 중국은, 앞에서 지적한 것처럼, 국제기구에 적극적으로 참여하기 시작했는데, 이러한 국제기구에의 참여는 중국에게 국제적 규범을 준수할 것을 요구했다. 다시 말해 중국이 국제기구에 참여할 때 약속한 공약(commit-ments)을 이행할 필요성이 중국의 국내적 변화를 요구했고, 이는 다시 중국의 선택권에 제약을 가했다. 그 대표적인 사례로 중국의 WTO 가입을 들 수 있다. WTO 가입은 중국에게 무차별 원칙, 자유화, 호혜 등 국제적 규범을 준수할 것을 요구한다. 아울러 WTO 가입 시 중국이 약속한 개혁은 중국의 정책에 제약을 가한다.

---

22) 중국의 WTO 가입 협상을 주도한 룽용투(龍永圖) 회담 대표는 중국이 WTO 가입을 추진한 것은 "개혁과 개방을 추진하고 경제구조조정과 시장경제체제를 구비"하기 위해서라고 지적했다. 『北京靑年報』, 2001年 3月 26日.

국제적 요인의 영향력은 국제시장으로부터도 왔다. 국제시장에서의 경쟁과 이에 대응할 필요성이 중국에게 정책 변화를 요구했다. 가령, 외국 자본을 유치할 필요성은 중국으로 하여금 외국 투자자에게 유리한 정책변화를 추구하도록 작용했다. 무역을 촉진시킬 필요성 또한 대외경제업무와 관련된 제도적 틀을 변화시킬 것을 요구했다. 마지막으로 특정 분야에서의 생산의 과잉이나 경쟁과 같은 요인들도 중국 내 산업의 승급을 요구했을 뿐 아니라 그 방향도 결정지었다.23) 마지막으로 외적 영향력은 개별 국가로부터도 왔다. 이와 관련해서는 패권국가 미국의 역할이 두드러진다. 미국은 중국과의 교류를 통해 중국의 진로에 영향을 끼치려 했다. 경제적 수단을 통해 중국을 변화시키려는 미국의 의도는 무역개방은 "경제적 기회일뿐 아니라 도덕적 의무(moral imperative)"이며 시장개방을 위해 협상하는 것은 다른 형태를 통해 정치적 자유를 옹호하는 것이라는 부시(G. W. Bush) 미국 대통령의 지적에서 분명하게 나타난다.24) 미국은 무역뿐 아니라 인권과 군비확산 등 다양한 영역에서 중국에 대해 직접적으로 변화를 요구하던가 아니면 자신이 지배하는 국제기구를 통해 영향을 끼치려 했다.

국제적 요인의 영향력은 다양한 형태를 띠었다. 가장 분명한 것은 강요나 압력의 형태를 띠었다. 그러나 국제적 영향력이 반드시 이처럼 분명한 형태를 띤 것은 아니었다. 중국의 대외교류가 증대되면서 다른 국가의 경험과 사례가 중국에게 영향을 끼치는 전시효과 또는 감염효과도 나타났다. 아울러 외부 조직이나 국가가 중국에게 특정의 요구조건을 제시하고 중국이 이를 수용할 경우 중국에게 혜택을 제공하거나 반대로 중국이

---

23) 국제시장의 상황이 중국의 개혁과정과 방향에 영향을 끼쳤다는 주장에 관해서는 Thomas G. Moore, *China in the World Market: Chinese Industry and International Sources of Reform in the Post-Mao Era* (Cambridge: Cambridge University Press, 2002)를 참조.
24) http://usinfo.state.gov/utils/printpage.html?PHPSESSID=fe4c0190a4b... (검색일: 2004년 3월 30일).

요구를 수용하지 않을 경우 불이익이나 제재를 가하는 형식으로 나타나기도 했다. 중국이 필요한 변화를 추구하지 않을 경우 외국자본이 중국이 아닌 다른 국가로 이동할 가능성이 그 대표적인 사례다.

이처럼 국제화는 중국에 대한 국제적 압력을 초래했다. 그러나 이것은 국제적 요인이 곧바로 중국의 정책방향과 내용을 결정함을 의미하지 않는다. 국제적 요인은 선택의 가능한 한계를 규정할 뿐 실제로 중국이 어떤 정책을 선택하는가를 결정하지는 않는다. 중국이 실제로 어떤 변화를 선택하는가를 이해하기 위해서는 중국의 대응을 이해할 필요가 있다. 대외개방을 주도한 중국의 지도부는 대외개방의 진전과 이에 따른 외부 요인의 영향력 증대를 지켜만 보지는 않았다. 이들은 대외개방의 전개과정에 영향을 끼치고 특히 외부의 영향력을 통제하려 들었다. 이러한 중국의 대응은 대외개방에 대한 인식과 밀접한 연관을 갖는다.

중국은 대외개방을 경제발전에 기회를 제공하는 활력소로 보면서도 동시에 상당한 위험을 동반한다고 인식한다. 특히 중국은 국제적 요인이 발전도상국의 주권과 경제의 정상적인 발전을 위협할 수 있다고 본다. 그 원인은 미국 등 서방 강대국의 존재와 의도에서 찾아진다. 국제경제의 규칙과 제도 등은 모두 강대국에 의해 제정되며, 이렇게 제정된 규칙과 제도는 서방 선진국의 이익과 선호를 반영하는 것으로 인식된다.[25] 서구 선진국들은 이러한 규칙과 제도를 세계경제에 대한 자신의 주도권을 유지하는 데 이용하는 외에 발전도상국의 내정에 개입(干涉)하는 수단으로도 활용하는 것으로 간주된다. 즉, 서방의 선진국들은 국제적 규칙을 통해 자신의 가치관, 정치체제, 행위준칙 등을 수출함으로써 타국의 내정에 간섭하려 한다는 것이다. 이처럼 국제적 연계는 발전도상국의 결정권에 제약을 가할

---

25) 張伯里, "論世界經濟全球化, 兩極分化與開放戰略的若干問題,"『中共中央黨校學報』, 4卷 1期(2000年 2月), p. 51.

수 있는 것으로 인식된다.[26]

　　이러한 인식에 따라 중국 지도부는 국제적 연계가 제공하는 이익을 추구하면서도 동시에 그것에 수반되는 위험을 회피하려 한다. 중국은 한편으로는 국제적 교류를 적극적으로 추진하고 이러한 교류가 제공하는 혜택을 누리려 한다. 개방정책과 그에 따른 경제의 급속한 발전은 중국에게 외부와의 경제교류가 경제발전의 기회를 제공한다는 신념을 가져다 주었고, 이러한 신념은 다시 앞으로의 경제발전 또한 세계경제와 떨어져 진행될 수 없다는 인식으로 이어진다.[27] 이러한 인식은 동아시아 금융위기는 "경제 세계화가 세계경제 발전의 객관적 추세로 어느 누구도 회피할 수 없으며 모두가 참여해야 함을 보여준다"는 장쩌민(江澤民)의 언급에도 나타난다.[28] 아울러 개방정책의 성과에 대한 확신은 중국지도자들로 하여금 여러 가지 국내적인 어려움에도 불구하고 WTO 가입을 위해 상당한 양보를 결정하도록 작용했다.

　　그러나 중국이 국제적 교류에 적극적으로 참여하기로 결정한 것이 곧 자신의 운명까지 세계경제에 위탁하려 함을 의미하지는 않는다. 지난 20여 년에 걸친 세계경제에의 참여와 그에 힘입은 경제발전에도 불구하고 중국은 여전히 세계경제체제와의 일체화를 추구하거나 또는 세계경제 규칙의 전면적 수용을 상정하지 않는다. 오히려 중국에서는 국제적 교류가 제공하는 것으로 간주되는 혜택을 누리기 위한 전제조건으로 국가주권의 유지가 강조된다.[29] 이러한 사실은 "대외개방과 독립자주 및 자력갱생간의 관계를 정확하게 처리하고 국가의 경제안보를 보호해야 한다"는 장쩌

---

26) 唐任伍, "'全球一體化'的神話, 發展中國家的陷穽," 『世界經濟與政治』, 1998年 12期, p. 15.
27) 『人民日報』, 1997年 8月 28日.
28) 『人民日報』, 1998年 3月 10日.
29) 李忠杰, "新世紀中國全球戰略構想," 『中共中央黨校學報』, 2000年 4卷 1期, p. 32.

민의 강조에서 단적으로 나타난다.[30] 국가주권을 세계경제로부터 자국의 이익을 보호하는 수단으로 간주하는 중국의 경향은 역사적 경험에서 유래한다. 중국은 19세기 중반 이후 서구 열강의 강요 아래 자본주의 세계경제에 문호를 개방했다. 그러나 이러한 세계경제와의 교류는, 앞에서 지적한 것처럼, 중국에게 민족경제의 저발전과 '민족적 수모'를 가져왔다. 중국은 이러한 경험을 통해 세계경제와의 교류가 경제적 착취로 이어질 수 있으며 부정적 결과를 방지하고 혜택을 실현하려면 세계경제와의 교류에 간섭하고 또 그 과정을 통제해야 한다는 신념을 갖게 되었다. 이러한 신념은 1978년 이후 추진된 세계경제와의 교류에 개입하고 또 그 과정을 통제하려는 중국의 노력에서 분명하게 표출되었다.[31]

대외개방을 시행한 후 중국에서 지도부는 많은 경우 국제적 교류를 촉진시키기 위해 필요한 정책변화를 수용했다. 대표적으로 경제교류의 증대와 함께 탈규제 조치가 추진되었고 국제적 규범을 수용하려는(接軌) 시도도 전개되었다. 이에 따라 경제행위가 명령에 근거하던 데서 시장원리로 이동했고 상업 및 재정과 관련된 법률체계가 계속해서 정비되어 왔다. 이러한 변화는 중국 지도부가 국제교류를 촉진시킴으로써 경제발전에 기여할 것이라고 판단한 것들이다. 이외에도, 앞에서 지적한 것처럼, 중국은 국제시장이 제기하는 변화 요구를 수용하려 들었다. 특히 중국 정부는 수출증대의 필요성이나 더 많은 자본을 유치할 가능성에 반응을 보였다. 가령, 외국자본을 유치할 필요성은 외국인 투자와 관련된 법규의 투명성을 제고시키도록 작용했다. 이처럼 국제적 요인들은 중국의 행동을 규제하는

---

30) "高擧鄧小平理論偉大旗幟, 把建設有中國特色社會主義事業全面推向二十一世紀,"『新華月報』, 1997年 10期, p. 16 참조.
31) 대외개방을 주도한 덩샤오핑은 중국이 역사로부터 얻어야 할 교훈은 중국이 외부 세계로부터 배우면서도 외국에게 종속되지 않는 것이라고 강조했다. "中國共産黨第十二次全國代表大會開幕詞,"『鄧小平文選』(第3卷), pp. 1-4.

요인으로 작용했다. 즉, 중국은 경제발전을 위해 외부와의 교류를 지속시키길 원했고 외부와의 교류를 지속시킬 필요성은 다시 외부의 요구와 규칙을 수용하는 것으로 이어졌다.

심지어 중국 지도부는 국제적 압력을 필요한 국내적 변화를 촉진시키는 요인으로 활용하기도 했다. 대표적으로 중국 지도부는, 앞에서 언급한 것처럼, WTO 가입을 필요한 국내적 변화를 촉진시키는 동력으로 활용하려 했다. 이처럼 국제적 요인을 국내적 변화에 활용하려는 의도는 계속된다. 가령, 국제적 요인은 2004년 9월 중국공산당 16기 4중전회가 채택한 집권능력 제고라는 정책목표를 합리화시키는 요인 가운데 하나로 제시된다. 즉, 중국공산당이 세계화라는 개방된 환경 아래서 집권하고 있기에 집권의 방식 또한 현대정치문명의 조류와 법칙에 부합되는 방식으로 이루어져야 하는데, 집권능력을 강화시키려는 시도는 이러한 요구에 부합하려는 노력이라는 것이다.[32]

이처럼 외부의 요구를 수용하면서도 중국 지도부는 여전히 국제적 요인의 영향력을 통제하려 들었다. 경제적으로 중국은 대폭적인 개방이 가져올 수 있는 부정적 현상을 경계했다. 정부가 경제를 시장조절에만 맡기고 정책을 조정하려는 노력을 포기하는 것이나 감독관리체제가 완비되지 않은 상태에서 경제에 대한 국가의 관리권을 취소시키는 것은 모두 매우 위험한 결과를 초래할 수 있는 것으로 간주되었다.[33] 이러한 결과는 다시 경제사회적 혼란을 가져옴으로써 정부의 통제력을 약화시킬 것으로 인식되었다. 아울러 중국은 사회의 안정에 해를 끼치거나 정치적 목적이 있다고 판단되는 압력에는 저항했다. 특히 외적 압력이 기존의 권력구도에 부정적

---

32) http://www.people.com.cn/GB/shizheng/1026/2792638.html (검색일: 2004년 10월 26일).
33) 唐任伍, "'全球一體化'的神話, 發展中國家的陷穽," p. 19; 陳德照, "經濟全球化對中國的機遇與挑戰," 『國際問題研究』, 1999年 第3期, p. 11.

영향을 끼칠 경우 반응은 더 격렬했다. 그 대표적인 사례로 파룬궁(法輪功) 사태나 인권문제를 들 수 있다. 중국은 파룬궁 세력에 대한 외부의 지지나 인권과 관련된 외부의 압력을 정권에 대한 도전으로 간주했다.[34] 이에 따라 중국은 이러한 문제와 관련된 외부의 압력에 강하게 저항했다.

중국에서도 국제적 요인은 내부에 지지자가 있을 때 변화를 촉발시킬 가능성이 컸다.[35] 한 국가의 정치적 행위자들은, 퍼트남(Putnam)이 지적하듯, 외적 요인을 자신이 선호하는 목적을 달성하기 위해 활용하려 한다.[36] 중국에서도 일부 세력들이 자신의 이익을 구현하기 위해 국제적 요인을 활용하려 들었고, 이러한 노력은 국제적 요인의 영향력을 증대시키는 데 기여했다. 내부의 지지는 통상 정치 지도자로부터 왔다.[37] 그러나 중국에서 국제적 요인이 촉발시킨 변화는 통상 국내적 필요성이나 명분을 빌려 실현되곤 했다.

종합하면, 국제적 영향력에 대한 대응에 있어서 중국은 자신의 유연성을 제고시키려는 입장을 유지했다. 다시 말해 중국은 국제적 요인의 혜택은 최대화하면서 부담은 회피하려 했다. 중국 지도부는 중국의 국익을 실현하는 데 도움이 된다고 판단되는 변화는 수용하고 그렇지 않다고 판단되는 압력에는 저항했다. 국제적 압력에 대한 중국의 이러한 대응자세가

---

34) 자신들의 문제를 국제화시킴으로써 중국의 정책에 변화를 유도하려는 파룬궁 지지자들의 시도에 관해서는 *Far Eastern Economic Review,* April 15, 2004, pp. 26-29를 참조.

35) Margaret M. Pearson, "China's Integration into the International Trade and Investment Regime," in Elizabeth Economy and Michel Oksenberg eds., *China Joins the World: Progress and Prospects* (New York: The Council on Foreign Relations, 1999), p. 189.

36) Robert D. Putnam, "Diplomacy and Domestic Politics: The Logic of Two-Level Games," *International Organization,* 42 : 3(Summer 1988), pp. 427-460.

37) 그러나 이는 내부의 지지가 정치지도자에게 한정됨을 의미하지 않는다. 지지는 사회로부터도 왔다. 중국과 같은 권위주의 체제에서 사회세력은 다른 국가에 있는 동정적인 NGO와의 연대를 통해 그 조직으로 하여금 자기 국가의 정부에게 중국 정부에 압력을 가하도록 유도하는 전략을 취할 수 있다. Margaret E. Keck and Kathryn Sikkink, *Activists Beyond Borders: Advocacy Networks in International Politics* (Ithaca: Cornell University Press, 1998).

기본적으로 계속된다고 가정할 경우, 국제적 요인이 중국의 발전과 안정 그리고 이를 조화시키려는 노력에 끼칠 영향은 무엇인가?

4. 국제적 요인과 발전

일반적으로 국제적 요인은 중국의 발전에 불리하게 작용할 것으로 인식된다. 국제적 요인이 중국에 대한 외부로부터의 경쟁을 제고시키고 또 중국이 원치 않거나 또는 수용할 수 있는 한계를 넘어서는 변화를 요구할 것이기 때문이다. 그러나 국제적 요인이 반드시 중국에게 불리하게만 작용하는 것은 아니다. 중국과 같은 발전도상국에게 있어서 국제적 요인은 경제발전에 필요한 자본, 시장, 기술, 그리고 관리경험 등을 제공하는 근원이기도 하다. 아울러 국제시장에서의 경쟁과 같은 요인은 중국으로 하여금 효율성 제고나 부가가치가 높은 상품 생산으로의 이동을 촉진시킴으로써 중국의 산업구조 승급에 기여할 수 있다.[38]

중국의 발전에 영향을 끼칠 국제적 요인에는 다양한 것들이 있는데, 이 가운데서 가장 두드러지는 것은 WTO 가입과 이에 따른 변화의 필요성이다. 중국의 WTO 가입은 중국에게 변화의 필요성을 제기한다. 이는 중국이 WTO에 가입할 때 수용한 공약 때문이다. 이러한 변화는 규칙에 근거한 투명한 경제운영체계의 건립과 국제무역의 확립된 관례를 수용하기 위한 변화로 집약될 수 있다. 중국이 이러한 변화를 추구하지 않을 경우 중국 경제에 대한 외부의 신뢰가 저하될 것이고 심지어 중국이 불공정하

---

38) Moore, *China in the World Market*, Ch. 1을 참조.

게 이득을 취하고 있다는 공격이 제기될 수도 있다. 따라서 이러한 방향으로의 변화가 불가피한데, 실제로 중국은 WTO에 가입할 때의 약속에 따라, 관세 및 비관세 장벽을 제거하고 외부로부터의 투자와 관련된 규제를 철폐하려는 시도를 이미 시작했다. 대표적으로 WTO에 가입한 첫 해인 2002년 500여 품목의 관세를 인하시킴으로써 중국은 평균 관세를 15%에서 12.3%로 낮췄다.[39] 중국이 2005년까지 평균 관세를 10%로 낮출 것을 약속했기에, 이러한 약속을 이행하기 위한 변화노력은 앞으로도 계속될 것이다. 그렇다면 이러한 변화는 중국의 발전에 어떤 영향을 끼칠 것인가?

국제적 요인이 중국의 발전에 끼칠 영향은 긍정적인 것과 부정적인 것으로 대별할 수 있는데, 긍정적인 측면을 먼저 살펴보도록 하자. 우선, 중국이 WTO에 가입하고 또 시장을 개방하는 것은 중국의 시장을 외부에 개방함으로써 외부로부터의 경쟁을 심화시키겠지만 동시에 중국의 교역시장을 확대시킴으로써 중국의 발전에 기여할 수 있다. WTO에 가입하기 전 중국 상품들은 해외에서 집중적으로 차별적 반덤핑 조치를 당해 왔다. 이러한 시각에서 볼 때 중국이 시장진입과 관련한 무차별 대우를 규정하고 있는 WTO에 가입한 것은 중국 상품에 대한 수입 제한 조치를 완화시킴으로써 중국이 해외시장을 개척하는 데 기여할 것이라는 판단을 가능케 한다.[40] 아울러 WTO 가입은 무역과 관련된 분쟁을 해결하는 데도 도움을 줄 것이다. 실제로 중국이 WTO에 가입한 후인 2002년과 2003년 중국의 교역액은 각각 22%와 30% 증가함으로써 중국의 발전에 기여했다.[41]

다음으로 국제적 요인은 중국의 시장화 개혁을 가속화시킴으로써 중국

---

39) 『南方週末』, 2002年 11月 18日.

40) 실제로 미국은 중국과 WTO 가입에 합의한 후 중국에 대해 항구적 정상무역관계(PNTR) 지위를 허용했다. 그러나 아직도 많은 국가들이 중국에 대해 시장경제 지위를 부여하지 않고 있다.

41) http://www.moftec.gov.cn/article/200303/20030300072323_1.xml (검색일: 2004년 4월 12일).

경제의 효율성과 경쟁력을 제고시키는 데 기여할 수 있을 것이다. 중국 지도부는, 앞에서 지적한 것처럼, 국제적 요인을 활용하여 중국의 시장화 개혁을 가속화시키려 한다.42) 이들은 중국의 WTO 가입이 규칙에 근거한 사회주의 시장경제체제를 확립하는 데 기여할 것으로 기대한다.43) 향후 중국에서 지도부는 WTO 가입과 이에 따른 의무의 이행을 명분으로 그동안 추진하지 못했던 개혁을 본격적으로 추진할 것으로 기대된다. 중국 지도부는 이러한 변화가 중국에 대한 외부로부터의 경쟁을 격화시키겠지만 동시에 중국 경제의 효율성을 제고시키는 데 기여할 것으로 기대한다. 즉, WTO 가입은 그동안 중국 경제를 보호해 왔던 장벽들을 제거함으로써 중국 경제에 충격을 가하겠지만 궁극적으로는 중국의 경제발전에 기여할 수 있다는 판단이다. 구체적으로 WTO 가입은 국유기업이나 금융과 같은 부문에서의 시급한 개혁의 추진이나 산업구조의 조정 등과 같은 조치를 가져올 것이다.44) 아울러 법률과 제도의 제정과 시행을 통해 보편적 경쟁규칙을 마련하려는 시도는 중국 내 지역간 보호장벽이나 부문의 독점 및 분할 등과 같은 문제를 해소하는 데도 도움을 줄 수 있다.45) 실제로 중국에서 WTO 가입으로 인해 그동안 경제의 효율성 제고에 장애요인으로 작용해 온 지역간 무역장벽이 깨지기 시작했다.46) 이러한 변화는 자원배치의 효율성을 제고시킴으로써

---

42) 『經濟參考報』, 2002年 11月 14日.
43) 『中國經濟時報』, 2002年 11月 19日.
44) 중국은 WTO 가입을 전후해 통신산업에 대해 2차례에 걸친 구조조정을 통해 국제적 개방 압력에 대비하는 한편 세계적 조류를 수용하려 했다. 이문기, "중국 통신 산업 자유화 정책의 전개와 특징: 국가독점체제에서 국유기업간 경쟁체제로의 전환," 『국제정치논총』, 44 : 3 (2004), pp. 175-194를 참조.
45) 중국에 전국적으로 보편적이고 단일한 규정이 도입된다면 무역을 관장하거나 무역에 종사하는 지방정부의 기구들이 인허가권을 담보로 지대(rent)를 징수하고 추출하는 능력도 제약될 것이다.
46) 가령, 충칭(重慶)과 청두(成都)에서 양 지역간 무역장벽을 보여주는 대표적 상품이었던 담배와 맥주가 이미 시장법칙에 따라 유통되기 시작했다.

중국 경제 전체의 경쟁력을 강화시키는 데 기여할 것이다.

아울러 이러한 변화는 중국에 대한 외부의 인식을 개선시킴으로써 중국이 외국자본을 유치하는 데 기여할 수 있다. 중국이 시장을 개방하고 지적 소유권을 보장하며 외부 투자자들의 관리이념을 수용하는 것은 중국 경제에 대한 외부의 인식을 제고시키는 데 기여할 것이다. 이러한 인식의 제고는 다시 외국자본의 유입을 촉진시키는 데 기여할 것이다. 실제로 중국은 2002년에 미국을 제치고 세계 최대의 외자유치국으로 등장했다. 이러한 외국자본의 유입증가는 다시 효율성을 제고시키고 새로운 기술을 도입하는 데 기여함으로써 중국의 경제발전을 촉진시킬 것이다. 실제로 WTO에 가입한 첫해인 2002년 중국의 경제성장은 예측보다 높았는데, 롱 융투는 이를 WTO 가입과 이에 따른 변화에 힘입은 것으로 간주한다.[47]

이처럼 국제적 요인은 중국의 변화를 촉진시킴으로써 중국 경제의 효율성을 제고시키는 데 기여할 수 있지만, 반대로 국제적 요인의 작용에 따른 변화는 중국 경제에 충격을 가할 수도 있다. 이는 국제적 요인이 중국에 대해 감내할 수 있는 수준과 폭을 넘는 경쟁을 제기하거나 변화를 요구할 경우에 발생할 수 있다. 현실적으로 이러한 충격은 중국이 시장개방을 유예받는 시한으로 설정된 2005년 이후에 나타날 가능성이 크다. 2005년이 지나면서 중국 경제는 외부로부터의 경쟁과 압력을 본격적으로 느끼게 될 것이다. 우선, 관세의 인하와 비관세 장벽의 철폐는 중국의 수입을 급속하게 증대시키는 결과를 가져올 수 있다. 이로 인한 충격은 특정 분야에서 분명하게 제기될 것이다. 그 한 예로 농업분야를 들 수 있다. 가령, 미국은 중국에 농산물을 수출하려는 강한 욕구를 갖고 있다. 미국이 중국의 WTO 가입에 동의하고 또 항구적 정상무역관계의 지위를 허용한 중요한 이유 가운데 하

---

47) 『中國經濟時報』, 2002年 11月 19日.

나는 중국에 농산물을 수출하려는 욕구에 있었다는 한 미국 무역대표부 관리의 지적이 그 단적인 증거다.[48] 이러한 의도가 중국에 대한 외국 농산물의 급속한 진출로 이어진다면 농촌경제에 충격을 가하게 될 것이다.[49] 외부로부터의 경쟁증대로 인한 충격은 그동안 제도적으로 진입장벽과 보호를 누려온 분야에서도 나타날 수 있다. 공정한 경쟁이 차별적 경쟁을 대체함에 따라 그동안 진입장벽을 통한 보호를 누려온 분야들이 외부로부터의 경쟁 제고로 인해 충격을 받게 될 것이다. 이러한 충격은 통신, 금융, 석유화학, 그리고 자동차 등 독점적 산업분야에서 분명하게 나타날 수 있다.

WTO 가입에 따른 변화조치의 이행 외에도 중국 경제에 충격을 가할 수 있는 국제적 요인들이 존재한다. 대표적으로 최근까지도 계속해서 제기되고 있는 위안화 평가절상 압력을 들 수 있다. 널리 알려진 것처럼, 중국의 위안화는 미국의 달러화와 실질적으로 연동(peg)됨으로써 변화의 폭이 크지 않다. 이러한 중국의 환율체계는 1990년대 말 동아시아 경제위기를 극복하는 데 기여한 것으로 평가받았다. 그러나 최근 들어 미국을 중심으로 중국의 환율정책에 대한 비난이 제기되기 시작했다. 이러한 비난은 위안화를 평가 절상시키고 또 중국의 환율체계를 변동환율제로 바꾸라는 요구로 이어진다. 이러한 압력은 2004년 미국의 대통령 선거 때 증폭되었고 미국이 '약 달러' 기조를 유지하면서 유럽으로 확산되었는데, 이러한 압력이 중국의 위안화 평가절상과 변동환율제의 채택으로 이어질 경우 중국 경제는 외적변수의 위협에 노출될 수 있다. 가령 중국의 위안화가 평가

---

48) http://usinfo.state.gov/utils/printpage.html (검색일: 2004년 3월 30일).

49) 실제로 중국은 농업분야에서 1995년부터 2003년까지 매년 평균 43억 달러의 흑자를 기록했지만, 2004년 들어서는 상반기에만 37억 달러의 적자를 기록했다. 적자는 곡물수입 증대에 따른 것이었는데, 특히 밀의 경우 미국이 주요 수입원이었다. 2004년 상반기 미국으로부터의 수입은 전년 동기 대비 68.1%가 증가한 49.6억 달러에 이르렀다. 중국 농업부 산하 농촌경제 연구중심의 한 연구원은 중국이 이제 WTO 가입 이전에 누려온 농산물 교역에서의 흑자를 유지하기 어려울 것으로 전망한다. *China Daily*, August 20, 2004.

절상된다면 중국의 수출과 취업에 영향이 가해질 것이고, 중국이 변동환율제를 채택하고 자본계정을 개방할 경우 외국자본이 대거 중국을 빠져나감으로써 중국 경제에 충격이 가해질 수 있다.

이처럼 국제적 요인은 중국의 발전에 기여할 가능성과 발전을 저해할 가능성을 동시에 갖고 있다. 국제적 요인과 중국의 대응 사이의 상호작용에 관한 지금까지의 경험은 중국이 이러한 상황에 대해 국제적 요인의 기여 가능성을 활용하고 반대로 저해 가능성에 대비하려 들 것이라는 추론을 가능케 한다. 아울러 이러한 대비는 국가에 의해 주도될 것이라는 추론도 가능해진다. 실제로 중국의 WTO 가입이 경제에 대한 정부의 개입을 불가능하게 만들 것이라는 외부의 인식과 달리,50) 중국에서 WTO 가입은 정부가 경제에 대한 개입을 포기하는 것으로 해석되지 않는다. 오히려 중국에서는 WTO 가입이 가져올 다양한 경제·사회적 문제들을 해결하기 위해서 정부의 거시적 조절능력이 강화되어야 한다는 주장이 제기된다. 정부는 시장개방이 국내 산업에 과도한 충격을 끼치는 것을 방지하기 위한 대책을 추구해야 하며, 유치산업을 보호하기 위한 조치를 취하는 것은 WTO의 틀 내에서도 가능한 것으로 간주된다.51)

물론 이는 국제적 요인이 중국에서 변화를 촉발시키지 않을 것임을 의미하지는 않는다. 중국 지도부는, 앞에서 지적한 것처럼, 국제적 요인을 활용하여 국내적 변화를 추진하려 한다. 이러한 변화노력은 중국 경제와 세계경제를 일치시키려는 시도를 촉진시킬 것이다. 법률과 제도의 제정과 시행을 통해 보편적이고 공정한 경쟁규칙과 환경을 마련하려는 노력은 더욱 가속화될 것이다. 이와 함께 국제적 요인은 중국 지도부로 하여금 발전

---

50) James Petras, "China in the Context of Globalization," *Journal of Contemporary Asia,* 30 : 1 (2000), p. 114.

51) 周茂清, "'入世'與國內産業的合法保護," 『産業經濟』, 2000年 5期, pp. 53-56.

의 형태를 다시 생각하도록 작용했다. 지금까지 중국은 요소투입을 증대시킴으로써 성장을 달성하는 외연적 성장방식에 주력해 왔다. 그러나 WTO 가입과 이에 따른 경쟁의 심화로 인해 이러한 성장방식은 한계에 직면할 것이고, 대신에 효율성 제고에 의지하는 집중적 성장방식으로의 전환이 불가피해졌다. 실제로 쩡칭홍(曾慶紅) 국가부주석은 2004년 2월 고위관료들을 대상으로 한 연설에서 경제성장을 지속시키는 것이 중요하지만 발전은 단지 GDP 증가율을 통해서만 평가되는 것은 아니라고 강조함으로써 모든 가치를 희생하고 GDP 성장률만을 추구해 온 기존 정책에 변화가 올 것임을 예고했다.[52] 이러한 발전에 대한 새로운 시각의 필요성은 전면적 소강사회의 건설이라는 국내적 논리를 통해 표출되었다. 이는 중국에서 국제적 요인이 촉발시킨 변화가 국내적 명분을 빌려 구현됨을 보여준다.

5. 외적 요인과 안정

국제적 요인은 중국의 안정에, 최소한 단기적으로는, 부정적 영향을 끼칠 것으로 간주된다.[53] 중국 경제가 더욱 개방됨에 따라 중국은 국제경제로부터의 더 큰 도전에 직면하게 될 것이고, 이러한 도전은 잘 관리되지 않는다면 사회정치적 안정을 위협할 수 있다. 나아가 미국을 위시한 국가들은 계속해서 정치개혁의 필요성을 제기할 것이고, 이러한 압력은 정권을 유지하려는 목표에 도전을 제기할 수 있다. 그러나 외적 압력이 반드시

---

52) http://news.xinhuanet.com/fortune/2004-02/16/content_1316782.htm (검색일: 2004년 2월 18일).
53) Joseph Fewsmith, "The Political and Social Implications of China's Accession to the WTO," *The China Quarterly*, 167 (September 2001), pp. 573-591.

중국의 안정에 부정적으로만 작용하는 것은 아니다. 가령, 국제적 요인이 중국의 변화를 가져오고 이를 통해 경제발전이 촉진된다면 국제적 요인은 중국의 안정에 기여할 수 있다. 아울러, 역설적으로 들릴지 모르지만, 외적 압력의 존재는 중국 지도부로 하여금 안정을 유지할 필요성에 더 큰 관심을 쏟도록 작용한다. 중국 지도부가 불안이 야기될 가능성을 의식하고, 이를 방지하기 위해 변화를 추구한다면 국제적 요인은 오히려 중국의 안정에 기여할 수 있다. 이 절에서는 국제적 요인이 중국의 안정에 끼칠 영향을 검토하게 될 것이다.

국제적 요인은 무엇보다도 중국 경제에 도전을 제기하게 될 것이다. 그 단적인 예로 WTO 가입의 충격은 경제적 측면에서 가장 현저하게 나타날 것이라는 사실을 들 수 있다. WTO 가입은, 앞에서 지적한 것처럼, 중국 시장을 더욱 개방시킴으로써 중국에 대한 외부로부터의 경쟁을 증대시킬 것이다. 이처럼 외부로부터의 경쟁이 격화됨에 따라 자금 및 기술이 우월한 외국기업과의 경쟁에 직면하게 될 국유기업이 충격을 받을 수 있다. 아울러 WTO 가입은 중국의 농업분야에도 충격을 끼칠 것이다. 이러한 변화들은, 최소한 단기적으로는, 중국의 경제안정에 부정적으로 작용할 것이다.

이외에도 중국이 세계의 공장으로 등장하고 또 외국자본이 중국으로 몰려듦에 따라 중국의 경제구조와 정책에 대한 외부의 관심과 간섭도 증대될 것이고 이와 함께 경제정책에 대한 중국 정부의 통제력에 도전이 제기될 수 있다. 아울러 중국의 경제적 비중이 증대됨에 따라 중국의 경제정책이 타국의 경제적 이익에 끼치는 영향도 증대될 것이고, 이로 인해 중국의 경제정책에 영향을 끼치려는 타국의 시도도 증대될 것이다. 중국의 경제정책에 대한 외부의 관심과 간섭이 증대될 것이라는 점은 중국 위안화를 평가 절상하라는 국제적인 요구가 계속되고 있다는 사실에서 단적으로 확인된다. 위안화에 대한 평가 절상요구가 수년째 계속되는 것은 중국의 경제력이 증대되었음을 반증한다. 이러한 관심은 경제정책에 대한 중국 정부의 통제력에도 도전을 제기한다. 중국 위안화의 평가 절상 가능성이 제기되면서 많은 투기자본들이 환차익을 기대하고 중국으로 몰려드는 것으로 알려진다. 수백억 달러에 이르는 것으로 추정되는 투기자본의 유입은 통화팽창과 인플레이션 압력을 제기한다.[54] 실제로 저우샤오촨(周小川) 중국인민은행장은 많은 외화가 계속해서 유입됨에 따라 환율을 유지하기 위해서는 화폐를 발행할 수밖에 없고 따라서 통화긴축을 유지하려는 노력에 어려움을 제기한다고 토로한 바 있다.[55]

사회적으로도 국제적 요인은 불안을 초래할 수 있다. 대표적으로 WTO 요구사항의 이행은 중국이 이미 직면하고 있는 사회적 문제들을 더욱 심화시킬 수 있다. 가령, WTO 가입은 이미 심각한 중국의 실업문제를 더욱 악화시킬 수 있다. 중국의 경제성장이 사회의 필요를 충족시킬 만큼의 일자리 창출 없이 진행되어 옴에 따라 중국은 이미 심각한 실업문제를 경험하고 있다. 도시지역의 실업률은 1999년의 3.1%에서 2002년에는 4.0%로 계속해서 증가하는 추세에 있다.[56] WTO 가입은 중국의 실업문제를 더욱 심화시킬 것이다. 가령, 일부 국유기업이 파산할 경우 도시지역의 실업문제는 더욱 악화될 것이다. 또한 WTO 가입에 따른 농업시장의 개방으로 농산물 수입이 증대되는 것도 농촌의 유휴노동력을 증대시킴으로써 실업문제를 더욱 가중시킬 수 있다.[57] 실제로 주관부서인 노동 및 사회보장부는 국유기업 개혁 등으로 인해 2004년부터 3년간 매년 300만 명의 실업자가 발생할 것으로 예상한다. 2004년 초까지 이미 270만 명의 실업

---

54) 高柏, "全球化的未來與中國的命運,"『戰略與管理』, 2004年 1期, p. 26.

55) *New York Times*, September 3, 2004.

56) 반면에 샤강 노동자의 재취업률은 1998년 50%에서 2001년 30%, 2002년 26.2% 등으로 계속해서 하락하는 추세에 있다. 喬健, "2003年: 新一輪結構調整下的勞動關係,"汝信 外,『2004年: 中國社會形勢分析與豫測』(北京: 社會科學文獻出版社, 2004), p. 286.

57) 한 평가에 따르면 WTO 가입은 농업분야의 고용 인구를 3.3%인 966만 명 감소시킬 것으로 추정된다.『中華工商時報』, 1999年 11月 18日.

자가 존재함을 고려하면, 중국의 실업문제를 해결하기 위해서는 매년 5백만 개 정도의 일자리를 창출해야 한다. 여기에 더해 신규 대학 졸업자와 이농인구 등을 흡수하기 위해서는 매년 2,400만 개 정도의 일자리를 새롭게 창출해야 한다.[58] 비록 WTO 가입으로 인해 방직업에서 취업인구가 282만 명 또 의류업에서 261만 명 등이 증가할 것으로 추정되지만, 농업분야에서 900만 명 이상의 유휴인력이 발생할 것을 감안하면, 실업문제는 계속해서 중국이 직면한 당면현안으로 남을 것이다.[59]

국제적 요인은 중국의 빈부격차도 심화시킬 수 있다. 국제화에 관한 기존의 연구는 외부와의 교역의 증대가 국가 내의 지배연합(ruling coalition)의 구조를 국제사회에서 경쟁할 수 있는 능력을 지닌 집단에게 유리한 방향으로 변화시킴을 제시한다.[60] 이러한 사실은 WTO 가입이 중국이 직면하고 있는 사회적 분열과 차이를 더욱 악화시킬 것임을 제시한다. 가령, WTO 가입은 노동집약형 산업과 일부 자본집약적 산업 등에 혜택을 가져다주는 반면에 농업과 같은 분야에는 충격을 가할 것이다. 이러한 차이는 다시 도시와 농촌 간의 격차를 더욱 심화시키는 결과로 이어질 것이다. 아울러 동부 연안지역과 서부 내륙지역 간의 불균형도 더욱 심화될 수 있다. 구체적으로 중국에 대한 외부의 투자나 외부 경제와의 연계는 대부분 소수 연안지역에 집중되었다. 해외투자 유치를 보면, 광둥, 상하이, 베이징, 톈진 등 연안지역이 전체 투자액의 2/3 이상을 독점하고 있다. 이는 이 지역들이 비교우위를 누리기 때문이다. 아울러 이러한 비교

---

58) 노동 및 사회보장부의 장관 쩡스린(鄭斯林)은 이러한 목표를 달성하기 위해서는 경제가 고속적인 발전을 지속하고 또 재고용을 장려하는 정책이 실천에 옮겨져야 한다고 지적한다. *China Daily*, January 8, 2004.
59) 『中華工商時報』, 1999年 11月 18日.
60) Jeffrey A. Frieden and Ronald Rogowski, "The Impact of the International Economy on National Policies: An Analytical Overview," in Keohane and Milner eds., *Internationalization and Domestic Politics*, Ch. 2 참조.

우위는, 서부대.개발 정책의 추진에도 불구하고, 외국자본이 내륙지역보다 연안지역으로 집중되는 결과가 지속될 것임을 제시한다.[61] 이처럼 국제적 요인이 중국이 직면한 사회적 문제를 악화시키는 데 반해, 이러한 사회경제적 불평등에 대응하려는 중국 정부의 노력은 국제적 요인에 의해 제약될 수 있다. 다시 말해 국제적 요인은 중국 정부에 대해서 정부의 고유기능인 사회적 보험이나 보장을 제공하는 것을 어렵게 만들 수 있다. 특히 WTO 가입으로 거시정책에 대한 중국 정부의 통제력이 제약될 경우, 정부의 경제사회정책 수행능력도 저하될 것이다. 이는 정부의 사회통합 능력을 약화시키고 또 사회적 약자들에게 피해를 초래할 수 있다.

　　이러한 경제·사회적 문제들은 안정을 유지하려는 목표를 달성하는 데 부정적으로 작용하게 될 것이다. 중국 지도부는 경제발전을 통해 사회정치적 안정을 유지하려는 의도를 갖고 있다. 국제적 요인의 작용은 이러한 지도부의 계획에 도전을 제기할 수 있다. 가령, 국제적 요인의 작용으로 인해 중국의 수출이 감소할 경우 수출부문에서 일하는 저임 노동자들이 타격을 받게 될 것이고, 이는 다시 경제성장을 통해 보다 나은 삶을 제공하겠다는 당의 약속에 대한 의문을 제기시킬 것이다. 아울러 외국자본이 계속해서 동부 연안지역에 집중될 경우 도시와 농촌, 또 지역간 격차를 축소시킴으로써 균형적인 발전을 유지하려는 정부의 노력에 도전이 제기될 것이고, 이는 다시 안정을 유지하려는 노력에도 도전을 제기하게 될 것이다. 다시 말해 중국 경제가 비록 지속적으로 성장한다고 해도 그 결과가 사회 전체로 확산되지 않을 경우, 사회구성원의 동의와 지지를 확보하는 데 어려움이 따를 것이다. 이러한 도전은 중국과 같이 사회적 안정망이 미흡한 국가에서 특히 분명하게 나타날 것이다.

---

61) 이에 관해서는 이 책의 제2장을 참조.

여기에 더해 미국의 존재와 작용 또한 발전을 통해 안정을 유지한다는 중국의 구상에 도전을 제기할 수 있다. 미국은 교류를 통해 자국의 가치관과 사회제도를 중국에 수출하려는 의도를 갖고 있다. 이러한 의도에서 미국은 인권이나 종교의 자유와 관련하여 중국에 대해 정치적 압력을 제기해 왔다. 물론 압력의 수준은 미국의 필요나 중미관계에 따라 변화하기도 하지만, 미국은 이러한 의도를 버리지 않는다. 가령, 중미관계가 비교적 좋은 시기인 2004년 4월 중순에 중국을 방문한 체니(D. Cheney) 미 부통령은 홍콩의 민주화 요구에 대한 중국의 대응을 비판하고 또 종교의 자유를 허용할 것을 촉구했다.[62] 이러한 미국의 압력은 중국에게 부담으로 작용한다. 가령, 중국이 미국의 압력에 대해 저항하고 이로 인해 중미관계가 악화될 경우, 이는 중국의 경제발전에 부정적으로 작용함으로써 안정에 영향을 끼칠 수 있다. 아울러 미국의 요구는 중국의 현 정치경제체제 및 가치관과 차이를 보인다. 이 점에서 미국의 압력은 현재의 체제를 유지하려는 중국의 노력에 부정적인 영향을 끼칠 수 있다. 이처럼 미국의 지배적인 국제적 지위와 영향력은 중국에 도전으로 작용한다.

반면에 국제적 요인이 중국의 안정에 기여할 가능성은 외부로부터의 투자가 확대될 것이라는 점에서 찾을 수 있다. 외부로부터의 투자가 확대되고 이에 힘입어 중국의 경제성장이 촉진되고 또 일자리가 창출될 경우 사회적 안정이 촉진될 수 있다. 이는 경제발전을 통해 국민의 생활수준을 개선함으로써 정치체제에 대한 구성원들의 지지를 증대시키고 또 이를 통해 정권의 안정성을 강화시킨다는 중국 지도부의 의도를 실현하는 데 기여할 것이다. 아울러 국제적 요인에 힘입은 발전이 이미 창출되기 시작한 중산층의 확대에 기여한다면, 이 또한 정권의 안정에 기여할 것이다. 다시

---

62) *South China Morning Post,* April 17, 2004.

말해 확대된 중산층은 자신을 현 정권이 추진한 정책의 수혜자로 인식하고 현 정권을 지지함으로써 발전을 통해 안정을 유지한다는 지도부의 의도가 구현되는 것을 도울 수 있다.63)

중국 지도부는 국제적 요인이 중국의 안정에 충격을 가할 가능성이 있다는 사실을 인식하고 있다. 아울러 이들은 안정이 저해될 경우 중국 내의 긴장이 제고되고, 이러한 긴장이 다시 정치적 긴장으로 이어짐으로써 당의 권력에 도전을 제기할 가능성에 유의한다. 이에 따라 중국 지도부는 이러한 가능성에 대비하려 한다. 대비는 크게 두 가지로 대별된다. 중국은 안정에 영향을 줄 수 있는 외부의 요인을 차단하려 한다. 즉, 국제적 요인이 중국의 불안을 촉발시킬 가능성이 있을 경우 외부의 영향력과 외부와의 연계를 제어하고 차단하려 한다. 중국이 주권을 내세워 외부의 압력에 저항하는 것은 널리 알려져 있다. 이러한 주권원칙은 영토와 관련된 문제뿐 아니라 인권, 종교, 심지어 무역과 환율문제에서까지도 외부의 영향력에 대응하는 수단으로 활용된다.

그러나 중국의 대응은 외부의 영향력을 차단하는 데 한정되지 않는다. 중국 정부는 이러한 대응이 국제화와 세계화 시대에 무한정 지속될 수 없음을 알고 있다. 다시 말해 중국과 국제경제 간의 연계가 증대되고 또 중국의 경제적 비중이 증대됨에 따라, 주권을 강조함으로써 외부의 영향력을 배제하는 전략은 한계에 직면할 수밖에 없다는 점을 잘 알고 있다. 가령, 중국의 환율문제와 관련하여 중국인민은행장인 저우샤오촨은 인민폐의 비중이 증대됨에 따라 인민폐를 완전히 자유롭게 태환할 수 있도록 하라는 요구도 증대될 것이라는 점을 잘 인식하고 있다.64) 따라서 중국의 대응에는 주권을

---

63) 중국의 대표적 중산층인 사영기업가들의 당과 정부의 정책에 대한 태도에 관해서는 김재철, "사영기업가의 등장과 정치변화," 전성흥 편, 『전환기의 중국사회 II』(서울: 오름, 2004), 4장을 참조.

내세운 방어와 함께 점진적 변화와 개선이 포함된다. 즉, 중국은 필요한 변화를 도입함으로써 안정을 유지하려 한다. 이러한 차원에서 여러 가지 변화가 시도되는데, 이러한 변화의 대표적인 것으로는 법체계의 정비를 들 수있다. 이 책의 5장에서 다루어지듯, 사회주의 법제의 확립은 중국이 중점적으로 추구하는 변화 가운데 하나로 이러한 변화의 추구는 국제적 압력에 대한 대응으로서의 성격도 갖는다. 아울러 중국은 정부의 투명성과 책임성을 제고시키려 한다. 중국 지도부는 2003년 사스(SARS)위기를 통해 정부의 투명성을 제고시킬 필요성을 절감했다.[65] 정부의 투명성을 제고하는 것이 행정기관의 책임과 효율성을 강화하는 데 도움이 된다는 판단에 따라 정부의 투명성을 제고시키려는 노력이 시도되었는데, 이러한 노력은 민간의 권리를 확대시키려는 움직임도 포함한다. 물론 이러한 변화가 곧바로 중국에서 다원적 정치체제의 출현을 가져오지는 않겠지만, 규칙과 제도의 비중을 증대시키고 당과 정부기구의 책임을 강화시키는 결과를 가져올 수 있다.

6. 중국의 대응과 진로

중국과 외부와의 교류는 계속될 것이고, 이에 따라 중국에 대한 국제적 요인의 영향력도 지속될 것이다. 나아가 향후 중국에 대한 국제적 요인의 영향력은 더욱 증대될 수 있다. 중국과 세계 간의 연계가 심화되고 또 세계경제에서 중국이 차지하는 비중이 증대되면서, 중국에 대한 관심, 감

---

64) *South China Morning Post*, April 19, 2004.
65) 이에 관해서는 김재철, "사스의 정치: 외적압력과 중국의 국내적 변화,"『중국연구』, 31
   (2003), pp. 37-60을 참조.

시, 그리고 압력도 더욱 증대될 수 있다. 이러한 변화에 대해 중국 지도부는 기본적으로 지금까지의 대응전략을 유지하려 노력할 것이다. 다시 말해 국제적 연계의 확대를 추구하면서도 동시에 주권을 명분으로 국제적 요인의 부정적 영향력을 차단하려는 시도를 계속하는 것이다. 중국 지도부는 대외교류가 지속적인 고도성장을 가능케 함으로써 사회경제적 문제를 해결하고 안정을 확보하는 데 기여할 것이라는 기대에서 대외교류를 지속하고 심지어 국제체제에 보다 적극적으로 참여하려는 노력을 전개할 것이다. 그러면서도 중국 지도부는 대외교류의 영향력을 통제하려는 의도도 유지할 것이다. 국제적 요인의 영향력이 증대함에도 불구하고 중국에서 대외개방에 개입하려는 의도가 사라졌음을 제시하는 증거를 찾기는 힘들다.

이는 국제적 요인의 영향력에 대응하려는 중국의 노력이 계속될 것임을 의미한다. 이상의 논의는 이러한 중국의 대응노력이 국제적 요인으로 하여금 중국의 발전을 돕도록 유도하면서 동시에 중국의 안정을 해치지 않도록 관리하는 데 집중될 것임을 제시한다. 아울러 이러한 시도는 국가에 의해 주도될 것이다. 가령, WTO 가입에 대비하기 위해 구성된 한 교재는 중국 정부의 거시적 조절 능력을 강화할 필요성을 강조한다.[66] 아울러 중국 정부는 국내 산업의 발전을 촉진시키기 위한 새로운 장치를 모색하고 있다.[67] 시장개방과 같은 대외적 공약의 이행과 관련해서도 중국 정부는 새로운 세금과 기술표준을 통해 수입을 제한하거나 중국기업으로의 기술이전을 끌어내려 한다.[68] 또한 중국 정부는, 발전에 피해를 가져올 수

---

[66] 구체적으로 이 교재는 정부가 시장규칙의 제정 및 감독, 공정한 경쟁 환경의 조성, 기초설비 개선, 교육·과학기술 발전, 인력자본의 개발 강화, 그리고 국제협력에의 참여 능력 등을 배양해야 한다고 지적한다. 劉力·劉光溪, 『世界貿易組織規則讀本』(北京: 中共中央黨校出版社, 2000), p. 233.

[67] 가령, 중국은 국내 산업의 발전을 촉진시키기 위해 부가가치세 제도를 활용하려 한다. http://usinfo.state.gov/utils/printpage.html (검색일: 2004년 3월 30일).

[68] 가령, 중국 정부는 최근 미국과의 협상에서 지적재산권을 보호하기 위한 조치를 강화하는

있다고 판단할 경우, 대외적으로 행한 공약을 강요함에 있어서 유연한 입
장을 취하기도 한다. 실제로 중국 정부는 자신의 공약을 이행하지 않고
있다는 외부로부터의 비판에 직면해 있다. 가령, 2002년 중국 주재 미국
상공회의소가 발행한 보고서는 금융서비스와 농업 분야 등에서 중국 정부
의 공약이행이 저조하다고 평가하고 있다.[69] 아울러 중국은 동아시아 금
융위기를 계기로 해외 투기자본으로부터 국내 금융시장을 보호하려는 노
력을 시작했다.[70] 금융의 국제화가 개별 국가로 하여금 이탈에 대한 우려
에서 국제자본에 대해 엄격한 규제기준을 적용하는 것을 어렵게 만든다는
세계화론자들의 주장과 달리,[71] 중국은 금융 분야에서의 규제를 앞장서
주장해 오고 있다.[72] 중국에서는, WTO 가입에도 불구하고, 금융개방이
이루어지기 위해서는 거시경제의 안정과 국내 금융체계의 건전한 운영이
확보되어야 하며 이러한 조건이 충족되지 않은 상태에서는 금융자유화를
허용하거나 진행해서는 안 된다는 입장이 강조된다.[73]

그러나 중국의 국제적 비중이 계속해서 증대되면서 이처럼 폐쇄하고
거부하는 전략의 유용성은 한계에 직면할 수밖에 없다. 중국이 WTO에 가

것을 조건으로 미국으로부터 그동안 군사용으로 전환될 수 있다는 이유로 수출금지 목록에
올랐던 컴퓨터와 관련 기술의 대중수출 제한을 완화하겠다는 약속을 얻어냈다. *South China
Morning Post,* April 23, 2004.

69) *South China Morning Post,* September 23, 2003.

70) 동아시아에서 경제위기가 발생한 1997년 말에 개최된 APEC 정상회담에서 장쩌민은 국제투
　　기자본의 충격에 공동으로 대응함으로써 양호한 금융환경을 유지하는 것이 모든 국가에게
　　이익이 된다고 주장함으로써 투기자본을 규제할 필요성을 제기했고, 이후 국제자본에 대한
　　규제의 필요성을 계속해서 강조해 오고 있다. 장의 연설은 『人民日報』, 1997年 12月 26日을
　　참조.

71) David Held and Anthony McGrew, "The End of the Old Order? Globalization and the
　　Prospects for World Order," *Review of International Studies,* 24 (1998), p. 239.

72) 龐中英, "國際金融體系醞釀改革," 『人民日報』, 1998年 4月 9日 참조.

73) 秦月星, "關于中國從加入WTO到開放資本帳戶進程的思考," 『世界經濟與政治』, 2000年 4期,
　　pp. 35-37.

입하고 또 외부와의 연계가 더욱 증대되면서 중국의 정책은 더욱 더 외부의
감시에 노출될 것이다. 아울러 현실적으로 중국은 국익을 추구하기 위해서
외부와의 조화가 필요함을 알고 있다. 비록 중국의 국력이 급속하게 증대되
고 있지만, 중국은 여전히 미국과 달리 자신의 이익을 국제적 이익으로 만
듦으로써 이를 지킬 수 있는 힘이 없다. 따라서 중국은 외부의 규칙을 수용
할 수밖에 없으며, 이러한 현실적 이유가 중국으로 하여금 지금까지처럼
수세적 전략을 고집하기보다 변화를 적극적으로 추구하도록 작용할 수 있
다. 실제로 중국은 최근 국제적으로 책임을 다하는 강대국(負責任的大國)
으로서의 국가 이미지 구축을 추구하기 시작했다. 이는 그동안 증대된 자신
의 지위를 인정하지 않고 또 의도를 명확하게 밝히지 않는 입장을 유지했던
것이 자국에 대한 외부의 의심을 촉발함으로써 자국의 국익에 불리하게
작용했다는 판단에서 자국의 책임을 보다 적극적으로 수용함으로써 국제적
으로 자신의 지위를 제고시키겠다는 중국의 의도를 반영한다.

여기서 중국이 앞으로 국제적 요구에 더 적극적으로 임할 가능성을
목격할 수 있다. 그러나 이러한 중국의 변화는 전략적 판단에 따른 것으로
외부의 요구를 일방적으로 수용하는 것이기보다는 국제적 교류의 효용성을
제고시키는 데 기여하는 것에 집중될 가능성이 크다. 다시 말해 중국은 국제
적인 압력을 전적으로 거부하거나 전적으로 수용하기보다 부분적으로 수용
하고 또 부분적으로 거부하는 입장을 취할 수 있다. 실제로 중국은 위안화
절상문제와 관련하여 이러한 입장을 취하고 있다. 중국은 환율문제와 관련
하여 시장에 근거한 환율체제의 모색을 약속하면서도 이를 장기적인 과제
로 돌림으로써 국제적 요구를 전면적으로 거부하거나 전면적으로 수용하기
보다 일부분은 수용하고 다른 부분은 거부하는 입장을 취한다.[74] 그러나

---

74) 가령 원자바오 총리는 2004년 4월 말 "환율의 안정성을 유지하면서도 동시에 시장에 근거한
환율기제를 모색하겠다"는 입장을 밝혔다. *China Daily*, April 30, 2004.

국제적 요인에 대한 입장에서 나타나는 변화는 국제적 압력이 아니라 중국의 국내적 필요성에 의해 합리화될 것이다. 이에 따라 향후 중국에서 국제적 요인과 국내적 변화 간의 관계는 더욱 복잡한 양상을 띠게 될 것이다. 단적으로 향후 중국에서는 표면적으로는 국제적 요인의 영향력을 거부하면서도 실질적으로는 국제적 요구에 부응하는 현상도 나타날 수 있을 것이다.

이러한 변화는 중국의 진로에 영향을 끼칠 것이다. 이러한 변화는, 중국의 의도처럼, 중국의 유연성을 증대시키고 또 선택의 폭을 확보하는 데 기여함으로써 중국의 발전과 안정에 기여할 수 있을 것이다. 반대로 이러한 변화가 정착되지 못할 경우 중국은 외부와의 교류를 통해 발전은 확보할 수 있을지 모르지만, 발전으로 인해 초래되는 문제를 극복하고 해결하는 데 어려움을 겪을 수 있다. 이러한 어려움은 다시 중국의 사회정치적 안정에 부정적으로 작용할 것이다. 더욱이 이러한 불안정이 지속될 경우 중국의 발전까지도 영향을 받음으로써 중국체제 자체가 중대한 도전에 직면할 수 있다.

물론 이는 중국의 진로가 전적으로 국제적 요인에 의해서만 결정될 것임을 의미하지 않는다. 중국의 국제화는 중국에 대한 국제적 요인의 영향력을 증대시켰을 뿐 아니라, 동시에 밖으로 진출하고 또 국제적 환경에 영향을 끼치려는 중국의 의지와 능력도 증강시켰다. 이는 중국이 자신의 발전과 안정에 필요한 우호적인 국제적 환경을 조성하기 위해 노력할 가능성을 제기한다. 특히 중국은 — 자국에 대한 외부의 영향력이 주로 미국으로부터 오기에 미국에 대해 균형세력을 형성하는 것이 자국의 발전에 유리하게 작용할 것이라는 판단 아래 — 미국의 영향력에 대응하려 노력할 수 있다. 즉, 국제적 연대를 형성함으로써 미국의 압력에 대응한다는 전략이다. 중국은 이를 위해 자신의 시장이 갖는 거대성을 활용할 수 있다. 즉, 중국은 자국시장에 대한 접근권을 활용하여 다른 국가와의 연대를 형성하고 이를 통해 자국에 유리한 국제적 환경을 조성하려 시도할 수 있다. 이러한 시도는 이미 그 모습을 드러내기 시작했다. 가령, 환율을 평가절상시키라는 미국의 요구에 대해 중국은 관련 국가들간의 이견을 조성하고 이를 자신의 화폐를 평가 절상시키지 않을 명분으로 활용한다.[75] 아울러 중국은 자국의 경제적 이익을 옹호하기 위해 WTO 기제를 활용하려 들기도 한다. 중국은 2003년 9월 브라질, 인도와 함께 21개국으로 구성된 발전도상국들의 동맹을 이끎으로써 서구 국가들이 주도한 멕시코 WTO 협상을 좌절시키는 등 WTO에서 개발도상국들과 연합하여 의제설정과 회담과정에서 자기 목소리를 내려는 의도를 보였다.[76]

그러나 이처럼 우호적인 국제환경을 조성하려는 시도가 중국의 변화 필요성을 근본적으로 제거하는 것은 아니다. 국제적 연대를 형성하려는 중국의 노력은 궁극적으로 중국의 역량에 의해 결정되겠지만 동시에 중국의 변화도 필요로 한다. 즉, 중국이 연대의 목적과 원칙을 분명하게 밝히고 또 이를 실천에 옮기기 위해 필요한 국내적 변화를 수행하는 것이 연대를 현실화시키는 전제로 작용할 것이다. 아울러 중국의 비중이 증대됨에 따라 중국에게 비중에 걸 맞는 책임을 수행할 것을 요구하는 국제사회의 목소리도 증대될 것이다. 이는 중국이 자신의 외적 환경에 영향을 끼칠 수 있는 위치에 오르더라도, 여전히 국제적 요인의 영향으로부터 자유로울 수 없을 것임을 제시한다.

7. 결론

중국의 개방과 함께 중국에 대한 국제적 요인의 영향력이 증대되었

---

75) *South China Morning Post*, October 20, 2003. 이에 앞서 아세안의 재정부장회의는 환율과 관련하여 중국의 입장을 존중한다고 선언한 바 있다. *China Daily*, August 8, 2003.
76) *South China Morning Post*, September 16, 2003.

다. 중국과 세계 간의 연계가 심화되면서 중국은 점차 국제적 요인의 영향력에 노출되었다. 중국이 외부세계와의 연계를 단절시킬 수 없음을 고려할 때, 국제적 요인이 중국에 영향을 끼치는 상황은 향후에도 계속될 것이다. 나아가 중국과 세계 간의 연계가 더욱 심화되고 또 중국의 국제적 비중이 커지면서 향후 중국에 대한 국제적 요인의 영향력은 더욱 증대될 것이다. 이는 중국의 발전과 안정이 국제적 요인의 영향을 받을 수밖에 없을 것임을 의미한다. 국제적 요인은 중국의 발전과 안정 모두에 대해 긍정적 영향과 함께 부정적 영향을 끼치겠지만, 일반적으로 중국의 안정보다 발전에 더 긍정적으로 작용할 가능성이 크다.

　　그러나 이상의 고찰은 국제적 요인이 중국의 발전과 안정을 결정지을 것임을 제시하지는 않는다. 개방의 혜택을 누리면서도 국제적 요인의 압력을 제어하려는 중국 지도부의 속성은 국제적 요인이 중국에 끼치는 영향에 제약을 가한다. 다시 말해 중국에 대한 국제적 요인의 영향력은 국내적 요인에 의해 매개된다. 이는 중국에서, 국제적 요인의 영향력에도 불구하고, 국가의 자율성이 유지됨을 의미한다. 국제적 요인의 영향력이 증대됨과 함께 개별 국가의 자율성이 약화될 것이라는 기대와 달리, 중국에서는 국가의 역할과 정책이 국제적 요인을 활용하고 또 국제적 요인의 영향력에 대비하는 필수적인 요소로 간주된다. 이처럼 국제적 요인의 영향력이 국내적 요인에 의해 매개되는 현상은 앞으로도 지속될 것이다. 중국 지도부는 발전과 안정, 그리고 양자를 조화시키는 데 도움이 되는 국제적 요인들은 수용하겠지만 이에 부정적인 영향을 끼칠 수 있는 부분에 대해서는 개입하려 들 것이다. 물론 중국의 개입은 중국과 세계 간의 연계가 심화되고 또 세계경제에서 중국이 차지하는 비중이 증대됨에 따라 저항 일변도보다는 저항과 수용이 조합되는 모습으로 변화해 가게 될 것이다. 이러한 변화는 중국이 발전과 안정을 동시에 추구한다는 목표를 달성할 가능성을 제고시키는 데 기여할 것이다.

편집후기

　　이 책은 컨소시엄 "동아시아연구단" 중국분과의 2차년도 연구결과물을 편집한 것이다. 중국분과의 연구결과는 모두 2권의 책으로 편집되었는데, 1권인 이 책은 발전과 안정을 병행적으로 추구하려는 노력에 관한 논문들을, 또 김도희 교수가 편집한 제2권은 중국의 새로운 정체성 모색에 관한 글들을 담고 있다.

　　이 책에 실린 논문들은 2004년 5월 1일에 개최된 연구발표회에서 발표되었던 결과들을 수정하고 보완한 것이다. 아울러 이 책에 수록된 논문 가운데 일부는 국내의 학술지들에 이미 출판된 바 있음을 밝힌다. 1차년도 출판물에서 밝혔듯이, 이는 본 과제에 참여한 개별 연구자들이 연구업적과 관련하여 불이익을 받지 않도록 하려는 배려의 결과였다. 비록 학술지에 게재하는 과정에서 논문의 제목이나 구성에서 다소간의 변화가 발생했을 수 있겠지만, 다음에 나열된 글들은 기본적으로 이 책에 실린 글과 동일한 연구결과임을 밝혀두고자 한다.

장윤미. "중국의 동북개발 구상과 발전전략 : 배경, 조건 및 쟁점." 『국가전략』 10권 3호(2004).

전병곤. "중국의 사회주의 법제화 구상과 영향." 『국제지역연구』 8권 2호(2004).

김도희. "중국에서 선거의 확대와 제도개혁: 향진간부 선거를 대상으로." 『중소연구』 28권 1호(2004).

이중희. "사회보장제도의 도입과 추진." 『중소연구』 28권 3호(2004).

이동률. "소수민족의 분리주의에 대한 중국의 인식과 대응." 『국가전략』 10권 3호(2004).

편집후기를 쓰는 이 시점에서 돌아보면, 이 책의 출판에 많은 사람들이 기여했다. 모든 분들을 일일이 다 열거하기는 어렵겠지만 편집자로서 이분들께 심심한 감사를 표하고 싶다. 우선, 연구에 참여하고 원고를 집필해주신 필자들, 유익한 논평을 제시해준 토론자들, 그리고 연구보조원으로 참여한 많은 학생들에게 감사를 표한다. 아울러 이 책의 토대가 된 2차년도 연구를 기획하는 데 함께 참여한 서강대학교 전성흥 교수, 기획과 편집의 '짐'을 함께 진 김도희 교수, 그리고 편집과정에서 도움을 준 전병곤 박사와 정환우 박사께도 특별히 감사를 드린다. 비록 여전히 아쉬운 점이 남아있지만, 이 책의 출판은 많은 사람들의 도움에 힘입어 가능했다.

편집자 김재철

필자소개

집필순

김재철 한국외국어대학교 중국어과를 졸업했으며, 미국 워싱턴대학교(University of Washington)에서 "Party Reform in Post-Mao China : Reconceptualizing the Party's 'Leading Role'"(1993)이라는 논문으로 정치학 박사학위를 취득했다. 세종연구소 연구위원을 지냈으며, 현재 가톨릭대 국제학부 교수로 재직 중이다. 최근의 연구로는 『중국의 정치개혁: 지도부, 당의 지도력, 그리고 정치체제』(2002), "사스의 정치 : 외적 압력과 중국의 국내적 변화"(2003), "중국의 '등장', 균형정책, 그리고 한반도"(2004) 등이 있다.

정환우 한국외국어대학교 중국어과를 졸업했으며, 동대학원 국제관계학과에서 "개혁기 중국 지방정부의 경제적 역할 : 난징시(南京市)와 쑤저우시(蘇州市)의 산업정책 비교"(1999)라는 논문으로 정치학 박사학위를 받았다. 중국의 지방정치경제 및 정부-기업관계를 주로 연구하고 있다. 현재 한국무역협회 무역연구소 수석연구원으로 근무하고 있으며, 주요 연구로는 "중국 농촌에서 발전과 낙후의 정치경제: 장쑤성(江蘇省) 내 낙후지역과 발전지역의 비교"(2000), "중국의 분권화 개혁과 지방주도 성장의 정치경제"(2003), "중국 자동차산업 발전의 정치경제: '상하이폭스바겐'을 통해 본 정부주도하의 외자도입과 산업발전"(2004) 등이 있다.

허흥호 경기대학교 중어중문학과를 졸업했으며 국립대만대학에서 "中國大陸國有企業改革及其影響"으로 박사학위를 취득했다. 중국경제를 전공하고 있으며, 현재 목원대학교 중국학과 교수로 재직 중이다. 주요 논저로는 "중국의 보험시장개방과 시장환경"(2004), "중국 서부지역의 경제환경과 한국기업의 진출전략"(2004), "중화경제권의 현황과 발전전망"(2003), "中國企業海外直接投資的現況與特徵"(2003), "중국의 경제개혁 이념과 사회주의 시장경제"(2003), 『중국의 지역경제협력 인식과 동북아 경제통합 가능성』(2001), 등이 있다.

장윤미 연세대학교 중어중문과를 졸업했으며 베이징대학교 정치행정학과에서 "시장화 개혁시기 중국의 노동정치: 국가의 노동통제전략과 노조의 기능적 이중주의"(2003)라는 논문으로 정치학 박사학위를 취득했다. 중국의 정치사회학 분야를 전공하고 있으며, 현재 서강대학교 동아연구소 연구원으로 재직 중이다. 주요 연구로는 "개혁시기 중국의 노조 모델: 구조와 역할 변화를 중심으로"(2004), "중국 노동쟁의 처리의 특징과 갈등의 제도화 모색"(2004), "중국 비국유부문에서의 당 통제전략의 특징: 저장성의 당 기층조직 건설사업을 중심으로"(2003), "개혁기 중국의 노동운동"(2003) 등이 있다.

이민자 서강대학교 사학과를 졸업했으며, 동대학원 정치외교학과에서 "중국의 경제개혁과 農民工"이라는 논문으로 정치학 박사학위를 받았다. 세부전공은 중국 정치사회학 분야로 중국의 인구이동과 국가-사회관계, 정보화와 시민사회이다. 현재 서울디지털대학교 중국학부 교수로 재직 중이다. 주요 저서는 『중국 농민공과 국가-사회관계』(2001)이며, 그 외에 "중국의 시민권 제한정책과 농민공의 同化"(2001), "중국 인터넷: 정보공개와 통제의 딜레마"(2003) 등이 있다.

전병곤 한국외국어대학교 중국어과를 졸업했으며, 동 대학원 국제관계학과에서 "중국의 동아시아 발전경험 수용에 관한 연구"(1997)라는 논문으로 정치학 박사학위를 받았다. 중국의 국내정치 및 대내외 정치경제관계를 전공하고 있으며, 현재 통일연구원 연구위원으로 재직 중이다. 주요 연구로는 『한권으로 이해하는 중국』(공저, 2004), 『반조류의 중국』(공역, 2001), "중국의 다자주의 지역전략: ASEAN과의 자유무역지역 설립을 중심으로"(2003), "중국 권력부패의 구조화와 체제안정성"(2003) 등이 있다.

김도희 이화여대 정외과를 졸업했으며, 베이징대학교 정치행정학과에서 "중국 개혁개방 과정에서의 사회 자율성에 관한 연구"(1997)라는 논문으로 정치학 박사학위를 취득했다. 전공분야는 중국의 국가-사회관계, 거버넌스와 시민사회 등이며, 서강대학교 동아연구소 전임연구원을 거쳐 현재는 한신대 중국지역학과에 재직 중이다. 주요 연구로는 "중국의 도시개혁과 기층거버넌스"(2004), "중국의 성장과 대만기업의 역할"(2003), "중국의 계층간 빈부격차 문제: 현황과 과제 (2003)", "중국 신지도부의 과제와 사회 안정"(2003) 등이 있다.

이중희 연세대학교 경영학과를 졸업했고, 미국 브라운대학교(Brown University)에서
"The Government and Urban Labor Reform in Post-Mao China(1978~95):
Focusing on State-Owned Enterprises"(1997)로 사회학 박사학위를 취득했
다. 중국 정치경제를 전공하고 있으며, 현재 부경대학교 국제지역학부 교수로
재직 중이다. 주요 연구로는 "장쩌민시대의 소수민족정책과 서부대개발"
(2003), "지역연구의 대상과 방법"(2001), "The Limits of Government
Capacity: Social Security Reform of State Enterprises in Post-Mao China"
(1998), "The Central Government and Interest Groups in Post-Mao China"
(1997) 등이 있다.

이동률 한국외국어대학교 중국어과를 졸업하였으며, 베이징대학교 국제정치학과에서
"中國經濟發展戰略與外交政策之互動關係的研究"(1996)라는 논문으로 정치
학 박사학위를 받았다. 중국외교정책과 대외관계에 관한 연구를 세부전공으로
하고 있다. 현재 동덕여자대학교 중국학과 교수로 재직하고 있으며, 최근 연구
로는 "중국의 대북한 영향력에 대한 실증연구"(2005), "16대 이후 신지도부
의 등장과 외교정책전망"(2003), "수교이후 한중 정치관계의 회고와 전망 :
중국외교전략의 변화를 중심으로"(2002), "중국민족주의가 대외관계에 미치
는 영향 : 중미관계를 중심으로"(2001) 등이 있다.

전성흥 서강대학교 정치외교학과를 졸업했으며, 동대학원에서 "중국의 농촌공업화와
향진사회의 변화"(1994)라는 논문으로 정치학 박사학위를 취득했다. 전공분
야는 중국의 농촌개혁과 지방 정치과정, 국가-사회관계 등이며, 한양대학교
중소연구소 연구원과 동덕여자대학교 중국학과 교수를 거쳐 현재 서강대학교
정치외교학과 교수로 재직 중이다. 최근의 연구로는 "중국 16차 당대회에 대
한 서설적 평가: 주요 쟁점과 시각을 중심으로"(2003), "세계화시대 중국의
정치발전: 촌민자치의 현황과 쟁점"(2003), "한국의 지역연구 과제: 필요성,
정체성, 방향성 인식의 혼란 극복을 위하여"(2002), "중국 정치체제 변화의
회고와 전망: 주요 영역과 추동 요인"(2002) 등이 있다.

찾아보기 | 인명, 지명

인명

달라이 라마 245, 251, 262, 264, 274,
　　275, 277
덩샤오핑(鄧小平) 23, 45, 66, 67, 96,
　　162, 163, 168, 169, 288, 300,
　　313, 322
리펑(李鵬) 169, 170, 266
마오쩌둥(毛澤東) 104, 162, 168, 258,
　　286, 288, 300, 322
원자바오(溫家寶) 23, 24, 122, 124,
　　311
자오쯔양(趙紫陽) 22, 289
장쩌민(江澤民) 25, 101, 130, 162,
　　168~170, 177, 251, 266, 313,
　　326
주룽지(朱鎔基) 24, 27, 135, 169
쩡칭훙(曾慶紅) 25, 336
차오스(喬石) 169
클린턴(Bill Clinton) 264
화궈펑(華國鋒) 168
후야오방(胡耀邦) 288, 289
후진타오(胡錦濤) 19, 23, 122, 131,
　　162, 170, 177, 281, 313

지명

광둥(廣東)성 45, 86, 106, 194, 196,
　　258, 339
타이완(臺灣) 136, 152, 251, 253,
　　264, 273, 276
랴오닝(遼寧)성 104, 106, 110, 111,
　　122, 125
베이징(北京)시 82, 101, 132, 135,
　　137~140, 184, 233, 235, 257,
　　259, 339
　하이뎬(海淀)구 137, 184
　중관춘(中關村) 135~139, 143, 144,
　　155
산둥(山東)성 82, 257
산시(陝西)성 45, 82, 84, 87, 192,
　　194, 197, 203, 226
　린이(臨猗)현 194, 197
　허취(河曲)현 192
상하이(上海)시 53, 82, 101, 132, 140,
　　142, 144, 226, 228, 241, 257,
　　259, 339
선전(深圳)시 53, 82, 135, 142, 194,
　　197, 259
시짱(西藏)자치구 78, 245, 246, 251~253,
　　256~258, 260~262, 264~268, 270~
　　274, 276~278, 280
　라사(拉薩)시 256, 257, 260, 262, 268

찾아보기 | 일반